Prof. Dr. Christian Führer
Prof. Dr. Arnd Grimmer, Aktuar (DAV)

Einführung in die Lebensversicherungsmathematik

2. Auflage

vvw.de

Bibliografische Information der Deutschen Nationalbibliothek

Die Deutsche Nationalbibliothek verzeichnet diese Publikation
in der Deutschen Nationalbibliografie;
detaillierte bibliografische Daten sind im Internet über
http://dnb.d-nb.de abrufbar.

Umschlagfoto: photocase

Satz Susanne Rihm Eggenstein
Druck Karl Elser Druck GmbH Mühlacker

ISBN 978-3-89952-466-6

Prof. Dr. Christian Führer/Prof. Dr. Arnd Grimmer, Aktuar (DAV)
Einführung in die Lebensversicherungsmathematik

In Dankbarkeit gewidmet

unserem Lehrer

Herrn Univ.-Prof. Dr. Rolf Rannacher

Vorwort zur zweiten Auflage

Seit der ersten Auflage dieses Textes im Jahre 2006 hat sich das rechtliche Umfeld der Lebensversicherungswirtschaft massiv verändert, viele dieser Veränderungen sind auch an der Lebensversicherungsmathematik nicht spurlos vorübergegangen. Besonders zu nennen ist hier die Novellierung des Versicherungsvertragsgesetzes im Jahre 2008, die weit reichende Auswirkungen auf die Berechnung des Rückkaufswerts von Lebensversicherungsverträgen und den Umgang mit Bewertungsreserven im Rahmen der Überschussbeteiligung hatte.

Als ähnlich bedeutsam für die Lebensversicherungsmathematik ist die Absenkung des Rechnungszinses von 2,75 auf 2,25 % zum 1. 7. 2007 zu werten, die die Garantieleistungen aus Lebensversicherungsverträgen herabgesetzt hat und letztlich eine direkte Reaktion des Gesetzgebers auf ein langfristig niedriges Zinsniveau an den internationalen Kapitalmärkten darstellt. Dieses niedrige Zinsniveau hat naturgemäß auch Auswirkungen auf die Produktgestaltung in den Lebensversicherungsunternehmen. Hier ist in weiten Teilen der Branche ein Ausweichen auf kapitalmarktorientierte Spar- und Entsparprodukte zu erkennen, die zwar grundsätzlich höhere Renditechancen eröffnen, gleichzeitig aber auch das Anlagerisiko auf den Versicherungsnehmer abwälzen (als Stichworte seien „Dynamische Hybridprodukte" und „Variable Annuities" genannt).

Schließlich werfen künftige gesetzliche Veränderungen bereits ihre langen Schatten voraus, weshalb sich diese zweite Auflage nunmehr auch mit Fragen des Reformwerks Solvency II beschäftigt. Obwohl viele Einzelregelungen von Solvency II noch ihrer endgültigen Ausgestaltung harren, steht schon jetzt fest, dass die künftige Aufsichtsarchitektur in starkem Maße auf die Aktuariate in den Lebensversicherungsunternehmen zurückgreifen wird, was schon heute eine Neudefinition der Aufgaben eines Versicherungsmathematikers erfordert. Als sicher darf daher gelten, dass die Lebensversicherungsmathematik auch künftig spannende Betätigungsfelder (und Karriereperspektiven!) für angehende Mathematiker bereithalten wird.

Allen Lesern der Erstauflage, die uns auf Fehler im Text hingewiesen oder Verbesserungsvorschläge unterbreitet haben, möchten wir an dieser Stelle ausdrücklich danken. Ebenso gebührt unser herzlicher Dank dem Verlag Versicherungswirtschaft für die professionelle Begleitung im Rahmen der Neuauflage dieses Textes.

Neulußheim/Wiesbaden, im Herbst 2010

Christian Führer   Arnd Grimmer

Vorwort zur ersten Auflage

In Zeiten tief greifenden demographischen Wandels gewinnt die private Lebensversicherung stetig an Bedeutung für die finanzielle Absicherung des Einzelnen in unserer Gesellschaft. Ein fundiertes Verständnis der Funktionsweise der privaten Lebensversicherung und ihrer Produkte ist daher nicht nur für den klassischen Lebensversicherungsmathematiker in aktuariellen Fachabteilungen von Versicherungsunternehmen, sondern auch für zahlreiche primär betriebswirtschaftlich geprägte Tätigkeiten im Finanzdienstleistungswesen und darüber hinaus von wachsender Bedeutung.

Daraus ergab sich die Zielsetzung für das vorliegende Buchprojekt. Wir wenden uns an den Leser aus Hochschule, Akademie und beruflicher Praxis, der einen raschen und sicheren Einstieg in die klassische Mathematik der Lebensversicherung sucht. Darüber hinaus wollen wir den Interessierten zur weiteren Beschäftigung mit den zahlreichen Zweigen dieses mathematischen Anwendungsgebietes motivieren. Dazwischen platziert sich der Wunsch, durch anschauliches Beispiel- und Übungsmaterial den unvermeidlichen Sprung vom theoretischen Kalkül in die Praxis der Tarifwelt eines Lebensversicherungsunternehmens zu verkürzen.

Im Zentrum steht daher zum einen das Gerüst der Tarifgestaltung, das wir unter dem Oberbegriff der Prämienkalkulation präsentieren, flankiert von einer Darstellung der rechtlichen und mathematischen Voraussetzungen (Redaktionsschluss war im September 2005). Die mathematischen Voraussetzungen umfassen Elemente der klassischen Finanzmathematik und Wahrscheinlichkeitsrechnung sowie eine Diskussion der wesentlichen Rechnungsgrundlagen, die der Leser seinen individuellen Vorkenntnissen entsprechend würdigen mag.

Ein zweiter Schwerpunkt unserer Darstellung ist der Begriff der Deckungsrückstellung, mit dessen Hilfe die Entwicklung von Lebensversicherungsverträgen in der Zeit veranschaulicht und bewertet werden kann. Die eigentliche Lebensversicherungsmathematik wird schließlich ergänzt durch eine Diskussion der Überschussproblematik und eine Einführung in die Rechnungslegung der Lebensversicherer.

Leicht verständliche und zugleich handhabbare Regeln erleichtern den Zugang zur Anwendung, weswegen wir konsequent den Begriff des Barwerts verwenden, andererseits die betagten, aber nach wie vor effektiven Kommutationswerte benutzen. Viele Beispiele werden ausführlich vorgeführt, über 60 Übungsaufgaben unterschiedlicher Schwierigkeitsgrade mit umfangreichen Lösungsbeschreibungen runden den Stoff ab. Für viele Aufgaben wird sich die Nutzung eines Tabellenkalkulationsprogramms als hilfreich herausstellen, fast alle Aufgaben sind aber auch allein mit Rückgriff auf die Sterbetafeln und Kommutationswerte im Anhang zu lösen.

Zwangsläufig müssen wir für weiterführende Fragen auf die entsprechende Literatur verweisen; einige aus unserer Sicht aktuelle Trends der Produktgestaltung halten wir gleichwohl für so interessant, dass wir sie in Gestalt von Übungsaufgaben oder kursorischen Ausblicken angedeutet haben. Unser Dank für die praktische Umsetzung des Buchvorhabens gilt dem Verlag Versicherungswirtschaft. Sehr hilfreiche Hinweise aus der betrieblichen Praxis verdanken wir Frau Dr. Bettina Just sowie den Herren Günther Berger, Dr. Udo Leisering, Michael Menges und Udo Puster-Wall.

Mannheim/Wiesbaden, im März 2006

Christian Führer Arnd Grimmer

Inhaltsverzeichnis

A. Einleitung

Der Zweck einer **Versicherung** liegt im Transfer individueller **finanzieller Risiken** auf eine **Versichertengemeinschaft**, indem sie die „Deckung eines im einzelnen ungewissen, insgesamt geschätzten Mittelbedarfs auf der Grundlage des Risikoausgleichs im Kollektiv und in der Zeit“ (FARNY) gewährleistet. Die versicherten Gefahren einer Versichertengemeinschaft sind dabei stets gleichartig, können aber aus einer großen Zahl von Bereichen stammen. Seit den Ursprüngen des Versicherungsgedankens in der antiken Seefahrt (Schutz vor den finanziellen Folgen von Schiffsuntergängen) haben sich zahlreiche weitere versicherbare Risiken herauskristallisiert, wie etwa der Schutz vor den Unbilden der Natur für Haus und Hof (Feuer, Sturm, Überschwemmung etc.) oder der Schutz vor den finanziellen Folgen von Krankheit, Invalidität und Tod für den Einzelnen und seine Familie.

Gemeinsam ist allen Versichertengemeinschaften, dass sie finanziellen Ausgleich (eine **Versicherungsleistung S**) bei Eintritt eines Risikos gewähren (vgl. FÜHRER/GRIMMER bzw. VON FÜRSTENWERTH/WEIß). Im Gegenzug muss der **Versicherungsnehmer** eine verhältnismäßig geringe finanzielle Zahlung $P < S$ an die Gemeinschaft leisten. Wichtig für die Herausbildung einer Versichertengemeinschaft ist:

- Die versicherten Risiken sollten in ihrer Eintrittswahrscheinlichkeit und Schadenhöhe wenigstens im stochastischen Mittel näherungsweise mathematisch erfassbar sein.
- Eintrittswahrscheinlichkeit und absehbare Schadenhöhe der versicherten Risiken müssen derart beschaffen sein, dass der vom einzelnen Versicherten zu leistende Beitrag nicht zu hoch ausfällt; anderenfalls lohnt sich der Risikotransfer auf das **Versichertenkollektiv** für den Einzelnen nicht.

Die Versichertengemeinschaft ermöglicht so einen **Risikoausgleich** zum Nutzen aller Beteiligten, die auf Basis ihres Versicherungsverhältnisses Planungssicherheit, Schutz vor finanziellem Ruin und nicht zuletzt auch mehr Lebensqualität gewinnen.

Im Laufe der Geschichte haben sich zwei grundlegende Ansätze zur Einrichtung von Versichertengemeinschaften herausgebildet, die zumeist auf privatem Unternehmertum beruhende **Individualversicherung** (Lebensversicherung, private Krankenversicherung etc.) und die auf staatliche Initiative zurückgehenden gesetzlichen Versicherungen, in der Hauptsache die **gesetzliche Sozialversicherung** (gesetzliche Rentenversicherung, gesetzliche Krankenversicherung etc.). Hauptunterschiede der beiden Systeme in der Praxis sind das jeweilige **Finanzierungssystem** und die auf seiner Grundlage gewährten Versicherungsleistungen:

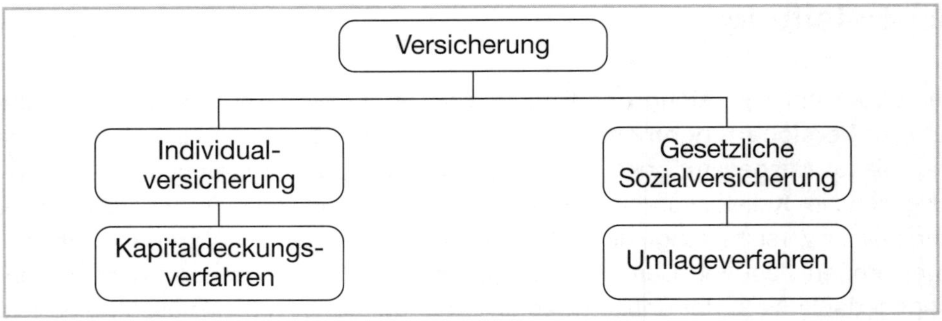

Abb. A.1: Finanzierungssysteme von Versicherungsformen

Begrifflich haben sich für die Zahlungen an die jeweilige Versicherung die Begriffe **Beitrag** (in der gesetzlichen Sozialversicherung und bei Versicherern, die in der Rechtsform eines Versicherungsvereins auf Gegenseitigkeit [VVaG] geführt werden) bzw. **Prämie** (in der Individualversicherung, hier speziell bei Aktiengesellschaften) weitgehend durchgesetzt. In der Praxis der Individualversicherung tauchen Beitrag und Prämie häufig in bestimmten Zusammenhängen bevorzugt auf, was auch in diesem Buch respektiert wird; z. B. wird unabhängig von der Rechtsform meist von „Prämienkalkulation“, gleichzeitig aber von „Beitragsfreistellung“ gesprochen. Mit „Beitrag“ und „Prämie“ ist dabei jeweils das Gleiche gemeint.

Beim **Umlageverfahren** der gesetzlichen Sozialversicherung richtet sich die Beitragshöhe nach der wirtschaftlichen Leistungsfähigkeit des Einzelnen (sozialer Gedanke). Demgegenüber macht das **Kapitaldeckungsverfahren** (auch **Anwartschaftsdeckungsverfahren**) der Individualversicherung das versicherte Einzelrisiko (Eintrittswahrscheinlichkeit und Schadenhöhe) zur Grundlage der Prämienkalkulation, ein sozialer Ausgleich zwischen Arm und Reich wird nicht gesucht. Teilweise **konkurrieren** beide Systeme miteinander, teilweise **ergänzen** sie sich auch. So ist eine private Krankheitskostenvollversicherung bei bestimmten Personengruppen (Selbstständige, Beamte, besser verdienende Angestellte) **substitutiv** zur gesetzlichen Krankenversicherung, während eine private Rentenversicherung die Leistungen aus der gesetzlichen Rentenversicherung zumindest gegenwärtig im Allgemeinen lediglich ergänzen, nur selten aber vollständig ersetzen kann (und darf).

Die Individualversicherung wird in der Praxis zumeist in drei **Sparten**, nämlich **Lebens-**, **Kranken-** und **Sachversicherung** (kurz Leben, Kranken, Sach) unterteilt. Speziell die private **Lebensversicherung** hat die Aufgabe, Produkte zum Schutz vor den finanziellen Folgen von **Alter**, **Invalidität** und **Tod** bereitzustellen. Die 100 im Jahresbericht 2008 der **Bundesanstalt für Finanzdienstleistungsaufsicht (BaFin)** genannten Lebensversicherungsunternehmen bieten dafür unterschiedliche Produkte mit jeweils charakteristischen Merkmalen an. Die wichtigsten Produktklassen sind:

- **Risikolebensversicherung**
  → Gewährung einer einmaligen Versicherungsleistung bei Tod der versicherten Person (Todesfallleistung). Die gewöhnliche Risikolebensversicherung wird für einen Zeitraum von n Jahren abgeschlossen. Soll der Schutz gar lebenslänglich bestehen (d. h., die Todesfallleistung wird in jedem Falle fällig), spricht man von einer **Todesfallversicherung**.
- **Kapitalbildende Lebensversicherung**
  → Gewährung einer einmaligen Versicherungsleistung bei Tod der versicherten Person oder bei Ablauf des Vertrages (Erlebensfallleistung). Eine Versicherungsleistung wird in jedem Falle fällig. Die kapitalbildende Lebensversicherung wird auch als **gemischte Versicherung** oder **Kapitallebensversicherung** bezeichnet. Spezialformen sind Produkte, bei denen die Erlebensfallleistung in mehreren Einzelzahlungen vorgenommen wird (so genannte **Teilauszahlungstarife**).
- **Rentenversicherung** (genauer **Leibrentenversicherung**)
  → Gewährung einer laufenden Versicherungsleistung (Ratenzahlungen) bis zum Tod der versicherten Person. Rentenversicherungen können sowohl gegen **Einmalprämie** (dann meist mit sofortbeginnender Rentenzahlung) als auch gegen **laufende Prämienzahlung** abgeschlossen werden (dann mit aufgeschobenem Rentenbezug).
- **Berufs- und Erwerbsunfähigkeitsversicherung (BU/EU)**
  → Gewährung einer laufenden Versicherungsleistung (Ratenzahlungen) im Falle von Berufs- bzw. Erwerbsunfähigkeit. Beide Produkte gibt es als Hauptversicherungen wie auch als Zusatzversicherungen zu einer der oben genannten Versicherungsformen.

Im Jahre 2009 verzeichneten die deutschen Lebensversicherer nach Zahlen des **Gesamtverbandes der Deutschen Versicherungswirtschaft e. V. (GDV)** Gesamtbeitragseinnahmen von rd. 83 Mrd. €. Dies entsprach ca. 49 % aller Prämieneinnahmen, was die Bedeutung dieser Sparte besonders hervorhebt. Dem standen im gleichen Jahr Versicherungsleistungen von ca. 73 Mrd. € gegenüber, die in Form von Einmalzahlungen und Renten an die Versichertengemeinschaft geflossen sind.

Die Bedeutung der Lebensversicherung in Deutschland wächst, da sich die Leistungen aus den staatlichen Sozialversicherungssystemen stetig verschlechtern. So verwundert es nicht, dass 2008/2009 immerhin mehr als ein Drittel aller Haushalte in Deutschland über eine kapitalbildende Lebensversicherung verfügte, rd. 24 % bzw.

26 % konnten eine BU-/EU-Versicherung bzw. eine private Rentenversicherung vorweisen. Die Lebensversicherungswirtschaft leistet so einen bedeutenden Beitrag zur sozialen Absicherung der Bürger und entlastet die Sozialversicherungskassen.

Sie ist zudem ein wichtiges Kapitalsammelbecken, das durch seine rege Investitionstätigkeit auf verschiedenen Finanzmärkten einen entscheidenden Motor der Volkswirtschaft bildet. Da das **Kapitaldeckungsverfahren** weitgehend unabhängig vom Beschäftigungsgrad einer Volkswirtschaft ist, gelingt dies der Lebensversicherungswirtschaft auch in Zeiten hoher Arbeitslosigkeit, durch die **Umlageverfahren** in erhebliche Probleme geraten. Umlageverfahren wiederum zeichnen sich durch ein hohes Maß an Immunität gegenüber Inflation aus, da die zeitnahe Auszahlung der eingenommen Beiträge einem Wertverfall vorbeugt.

Die Natur der privaten Lebensversicherungswirtschaft bringt für ihre Produkte ein hohes Maß an Unvorhersehbarkeit mit sich. Weder Versicherungsnehmer noch Versicherungsunternehmen wissen zu Beginn ihres Vertragsverhältnisses, welche finanziellen Transaktionen auf beide Seiten in den kommenden Jahren insgesamt zukommen werden, da das versicherte Risiko niemals individuell, sondern nur über statistische Erwartungswerte gemessen und verstanden werden kann. Das führt uns zu mehreren Fragen:

- Wie kann das versicherte **Risiko** (Alter, Invalidität, Tod) überhaupt gemessen werden?
- Wie muss eine **faire Prämie** bemessen sein, die einerseits das versicherte Risiko sicher abdeckt, andererseits aber aus Sicht aller Vertragsparteien (dazu gehören auch etwaige Vermittler) hinreichend attraktiv erscheint, also marktgerecht ist?
- Wie kann sich der Versicherer dagegen absichern, dass es in einzelnen Jahren durchaus zu einer unerwarteten **Häufung von Versicherungsfällen** kommen kann? Gelingt eine solche Absicherung nicht, kann ein Konkurs des Versicherers drohen – womit auch bestehende Vertragsverhältnisse gefährdet sind.
- In welchen Beziehungen stehen die **wirtschaftliche Lage eines Versicherers** und seine bestehenden Vertragsverhältnisse zueinander?

Diese und weitere Fragen beantwortet die **Lebensversicherungsmathematik**, die sich als separater Bestandteil der **Versicherungsmathematik** versteht und seit dem 19. Jahrhundert als fest etablierter Wissenschaftszweig gelten darf. Sie bedient sich bei der Beantwortung der obigen Fragen unterschiedlicher mathematischer Ansätze und greift auf Erkenntnisse der **Analysis**, **Statistik**, **Wahrscheinlichkeitsrechnung** (auch **Stochastik**), **Spieltheorie** und **Risikotheorie** zurück. Als praxisrelevante Wissenschaft wird sie stark vom **rechtlichen Umfeld** einer Volkswirtschaft beeinflusst, ebenso freilich von **betriebswirtschaftlichen**, **medizinisch-biometrischen** und nicht zuletzt auch **psychologischen** Parametern. Sie ist daher in hohem Maße **interdisziplinär** ausgerichtet, was die Arbeit des **Aktuars** (Versicherungsmathematikers) interessant und spannend macht.

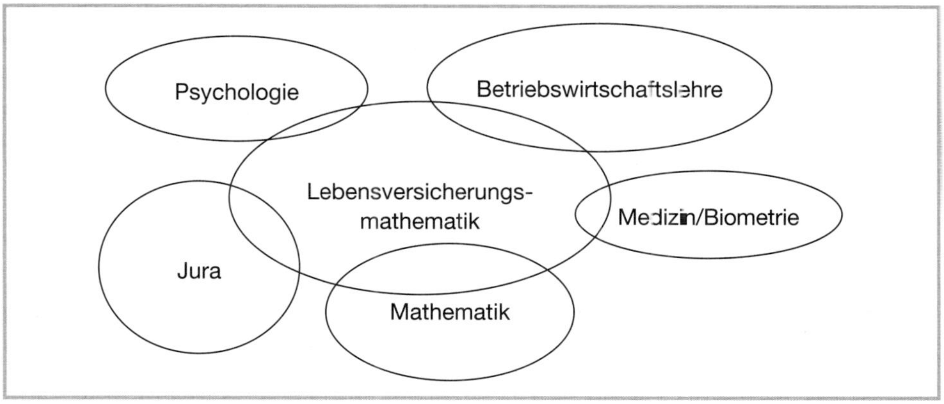

Abb. A.2: Lebensversicherungsmathematik und angrenzende Disziplinen

Ziel dieses einführenden Buches soll es sein, dem Leser die Komplexität der Lebensversicherungsmathematik leicht verständlich und doch fundiert und praxisorientiert näher zu bringen. Besonderen Wert haben wir dabei bewusst nicht auf eine erschöpfende Darstellung aller Einzelaspekte gelegt, sondern auf eine Präsentation der entscheidenden **Ideen und Konzepte**. Sie soll den Leser in die Lage versetzen, auch komplexere aktuarielle Zusammenhänge, für die wir dann auf die weiterführende Literatur bzw. die berufliche Praxis verweisen, zumindest ansatzweise zu verstehen.

Die Kapitel B und C stellen als hinführende Kapitel die zwei wichtigsten theoretischen Standbeine der Prämienkalkulation dar, die **Wahrscheinlichkeitsrechnung** und die **Finanzmathematik**. Im Blickpunkt steht dabei die spätere aktuarielle Anwendung. Beide Kapitel wollen entsprechende Fachliteratur zu diesen Gebieten nicht ersetzen, sondern ermöglichen einen Einstieg in die Lebensversicherungsmathematik ohne den Umweg über hierfür meist zu ausführliche Standardwerke. Bei entsprechenden Vorkenntnissen können sie quer gelesen oder ganz übersprungen werden, um direkt in die Prämienkalkulation einzusteigen.

Faire und sichere Verfahren zur **Prämienkalkulation** sind Gegenstand des zentralen Kapitels D. Hier soll es vor allem um die Frage gehen, wie **Risiko**, **Zins** und **Kosten** (die drei wesentlichen **Rechnungsgrundlagen**) die Versicherungsprämie bestimmen. Vorbereitend hierzu diskutieren wir die wichtigsten rechtlichen Grundlagen der privaten Lebensversicherung, ebenso wie eine adäquate Messung des versicherten

Risikos auf der Basis von Sterbetafeln. Um dem Leser die Entwicklung eines in der beruflichen Praxis unentbehrlichen Fingerspitzengefühls für Prämien zu erleichtern, wird der Einfluss einzelner Eingangsparameter auf die Prämienhöhe in mehreren Parameterstudien beleuchtet.

Wichtig ist auch das folgende Kapitel E zur **Deckungsrückstellung**. Hier geht es darum, wie sich bei zeitlich schwankendem Risikoverlauf (so ist die Natur) eine zeitlich konstante Prämienzahlweise (das wünscht der Versicherungsnehmer) gewährleisten lässt. Dies wird dadurch erreicht, dass in jungen Jahren geeignete Reserven gebildet werden, die später ein finanzielles Polster für Zeiten mit ungünstigerem Risikoverlauf darstellen.

Damit der Versicherungsnehmer mit dem Begriff Versicherung etwas wirklich „Sicheres" assoziieren kann, werden die Rechnungsgrundlagen bei der Prämienkalkulation extrem vorsichtig gewählt. In der Folge bescheren die meisten Geschäftsjahre den Lebensversicherern erhebliche **Überschüsse**, die überwiegend an die Versichertengemeinschaft zurück transferiert werden. Da die Versicherungsaufsicht Lebensversicherer zu einer fairen Beteiligung aller Versicherungsnehmer an den Überschüssen verpflichtet, sind Verfahren zur Überschussermittlung und -verteilung entwickelt worden, die wir in Kapitel F erläutern.

Die Brücke zur betriebswirtschaftlichen Situation eines Lebensversicherers schlägt Kapitel G über die **Rechnungslegung** im Lebensversicherungsunternehmen. Hier geht es um die Beziehung zwischen einzelnen Größen der Bilanz und der Gewinn- und Verlustrechnung einerseits und den vorangegangenen Kapiteln andererseits. Der Leser soll so in die Lage versetzt werden, die Mathematik der Lebensversicherung als Instrument der Unternehmensanalyse und -bewertung zu verstehen. Kapitel G erlaubt damit einen Blick über den klassischen Rahmen der Lebensversicherungsmathematik hinaus und unterstreicht ihre zentrale Bedeutung für die Unternehmensführung in der Versicherungswirtschaft.

Kapitel H gestattet dem interessierten Leser kurze Einblicke in weiterführende Themen und erhebt daher keinen Anspruch auf Vollständigkeit. Vielmehr soll es konkrete Anwendungen der Lebensversicherungsmathematik im Ansatz beschreiben und verständlich machen. Einige dieser Gebiete wie die Preferred-Lives-Tarifierung sind noch relativ jung, sodass hier in den nächsten Jahren mit interessanten Entwicklungen gerechnet werden darf, die sich auf die Produktwelt der Lebensversicherungswirtschaft auswirken werden.

Die in den erkennbar mathematisch geprägten Kapiteln B–E angesiedelten **Übungsaufgaben** bieten Anwendungsbeispiele und sollen den Lehrstoff abrunden und vertiefen. Einige Fragestellungen haben wir bewusst in die Aufgaben verlegt, um so dem besonders motivierten Leser Anregungen zur Erweiterung des Stoffes zu geben.

B. Grundlagen der Wahrscheinlichkeitsrechnung

Aufgabe der Individualversicherung ist die Übertragung von **Risiken** einzelner Wirtschaftssubjekte auf ein Versichertenkollektiv, das von einem Versicherungsunternehmen nach bestimmten gesetzlichen und vertraglichen Bedingungen verwaltet wird. Es steckt dabei in der Natur des versicherten Risikos, dass es nur auf Basis **wahrscheinlichkeitstheoretischer** Parameter beschrieben werden kann. Dieser zufällige Charakter des Risikos hat zur Entwicklung statistischer und stochastischer Modelle in der Versicherungswirtschaft geführt, die sich eng an Methoden der elementaren **Wahrscheinlichkeitsrechnung** anlehnen.

Im Rahmen der Lebensversicherung geht es dabei vor allem um eine mathematische Beschreibung des **Sterblichkeitsrisikos**, das mithilfe der LAPLACE'schen Definition der **Wahrscheinlichkeit** modelliert wird (Abschnitt 2). Das **Erlebensfallrisiko** (zentrales Risiko in der Rentenversicherung) lässt sich darauf aufbauend durch den Begriff der **Komplementärwahrscheinlichkeit** darstellen (Abschnitt 3.1). Da bei Lebensversicherungsverträgen meist Vertragslaufzeiten von mehreren Jahrzehnten betrachtet werden, wird es ferner darauf ankommen, eine Verkettung von stochastischen Ereignissen mathematisch beschreiben zu können. Dies geschieht mithilfe des **Multiplikations-** und **Additionstheorems** der Wahrscheinlichkeitsrechnung (Abschnitte 3.2 und 3.3). Für eine ausführliche Einführung in die Wahrscheinlichkeitsrechnung sei z. B. auf KOHN verwiesen.

1. Begriff des Zufallsexperiments

Ist ein beobachtbarer Vorgang beliebig oft wiederholbar und hängt der Ausgang des Vorgangs von zufälligen und nicht beeinflussbaren Einflussparametern ab, nennt man diesen Vorgang **Zufallsexperiment**. Als **Elementarereignisse** werden alle Ergebnisse des Zufallsexperiments bezeichnet, die sich gegenseitig ausschließen und von denen genau eines immer eintritt. Zusammen bilden diese Elementarereignisse den **Ereignisraum** Ω des Zufallsexperiments. Eine beliebige Teilmenge A dieses Ereignisraums wird im Folgenden als **Ereignis** bezeichnet. Ereignisse bestehen damit aus einem oder mehreren Elementarereignissen.

Zur Illustration betrachten wir einen idealen Würfel (das ist ein Würfel, der nicht in irgendeiner Weise manipuliert worden ist), der einmal geworfen wird. Die Menge $\Omega = \{1, 2, 3, 4, 5, 6\}$ der möglichen Augenzahlen bildet den Ereignisraum dieses Zufallsexperiments, die sechs Elemente von Ω sind die zugehörigen Elementarereignisse. Diese Elementarereignisse schließen sich gegenseitig aus, da der Würfel nach einem Wurf z. B. nicht gleichzeitig zwei und vier Augen zeigen kann. Ein mögliches

Ereignis wäre etwa A = „Würfel zeigt gerade Augenzahl“, also A = {2, 4, 6}. Sobald eine 2, 4 oder 6 gewürfelt wird, tritt A ein.

Die **Vereinigungsmenge** $A \cup B$ zweier Ereignisse A und B bezeichnet die Gesamtheit aller Elementarereignisse, die zu A *oder* B gehören. Die Vereinigungsmenge stellt damit selbst ein Ereignis dar. Beachte, dass die Vereinigungsmenge auch solche Elementarereignisse einschließt, die sowohl zu A als auch zu B gehören (A *und* B, s. u.). Werden beispielsweise beim einmaligen Wurf eines idealen Würfels die Ereignisse A = „Augenzahl ist gerade“ (A = {2, 4, 6}) und B = „Augenzahl ist eine Primzahl“ (B = {2, 3, 5}) definiert, folgt $A \cup B = \{2, 3, 4, 5, 6\}$. Alle Elemente der Vereinigungsmenge von A und B gehören zu A oder B, das Element {2} sogar zu A und B.

Mithilfe eines **VENN'schen Diagramms** kann die Vereinigungsmenge zweier Ereignisse A und B graphisch dargestellt werden:

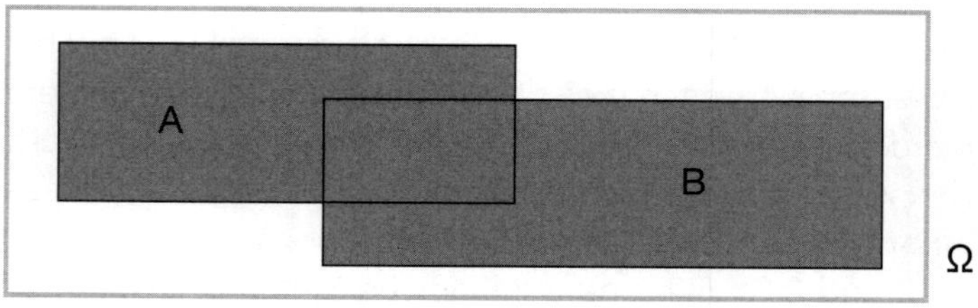

Abb. B.1: Vereinigungsmenge A ∪ B

Die **Schnittmenge** $A \cap B$ zweier Ereignisse A und B ist die Gesamtheit aller Elementarereignisse, die zu A *und* B gehören. Damit ein Ereignis der Schnittmenge zugeordnet werden kann, muss bei Eintreten dieses Ereignisses sowohl A als auch B eintreten.

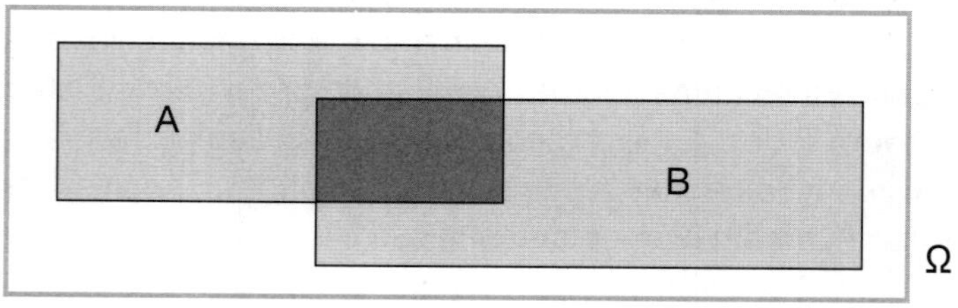

Abb. B.2: Schnittmenge A ∩ B

Die Schnittmenge zweier Ereignisse A und B kann auch die **leere Menge** sein: $A \cap B = \{\ \}$. In solchen Fällen befindet sich kein Elementarereignis sowohl in A als auch in B, die beiden Ereignisse sind **disjunkt** (A und B schließen einander gegenseitig aus):

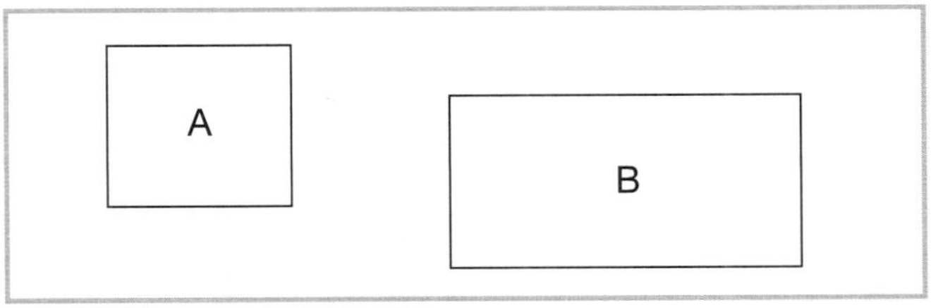

Abb. B.3: Disjunkte Ereignisse A und B

Als Beispiel betrachten wir die Ereignisse A = „Augenzahl ist gerade" (A = {2, 4, 6}) und B = „Augenzahl ist eine Primzahl" (B = {2, 3, 5}) beim einmaligen Wurf eines idealen Würfels. Die Schnittmenge ist hier $A \cap B = \{2\}$, da das Element {2} sowohl eine gerade Zahl als auch eine Primzahl ist. Wird zusätzlich ein Ereignis C = „Augenzahl ist ungerade" (C = {1, 3, 5}) definiert, ergeben sich die Schnittmengen $A \cap C = \{\,\}$ und $B \cap C = \{3, 5\}$. Die Schnittmenge von A und C ist leer, da eine Zahl nicht gleichzeitig gerade und ungerade sein kann. A und C sind damit disjunkt.

Tritt ein Ereignis A bei einem Zufallsexperiment nicht ein, tritt das zu A gehörende **Komplementärereignis** A^C ein. Bei der Ausführung eines Zufallsexperiments tritt *entweder* A *oder* A^C sicher ein, d. h., A und A^C schöpfen den Ereignisraum Ω vollständig aus und sind disjunkt:

$$A \cup A^C = \Omega \qquad A \cap A^C = \{\,\}$$

Beim einmaligen Wurf eines idealen Würfels ist das Komplementärereignis zu A = „Augenzahl ist gerade" (A = {2, 4, 6}) das Ereignis A^C = „Augenzahl ist ungerade" ($A^C = \{1, 3, 5\}$).

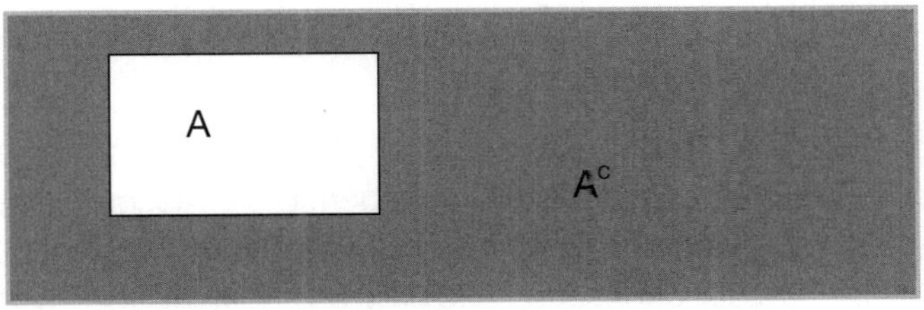

Abb. B.4: Komplementärereignis A^C zu einem Ereignis A

Das versicherte Risiko in der Lebensversicherung kann mithilfe von Zufallsexperimenten modelliert werden. Zum Beispiel entspricht der Abschluss einer **Risikolebensversicherung** wahrscheinlichkeitstheoretisch dem Beginn eines Zufallsexperiments, das mit Ablauf des Vertrags endet. Tritt das Ereignis A = „versicherte Person verstirbt" während der Vertragslaufzeit ein, wird eine Versicherungsleistung fällig. Das zugehörige Komplementärereignis A^c = „versicherte Person überlebt" bedeutet, dass der Versicherungsnehmer lediglich als Prämienzahler in Erscheinung tritt. Entweder A oder A^c wird während der Vertragslaufzeit sicher eintreten.

Auch Schnitt- und Vereinigungsmenge haben versicherungsmathematische Anwendungen. Bei einer Risikolebensversicherung auf verbundene Leben wird beispielsweise die Versicherungsleistung fällig, wenn mindestens eine der beiden versicherten Personen verstirbt. Beschreiben die Ereignisse A_1 bzw. A_2 das Versterben der ersten bzw. zweiten versicherten Person, wird die Versicherungsleistung bei Eintreten von $A_1 \cup A_2$ fällig. Tritt hingegen das Ereignis

$$A_1^c \cap A_2^c$$

ein, überleben beide versicherten Personen die Vertragslaufzeit (Komplementärereignis), eine Versicherungsleistung wird nicht fällig. In der Lebensversicherungsmathematik werden derartige Überlegungen separat für jedes Jahr der Versicherungsdauer angestellt, da sich das Sterblichkeitsrisiko mit dem Alter ändert (vgl. Abschnitt D.2.1).

2. Wahrscheinlichkeitsbegriff nach LAPLACE

In der Wahrscheinlichkeitsrechnung existieren mehrere Ansätze zur Beschreibung mathematischer Wahrscheinlichkeiten. Nach LAPLACE ist die **Wahrscheinlichkeit** W(A), mit der ein Ereignis A im Rahmen eines Zufallsexperiments eintritt, gegeben durch

$$W(A) = \frac{\text{Anzahl mögliche Fälle}}{\text{Anzahl günstige Fälle}}.$$

Unter den **günstigen Fällen** werden dabei alle Elementarereignisse verstanden, bei deren Eintreten auch A eintritt. Die Zahl der **möglichen Fälle** ist hingegen durch die Gesamtzahl der Elementarereignisse in Ω gegeben. Die günstigen Fälle bilden immer eine Teilmenge der möglichen Fälle. Es gibt auch Zufallsexperimente und Ereignisse A, bei denen die Menge der günstigen Fälle entweder leer ist oder mit der Menge der möglichen Fälle übereinstimmt. Hieraus folgt:

$$0 \leq W(A) \leq 1,$$

wobei W(A) = 0 anzeigt, dass kein möglicher Fall auch ein günstiger Fall ist (A ist unmöglich), während bei W(A) = 1 jeder mögliche Fall auch ein günstiger Fall ist (A tritt sicher ein).

Das Ereignis A = „Augenzahl ist gerade“ beim einmaligen Würfelwurf (A = {2, 4, 6}) kennt drei günstige bei insgesamt sechs möglichen Fällen. Es folgt:

$$W(A) = \frac{3}{6} = 0,5$$

Da eine Augenzahl größer als 6 nicht möglich ist, tritt das Ereignis B = „Augenzahl ist zweistellig“ mit einer Wahrscheinlichkeit

$$W(A) = \frac{0}{6} = 0$$

ein (B ist unmöglich). Das Ereignis C = „Augenzahl ist kleiner als 20“ (sicheres Ereignis) tritt hingegen mit einer Wahrscheinlichkeit

$$W(A) = \frac{6}{6} = 1$$

ein. Wie aus dem obigen Beispiel ersichtlich, läuft das Ermitteln einer Wahrscheinlichkeit nach LAPLACE auf ein Abzählen der möglichen und günstigen Fälle hinaus, die bei einem Zufallsexperiment denkbar sind.

Mithilfe der LAPLACE'schen Definition der Wahrscheinlichkeit kann das **Sterblichkeitsrisiko** in der Lebensversicherung modelliert werden. Sei dazu x das bürgerliche Alter eines Mannes in vollen Jahren (vgl. Abschnitt D.3.2) und q_x die Wahrscheinlichkeit, dass dieser Mann vor dem Erreichen seines nächsten Geburtstags stirbt, das Lebensalter (x + 1) also nicht mehr erreicht (**Sterbewahrscheinlichkeit** oder kurz **Sterblichkeit**; die Sterbewahrscheinlichkeit für Frauen wird mit q_y bezeichnet, vgl. Abschnitt D.2.1).

Zur Bestimmung von q_x wird nun eine große Population x-jähriger Männer beobachtet und dabei ermittelt, wie viele dieser Männer noch als x-Jährige sterben. Umfasst die Stichprobe insgesamt l_x Männer des Alters x, von denen d_x im Alter von x Jahren sterben, folgt

$$q_x = \frac{d_x}{l_x}$$

bzw.

$$\text{Sterbewahrscheinlichkeit im Alter x} = \frac{\text{Anzahl im Alter x Verstorbene}}{\text{Anzahl das Alter x Erlebende}}.$$

Beachte, dass die Zahl l_x dabei die Zahl der Toten d_x enthält, da diese Toten zu Beginn der Untersuchung noch Lebende des Alters x gewesen sind. Jeder einzelne der l_x Männer hat an einem Zufallsexperiment teilgenommen, das nur zwei Ausgänge kennt: Versterben noch im Alter x (hier die „günstigen“ Fälle) oder Überleben des Alters x. Die Zahl l_x der Teilnehmer entspricht der Zahl der möglichen Fälle, da maximal l_x Teilnehmer versterben können.

Umfasst unsere Stichprobe 100.000 Männer des Alters x, von denen 1.000 noch im Alter x sterben, bedeutet dies für die Sterblichkeit

$$q_x = \frac{1.000}{100.000} = 0{,}01.$$

Mit anderen Worten: Ein x-jähriger Mann wird nach dieser statistischen Erhebung mit einer Wahrscheinlichkeit von 0,01 vor seinem nächsten Geburtstag sterben. Mit dieser Information wird das Sterblichkeitsrisiko für einen Lebensversicherer weitgehend kalkulierbar, soweit er einen hinreichend großen Versicherungsbestand hat. Genau genommen bedeutet die Aussage „$q_x = 0{,}01$“, dass von einer „großen Zahl“ x-jähriger Männer im Mittel 1 % als x-Jährige sterben. Mit anderen Worten: q_x kann als **Erwartungswert** für die Sterblichkeit x-jähriger Männer interpretiert werden.

3. Grundlegende Theoreme der Wahrscheinlichkeitsrechnung

Da das Sterblichkeitsrisiko einer versicherten Person vom Alter und Geschlecht abhängt, verwendet die Versicherungswirtschaft **Sterbetafeln**, die jedem Alter x bzw. y geschlechtsspezifische Sterbewahrscheinlichkeiten q_x bzw. q_y zuordnen (vgl. Abschnitt D.2.1). Da Lebensversicherungsverträge üblicherweise Laufzeiten von mehreren Jahrzehnten haben, müssen auf Basis empirisch gewonnener Sterbetafeln Sterbe- und Überlebenswahrscheinlichkeiten über längere Zeiträume hinweg berechnet werden (Beispiel: „Mit welcher Wahrscheinlichkeit wird eine heute 46- jährige Frau noch 41 Jahre leben und dann mit 87 Jahren sterben?“). Die hierzu erforderlichen stochastischen Techniken zur Verknüpfung einzelner Wahrscheinlichkeiten sind Gegenstand der folgenden Abschnitte.

3.1 Komplementärwahrscheinlichkeit

Das Komplementärereignis A^c zu einem Ereignis A schöpft zusammen mit A den Ereignisraum Ω vollständig aus (vgl. Abschnitt 1). Entweder A oder A^c wird sicher eintreten, beide zusammen können nicht eintreten. Für die zu A und A^c gehörenden Wahrscheinlichkeiten gilt deshalb

$$W(A) + W(A^C) = 1 \quad \text{bzw.} \quad W(A^C) = 1 - W(A).$$

Die Eintrittswahrscheinlichkeit von A^C (**Komplementärwahrscheinlichkeit** $W[A^C]$) kann also direkt aus W(A) ermittelt werden. Diese Eigenschaft macht man sich in der Lebensversicherungsmathematik zu Nutze, um **Überlebenswahrscheinlichkeiten** zu berechnen. Liegt eine Sterbetafel mit Sterblichkeiten q_x für Männer vor, folgen die zugehörigen Überlebenswahrscheinlichkeiten p_x für alle Alter x aus

$$p_x = 1 - q_x \, .$$

Die Größe p_x bezeichnet damit die Wahrscheinlichkeit, dass ein x-jähriger Mann das Alter (x + 1) erlebt, vor seinem nächsten Geburtstag also nicht stirbt.

Zur Illustration betrachten wir eine Sterbetafel, nach der ein 25-jähriger Mann eine Sterblichkeit von $q_{25} = 0{,}005$, ein 60-jähriger Mann von $q_{60} = 0{,}02$ habe. Die zugehörigen Überlebenswahrscheinlichkeiten errechnen sich damit zu

$$p_{25} = 1 - q_{25} = 1 - 0{,}005 = 0{,}995 \quad \text{bzw.} \quad p_{60} = 1 - q_{60} = 1 - 0{,}02 = 0{,}98 \, .$$

Von 1.000 Männern des Alters 25 würden damit im statistischen Mittel $1.000 \cdot 0{,}995 = 995$ das Alter 26 erleben, von 1.000 Männern des Alters 60 würden entsprechend $1.000 \cdot 0{,}98 = 980$ das Alter 61 erleben. Beide Zahlenwerte sind dabei als Erwartungswerte zu verstehen. Eine exakte Vorhersage über die Zahl der Toten in einer Stichprobe von Männern des Alters x ist nicht möglich.

Allgemein kann davon ausgegangen werden, dass q_x mit steigendem x langsam zunimmt, p_x entsprechend langsam abnimmt (markante Ausnahme: sehr kleine x-Werte, vgl. Abschnitt D.2.1).

Alternativ kann p_x auch mithilfe der Zahl der Lebenden der Alter x und (x + 1) direkt als LAPLACE-Wahrscheinlichkeit ausgedrückt werden:

$$p_x = \frac{l_{x+1}}{l_x}$$

Da sich die Zahl der Lebenden des Alters (x + 1) aus der Zahl der Lebenden des Alters x durch Subtraktion der Toten des Alters x ergibt ($l_{x+1} = l_x - d_x$), folgt (vgl. obige Definition von q_x)

$$p_x = \frac{l_{x+1}}{l_x} = \frac{l_x - d_x}{l_x} = 1 - \frac{d_x}{l_x} = 1 - q_x,$$

was den komplementären Charakter der Ereignisse „x-jähriger Mann stirbt im Alter x“ und „x-jähriger Mann überlebt Alter x“ bestätigt.

3.2 Multiplikationstheorem

Mithilfe des **Multiplikationstheorems** kann die Eintrittswahrscheinlichkeit der **Schnittmenge** zweier Ereignisse A und B berechnet werden, sprich: die Wahrscheinlichkeit, dass A *und* B eintreten. Dabei ist zu beachten, dass das Eintreten von B vom Eintreten oder Nichteintreten von A abhängen kann. In diesem Falle nennt man A und B **stochastisch abhängig**. Hat der Ausgang von A hingegen keinerlei Auswirkungen auf den Ausgang von B, heißen die beiden Ereignisse **stochastisch unabhängig**.

Sind A und B stochastisch abhängig, beschreibt die **bedingte Wahrscheinlichkeit** W(B|A) die Wahrscheinlichkeit, dass B eintritt, nachdem A schon eingetreten ist. Sind die beiden Ereignisse stochastisch unabhängig, gilt W(B|A) = W(B), da der Ausgang von A das Ereignis B nicht beeinflussen kann.

Betrachten wir dazu ein gewöhnliches Skatblatt mit 32 Karten, aus dem nacheinander zwei Karten willkürlich gezogen werden und dabei die Frage gestellt wird, mit welcher Wahrscheinlichkeit die erste bzw. zweite Karte eine Kreuzkarte ist (Ereignisse A und B). Da 8 der 32 Karten Kreuzkarten sind, ist die erste Karte mit einer Wahrscheinlichkeit von

$$W(A) = \frac{8}{32} = 0{,}25$$

eine Kreuzkarte. Legen wir die erste Karte *vor* der Ziehung der zweiten Karte wieder ins Kartenspiel zurück, liegt wieder ein komplettes Kartenspiel vor, die Eintrittswahrscheinlichkeit von B ist identisch der von A. Anders ausgedrückt: Gleichgültig, ob unsere erste Karte eine Kreuzkarte gewesen ist oder nicht, ist die Eintrittswahrscheinlichkeit von B ebenfalls wieder 0,25, da W(B|A) = W(B) = 0,25. A und B sind also stochastisch unabhängig.

Legen wir die erste Karte hingegen *nicht* zurück, liegen nach dem Eintreten von A noch 31 Karten vor, von denen 7 Kreuzkarten sind. A und B sind nun stochastisch abhängig, d. h.

$$W(B|A) = \frac{7}{31} = 0{,}226.$$

Auf Basis der bedingten Wahrscheinlichkeit drückt das **Multiplikationstheorem** die Eintrittswahrscheinlichkeit der Schnittmenge $A \cap B$ aus (A *und* B treten ein):

$$W(A \cap B) = W(A) \cdot W(B|A)\ .$$

Auf der rechten Seite stehen dabei die (bedingten) Eintrittswahrscheinlichkeiten von A und B, wobei bei B berücksichtigt wird, dass A zuvor schon eingetreten ist. Dabei wird implizit angenommen, dass die Zufallsexperimente hintereinander durchgeführt werden, A sich also stets vor B ereignet.

Als praktisches Beispiel ziehen wir wieder aus einem Kartenspiel mit 32 Karten nacheinander willkürlich zwei Karten, von denen die erste nicht zurückgelegt wird. Werden nun die Ereignisse A = „erste Karte ist Kreuzkarte" und B = „zweite Karte ist Kreuzkarte" definiert, so folgt für die Wahrscheinlichkeit, dass beide Karten Kreuzkarten sind

$$W(A \cap B) = W(A) \cdot W(B|A) = \frac{8}{32} \cdot \frac{7}{31} = 0{,}0565.$$

Wird die erste Karte hingegen zurückgelegt, sind A und B stochastisch unabhängig und es folgt

$$W(A \cap B) = W(A) \cdot W(B|A) = W(A) \cdot W(B) = \frac{8}{32} \cdot \frac{8}{32} = 0{,}0625.$$

Im Falle stochastischer Unabhängigkeit der Ereignisse A und B ergibt sich also eine vereinfachte Version des Multiplikationstheorems.

Das Multiplikationstheorem kann auf die Verkettung von **mehr als zwei Ereignissen** verallgemeinert werden. Sind die n Ereignisse $A_1, A_2, A_3, \ldots, A_n$ **stochastisch unabhängig**, erhalten wir

$$W(A_1 \cap A_2 \cap A_3 \cap \ldots \cap A_n) = W(A_1) \cdot W(A_2) \cdot W(A_3) \cdot \ldots \cdot W(A_n)\,.$$

Bei **stochastischer Abhängigkeit** (allgemeiner Fall) muss hingegen für jedes Einzelereignis A_i gefordert werden, dass die vorangegangenen Ereignisse $A_1, \ldots, A_{i-1}$ bereits eingetreten sind, was auf

$$W(A_1 \cap A_2 \cap A_3 \cap \ldots \cap A_n) = W(A_1) \cdot W(A_2|A_1) \cdot W(A_3|A_1 \cap A_2) \cdot \ldots$$

$$\ldots \cdot W(A_n|A_1 \cap A_2 \cap \ldots \cap A_{n-1})$$

führt. Der Ausdruck

$$W(A_3|A_1 \cap A_2)$$

gibt dabei zum Beispiel die bedingte Wahrscheinlichkeit an, dass A_3 eintritt, nachdem A_1 und A_2 beide schon eingetreten sind.

Ziehen wir etwa aus obigem Kartenspiel nacheinander willkürlich vier Karten und ist A_i = „i-te Karte ist Kreuzkarte", so beschreibt

$$A_1 \cap A_2 \cap A_3 \cap A_4$$

das Ereignis, dass wir vier Kreuzkarten ziehen. Wird keine gezogene Karte wieder zurückgelegt, ergibt sich

$$W(A_1 \cap A_2 \cap A_3 \cap A_4) = W(A_1) \cdot W(A_2|A_1) \cdot W(A_3|A_1 \cap A_2) \cdot W(A_4|A_1 \cap A_2 \cap A_3)$$

$$= \frac{8}{32} \cdot \frac{7}{31} \cdot \frac{6}{30} \cdot \frac{5}{29} = 0{,}00195$$

Würden wir jede gezogene Karte wieder ins Kartenspiel zurücklegen, würde dies

$$W(A_1 \cap A_2 \cap A_3 \cap A_4) = W(A_1) \cdot W(A_2) \cdot W(A_3) \cdot W(A_4)$$

$$= \frac{8}{32} \cdot \frac{8}{32} \cdot \frac{8}{32} \cdot \frac{8}{32} = 0{,}0039$$

zur Folge haben. Durch das Zurücklegen der Karten wird jedes Mal wieder der Urzustand hergestellt, eine Berücksichtigung bedingter Wahrscheinlichkeiten entfällt.

In der Lebensversicherungsmathematik wird mithilfe des Multiplikationstheorems die **mehrjährige Überlebenswahrscheinlichkeit** eines Menschen auf Basis einer Sterbetafel berechnet. Soll z. B. ermittelt werden, mit welcher Wahrscheinlichkeit ein x-jähriger Mann die nächsten k Jahre überlebt ($k > 0$), werden zunächst die Überlebenswahrscheinlichkeiten für einzelne Lebensalter berechnet (jeweils Komplementärwahrscheinlichkeit zur Sterblichkeit):

p_x	$= 1 - q_x$	x-jähriger Mann überlebt Alter x und ist dann (x + 1)-jährig
p_{x+1}	$= 1 - q_{x+1}$	(x + 1)-jähriger Mann überlebt Alter (x + 1) und ist dann (x + 2)-jährig
p_{x+2}	$= 1 - q_{x+2}$	(x + 2)-jähriger Mann überlebt Alter (x + 2) und ist dann (x + 3)-jährig
…		…
p_{x+k-1}	$= 1 - q_{x+k-1}$	(x + k – 1)-jähriger Mann überlebt Alter (x + k – 1) und ist dann (x + k)-jährig

Diese Überlebenswahrscheinlichkeiten für einzelne Lebensjahre bilden gewissermaßen die Hürden, die ein x-jähriger Mann überwinden muss, um die nächsten k Jahre zu überleben. Damit er schließlich das Alter (x + k) erlebt, muss er zuvor alle Alter zwischen x und (x + k) erleben. Die Wahrscheinlichkeit ${}_kp_x$ für das Erleben des Alters (x + k) errechnet sich damit nach dem Multiplikationstheorem aus

$$ {}_kp_x = p_x \cdot p_{x+1} \cdot p_{x+2} \cdot \ldots \cdot p_{x+k-1} = (1 - q_x) \cdot (1 - q_{x+1}) \cdot (1 - q_{x+2}) \cdot \ldots \cdot (1 - q_{x+k-1}). $$

Alternativ lassen sich die k-jährigen Überlebenswahrscheinlichkeiten auch rekursiv herleiten:

$$ {}_kp_x = {}_{k-1}p_x \cdot p_{x+k-1} $$

bzw.

$$ {}_{k+l}p_x = {}_kp_x \cdot {}_lp_{x+k} $$

Die letzte Formel bedeutet dabei, dass ein x-jähriger Mann genau dann (k + l) Jahre überlebt (${}_{k+l}p_x$), wenn er zunächst als x-Jähriger k Jahre überlebt (${}_kp_x$) und dann als (x + k)-Jähriger nochmals l Jahre überlebt (${}_lp_{x+k}$).

Offenbar gilt ${}_1p_x = p_x$, ferner ist die Festlegung ${}_0p_x = 1$ sinnvoll (Person hat das Alter x bereits erreicht). Beachte, dass das Erleben eines bestimmten Alters immer an das Erleben aller vorangegangenen Alter gekoppelt ist, die obigen Einzelereignisse also stochastisch abhängig sind. Da die Überlebenswahrscheinlichkeiten p_x stets $0 < p_x < 1$ erfüllen, wird ${}_kp_x$ mit zunehmendem k immer kleiner. Dies entspricht der Beobachtung, dass von den Lebenden eines festen Alters x im Laufe der Zeit immer mehr „wegsterben“, bis schließlich mit Erreichen eines hinreichend hohen Alters alle beobachteten Personen verstorben sind.

Als Beispiel betrachten wir eine Sterbetafel, nach der die Sterbewahrscheinlichkeit von Männern zwischen dem 20. und 26. Lebensjahr konstant 0,003 betrage. Die Wahrscheinlichkeit, dass ein 20-jähriger Mann die nächsten 7 Jahre überlebt (Ereignis A), beträgt damit

$$ \begin{aligned} W(A) &= {}_7p_{20} = p_{20} \cdot p_{21} \cdot p_{22} \cdot \ldots \cdot p_{26} = (1 - q_{20}) \cdot (1 - q_{21}) \cdot (1 - q_{22}) \cdot \ldots \cdot (1 - q_{26}) \\ &= (1 - 0{,}003)^7 = 0{,}979188\ldots \approx 0{,}979\,. \end{aligned} $$

Von 1.000 20-jährigen Männern werden damit im statistischen Mittel 1.000 · 0,979 = 979 das Lebensalter 27 erreichen, 21 werden zuvor sterben. Das Ereignis „ein 20-jähriger Mann überlebt die nächsten 7 Jahre nicht“ ist offenbar gerade das **Komplementärereignis** A^C zu A, für das entsprechend

$$ W(A^C) = 1 - W(A) = 1 - 0{,}979 = 0{,}021 $$

gilt.

3.3 Additionstheorem

Die Wahrscheinlichkeit für das Eintreten der **Vereinigungsmenge** $A \cup B$ zweier Ereignisse A und B kann mithilfe des **Additionstheorems** berechnet werden. Tritt A oder B ein, kann es sein, dass das jeweils andere Ereignis ebenfalls eintritt, weshalb bei einer bloßen Addition der Wahrscheinlichkeiten W(A) und W(B) die Wahrscheinlichkeit für das Eintreten der Schnittmenge $A \cap B$ doppelt gezählt würde (vgl. zugehöriges VENN'sches Diagramm in Abschnitt 1). Daher muss die Eintrittswahrscheinlichkeit für $A \cap B$ einmal subtrahiert werden, um zur Wahrscheinlichkeit der Vereinigungsmenge zu gelangen:

$$W(A \cup B) = W(A) + W(B) - W(A \cap B)$$

Sind die Ereignisse A und B **disjunkt**, entfällt der letzte Term auf der rechten Seite, womit sich der Spezialfall

$$W(A \cup B) = W(A) + W(B)$$

ergibt.

Zur Veranschaulichung ziehen wir wieder aus einem gewöhnlichen Skatblatt eine Karte. Werden die Ereignisse A = „Karte ist Ass" und B = „Karte ist Kreuzkarte" definiert, folgt für die Wahrscheinlichkeit der Schnittmenge von A und B

$$W(A \cap B) = W(A) \cdot W(B|A) = \frac{4}{32} \cdot \frac{1}{4} = \frac{1}{32} = 0{,}03125.$$

Dabei drückt W(B|A) die Wahrscheinlichkeit aus, dass die Karte eine Kreuzkarte ist, wenn schon sicher ist, dass es sich um ein Ass handelt. Das Resultat hätte man auch als gewöhnliche LAPLACE-Wahrscheinlichkeit für das Ereignis „Karte ist Kreuz-Ass" herleiten können.

Für die Eintrittswahrscheinlichkeit der Vereinigungsmenge („Karte ist Ass oder Kreuzkarte") folgt

$$W(A \cup B) = W(A) + W(B) - W(A \cap B) = \frac{4}{32} + \frac{8}{32} - \frac{1}{32} = \frac{11}{32}.$$

Dieses Ergebnis entspricht der Beobachtung, dass insgesamt 11 der 32 Karten *entweder* Asse *oder* Kreuzkarten *oder* gar beides sind.

In der Lebensversicherungsmathematik wird das Additionstheorem z. B. benötigt, wenn ein Versicherungsfall durch das Eintreten verschiedener Einzelereignisse ausgelöst werden kann. In der **Risikolebensversicherung auf verbundene Leben** wird die Versicherungsleistung fällig, wenn mindestens eine der beiden versicherten Personen (üblicherweise Ehepartner) verstirbt (vgl. Abschnitt H.3).

Schließen ein x-jähriger Mann und eine y-jährige Frau eine einjährige Risikolebensversicherung auf verbundene Leben mit einjähriger Laufzeit ab, muss die Wahrscheinlichkeit ermittelt werden, dass der Mann oder die Frau während des Jahres verstirbt (einschließlich des Falls, dass beide Partner sterben). Wird davon ausgegangen, dass beide Partner stochastisch unabhängig voneinander sterben, folgt aus dem Multiplikationstheorem:

$$W(\text{„beide sterben“}) = q_{xy} = q_x \cdot q_y$$

Das Additionstheorem liefert dann:

$$\begin{aligned} W(\text{„Mann oder Frau stirbt“}) &= W(\text{„Mann stirbt“}) + W(\text{„Frau stirbt“}) - W(\text{„beide sterben“}) \\ &= q_x + q_y - q_{xy} = q_x + q_y - q_x \cdot q_y \end{aligned}$$

Bemerkung: In Abschnitt H.3 wird ein alternativer Ansatz zur Modellierung des versicherten Risikos bei einer Risikolebensversicherung auf verbundene Leben gewählt, der die Forderung nach stochastisch unabhängigem Versterben beider versicherter Personen hinfällig macht.

4. Übungsaufgaben zur Wahrscheinlichkeitsrechnung

Aufgabe B1

Aus einem Skatblatt werde eine Spielkarte zufällig ausgewählt. Ermitteln Sie die Wahrscheinlichkeit folgender Ereignisse:

a) Die Karte ist eine Dame.
b) Die Karte ist eine Karokarte.
c) Die Karte ist eine Herzkarte, aber weder der König noch das Ass.

Aufgabe B2

Von einer Population von 13.823 willkürlich ausgewählten Männern des Alters $x = 41$ versterben 38 Männer, bevor sie das 42. Lebensjahr vollenden bzw. ihren 42. Geburtstag feiern. Berechnen Sie die Sterblichkeit q_{41} in dieser Population und die zugehörige Überlebenswahrscheinlichkeit p_{41}.

Aufgabe B3

Von 1.000 Personen habe jede eine Sterblichkeit von 0,01 während des nächsten Jahres. Mit welcher Wahrscheinlichkeit wird mindestens eine dieser Personen während des nächsten Jahres versterben?

Aufgabe B4

Berechnen Sie auf Basis der Sterbetafeln DAV 2004 R (Grundtafel 1965) im Anhang die Wahrscheinlichkeit, dass

a) ein 23-jähriger Mann die nächsten zehn Jahre überlebt,
b) eine 77-jährige Frau noch drei Jahre lebt und dann verstirbt,
c) ein 65-jähriger Mann *und* seine 63-jährige Frau zusammen die nächsten fünf Jahre überleben.

Aufgabe B5

Berechnen Sie auf Basis der Sterbetafeln DAV 2004 R (Grundtafel 1965) im Anhang die Wahrscheinlichkeit, dass

a) ein 78-jähriger Mann *und* seine 77-jährige Frau das nächste Lebensjahr nicht erleben,
b) ein 78-jähriger Mann oder seine 77-jährige Frau das nächste Lebensjahr nicht erleben,
c) ein 65-jähriger Mann *oder* seine 63-jährige Frau in den nächsten fünf Jahren versterben.

C. Finanzmathematische Grundlagen

Die Wahrscheinlichkeitsrechnung im vorangegangenen Kapitel hat sich hauptsächlich mit der statistischen Beschreibung des versicherten **Risikos** in der Lebensversicherung beschäftigt. In diesem Kapitel geht es nun um die Modellierung von **Spar- und Entsparprozessen**, wie sie bei Produkten der privaten Lebensversicherung auftreten (Abschnitt 1). Zentraler Gegenstand des Kapitels ist der **Barwertbegriff** der Finanzmathematik (Abschnitt 2), mit dessen Hilfe es möglich wird, zeitlich separierte Zahlungen und Zahlungsströme sinnvoll miteinander zu vergleichen. In der Prämienkalkulation der Lebensversicherung wird der Barwertbegriff verwendet, um die versicherungsmathematische **Äquivalenz** von gezahlten Prämien und erhaltenen Leistungen sicherzustellen (Kapitel D).

Da sowohl die Prämienzahlungen an einen Lebensversicherer als auch viele der von einem Lebensversicherer erbrachten Versicherungsleistungen mit Einschränkungen als **Renten** interpretiert werden können, führt Abschnitt 3 in die Grundlagen der Rentenrechnung ein. Hier geht es hauptsächlich um die Frage einer finanzmathematisch adäquaten Bewertung von Renten auf Basis von **Rentenbarwerten** (Abschnitt 3.2).

1. Zinsrechnung

Überlässt ein Gläubiger einem Schuldner für einen begrenzten Zeitraum Kapital, wird hierfür ein Nutzungsentgelt in Form von **Zinsen** fällig. Typische Beispiele sind die für Darlehen fälligen Kreditzinsen oder die im Rahmen eines Sparplans von einer Bank an einen Investor (Gläubiger) gezahlten Sparzinsen. Auch in der Lebensversicherung spielen Verzinsungsprozesse bei kapitalbildenden Lebensversicherungen oder Rentenversicherungen eine wichtige Rolle. Als Gläubiger tritt hier der Versicherungsnehmer auf, der Versicherer (Schuldner) verzinst ihm als Ausgleich für die Überlassung der gezahlten Prämien die Sparanteile dieser Prämien.

Die **Zinsrechnung** stellt Verfahren zur Berechnung von Zinsen in Abhängigkeit von der Höhe und Nutzungsdauer eines Kapitals zur Verfügung. Bei den meisten Anwendungen wird dabei davon ausgegangen, dass einmal angefallene Zinsen dem Kapital zugeschlagen werden und so an der weiteren Verzinsung teilnehmen (Verzinsung mit **Zinseszinsen**).

Im Folgenden wird ausschließlich der für die Lebensversicherungspraxis wichtige Fall einer über mehrere Jahre laufenden Verzinsung mit **jährlicher Zinsperiode** betrachtet, bei der die Zinsen einmal jährlich fällig werden. Die erste Zinszahlung auf das **Anfangskapital** K_0 erfolgt damit nach Ablauf eines Jahres. Nach Ablauf jedes weiteren Jahres erfolgen Zinszahlungen auf das bis dahin angesammelte Kapital (Anfangskapital + bisher angefallene Zinsen). Die fälligen Zinsen werden dabei **anteilig** berechnet, d. h., es wird jeweils ein fester Anteil des zu verzinsenden Kapitals als Zinsen fällig. Dieser Anteil wird durch den **Zinssatz** i beschrieben, der entweder als Dezimalzahl („0,05") oder in Prozent („5 %") angegeben werden kann.

Bei einer **jährlichen Zinsperiode** errechnet sich das Kapital nach Ablauf eines Jahres damit zu

$$K_1 = K_0 + K_0 \cdot i = K_0 \cdot (1 + i)\,.$$

Nach zwei Jahren erhalten wir unter Berücksichtigung des Zinseszinscharakters (die fälligen Zinsen werden nun auf K_1 gezahlt)

$$K_2 = K_1 + K_1 \cdot i = K_1 \cdot (1 + i) = K_0 \cdot (1 + i) \cdot (1 + i) = K_0 \cdot (1 + i)^2,$$

nach Ablauf von n Jahren schließlich

$$K_n = K_{n-1} + K_{n-1} \cdot i = K_{n-1} \cdot (1 + i) = K_{n-2} \cdot (1 + i)^2 = K_{n-3} \cdot (1 + i)^3 = \ldots = K_1 \cdot (1 + i)^{n-1}$$
$$= K_0 \cdot (1 + i)^n.$$

Ein Anfangskapital K_0 wächst bei Verzinsung mit Zinseszinsen also gemäß der Verzinsungsformel

$$K_n = K_0 \cdot (1 + i)^n$$

exponentiell mit der Laufzeit n an. Besonders bei hohen Zinssätzen und langen Laufzeiten führt dies zu hohen Zinszuwächsen.

Investiert ein Anleger z. B. einen Betrag von 10.000 € in einen Sparplan, der ihm eine jährliche Verzinsung von 5 % garantiert, wächst sein Anfangskapital K_0 als Funktion der Laufzeit n wie folgt (teilweise Rundungswerte):

Laufzeit n in Jahren (Zinsatz konstant 5 %)	**Endkapital**
1	$K_1 = K_0 \cdot (1 + i) = 10.000 \cdot 1{,}05 =$ **10.500,00 €**
2	$K_2 = K_0 \cdot (1 + i)^2 = 10.000 \cdot 1{,}05^2 =$ **11.025,00 €**
3	$K_3 = K_0 \cdot (1 + i)^3 = 10.000 \cdot 1{,}05^3 =$ **11.576,25 €**
10	$K_{10} = K_0 \cdot (1 + i)^{10} = 10.000 \cdot 1{,}05^{10} =$ **16.288,95 €**
20	$K_{20} = K_0 \cdot (1 + i)^{20} = 10.000 \cdot 1{,}05^{20} =$ **26.532,98 €**
50	$K_{50} = K_0 \cdot (1 + i)^{50} = 10.000 \cdot 1{,}05^{50} =$ **114.674,00 €**

Werden dem gleichen Investor bei einer festen Laufzeit von n = 20 Jahren unterschiedliche Zinssätze angeboten, erhalten wir abhängig von den Zinssätzen:

Zinsatz i (Laufzeit konstant 20 Jahre)	**Endkapital nach 20 Jahren**
1 %	$K_{20} = K_0 \cdot (1 + i)^{20} = 10.000 \cdot 1{,}01^{20} =$ **12.201,90 €**
2 %	$K_{20} = K_0 \cdot (1 + i)^{20} = 10.000 \cdot 1{,}02^{20} =$ **14.859,47 €**
3 %	$K_{20} = K_0 \cdot (1 + i)^{20} = 10.000 \cdot 1{,}03^{20} =$ **18.061,11 €**
5 %	$K_{20} = K_0 \cdot (1 + i)^{20} = 10.000 \cdot 1{,}05^{20} =$ **26.532,98 €**
7 %	$K_{20} = K_0 \cdot (1 + i)^{20} = 10.000 \cdot 1{,}07^{20} =$ **38.696,84 €**
10 %	$K_{20} = K_0 \cdot (1 + i)^{20} = 10.000 \cdot 1{,}10^{20} =$ **67.275,00 €**

Der Zinseszinseffekt macht sich also erst nach einigen Jahren („n groß") deutlich bemerkbar und tritt bei hohen Zinssätzen („i groß") besonders markant hervor.

Allgemein nennt man die Berechnung eines **Endkapitals** K_n aus einem Anfangskapital K_0 **Aufzinsen**, der umgekehrte Vorgang wird als **Abzinsen** oder **Diskontieren** bezeichnet.

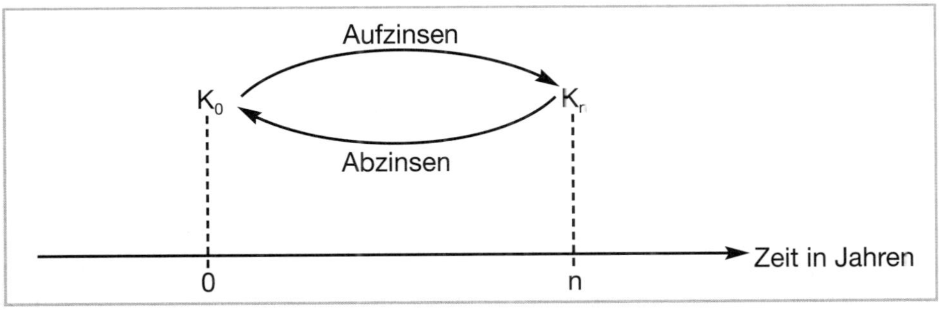

Abb. C.1: Aufzinsen und Abzinsen

Um das Anfangskapital K_0 zu einem Endkapital K_n zu ermitteln, wird die obige Verzinsungsformel nach K_0 aufgelöst:

$$K_n = K_0 \cdot (1 + i)^n \leftrightarrow K_0 = = \frac{K_n}{(1 + i)^n}$$

Mithilfe des **Diskontierungsfaktors** $v = \frac{1}{1+i}$ ergibt dies

$$K_0 = \frac{K_n}{(1+i)^n} = K_n \cdot v^n.$$

Als Beispiel betrachten wir einen Sparer, der aus einem abgelaufenen Banksparplan nach 15 Jahren Laufzeit bei einem Zinssatz von 4 % p. a. eine Zahlung von 36.018,87 € erhalte (Endkapital $K_n = K_{15}$). Damit beträgt das vor 15 Jahren eingezahlte Anfangskapital ($v = 1{,}04^{-1}$)

$$K_0 = K_n \cdot v^n = 36.018{,}87 \cdot \left(\frac{1}{1{,}04}\right)^{15} = 20.000 €.$$

Umgekehrt folgt daraus, dass ein Anfangskapital K_0 von 20.000 € bei einem Zinssatz von 4 % und einer Laufzeit von 15 Jahren auf ein Endkapital K_{15} von 36.018,87 € anwächst (Aufzinsen).

Der Diskontierungsfaktor v ist in der Lebensversicherungsmathematik von großer Bedeutung, da er ein „Rückwärtsrechnen" in der Zeit erlaubt. Soll bei Vertragsabschluss (Zeitpunkt 0) eine Versicherungsprämie berechnet werden, muss der Wert aller zukünftigen Leistungen und Prämienzahlungen in der Gegenwart ermittelt werden, um eine angemessene Prämie zu bestimmen (vgl. Kapitel D).

2. Barwertbegriff und Äquivalenzprinzip

Erfolgen einzelne Zahlungen zu unterschiedlichen Zeitpunkten, kann ein Vergleich dieser Zahlungen in finanzwirtschaftlichen und versicherungsmathematischen Anwendungen nicht am **Nominalwert** (reiner Zahlenwert) der Zahlungen festgemacht werden. Vielmehr wird unterstellt, dass alles vorhandene Kapital einem **kontinuierlichen Verzinsungsprozess** unterliegt, der das Kapital mit der Zeit anwachsen lässt. Ein Vergleich von zeitlich separierten Zahlungen muss daher die Zeitkomponente mit berücksichtigen.

Wie in Abschnitt 1 dargestellt, wächst ein zu einem Zeitpunkt 0 vorhandenes Anfangskapital K_0 nach n Jahren bei Verzinsung mit Zinseszinsen auf ein Endkapital

$$K_n = K_0 \cdot (1+i)^n$$

an. Ist der Zinssatz i während der gesamten Laufzeit des Ansparprozesses konstant, entspricht das Anfangskapital K_0 somit einem Endkapital K_n nach n Jahren, die beiden Beträge sind (finanzmathematisch) **äquivalent**. Mit anderen Worten: Ein zum Zeitpunkt 0 vorhandenes Anfangskapital K_0 besitzt aus finanzmathematischer Sicht den gleichen **Zeitwert** zum Zeitpunkt 0 wie das zugehörige Endkapital K_n, das erst in n Jahren vorliegt. Die n-jährige Wartezeit auf K_n wird durch die bis dahin fälligen Zinsen abgegolten.

Den finanzmathematischen Wert einer Zahlung K_n zum Zeitpunkt 0 (im Allgemeinen die Gegenwart; K_n selbst ist zum Zeitpunkt n fällig) nennt man den **Barwert** K_0 dieser Zahlung. Er errechnet sich durch Aufzinsen aus der Vergangenheit (n negativ) oder durch Abzinsen bzw. Diskontieren aus der Zukunft (n positiv). Voraussetzung hierfür ist ein fester Kalkulationszinssatz i, der während des gesamten betrachteten Zeitraums zur Verfügung steht und mit dessen Hilfe der Wert der Zahlung K_n zu einem beliebigen Zeitpunkt ermittelt werden kann. Sind zwei Zahlungen äquivalent, besitzen sie den gleichen Barwert.

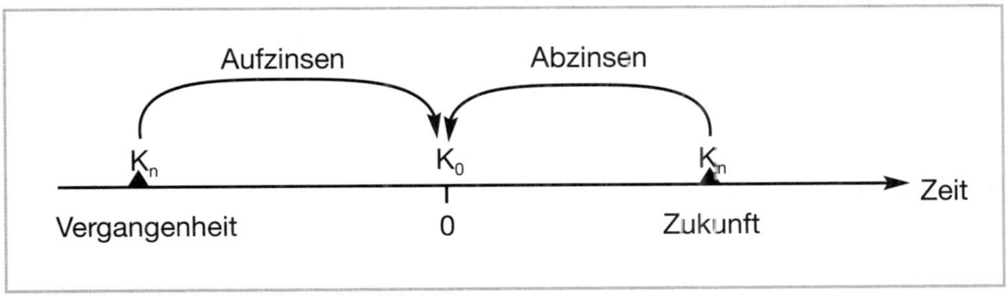

Abb. C.2: Aufzinsen und Abzinsen

Zum Beispiel hat eine Zahlung von 5.000 €, die in vier Jahren fällig wird, bei einem Zinssatz von 5 % einen Barwert von

$$K_0 = K_n \cdot v^n = 5.000 \cdot \left(\frac{1}{1{,}05}\right)^4 = 4.113{,}51\ €.$$

Die Zahlung von 5.000 € in vier Jahren entspricht damit bei einem Zinssatz von 5 % aus finanzmathematischer Sicht einer Sofortzahlung von 4.113,51 €. Wird eine Verzinsung von nur 4 % angenommen, ergibt sich ein Barwert

$$K_0 = K_n \cdot v^n = 5.000 \cdot \left(\frac{1}{1{,}04}\right)^4 = 4.274{,}02\ €,$$

ein niedrigerer Zinssatz erhöht also den Barwert von Zahlungen mit Fälligkeit in der Zukunft. Würde gar ein Zinssatz von 0 % verwendet, würde der Barwert auf K_0 = 5.000 € anwachsen. Sobald die kontinuierliche Verzinsung des Kapitals außer Kraft gesetzt ist, wird der Nominalwert einer Zahlung in der Zukunft automatisch zum Barwert dieser Zahlung, da nun

$$v = \frac{1}{1+0} = 1$$

ist.

Sollen zwei in der Zukunft erfolgende Zahlungen finanzmathematisch miteinander verglichen werden, müssen für beide Zahlungen die zugehörigen Barwerte ermittelt werden, um die Zeitkomponente angemessen zu berücksichtigen.

Als Beispiel betrachten wir zwei Schuldner, die zu unterschiedlichen Zeitpunkten in der Zukunft ihre Schulden begleichen müssen. Schuldner A muss in 10 Jahren eine Zahlung von 10.000 €, Schuldner B in 15 Jahren eine Zahlung von 12.000 € leisten. Rein nominal hat B damit die höheren Schulden. Wird jedoch davon ausgegangen, dass beide Schuldner zum Zeitpunkt 0 vorhandenes Kapital zu einem Zinssatz von 5 % p. a. verzinsen können, entsprechen ihre in der Zukunft fälligen Zahlungen folgenden Barwerten

Schuldner A (n = 10):

$$K_0 = K_n \cdot v^n = 10.000 \cdot \left(\frac{1}{1{,}05}\right)^{10} = 6.139{,}13\ €$$

Schuldner B (n = 15):

$$K_0 = K_n \cdot v^n = 12.000 \cdot \left(\frac{1}{1{,}05}\right)^{15} = 5.772{,}21\ €$$

Die Schulden von A haben damit den höheren Barwert und sind finanzmathematisch höher zu bewerten – trotz des niedrigeren Nominalwertes. Die Ursache hierfür liegt darin, dass A seine Schulden fünf Jahre früher als B zu begleichen hat und somit fünf Jahre weniger Zeit hat, Zinsen anzusammeln.

Legen wir einen anderen Zinssatz zugrunde, führt dies zu anderen Barwerten und damit u. U. auch zu einem anderen Gesamtergebnis. Wird statt i = 5 % ein Zinssatz von nur 1 % verwendet, folgt etwa:

Schuldner A (n = 10):

$$K_0 = K_n \cdot v^n = 10.000 \cdot \left(\frac{1}{1{,}01}\right)^{10} = 9.052{,}87\ €$$

Schuldner B (n = 15):

$$K_0 = K_n \cdot v^n = 12.000 \cdot (\frac{1}{1,01})^{15} = 10.336,19 \text{ €}$$

Nun hat Schuldner B finanzmathematisch gesehen die höhere Schuldenlast, der niedrigere Zinssatz führt trotz der zur Verfügung stehenden zusätzlichen fünf Jahre nicht zu einem niedrigeren Barwert.

Nach dem **Äquivalenzprinzip** sind zwei zu unterschiedlichen Zeitpunkten erfolgende Zahlungen genau dann zueinander **äquivalent** (entsprechen einander), wenn beide Zahlungen den gleichen **Barwert** haben. Für die Lebensversicherungsmathematik bedeutet das Äquivalenzprinzip, dass die Prämienberechnung auf Basis der versicherungsmathematischen Äquivalenz künftiger Versicherungsleistungen und Prämienzahlungen zu erfolgen hat. Da sowohl Versicherungsleistungen als auch Prämienzahlungen zu Zeitpunkten in der Zukunft erfolgen, müssen beide diskontiert werden, um den jeweiligen Barwert zum Zeitpunkt des Vertragsabschlusses zu ermitteln (vgl. Abschnitt D.3.1). Erst bei Vorliegen einer Prämienberechnung auf Grundlage der Äquivalenz künftiger Versicherungsleistungen und Prämienzahlungen kann ein Lebensversicherungsvertrag aus Sicht beider Vertragsparteien als „fair" bezeichnet werden.

3. Rentenrechnung

Unter einer **Rente** wird in der Finanz- und Versicherungsmathematik eine in regelmäßigen Zeitabständen wiederkehrende Zahlung verstanden. Die einzelnen Zahlungen der Höhe R werden dabei als **Raten** bezeichnet (im Folgenden konstant). Hauptgegenstand der Rentenrechnung ist die finanzmathematische Bewertung von Renten zu einem gegebenen Zeitpunkt, d. h. die Bestimmung des Zeitwertes aller Ratenzahlungen mithilfe des Barwertbegriffs. Der Einfachheit halber werden im Folgenden ausschließlich Renten mit jährlicher **Rentenperiode** betrachtet, bei denen pro Jahr nur eine Ratenzahlung fällig wird.

3.1 Rentenformen

Renten werden in der Finanz- und Versicherungsmathematik nach folgenden Kriterien unterschieden:

Unterscheidung nach der Laufzeit

Bei **Zeitrenten** ist die **Laufzeit** beschränkt, es erfolgen nur n jährliche Ratenzahlungen über einen Zeitraum von n Jahren. Ist die Ratenzahlung dabei – wie in der Lebensversicherung üblich – an das Überleben des Ratenzahlers oder Ratenempfängers gekoppelt, spricht man speziell von einer **Leibrente**. Leibrenten sind damit Zeitrenten, bei denen die **Laufzeit höchstens n Jahre** beträgt. Im Gegensatz zu Zeitrenten ist die Laufzeit bei **ewigen Renten** nicht beschränkt. Typische Beispiele für Zeitrenten sind Banksparpläne mit regelmäßigen Einzahlungen oder die Prämienzahlung eines Versicherungsnehmers an seinen Lebensversicherer (Leibrente); ewige Renten bilden die Grundlage des Stiftungswesens.

Unterscheidung nach dem genauen Zeitpunkt der Ratenfälligkeit

Erfolgen die Ratenzahlungen jeweils zu Beginn einer Rentenperiode, spricht man von **vorschüssigen Renten**, bei Ratenzahlungen am Ende einer Rentenperiode von **nachschüssigen Renten**. Bei einer sofortbeginnenden vorschüssigen Zeitrente ist die erste Ratenzahlung zum Zeitpunkt 0, die letzte Ratenzahlung zum Zeitpunkt (n – 1) fällig. Wird nachschüssige Ratenzahlung vereinbart, erfolgt die erste Ratenzahlung zum Zeitpunkt 1, die letzte zum Zeitpunkt n. Die Prämienzahlung in der Lebensversicherung erfolgt stets vorschüssig (beginnend mit dem Einlösebeitrag zu Vertragsbeginn), die Ratenzahlung durch eine private Rentenversicherung kann hingegen vor- oder nachschüssig erfolgen.

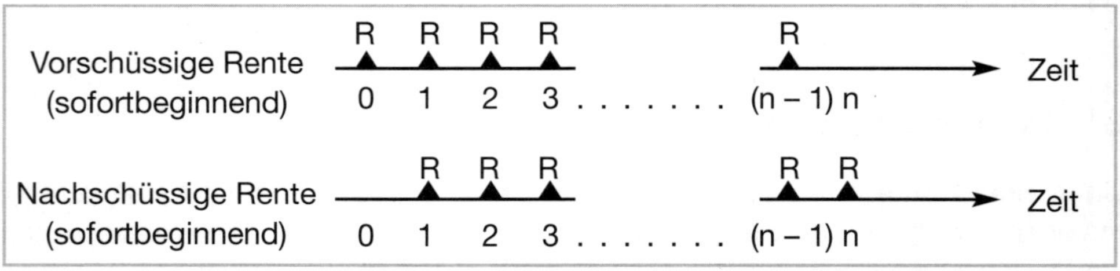

Abb. C.3: Ratenzahlung bei vor- und nachschüssigen Zeitrenten; es werden jeweils n Raten gezahlt

Man kann sich eine nachschüssige Zeitrente mit jährlicher Ratenzahlung damit als eine um ein Jahr in die Zukunft verschobene vorschüssige Zeitrente mit ebenfalls jährlicher Ratenzahlung vorstellen.

Unterscheidung nach dem Beginn der ersten Rentenperiode

Bei **sofortbeginnenden Renten** beginnt die erste Rentenperiode zum Zeitpunkt 0, bei **aufgeschobenen Renten** erst nach einer **Aufschubzeit** von m Jahren. Soll eine sofortbeginnende Rente vorschüssig gezahlt werden, ist die erste Ratenzahlung damit zum Zeitpunkt 0 fällig, im nachschüssigen Falle zum Zeitpunkt 1 (nach einem Jahr). Der Begriff „sofortbeginnend" bezieht sich also nicht unmittelbar auf die Ratenzahlung, sondern auf den Beginn der ersten Rentenperiode. Eine sofortbeginnende Rente mit nachschüssiger Ratenzahlung entspricht einer um ein Jahr aufgeschobenen Rente (m = 1) mit vorschüssiger Ratenzahlung. Ein Beispiel für eine aufgeschobene Leibrente wäre eine private Rentenversicherung, bei der die Ratenzahlung an den Versicherungsnehmer erst nach einer Aufschubzeit von m Jahren beginnt. Während der Aufschubzeit zahlt der Versicherungsnehmer üblicherweise eine sofortbeginnende Leibrente (die Prämienzahlungen) an den Lebensversicherer.

Renten mit jährlicher Rentenperiode werden damit im Folgenden nach dem Beginn der ersten Rentenperiode (sofort oder nach m Jahren Aufschub), nach dem genauen Zeitpunkt der Ratenfälligkeit (vorschüssig oder nachschüssig) und nach ihrer Laufzeit (Zeitrente oder ewige Rente) unterschieden.

3.2 Rentenbarwerte

Die Bewertung von Renten wird in der Finanz- und Versicherungsmathematik mithilfe von **Rentenbarwerten** vorgenommen. Der Rentenbarwert ist definiert als die Summe der Barwerte aller Ratenzahlungen. Zu seiner Berechnung müssen folglich die Barwerte aller Raten auf Basis der Methoden aus Abschnitt 2 berechnet und addiert werden. Da Renten üblicherweise vor Rentenbeginn bewertet werden (etwa zum Zwecke der Prämienberechung in der Lebensversicherung), läuft die Barwertberechnung bei den einzelnen Raten auf ein Diskontieren in die Gegenwart (Zeitpunkt 0) hinaus.

3.2.1 Rentenbarwerte sofortbeginnender Zeitrenten

Bei einer **sofortbeginnenden vorschüssigen Zeitrente** der Laufzeit n erfolgen die Ratenzahlungen der Höhe R zu den Zeitpunkten 0, 1, 2,…, (n – 2), (n – 1) (vgl. Abschnitt 3.1). Für die Barwerte gilt damit bei vorgegebenem Kalkulationszinssatz $i > 0$ bzw. Diskontierungsfaktor v:

	Fälligkeitszeitpunkt	Ratenhöhe	Barwert der Rate
1. Ratenzahlung	0	R	R
2. Ratenzahlung	1	R	$R \cdot v$
3. Ratenzahlung	2	R	$R \cdot v^2$
...	...	...	...
(n – 1)-te Ratenzahlung	n – 2	R	$R \cdot v^{n-2}$
n-te Ratenzahlung	n – 1	R	$R \cdot v^{n-1}$

Der **Rentenbarwert** der Gesamtrente errechnet sich als Summe der Einzelbarwerte:

$$R_0 = R + R \cdot v + R \cdot v^2 + ... + R \cdot v^{n-2} + R \cdot v^{n-1}$$
$$= R \cdot (1 + v + v^2 + ... + v^{n-2} + v^{n-1}) =: R \cdot ä_{\overline{n|}}$$

Die von der Laufzeit n und dem Zinssatz i abhängige Größe

$$ä_{\overline{n|}} = 1 + v + v^2 + ... + v^{n-2} + v^{n-1} = 1 + \frac{1}{1+i} + \frac{1}{(1+i)^2} + ... + \frac{1}{(1+i)^{n-2}} + \frac{1}{(1+i)^{n-1}}$$

wird dabei der (vorschüssige) **Rentenbarwertfaktor** genannt.

Alternativ kann dieser Faktor auch als Rentenbarwert einer solchen Rente mit Ratenhöhe R = 1 interpretiert werden, da dann trivialerweise

$$R \cdot ä_{\overline{n|}} = ä_{\overline{n|}}$$

gilt. Ist der Rentenbarwertfaktor einer Rente bekannt, gilt grundsätzlich:

Rentenbarwert = Ratenhöhe x Rentenbarwertfaktor

Um den Rentenbarwertfaktor in eine kompaktere Form zu bringen (ausgeschriebene Summen sind für großes n unpraktikabel), betrachten wir

$$(1 - v) \cdot ä_{\overline{n|}} = ä_{\overline{n|}} - v \cdot ä_{\overline{n|}} = (1 + v + v^2 + ... + v^{n-2} + v^{n-1}) - (v + v^2 + v^3 + ... + v^{n-1} + v^n).$$

Aufgrund der besonderen Struktur der beiden Summen auf der rechten Seite kürzen sich alle Summanden bis auf die 1 in der ersten Summe sowie v_n in der zweiten Summe heraus, d. h.

$$(1 - v) \cdot ä_{\overline{n|}} = ä_{\overline{n|}} - v \cdot ä_{\overline{n|}} = 1 - v^n.$$

Damit ergibt sich nach Division durch (1 – v):

$$ä_{\overline{n|}} = \frac{1 - v^n}{1 - v},$$

also

$$R_0 = R \cdot ä_{\overline{n|}} = R \cdot \frac{1 - v^n}{1 - v}.$$

Der Rentenbarwert einer sofortbeginnenden vorschüssigen Zeitrente der Ratenhöhe R kann so relativ einfach aus R, n und v bzw. i berechnet werden. Die Verwendung des senkrechten und waagerechten Strichs im Index ist in der Finanz- und Versicherungsmathematik weit verbreitet und soll den zeitlich begrenzten Charakter einer Zeitrente unterstreichen.

Zum Beispiel errechnet sich der Barwert einer sofortbeginnenden vorschüssigen Zeitrente mit n = 10 Jahren Laufzeit und einer Ratenhöhe von R = 1.000 € bei einem Zinssatz von i = 5 % zu

$$R_0 = R \cdot \ddot{a}_{\overline{10|}} = 1.000 \cdot \frac{1-\left(\frac{1}{1{,}05}\right)^{10}}{1-\frac{1}{1{,}05}} = 8.107{,}82\ €.$$

Mit anderen Worten: Liegt zum Zeitpunkt 0 ein Geldbetrag von 8.107,82 € vor, der mit jährlich 5 % verzinst wird, kann die beschriebene Zeitrente mit diesem Geldbetrag finanziert werden. Im Laufe der zehn Jahre wird der Rentenbarwert dabei vollständig aufgebraucht.

Wird die Laufzeit der Rente auf n = 3 Jahre verkürzt, ergibt sich ein entsprechend niedrigerer Rentenbarwert:

$$R_0 = R \cdot \ddot{a}_{\overline{3|}} = 1.000 \cdot \frac{1-\left(\frac{1}{1{,}05}\right)^{3}}{1-\frac{1}{1{,}05}} = 2.859{,}41\ €$$

Dieser Geldbetrag wird während der Rentenlaufzeit wie folgt aufgezehrt:

Zeitraum bzw. Zeitpunkt	**Vorgang**
Zeitpunkt 0	1. Ratenzahlung, Rentenbarwert reduziert sich um 1.000 €: 2.859,41 – 1.000 = 1.859,41 €
Zwischen 0 und 1	1. Zinsperiode, Restbetrag erhöht sich um 5 %: 1.859,41 · 1,05 = 1.952,38 €
Zeitpunkt 1	2. Ratenzahlung, Restbetrag reduziert sich um 1.000 €: 1.952,38 – 1.000 = 952,38 €
Zwischen 1 und 2	2. Zinsperiode, Restbetrag erhöht sich um 5 %: 952,38 · 1,05 = 1.000 €
Zeitpunkt 2	3. Ratenzahlung, Restbetrag reduziert sich um 1.000 €: 1.000 – 1.000 = 0 €

Nach drei Ratenzahlungen ist der Rentenbarwert vollständig aufgebraucht; er hat zur Finanzierung der drei Raten exakt ausgereicht. Ein höherer Rentenbarwert hätte nach drei Jahren einen Restbetrag zurückgelassen, ein niedrigerer Rentenbarwert hätte nicht alle drei Ratenzahlungen finanzieren können.

Der Verlauf einer Rente ist folglich als ein Wechselspiel von Ratenzahlungen (verringern Rentenbarwert bzw. dessen Restbetrag) und Verzinsungen (erhöhen Rentenbarwert bzw. dessen Restbetrag) zu verstehen. Der Rentenbarwert wird dabei so berechnet, dass nach Auszahlung aller geforderten Raten kein Restbetrag mehr übrig bleibt.

Der Fall einer **sofortbeginnenden nachschüssigen Zeitrente** kann auf die entsprechende vorschüssige Zeitrente zurückgeführt werden, da nun alle Ratenzahlungen mit einem Jahr Verzögerung erfolgen. Damit können die entsprechenden Barwerte dieser Raten ein Jahr länger verzinst werden, zum Zeitpunkt 0 werden entsprechend niedrigere Barwerte benötigt. Für den Rentenbarwert R_0 einer sofortbeginnenden nachschüssigen Zeitrente folgt daher:

$$R_0 = R \cdot v + R \cdot v^2 + R \cdot v^3 + \ldots + R \cdot v^{n-1} + R \cdot v^n$$

$$= R \cdot (v + v^2 + v^3 + \ldots + v^{n-1} + v^n) =: R \cdot a_{\overline{n|}}$$

Ein kompakterer Ausdruck für $a_{\overline{n|}}$ ergibt sich direkt aus

$$a_{\overline{n|}} = v + v^2 + v^3 + \ldots + v^{n-1} + v^n = v \cdot (1 + v + v^2 + \ldots + v^{n-2} + v^{n-1}) = v \cdot \ddot{a}_{\overline{n|}}.$$

Der zusätzliche v-Faktor deutet dabei den um ein Jahr aufgeschobenen Charakter der nachschüssigen Zeitrente an (ein zusätzlicher Verzinsungszyklus). Für den **nachschüssigen Rentenbarwertfaktor** folgt

$$a_{\overline{n|}} = v \cdot \ddot{a}_{\overline{n|}} = v \cdot \frac{1 - v^n}{1 - v},$$

der entsprechende nachschüssige Rentenbarwert ist durch

$$R_0 = R \cdot a_{\overline{n|}} = R \cdot v \cdot \ddot{a}_{\overline{n|}} = R \cdot v \cdot \frac{1 - v^n}{1 - v}$$

gegeben.

Als Beispiel betrachten wir eine sofortbeginnende Zeitrente der Höhe R = 1.000 €, die insgesamt n = 10 Jahre lang nachschüssig bei einem Zinssatz von i = 5 % gezahlt wird. Der hierfür benötigte Rentenbarwert beträgt

$$R_0 = R \cdot a_{\overline{10|}} = 1.000 \cdot \frac{1}{1{,}05} \cdot \frac{1-\left(\frac{1}{1{,}05}\right)^{10}}{1-\frac{1}{1{,}05}} = 7.721{,}73\ €.$$

Im vorschüssigen Fall hatte sich ein Rentenbarwert von 8.107,82 € ergeben (vgl. obiges Beispiel). Eine Verkürzung der Ratenzahlungen auf n = 3 Jahre würde zu

$$R_0 = R \cdot a_{\overline{3|}} = 1.000 \cdot \frac{1}{1{,}05} \cdot \frac{1-\left(\frac{1}{1{,}05}\right)^{3}}{1-\frac{1}{1{,}05}} = 2.723{,}25\ €$$

führen. Auch hier wird der Rentenbarwert während der Rentenlaufzeit in einem Wechselspiel aus Ratenzahlungen und zwischenzeitlichen Verzinsungen vollständig aufgebraucht. Allerdings wird nun vor der ersten Ratenzahlung eine Zinsperiode durchlaufen, alle weiteren Schritte verlaufen genauso wie die entsprechenden Schritte im vorangegangenen Beispiel:

Zeitraum bzw. Zeitpunkt	Vorgang
Zwischen 0 und 1	1. Zinsperiode, Rentenbarwert erhöht sich um 5 %: 2.723,25 · 1,05 = 2.859,41 €
Zeitpunkt 1	1. Ratenzahlung, Restbetrag reduziert sich um 1.000 €: 2.859,41 – 1.000 = 1.859,41 €
Zwischen 1 und 2	2. Zinsperiode, Restbetrag erhöht sich um 5 %: 1.859,41 · 1,05 = 1.952,38 €
Zeitpunkt 2	2. Ratenzahlung, Restbetrag reduziert sich um 1.000 €: 1.952,38 – 1.000 = 952,38 €
Zwischen 2 und 3	3. Zinsperiode, Restbetrag erhöht sich um 5 %: 952,38 · 1,05 = 1.000 €
Zeitpunkt 3	3. Ratenzahlung, Restbetrag reduziert sich um 1.000 €: 1.000 – 1.000 = 0 €

In der **Lebensversicherungsmathematik** treten Rentenbarwerte sofortbeginnender Renten bei der Prämienberechnung auf. Vereinbart der Versicherungsnehmer laufende Prämienzahlung (Prämienzahlung in Form einer sofortbeginnenden vorschüssigen Leibrente, da er ja nur bei Erleben zahlt), wird mithilfe des zugehörigen

Rentenbarwerts ermittelt, was die Gesamtheit aller Prämienzahlungen zum Zeitpunkt des Vertragsabschlusses wert ist. Diesem Rentenbarwert der Prämienzahlungen muss dann nach dem **Äquivalenzprinzip** der Barwert aller erbrachten Versicherungsleistungen entsprechen (vgl. Abschnitt D.3).

3.2.2 Rentenbarwerte aufgeschobener Zeitrenten

Erfolgen die jährlichen Ratenzahlungen einer Zeitrente erst nach Ablauf einer m-jährigen **Aufschubzeit**, können die Einzelbarwerte der Raten zuvor m Jahre lang verzinst werden. Verglichen mit einer sofortbeginnenden Zeitrente mit gleicher Gesamtratenzahl und Ratenhöhe R fallen die Einzelbarwerte und damit auch der Rentenbarwert insgesamt niedriger aus.

Der Rentenbarwert einer um **m Jahre aufgeschobenen vorschüssigen Zeitrente** errechnet sich folglich zu

$$R_0 = R \cdot v^m \cdot \ddot{a}_{\overline{n}|} = R \cdot v^m \cdot \frac{1 - v^n}{1 - v} .$$

Der Zusatzfaktor v^m verlegt dabei alle Raten um m Jahre in die Zukunft. Nach diesen m Jahren liegt ein Rentenbarwert

$$R \cdot \ddot{a}_{\overline{n}|} = R \cdot \frac{1 - v^n}{1 - v}$$

vor, mit dessen Hilfe die Ratenzahlungen ab diesem Zeitpunkt finanziert werden können. Der Rentenbarwertfaktor der aufgeschobenen vorschüssigen Zeitrente errechnet sich damit zu

$$_{m|}\ddot{a}_{\overline{n}|} := v^m \cdot \ddot{a}_{\overline{n}|} = v^m \cdot \frac{1 - v^n}{1 - v} ,$$

der vor dem ä stehende Index |m („senkrechter Strich m“) bringt dabei den m-jährigen Aufschub zum Ausdruck. Insgesamt kann der Rentenbarwertfaktor der aufgeschobenen vorschüssigen Zeitrente chronologisch von links nach rechts gelesen werden:

Abb. C.4: Rentenbarwertfaktor bei aufgeschobenen Zeitrenten

Zur Veranschaulichung betrachten wir eine vorschüssige Zeitrente der Ratenhöhe R = 1.000 € mit n = 10 Jahren Laufzeit bei einem Zinssatz von i = 5 % und einer Aufschubzeit von m = 20 Jahren. Für den Rentenbarwert finden wir:

$$R_0 = R \cdot {}_{m|}\ddot{a}_{\overline{n|}} = R \cdot {}_{20|}\ddot{a}_{\overline{10|}} = R \cdot v^{20} \cdot \ddot{a}_{\overline{10|}} = 1.000 \cdot \frac{1}{1{,}05^{20}} \cdot \frac{1 - \frac{1}{1{,}05^{10}}}{1 - \frac{1}{1{,}05}} = 3.055{,}75\ €$$

Gegenüber der sofortbeginnenden vorschüssigen Zeitrente (vgl. Beispiel in Abschnitt 3.2.1) vermindert sich der Rentenbarwert also um mehr als die Hälfte. Wird die Laufzeit auf n = 3 Jahre bei gleicher Aufschubzeit verkürzt, ergibt sich

$$R_0 = R \cdot {}_{m|}\ddot{a}_{\overline{n|}} = R \cdot {}_{20|}\ddot{a}_{\overline{3|}} = R \cdot v^{20} \cdot \ddot{a}_{\overline{3|}} = 1.000 \cdot \frac{1}{1{,}05^{20}} \cdot \frac{1 - \frac{1}{1{,}05^{3}}}{1 - \frac{1}{1{,}05}} = 1.077{,}68\ €.$$

Hier sorgt die lange Aufschubzeit mit entsprechend vielen Zinseszinszyklen dafür, dass ein Rentenbarwert in Größenordnung einer einzigen Rate (R = 1.000 €) ausreicht, um nach 20 Jahren drei solcher Raten zu finanzieren. Der Rentenbarwert erfährt dabei in den insgesamt m + n = 20 + 3 = 23 Jahren folgende Veränderungen (beachte, dass der Verzehr des Kapitals nach den ersten 20 Jahren exakt so abläuft wie in obigem Beispiel ohne Aufschub):

Zeitraum bzw. Zeitpunkt	**Vorgang**
Zwischen 0 und 20	20 Zinsperioden Rentenbarwert erhöht sich entsprechend: $1.077{,}68 \cdot 1{,}05^{20} = 2.859{,}41$ €
Zeitpunkt 20	1. Ratenzahlung, Restbetrag reduziert sich um 1.000 €: 2.859,41 – 1.000 = 1.859,41 €
Zwischen 20 und 21	21. Zinsperiode, Restbetrag erhöht sich um 5 %: 1.859,41 · 1,05 = 1.952,38 €
Zeitpunkt 21	2. Ratenzahlung, Restbetrag reduziert sich um 1.000 €: 1.952,38 – 1.000 = 952,38 €
Zwischen 21 und 22	22. Zinsperiode, Restbetrag erhöht sich um 5 %: 952,38 · 1,05 = 1.000 €
Zeitpunkt 22	3. Ratenzahlung, Restbetrag reduziert sich um 1.000 €: 1.000 – 1.000 = 0 €

Für den Fall einer **um m Jahre aufgeschobenen nachschüssigen Zeitrente** finden wir entsprechend einen **Rentenbarwert**

$$R_0 = R \cdot {}_{m|}a_{\overline{n|}} = R \cdot v^m \cdot a_{\overline{n|}} = R \cdot v^m \cdot v \cdot \frac{1 - v^n}{1 - v} = R \cdot v^{m+1} \cdot \frac{1 - v^n}{1 - v} .$$

Beachte, dass ein einjähriger Aufschub einer vorschüssigen Zeitrente als nachschüssige Zeitrente ohne Aufschub interpretiert werden kann. Mithilfe der zugehörigen Rentenbarwertfaktoren heißt dies:

$$_{1|}\ddot{a}_{\overline{n|}} = a_{\overline{n|}}$$

(„ein Jahr Aufschub + vorschüssig" entspricht „sofortbeginnend + nachschüssig")

Mathematisch folgt diese Relation aus

$$_{1|}\ddot{a}_{\overline{n|}} = v \cdot (1 + v + v^2 + ... + v^{n-2} + v^{n-1}) = v + v^2 + v^3 + ... + v^{n-1} + v^n = a_{\overline{n|}} .$$

Die Beziehung gilt auch für eine m-jährige Aufschubzeit:

$$_{m|}\ddot{a}_{\overline{n|}} = {}_{m-1|}a_{\overline{n|}}$$

(„m Jahre Aufschub + vorschüssig" entspricht „(m – 1) Jahren Aufschub + nachschüssig").

3.2.3 Rentenbarwerte ewiger Renten

Ewige Renten können als Zeitrenten mit unendlich langer Laufzeit betrachtet werden. Die zugehörigen Rentenbarwerte können folglich als Grenzwerte der Rentenbarwerte von Zeitrenten für „n gegen unendlich" bestimmt werden. Soweit ewige Renten im Folgenden nicht ausdrücklich als aufgeschoben bezeichnet werden, sind sie stets sofortbeginnend.

Für den Rentenbarwert einer **vorschüssigen ewigen Rente** der Ratenhöhe R bedeutet dies („∞" ist das gängige Symbol für unendlich):

$$R_0 = R \cdot \ddot{a}_{\overline{\infty|}} ,$$

wobei sich der zugehörige Rentenbarwertfaktor aus

$$\ddot{a}_{\overline{\infty|}} = \lim_{n \to \infty} \ddot{a}_{\overline{n|}} = \lim_{n \to \infty} \frac{1 - v^n}{1 - v}$$

ergibt. Da für einen Zinssatz größer als 0 % stets $0 < v < 1$ gilt, strebt v^n für große n-Werte gegen 0, sodass

$$\ddot{a}_{\overline{\infty|}} = \lim_{n\to\infty} \frac{1 - v^n}{1 - v} = \frac{1}{1 - v}$$

und damit

$$R_0 = R \cdot \ddot{a}_{\overline{\infty|}} = R \cdot \frac{1}{1 - v}$$

gilt. Für den Fall einer **nachschüssigen ewigen Rente** ergibt sich analog

$$R_0 = R \cdot a_{\overline{\infty|}} := R \cdot \lim_{n\to\infty} a_{\overline{n|}} = R \cdot \lim_{n\to\infty} v \cdot \frac{1 - v^n}{1 - v} = R \cdot \frac{v}{1 - v}.$$

Der zusätzliche v-Faktor kann aus dem Limes herausgezogen werden und bleibt erhalten.

Als Beispiel betrachten wir eine Stiftung zur Förderung junger Künstler, die mit einem Betrag von 1.000.000 € ausgestattet werde. Der jährlich zu vergebende Preis soll dabei aus den Zinserträgen (Zinssatz 5 % p. a.) finanziert werden. Um die damit mögliche Preishöhe R zu ermitteln, müssen die obigen Rentenbarwertformeln jeweils nach R aufgelöst werden, die Stiftungseinlage von 1.000.000 € entspricht dabei dem Rentenbarwert.

Soll der Preis nachschüssig vergeben werden, erhalten wir

$$R_0 = R \cdot a_{\overline{\infty|}} = R \cdot \frac{1}{1 - v} \quad \leftrightarrow \quad R = R_0 \cdot \frac{1 - v}{v} = 1.000.000 \cdot \frac{1 - \frac{1}{1,05}}{\frac{1}{1,05}} = 50.000 \text{ €}.$$

Dies entspricht dem a priori zu erwartenden Resultat, da während eines Jahres gerade 5 % von 1.000.000 € als Zinsen anfallen, diese werden nun nachschüssig ausgezahlt. Nach Ablauf eines Jahres steht damit wieder ein Betrag von 1.000.000 € zur Verfügung und das Wechselspiel aus Verzinsung und anschließender Auszahlung des Preises in Höhe der angefallenen Zinsen kann erneut beginnen.

Im vorschüssigen Fall erhalten wir

$$R_0 = R \cdot \ddot{a}_{\overline{\infty|}} = R \cdot \frac{1}{1 - v} \quad \leftrightarrow \quad R = R_0 \cdot (1 - v) = 1.000.000 \cdot \left(1 - \frac{1}{1,05}\right) = 47.619,05 \text{ €}.$$

Da nun vor der ersten Zinsperiode bereits eine Rate ausgezahlt wird, reduziert sich zunächst die Stiftungseinlage (der Rentenbarwert) um die Ratenhöhe R = 47.619,05 €. In der nachfolgenden Zinsperiode (während des ersten Jahres) werden dann mithilfe des Restbetrags von 1.000.000 – 47.619,05 = 952.380,95 € genau Zinsen in Höhe des zuvor ausbezahlten Preises erwirtschaftet, sodass wieder ein Betrag von 1.000.000 € zur Verfügung steht:

$$952.380{,}95 \cdot 1{,}05 = 1.000.000\ €$$

Sowohl im vorschüssigen als auch im nachschüssigen Fall kann das Wechselspiel von Ratenzahlung und Verzinsung beliebig oft wiederholt werden, es entsteht eine ewige Rente.

3.2.4 Zusammenfassung

Der **Rentenbarwert** einer Rente beschreibt den **Zeitwert** der Rente zum Zeitpunkt 0, der üblicherweise die Gegenwart bezeichnet. Während der Rentenlaufzeit wird der Rentenbarwert bei Zeitrenten in einem Wechselspiel aus Ratenzahlungen und zwischenzeitlichen Verzinsungen langsam abgebaut und ist nach n Jahren vollständig aufgezehrt. Anders bei ewigen Renten: Hier bleibt der Rentenbarwert ewig erhalten, da sich Ratenzahlungen und Zinszuwächse genau die Waage halten.

Der Rentenbarwert einer beliebigen Rente lässt sich stets als Produkt der Ratenhöhe R mit einem geeigneten **Rentenbarwertfaktor** schreiben, der alle Informationen über die Laufzeit n, eine etwaige Aufschubdauer m, den Zinssatz i und den genauen Ratenzahlmodus (vor- oder nachschüssig) enthält. Die üblichen Regeln für die Bezeichnungsweise von Rentenbarwertfaktoren sind (jährliche Ratenzahlung):

- Der Parameter ä bezeichnet eine vorschüssige, a eine nachschüssige Rente.
- Vor dem Parameter ä bzw. a steht als Index m eine eventuell vorhandene Rentenaufschubdauer in Jahren.
- Hinter dem Parameter ä bzw. a steht als Index n die Dauer der Ratenzahlung in Jahren, wobei n auch gleich unendlich sein kann.

Die folgende Tabelle fasst die wichtigsten Rentenbarwertfaktoren nochmals zusammen:

Rentenform	Formel	Rentenbarwertfaktor
sofortbeginnende vorschüssige Zeitrente; erste Rate ist sofort fällig	$\frac{1 - v^n}{1 - v}$	$\ddot{a}_{\overline{n}\rfloor}$
sofortbeginnende nachschüssige Zeitrente; erste Rate ist nach Ablauf eines Jahres fällig	$v \cdot \frac{1 - v^n}{1 - v}$	$a_{\overline{n}\rfloor}$
um m Jahre aufgeschobene vorschüssige Zeitrente; erste Rate ist nach Ablauf von m Jahren fällig	$v^m \cdot \frac{1 - v^n}{1 - v}$	$_{m\rfloor}\ddot{a}_{\overline{n}\rfloor}$
um m Jahre aufgeschobene nachschüssige Zeitrente; erste Rate ist nach Ablauf von (m + 1) Jahren fällig	$v^{m+1} \cdot \frac{1 - v^n}{1 - v}$	$_{m\rfloor}a_{\overline{n}\rfloor}$
vorschüssige ewige Rente (sofortbeginnend); erste Rate ist sofort fällig	$\frac{1}{1 - v}$	$\ddot{a}_{\overline{\infty}\rfloor}$
nachschüssige ewige Rente (sofortbeginnend); erste Rate ist nach Ablauf eines Jahres fällig	$\frac{v}{1 - v}$	$a_{\overline{\infty}\rfloor}$

Weitergehende Darstellungen zur Finanzmathematik finden sich z. B. in ALBRECHT/MAURER, KOBELT/SCHULTE oder TIETZE.

4. Übungsaufgaben zu finanzmathematischen Grundlagen

AUFGABE C1

a) Auf welchen Endwert wächst ein Anfangskapital von 10.000 € bei einem Jahreszins von 1 % nach zehn Jahren an? Welches Endkapital ergibt sich nach 50 bzw. 100 Jahren?

b) Führen Sie die Rechnungen in Teilaufgabe a) nochmals durch, diesmal allerdings mit einem Jahreszins von 5 %. Erklären Sie die Ergebnisse.

AUFGABE C2

Nach zehnjähriger Anlagedauer wird einem Sparer von seiner Bank ein Betrag von 22.203,66 € überwiesen, der Jahreszins während der zehn Jahre betrug 4 %. Berechnen Sie das Anfangskapital.

AUFGABE C3

Ein 30-jähriger Arbeitnehmer möchte für seinen Altersruhestand vorsorgen. Im Alter von 65 Jahren will er über einen Betrag von 250.000 € verfügen. Welchen Einmalbetrag muss er dafür heute bei einem Jahreszins von 2,5 % investieren?
Wie ändert sich der Betrag, wenn er stattdessen einen Jahreszins von 5 % verwenden kann?

Aufgabe C4

Der in einer Lotterie ausgeschriebene Höchstgewinn von 1,5 Mio. € werde dem Gewinner nicht in einer Summe, sondern in drei Raten à 500.000 € ausgezahlt, die nach einem, zwei und vier Jahren überwiesen werden. Welchem Barwert entspricht der Gewinn, wenn ein Zins von 4 % zugrunde gelegt wird?

Aufgabe C5

Berechnen Sie die Rentenbarwerte folgender sofortbeginnender Zeitrenten:

a) nachschüssige Zeitrente mit 15 Jahresraten zu je 12.000 € (Jahreszins 5 %),
b) nachschüssige Zeitrente mit 25 Jahresraten zu je 3.000 € (Jahreszins 4 %),
c) vorschüssige Zeitrente mit 35 Jahresraten zu je 2.400 € (Jahreszins 5 %).

Aufgabe C6

a) Wie verändert sich allgemein der Rentenbarwert einer Zeitrente, wenn der zugrunde gelegte Zinssatz erhöht wird (Begründung)?
b) Warum ist der Rentenbarwert einer vorschüssigen Zeitrente stets höher als der Barwert der gleichen Rente im nachschüssigen Fall?

Aufgabe C7

a) Berechnen Sie den Rentenbarwert einer sofortbeginnenden vorschüssigen Zeitrente, die 15 Jahresraten zu je 10.000 € gewährt (Zins sei 2,5 %).
b) Berechnen Sie den Rentenbarwert in Teilaufgabe a) nochmals, nun aber unter Einbeziehung einer fünfjährigen Aufschubzeit. Erläutern Sie das Ergebnis.
c) Welchen Rentenbarwert würde man in Teilaufgabe a) gar benötigen, wenn man bei ansonsten gleichen Konditionen eine 50-jährige Aufschubzeit verwenden würde?

Aufgabe C8

Ein 60-jähriger Arbeitnehmer hat einen Betrag von 200.000 € für seinen Altersruhestand angespart, den er in einem Banksparplan „verrenten" möchte. Seine Bank bietet ihm hierfür zwei Möglichkeiten (Jahreszins sind jeweils 4 %):
1. Möglichkeit: fünfjährige Aufschubzeit, danach Bezug von 20 vorschüssigen Raten,
2. Möglichkeit: zehnjährige Aufschubzeit, danach Bezug von 15 vorschüssigen Raten.
Berechnen und vergleichen Sie die jeweils gewährten Ratenhöhen.

Aufgabe C9

Auch eine ewige Rente kann um m Jahre aufgeschoben werden. Geben Sie den zugehörigen Rentenbarwert analog zur obigen Notation an (vorschüssig und nachschüssig) und berechnen Sie den Rentenbarwert einer vorschüssigen ewigen Rente der Ratenhöhe R = 1.000 € bei einem Zins von 5 % und sieben Jahren Aufschubzeit. Berechnen Sie den gleichen Rentenbarwert für eine Aufschubzeit von 70 Jahren und erklären Sie Ihre Ergebnisse.

D. Prämienberechnung

Im Zentrum der Versicherungsmathematik steht die Berechnung und Bewertung der Zahlungsströme eines Versicherungsvertrags. Diese werden im Wesentlichen bestimmt von

- (aufsichts-)rechtlichen Rahmenbedingungen, die der Gesetzgeber vorgibt,
- zufallsabhängigen Rahmenbedingungen, die das eigentliche Versicherungsrisiko widerspiegeln,
- finanztechnischen Rahmenbedingungen im Sinne von Kapitel C,
- unternehmerischen Gesichtspunkten und deren Auswirkungen auf die Kostenstruktur des Versicherungsgeschäfts.

Der **rechtliche Rahmen** wird im folgenden Abschnitt 1 skizziert, die drei übrigen Punkte der Aufzählung führen zur Ermittlung der versicherungstechnischen **Rechnungsgrundlagen** (Abschnitt 2). In den Abschnitten 3 und 4 schauen wir uns die **Prämienberechnung** einiger Grundtypen der Lebensversicherung an und untersuchen, wie sie von den Rechnungsgrundlagen abhängen.

Eine pragmatische Übersicht über das Gebiet der Lebensversicherungsmathematik bietet HELBIG. Zu diesem und den drei folgenden Kapiteln kann als vertiefende Lektüre GERBER empfohlen werden. MILBRODT/HELBIG nähern sich dem Gesamtkomplex Personenversicherungsmathematik (unter Auslassung der privaten Krankenversicherung) mit einem allgemeineren Modellansatz und dementsprechend ausführlicher. Zum Einstieg in Modelle der Risikotheorie, die den hier gewählten deterministischen Rahmen überschreiten, verweisen wir auf HIPP/MICHEL. Als praxisbegleitende Sammlung versicherungsmathematischer Formeln sei STROHMEIER/SEILER genannt.

1. Rechtlicher Rahmen

Der Tausch „Geld gegen Risiko“ bzw. „Schadensfall gegen Geld“ muss so gestaltet werden, dass die Interessen der beteiligten Parteien angemessen berücksichtigt werden. Diese Parteien sind zunächst das **Versicherungsunternehmen (VU)**, das mit dem **Versicherungsnehmer (VN)** einen Vertrag schließt, der die Spielregeln des Tauschgeschäfts festlegt. Versichert wird ein Risiko der **versicherten Person (VP)**. Versicherungsnehmer und versicherte Person können zusammenfallen oder zwei verschiedene reale Personen sein: In der betrieblichen Altersvorsorge ist der Versicherungsnehmer typischerweise ein Unternehmen **(juristische Person)**, versicherte Personen sind dessen Arbeitnehmer und damit so genannte **natürliche Personen**.

Bei Versicherungsunternehmen, deren Vertrieb über Vertreter oder Makler erfolgt, treten diese als **Versicherungsvermittler (VV)** hinzu. Die Rollen des **Beitragszahlers (BZ)** sowie des Leistungs- oder **Zahlungsempfängers (ZE)** sind in unserem Zusammenhang weniger wichtig. Für Details sei auf FÜHRER/GRIMMER verwiesen.

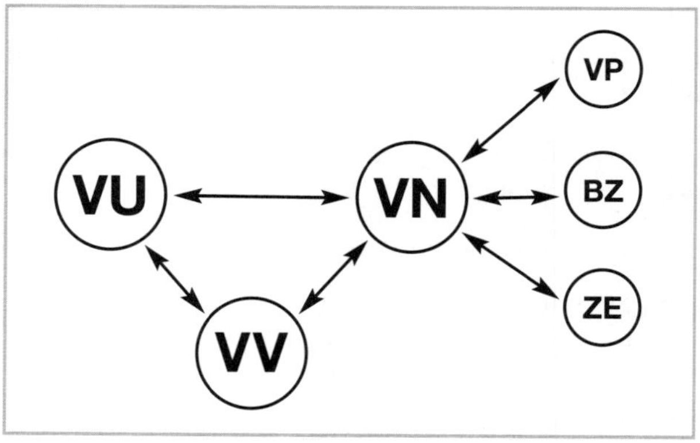

Abb. D.1: Vertragsbeziehung zwischen Versicherungsunternehmen, Versicherungsvermittler und Versicherungsnehmer

Bis 1994 lag die Zuständigkeit für die gesetzliche Regelung der Rechtsbeziehungen im Versicherungswesen allein beim deutschen Gesetzgeber; das **Bundesaufsichtsamt für das Versicherungswesen (BAV)** hatte die Einhaltung der rechtlichen Vorschriften zu kontrollieren. Dies geschah durch **materielle Aufsicht**, sodass alle Details der Tarifkalkulation eines Versicherungsunternehmens dem BAV zur Genehmigung vorgelegt werden mussten. Die wichtigsten diesbezüglichen Gesetzestexte sind das **Versicherungsaufsichtsgesetz (VAG)**, das **Versicherungsvertragsgesetz (VVG)** und natürlich das allgemeine Handelsrecht nach dem **Handelsgesetzbuch (HGB)**. Das VVG wurde 2008 grundlegend reformiert. Ergänzende Regelungen finden sich in den Verordnungen des Bundesfinanzministers. Die Mitteilungen und Veröffentlichungen der **Deutschen Aktuarvereinigung (DAV)** liefern schließlich die präzisen Inhalte der in vielen Gesetzen bzw. Verordnungen zitierten „anerkannten Regeln der Versicherungsmathematik".

Zum 1. 7. 1994 trat die **3. Lebensversicherungsrichtlinie** der (damaligen) EG in Kraft, die im Wesentlichen einer **Deregulierung der Versicherungswirtschaft** entspricht. Seither wurde zunehmend EG- bzw. EU-Recht für die deutsche Versicherungswirtschaft relevant. In der unmittelbaren Folge fiel das materielle Aufsichtsrecht des BAV weg; an seine Stelle trat die **Missstandskontrolle**: Unternehmen müssen nun nicht mehr beweisen, dass ein neuer Tarif rechtskonform ist, sondern die Aufsichtsbehörde trägt die Beweislast, falls er nach ihrer Auffassung nicht in Ordnung ist. Seit dem 1. 1. 2002 sind die vorher getrennten Aufsichtsorgane für Banken, Investmentgesellschaften und Versicherungen in der **Bundesanstalt für Finanzdienstleistungsaufsicht (BaFin)** zusammengefasst.

Gleichzeitig mit der Einschränkung der materiellen Aufsicht wurden Kontroll- und Rechenschaftspflichten in die Unternehmen verlagert. Seither gibt es in jedem Versicherungsunternehmen die Position des **Verantwortlichen Aktuars**, dessen Aufgaben in § 11a VAG definiert sind. Die Wichtigsten sind:

- Einhaltung der Gesetze für Prämien- und Deckungsrückstellungsberechnung sicherstellen
- Finanzlage des Unternehmens auf dauernde Erfüllbarkeit der Verpflichtungen überprüfen
- Solvabilitätslage (gesetzliche Eigenkapitalausstattung) überprüfen
- dem Vorstand Vorschläge für angemessene Gewinnbeteiligung unterbreiten
- ordnungsgemäße Berechnung der Deckungsrückstellung testieren
- den Vorstand über drohende Einschränkungen des Testats unterrichten und bei fehlender Abhilfe die BaFin informieren

Da der Verantwortliche Aktuar nicht nur Kontrollinstanz ist, sondern zugleich auf der Gehaltsliste seines Unternehmens steht, erfordern diese Aufgaben neben hoher fachlicher Kompetenz persönliche Integrität und eine durchaus robuste Persönlichkeitsstruktur.

Zwischen den Jahren 2000 und 2003 vollzogen sich an den Kapitalmärkten weltweit so gravierende Änderungen, dass mehrere deutsche Versicherer durch die Kursverluste ihrer Aktienanlagen in existentielle Probleme gerieten. Seither ist eine allmähliche Verschärfung der Versicherungsaufsicht zu beobachten, die vor allem die Kontrolle der Kapitalausstattung und Solvenz wieder restriktiver handhabt (vgl. Abschnitt G.2). Dieser Trend setzt sich im Zuge der Finanzmarktkrise von 2008 bis 2010 unvermindert fort.

Was legen die für das Versicherungsgeschäft relevanten Texte fest? § 163 VVG lässt die nachträgliche Änderung von Rechnungsgrundlagen nur unter sehr engen Voraussetzungen zu, sodass versicherungsmathematische Annahmen zum Zeitpunkt des Vertragsabschlusses über sehr lange Zeiträume getroffen werden müssen. Prämienänderungen dürfen nur aufgrund vorheriger Vereinbarung erfolgen (Beispiel: Dynamikerhöhungen). Außerdem müssen so vorsichtige Rechnungsgrundlagen verwendet werden, dass das Versicherungsunternehmen seine Verpflichtungen voraussichtlich sicher erfüllen kann. In § 11 (1) VAG heißt es dazu:

Die Prämien in der Lebensversicherung müssen unter Zugrundelegung angemessener versicherungsmathematischer Annahmen kalkuliert werden und so hoch sein, dass das Versicherungsunternehmen allen seinen Verpflichtungen nachkommen, insbesondere für die einzelnen Verträge ausreichende Deckungsrückstellungen bilden kann. Hierbei kann der Finanzlage des Versicherungsunternehmens Rechnung getragen werden, ohne dass planmäßig und auf Dauer Mittel eingesetzt werden dürfen, die nicht aus Prämienzahlungen stammen.

Diesem **Vorsichtsprinzip** steht ein **Fairnessprinzip** gegenüber, das den Versicherer verpflichtet, aufgrund der vorsichtig gewählten Rechnungsgrundlagen erzielte Gewinne den Kunden nachträglich zurückzuerstatten. Darauf gehen wir in Kapitel F (Überschussbeteiligung) genauer ein.

Durch die EU-Richtlinie 2002/92/EG zur Versicherungsvermittlung ergaben sich umfassende Änderungen im Zusammenhang mit der Vermittlungstätigkeit. Sie wurden durch die Verordnung über die Versicherungsvermittlung und -beratung **(Versicherungsvermittlerverordnung, VersVermV)** sowie die Verordnung über Informationspflichten bei Versicherungsverträgen **(VVG-Informationspflichtenverordnung, VVG-InfoV)** in deutsches Recht überführt und haben auch in der **Gewerbeordnung** (GewO) und im VVG ihren Niederschlag gefunden. Im Wesentlichen ergeben sich daraus erweiterte Pflichten des Vermittlers hinsichtlich **Information** und **Beratung**, die dem Versicherungsnehmer in ausreichendem Zeitabstand vor Abschluss eines Versicherungsvertrages verfügbar sein müssen, sowie formale Anforderungen an die **Dokumentation** von Beratungsgesprächen.

Im Rahmen der Informationspflichten sind dem Kunden insbesondere an definierte Standards gebundene Informationen zu liefern, die sich auf das Versicherungsunternehmen, die im Vertrag angebotene Leistung, individuelle und allgemeine Vertragsumstände (zum Beispiel Widerrufsrechte) und den Rechtsweg im Falle von Streitigkeiten beziehen. Darüber hinaus müssen für Verträge der Lebensversicherung Informationen geliefert werden zu

- in die Prämie eingerechneten **Kosten** für Vertragsabschluss und Vertrieb,
- Grundsätzen zur Ermittlung und Berechnung der **Überschüsse**,
- Leistungen im Falle vorzeitiger Kündigung **(Rückkaufswerte)**,
- dem Niveau der **Garantieleistungen,**
- allgemeinen Grundsätzen der **Besteuerung** von Versicherungsleistungen,

- möglichen Entwicklungen der Versicherungsleistungen in Gestalt von **Modellrechnungen**,
- gegebenenfalls produktspezifischen Daten bei fondsgebundenen Versicherungen.

Ein separates **Produktinformationsblatt** soll spezielle Produktinformationen in übersichtlicher und kompakter Form zusammenfassen.

Nur kurz erwähnt seien an dieser Stelle folgende Regelungen:

- **Gleichbehandlungsgrundsatz**: Bei gleichen Voraussetzungen dürfen Prämien und Leistungen nur nach gleichen Grundsätzen bemessen werden (§ 11 [2] VAG).
- Der Versicherungsnehmer darf zum Ende jeder Versicherungsperiode die Prämienfreistellung seines Vertrags verlangen (§ 165 VVG).
- Der Versicherungsnehmer darf den Vertrag jederzeit kündigen (§ 168 VVG).

Steuerrechtliche Bedingungen spielen vor allem in der betrieblichen Altersversorgung eine große Rolle, aber auch für Privatkunden haben sich hier zum 1. 1. 2005 durch das **Alterseinkünftegesetz** erhebliche Veränderungen ergeben. Bis dahin waren die Erträge aus kapitalbildenden Lebensversicherungen vollständig steuerfrei, wenn der Vertrag mindestens zwölf Jahre lang lief und wenigstens während der ersten fünf Jahre regelmäßig Beiträge gezahlt wurden. Seither sind die Kapitalerträge im Allgemeinen voll steuerpflichtig. Wenn allerdings der Zahlungsempfänger bei Fälligkeit das 60. Lebensjahr vollendet hat und der Vertrag mindestens zwölf Jahre lief, werden nur 50 % der Kapitalerträge der Steuer unterworfen.

Auf weitere Rechtsgrundlagen werden wir an geeigneter Stelle eingehen.

2. Rechnungsgrundlagen

Wir haben bereits gesehen, dass die **Rechnungsgrundlagen** nach zufalls- bzw. risikoabhängigen, finanztechnischen und unternehmerischen Gesichtspunkten klassifiziert werden können. Für die **Prämienkalkulation** bestimmt man dabei die Rechnungsgrundlagen dem Vorsichtsprinzip folgend sehr defensiv. Man bezeichnet sie in diesem Zusammenhang auch als **Rechnungsgrundlagen erster Ordnung**. Tatsächlich beobachtete bzw. erwirtschaftete Größen für Sterblichkeit, Zins etc. bezeichnet man als **Rechnungsgrundlagen zweiter Ordnung**. Diese spielen eine wichtige Rolle bei der Ermittlung der **Überschüsse** (siehe Kapitel F).

2.1 Sterbetafeln

In der Lebensversicherung konkretisiert sich das **versicherungstechnische Risiko** in Form biometrischer Faktoren (in erster Linie Alter und Geschlecht). In der Pensionsversicherungsmathematik werden darüber hinaus z. B. Invalidisierungs- und Reaktivierungswahrscheinlichkeiten berücksichtigt. Allgemein spricht man bei der Festlegung dieser Risikofaktoren von **Ausscheideordnungen**. Die nachfolgend näher betrachteten **Sterbetafeln** sind ein Spezialfall davon.

Die grundsätzliche Wahl der Risikofaktoren unterliegt einer Güterabwägung. Viele Risiken, z. B. Alkoholkonsum, Bluthochdruck oder das Betreiben von Extremsportarten, beeinflussen objektiv das versicherungstechnische Risiko, sind aber schwer zu ermitteln. Außerdem führt eine größere Zahl solcher Faktoren schnell zur Zersplitterung der Bestände, sodass der Risikoausgleich im Versichertenkollektiv darunter leidet. Das Geschlecht hat sich dagegen als einfach handhabbares Unterscheidungskriterium seit den 70er-Jahren allgemein durchgesetzt, was risikotheoretisch gut begründbar ist; andererseits mehren sich in den letzten Jahren politische Ansätze, die geschlechtsspezifische Trennung der Bestände abzuschaffen. In einem ersten Schritt geschieht dies ab 2006 für Rentenversicherungen nach dem RIESTER-Modell.

Die Konstruktion versicherungsmathematischer Sterbetafeln unterliegt dem Modell **deterministischer Wahrscheinlichkeit**: Die Sterblichkeit einer Person hängt demnach nur von ihrem Geschlecht und Alter ab. Es hat sich eingebürgert, das Alter von Männern mit x, dasjenige von Frauen hingegen mit y zu bezeichnen. Ist der Geschlechtszusammenhang offensichtlich oder nicht von Belang, wird aus Gründen der Schreibökonomie zumeist die Altersbezeichnung x genommen.

Bei jeder Person des Alters x unterstellt man nun, dass sie zwischen der Vollendung des x-ten und (x + 1)-ten Lebensjahres mit einer Wahrscheinlichkeit q_x stirbt (vgl. dazu auch Abschnitt B.2). Die Betrachtung endet dabei mit einem **Höchstalter ω** (in der Regel 100 Jahre oder darüber). Diese Begrenzung ist sinnvoll, da es nur wenige Personen mit sehr hohen Lebensaltern oberhalb von ω gibt und Beobachtungen der Sterblichkeit folglich zu ungenau sind.

Zeitkontinuierliche Risikomodelle erlauben den Rückgriff auf fortgeschrittenere Methoden der Wahrscheinlichkeitsrechnung, als dieses Buch sie benötigt; sie gelangen jedoch in der elementaren Lebensversicherungsmathematik zu denselben Resultaten.

Historisch versuchte man, die Sterblichkeit durch so genannte **Sterbegesetze** als Funktion des Lebensalters zu beschreiben. Die Annahme einer solchen Gesetzmäßigkeit bestätigt sich in der Praxis nicht; heute verwendet man sie nur noch als

Näherungsverfahren. Für die bekanntesten Sterbegesetze von GOMPERTZ und MAKEHAM sei daher auf die Literatur verwiesen (siehe etwa WOLFSDORF).

Die Gewinnung von Sterbetafeln geschieht heute in vier Schritten. Im ersten Schritt werden aus einem hinreichend großen Bestand die beobachteten Sterblichkeiten erfasst. Dies kann der reale Versichertenbestand eines Versicherers sein, wenn eine unternehmenseigene Sterbetafel erstellt werden soll. Häufiger verwendet man einen branchenübergreifenden Ansatz: Nach der so genannten **Gruppenfreistellungsverordnung** der EU ist die unternehmensübergreifende Abstimmung und Verwendung biometrischer Daten zulässig, etwa aus Bevölkerungsstatistiken des Statistischen Bundesamts, sodass verschiedene Versicherer mit gleichen Sterbetafeln operieren dürfen. Diese fließen ein in die Konstruktion der in Deutschland gebräuchlichen Tafeln der Deutschen Aktuarvereinigung, die zuletzt 2004 (mit Wirkung ab 2005) für Rentenversicherungstarife und 2008 für auf den Todesfall kalkulierte Tarife angepasst wurden.

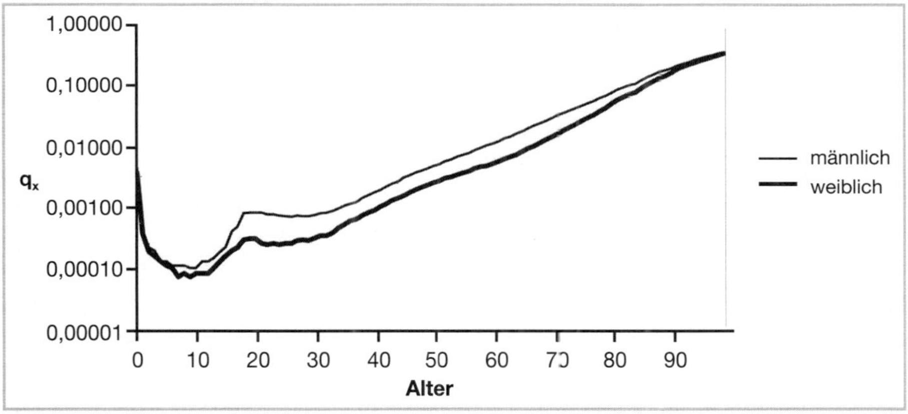

Abb. D.2: Beobachtete Rohsterblichkeiten der Bevölkerung der Bundesrepublik, gemittelt über die Jahre 2006–2008 (Quelle: Statistisches Bundesamt)

Aus der Bevölkerungsstatistik werden dabei über drei aufeinander folgende Jahre hinweg die **Rohsterblichkeiten** (oft auch als **rohe Sterbewahrscheinlichkeiten** bezeichnet) geschätzt als Quotient von x-Jährigen, die im Betrachtungszeitraum sterben, und allen x-Jährigen. Dabei ist zu beachten, dass ein im Beobachtungszeitraum x-jährig Gestorbener bereits im Jahr zuvor x Jahre alt geworden sein kann; ebenso fallen Todesfälle von x-Jährigen in das Jahr nach der Beobachtungsperiode. Die Berücksichtigung solcher Grenzfälle kann unterschiedlich erfolgen; auf die wichtigsten Verfahren (**Geburtsjahrmethode**, **Sterbejahrmethode** und **Verweildauermethode**) gehen wir hier aber nicht näher ein, sondern verweisen erneut auf WOLFSDORF.

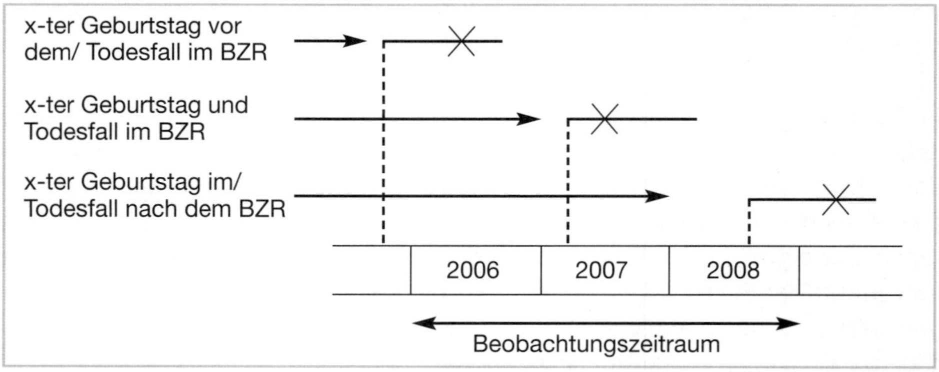

Abb. D.3: Verschiedene Kombinationen von Lebensjahr und Todesfall im Beobachtungszeitraum (BZR). Die Pfeile weisen auf die dem Lebensjahr nach dem x-ten Geburtstag entsprechende Zeitstrecke, typische Todesfallzeitpunkte sind durch Kreuze (X) symbolisiert.

Die so für alle Lebensalter empirisch gewonnenen Rohsterblichkeiten weisen zufällige Schwankungen auf. Die Werte können daher von einem Lebensjahr zum nächsten zu- oder abnehmen. Ausgehend von der Datenbasis des Statistischen Bundesamts sehen wir, dass die Sterblichkeit etwa im Alter von zehn Jahren ein Minimum erreicht. Im Bereich der 20-Jährigen fällt der „Unfallbuckel" auf, da der Verkehrstod hier die häufigste Todesursache ist. Ab dem 35. Lebensjahr beobachten wir in guter Näherung einen exponentiellen Anstieg der Sterblichkeit.

Es ist vorteilhaft, zumindest im versicherungstechnisch relevanten Lebensaltersbereich oberhalb von 30 Jahren, monotone Tafeln zu haben. Die Rohsterblichkeiten werden daher in einem zweiten Schritt durch **Ausgleichsverfahren** geglättet. Beispielsweise lassen sich mit der Methode der kleinsten Quadrate approximierende Funktionen ermitteln (**analytischer Ausgleich**). Beim **mechanischen Ausgleich** hingegen konstruiert man mithilfe vorher zu wählender Gewichte aus den Rohsterblichkeiten direkt geglättete Näherungswerte. Ein bekanntes Verfahren ist hier die Methode von **WHITTAKER-HENDERSON**. Für eine ausführliche Darstellung dieser Verfahren verweisen wir z. B. auf WOLFSDORF.

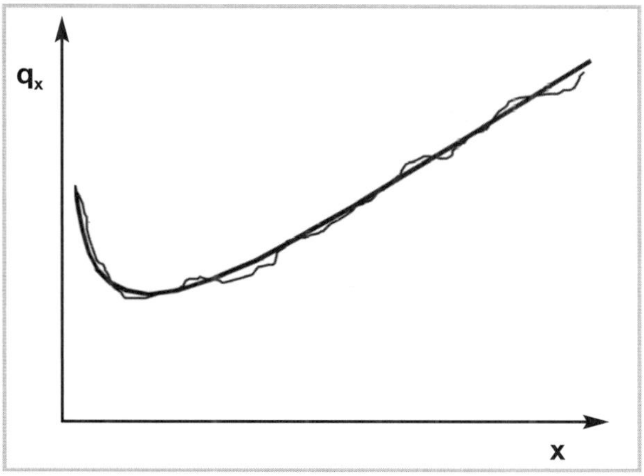

Abb. D.4: Rohsterblichkeiten (dünne Linie) und ausgeglichene Sterblichkeiten (fette Linie)

Reale Versichertenbestände zeigen in der Regel stärkere natürliche Abweichungen der Sterblichkeit. Um diese aufzufangen – das Vorsichtsprinzip zwingt ja zu einer *sicheren* Schätzung der Sterblichkeit – werden im dritten Schritt **Schwankungszuschläge** und **Sicherheitszuschläge** hinzugerechnet:

- Bei Todesfallrisiken werden die ausgeglichenen Rohsterblichkeiten erhöht.
- Bei Erlebensfallrisiken werden sie reduziert; korrekterweise spricht man dann von **Schwankungsabschlägen** bzw. **Sicherheitsabschlägen**.

Dadurch können auch systematische Abweichungen der Versichertensterblichkeit von der Normalsterblichkeit aufgefangen werden. Man beobachtet z. B. bei Beziehern von privaten Rentenzahlungen eine um mehrere Jahre höhere Lebenserwartung als in der Gesamtbevölkerung. Außerdem wird die Lebenserwartung durch die Rentenhöhe günstig im Sinne niedrigerer Sterblichkeiten beeinflusst. Ein systematisches **Irrtumsrisiko** kann hingegen dadurch entstehen, dass das Datenmaterial zur Gewinnung der Rohsterblichkeiten vom Versichertenbestand abweicht oder die Versichertengesamtheit im Lauf der Zeit eine andere Zusammensetzung (etwa nach sozialen Gruppen) aufweist, als bei der Modellierung angenommen wurde.

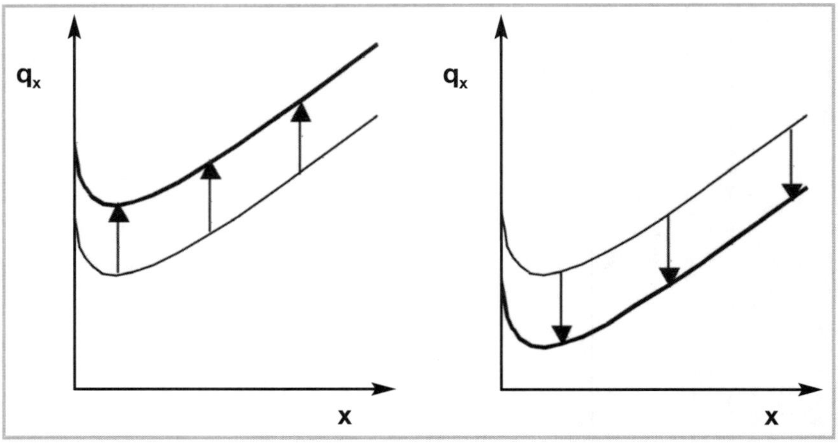

Abb. D.5: Sicherheitszuschläge bei Todesfall- (links) und Erlebensfallrisiken (rechts)

Der vierte Schritt schließlich berücksichtigt das **Änderungsrisiko**: Langfristig können die Sterblichkeiten einem Trend folgen, sodass die reale Sterblichkeit bei alten Bestandsverträgen nicht mehr der bei Vertragsabschluss beobachteten entspricht. Solche Trends versucht man durch weitere Korrekturfaktoren vorwegzunehmen. Generell gilt auch hier als Faustregel:

- Bei Todesfallrisiken Sterblichkeit um einen Faktor > 1 erhöhen.
- Bei Erlebensfallrisiken Sterblichkeit um einen Faktor < 1 reduzieren.

Ein so gewonnener Sterblichkeitsvektor (q_x), $x = 0, \ldots, \omega$ bildet eine so genannte **Sterbetafel erster Ordnung**. Die Bezeichnung Tafel beruht auf historischen Gründen.

Sterbetafeln für Todesfallrisiken berücksichtigen, wie gesehen, empirische Daten einer so genannten **Grundgesamtheit** wie der Bevölkerung eines Staates oder ausreichend großer Teile davon; sie verfolgen aber nicht die Sterblichkeitsverläufe einzelner Geburtsjahrgänge. Daher spricht man zumeist von **Periodentafeln**. Die bedeutendsten Erlebensfallrisiken liegen heute bei **Leibrentenversicherungen** vor. In der Bundesrepublik beobachtet man seit vielen Jahrzehnten einen stabilen Trend zu einer höheren Lebenserwartung (vgl. Jahrbücher des Statistischen Bundesamts). Bedingt durch den medizinischen Fortschritt geht man gegenwärtig davon aus, dass sich die Lebenserwartung pro Jahr um fast zwei Monate erhöht. Dieser Trend wird in den Sterbetafeln der Rentenversicherer im Wesentlichen auf zwei Arten berücksichtigt, nämlich einmal im so genannten **Standardverfahren**, zum anderen im **Verfahren der Altersverschiebung nach Rueff**. Beide Verfahren machen von der Beobachtung Gebrauch, dass die Sterblichkeitskurven verschiedener Geburtsjahrgänge (näherungsweise) durch einfache Verschiebung ineinander transformiert werden können:

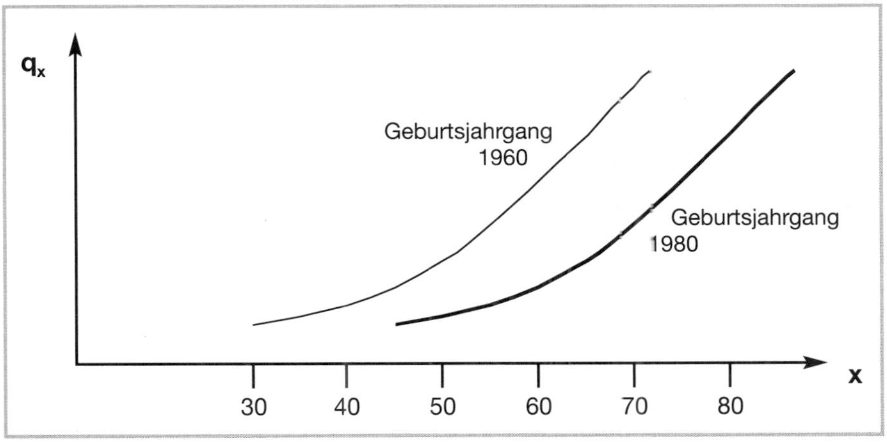

Abb. D.6: Altersabhängiger Sterblichkeitsverlauf für verschiedene Geburtsjahrgänge, zeitkontinuierlich dargestellt

Im **Standardverfahren** betrachtet man bei festem x für verschiedene Jahre t die Sterblichkeiten q_x als Funktion $q_x(t)$ und verwendet die Beobachtung, dass $\ln q_x(t)$ näherungsweise linear in t fällt. Aus dem Ansatz

$$\ln q_x(t) = -F(x) \cdot t + B(x) \quad \text{folgt} \quad q_x(t) = e^{-F(x) \cdot t + B(x)}.$$

Der Vektor der Funktionswerte F(x) für x = 0, ..., ω heißt **Trendfunktion**. Man wählt dann ein Referenzjahr, z. B. das Jahr 1999, und führt eine multiplikative Zerlegung durch:

$$q_x(t) = e^{-F(x) \cdot (t-1999) + B(x) - F(x) \cdot 1999} = e^{-F(x) \cdot (t-1999)} \cdot e^{-F(x) \cdot 1999 + B(x)} =: e^{-F(x) \cdot (t-1999)} \cdot q_x^B$$

Die q_x^B (B ist kein Exponent, sondern ein hochgestellter Index) definieren die so genannte **Basistafel**, eine Sterbetafel für das Referenzjahr. Zur Bestimmung der Sterblichkeit eines 1965 geborenen 45-Jährigen berechnen wir mit t = 2010

$$q_{45}(2010) = q_{45}^B \cdot e^{-F(45) \cdot (2010-1999)} = q_{45}^B \cdot e^{-F(45) \cdot 11}.$$

Es genügt daher die Kenntnis der beiden Vektoren für die Basistafel und die Trendfunktion zur Berechnung beliebiger Sterblichkeiten.

Für ein bestimmtes Geburtsjahr t_0 und beliebige Alter x ergibt sich für das aktuelle Jahr $t = t_0 + x$ und damit für $q_x(t)$ eine Darstellungsmöglichkeit in Abhängigkeit von x bei festem t_0. Dies rechtfertigt die Bezeichnung **Generationensterbetafel** bzw. **Generationentafel**, da jedem Geburtsjahrgang eine eigene Sterblichkeitsentwicklung zugeordnet werden kann. Wir können dies am Beispiel des Jahrgangs 1965 zweidimensional veranschaulichen:

...	$q_0(1964)$	**$q_0(1965)$**	$q_0(1966)$	$q_0(1967)$	$q_0(1968)$	$q_0(1969)$	$q_0(1970)$	$q_0(1971)$	...
...	$q_1(1964)$	$q_1(1965)$	**$q_1(1966)$**	$q_1(1967)$	$q_1(1968)$	$q_1(1969)$	$q_1(1970)$	$q_1(1971)$	...
...	$q_2(1964)$	$q_2(1965)$	$q_2(1966)$	**$q_2(1967)$**	$q_2(1968)$	$q_2(1969)$	$q_2(1970)$	$q_2(1971)$	...
...	$q_3(1964)$	$q_3(1965)$	$q_3(1966)$	$q_3(1967)$	**$q_3(1968)$**	$q_3(1969)$	$q_3(1970)$	$q_3(1971)$	...
...	$q_4(1964)$	$q_4(1965)$	$q_4(1966)$	$q_4(1967)$	$q_4(1968)$	**$q_4(1969)$**	$q_4(1970)$	$q_4(1971)$	...
...	$q_5(1964)$	$q_5(1965)$	$q_5(1966)$	$q_5(1967)$	$q_5(1968)$	$q_5(1969)$	**$q_5(1970)$**	$q_5(1971)$	...
...	...	...	...	...	...	...	...	...	...

Davon ausgehend lässt sich die zweite Methode skizzieren, das Verfahren der **Altersverschiebung nach RUEFF**. Dazu wählt man wiederum einen Referenzjahrgang, dessen Generationentafel nach dem Standardverfahren ermittelt und als **Grundtafel** fixiert wird, und erhält die Sterblichkeit für andere Jahrgänge durch eine fiktive Erhöhung (bei vor dem Referenzjahrgang Geborenen) oder Herabsetzung (bei später Geborenen) des tatsächlichen Alters. Die Verschiebungswerte ergeben sich durch geeignete Mittelwertbildung aus den zweidimensionalen Tafeln mit Trend. Für die Sterblichkeit einer 30-jährigen Frau des Geburtsjahrgangs 1975 arbeitet man beispielsweise mit dem rechnungsmäßigen Alter $y = 30 - 3$, also dem Wert q_{27}. Hierbei ist –3 der Verschiebungswert gemäß der im Anhang aufgeführten Tabelle der Altersverschiebungen für Frauen.

Um dem Vorsichtsprinzip über den gesamten Altersbereich zu genügen, ergeben sich beim Verfahren der Altersverschiebung allerdings etwas ungünstigere Sterblichkeiten als mit dem Standardverfahren. Da der Rechenaufwand zur fallbezogenen Berechnung von Generationensterblichkeiten hierbei entfällt, wurde es vor Einführung schneller Datenverarbeitungssysteme bevorzugt.

Die wichtigsten **Sterbetafeln** für Versicherungen mit Todesfallcharakter sind die Tafel **DAV 2008 T M (für Männer)** bzw. **DAV 2008 T F (für Frauen)** der **Deutschen Aktuarvereinigung (DAV)**. Versicherungen mit Erlebensfallcharakter wurden bis 2004 überwiegend mit den Tafeln **DAV 1994 R M/F** kalkuliert, seit 2005 mit deren Nachfolgern **DAV 2004 R M/F**. Diese Tafeln präsentieren wir im Anhang.

In den letzten Jahren haben sich bei Lebensversicherungen mit Todesfallcharakter zunehmend Tarife mit Preferred-Lives-Charakter (siehe Abschnitt H.4) durchgesetzt. Hierbei findet eine Differenzierung der Sterbetafeln nach Rauchern und Nichtrauchern statt. Die korrespondierenden Sterbetafeln **DAV 2008 T R** für Raucher und **DAV 2008 T NR** für Nichtraucher, jeweils noch unterschieden nach Männern und

Frauen, sind von der Tafel DAV 2008 T abgeleitet. Der Grund hierfür liegt darin, dass es in der Praxis kaum gelingt, Sterblichkeitsdaten für Raucher bzw. Nichtraucher direkt zu gewinnen. Stattdessen geht man von einer nicht differenzierten Tafel wie der DAV 2008 T aus und erzeugt die differenzierten Tafeln anhand von Beobachtungen über die jeweiligen Anteile von Rauchern und Nichtrauchern im Gesamtkollektiv sowie zur **Übersterblichkeit** von Rauchern gegenüber Nichtrauchern. Diese Übersterblichkeiten liegen für Deutschland nicht gesichert vor, sodass hier auf internationale Quellen, vor allem aus den USA, zurückgegriffen werden muss.

Aus methodischen Gründen startet die Betrachtung bei einer Version der Tafel DAV 2008 T ohne Sicherheitszuschläge. So können diese prinzipiell für die differenzierten Tafeln unterschiedlich bemessen werden. Konkret ergibt sich mit den Bezeichnungen

- q_x^R für die Rauchersterblichkeit im Alter x,
- q_x^{NR} für die Nichtrauchersterblichkeit im Alter x
- q_x für die nicht differenzierte (aggregierte) Sterblichkeit im Alter x,
- ANT_x^R für den Anteil der Raucher des Alters x im Gesamtkollektiv,
- ANT_x^{NR} für den Anteil der Nichtraucher des Alters x im Gesamtkollektiv

der elementare Zusammenhang

$$q_x = ANT_x^R \cdot q_x^R + ANT_x^{NR} \cdot q_x^{NR},$$

da die Gesamtsterblichkeit als gewichteter Mittelwert aus Raucher- und Nichtrauchersterblichkeit gedeutet werden kann. Dabei ist zu berücksichtigen, dass

$$ANT_x^R + ANT_x^{NR} = 1.$$

Die Übersterblichkeit der Raucher gegenüber den Nichtrauchern des Alters x definiert sich gemäß

$$ÜbSt_x = \frac{q_x^R}{q_x^{NR}}.$$

Damit lassen sich die differenzierten Sterblichkeiten wie folgt darstellen:

$$q_x^{NR} = \frac{q_x}{ANT_x^R \cdot ÜbSt_x + ANT_x^{NR}},$$

$$q_x^R = ÜbSt_x \cdot q_x^{NR}$$

Wegen ihrer grundsätzlichen Bedeutung für die meisten bei Drucklegung dieses Buches aktuellen Rententarife gehen wir auch auf die Tafeln DAV 2004 R M/F noch etwas näher ein. Sie existieren in zwei mit dem Standardverfahren bzw. dem Verfahren der Altersverschiebung nach RUEFF erzeugten Varianten. Hierzu wird das Standardverfahren etwas allgemeiner gefasst, indem die Generationentafel als Linearkombination mehrerer Varianten von Basistafeln errechnet wird.

Versicherte von **aufgeschobenen Rentenversicherungen** zeigen in der als **Aufschubzeit** bezeichneten Ansparphase ein näher an der allgemeinen Sterblichkeit liegendes Sterbeverhalten als in der Rentenbezugszeit. Diesem Umstand wird durch Verwendung zweier Basistafeln Rechnung getragen. Für die Aufschubzeit verwendet man eine als **Aggregattafel** bezeichnete Tafel q_x^a, im Rentenbezug hingegen eine **Selektionstafel** mit niedrigeren Sterblichkeiten q_x^s. In den ersten fünf Jahren des Rentenbezugs können die Sterblichkeitswerte zusätzlich mit Faktoren f^1 bis f^5 verringert werden. Bezeichnet schließlich x_R das Alter bei Ende der Aufschubzeit, bei dem von q_x^a auf q_x^s umgeschaltet wird, so lautet das Standardverfahren für die Tafeln DAV 2004 R (Referenzjahr ist wieder 1999):

$$q_x(t) = \begin{cases} q_x^a \cdot e^{-F(x)\cdot(t-1999)}, & x \le x_R \\ f^i \cdot q_x^s \cdot e^{-F(x)\cdot(t-1999)}, & 1 \le x - x_R \le 5 \\ q_x^s \cdot e^{-F(x)\cdot(t-1999)}, & x > x_{R+5} \end{cases}$$

Beim Verfahren der Altersverschiebung nach RUEFF konstruiert man die Grundtafel im Wesentlichen auf Basis der Generationentafel für den Geburtsjahrgang 1965. Diese Wahl stellt die annähernde Zentrierung der korrespondierenden Verschiebungstabelle sicher: Die Verschiebungswerte liegen zwischen –13 und +12 (vgl. Anhang).

Für die generelle Darstellung einer Sterbetafel genügt die Angabe der q_x-Werte für alle Alter x zwischen 0 und ω. Oft wird stattdessen auch der l_x-Vektor angegeben, der die Information liefert, wie viele Angehörige einer ursprünglichen Gesamtheit von z. B. 1.000.000 Personen auf Basis der verwendeten q_x-Werte im Alter x noch am Leben sind. Bezeichnet man außerdem

- die Zahl der im Alter von x Jahren Gestorbenen mit d_x,
- die Wahrscheinlichkeit, dass ein x-Jähriger das Alter (x + 1) erreicht, mit p_x,
- die Sterbewahrscheinlichkeit eines x-Jährigen innerhalb der nächsten n Jahre mit ${}_nq_x$,
- entsprechend die Wahrscheinlichkeit, dass ein x-Jähriger auch das Alter (x + n) noch erreicht, mit ${}_np_x$,

so lassen sich die folgenden Zusammenhänge sehen. Eine ausführlichere Motivation liefert Kapitel B.

- $d_x = l_x - l_{x+1} = q_x \cdot l_x$
- $p_x = 1 - q_x$
- $l_{x+1} = l_x - d_x = l_x - q_x \cdot l_x = p_x \cdot l_x$
- ${}_nq_x = \frac{(l_x - l_{x+n})}{l_x}$
- ${}_np_x = 1 - {}_nq_x$

Man vergegenwärtige sich diese Beziehungen ruhig einmal für einige Werte von x und kleine n anhand der im Anhang mitgelieferten Sterbetafeln.

Detaillierter geht KAKIES auf die generelle Methodik bei der Untersuchung von Sterblichkeiten ein. Zum Einstieg in die Gewinnung von Schwankungs- und Sicherheitszuschlägen eignet sich PANNENBERG. WOLFF schließlich gibt einen guten Überblick über die Konstruktion der Rententafeln DAV 2004 R M/F. Ausführlicher ist die offizielle Darstellung der DAV-Unterarbeitsgruppe Rentnersterblichkeit.

2.2 Rechnungszins

Eine Besonderheit der Lebensversicherung sind die langfristigen Garantien einer Mindestverzinsung. Für diese Garantien ist daher eine Obergrenze festzulegen, die gewährleistet, dass der von den Unternehmen erwirtschaftete Kapitalanlagezins diese Obergrenze infolge der üblichen Schwankungen des Marktzinses nicht oder nur selten und kurzzeitig unterschreitet. Diese Obergrenze wird üblicherweise als **Höchstrechnungszins** (oft abgekürzt mit **HRZ**) bezeichnet. Die Unternehmen können grundsätzlich auch einen niedrigeren Rechnungszins festsetzen, was aus Wettbewerbsgründen aber in der Praxis nicht vorkommt.

Gesetzlich geregelt ist nur der Zinssatz für die Berechnung der bilanzrelevanten **Deckungsrückstellung**. Das Verfahren zur Ermittlung des Höchstrechnungszinses ist in § 65 (1) VAG definiert:

> *Das Bundesministerium der Finanzen wird ermächtigt, zur Berechnung der Deckungsrückstellung unter Beachtung der Grundsätze ordnungsmäßiger Buchführung durch Rechtsverordnung,*

1. *bei Versicherungsverträgen mit Zinsgarantie einen oder mehrere Höchstwerte für den Rechnungszins festzusetzen, ausgehend*
    a. *vom jeweiligen Zinssatz der Anleihen des Staates, auf dessen Währung der Vertrag lautet, wobei der jeweilige Höchstwert nicht mehr als 60 vom Hundert betragen darf; hiervon können Versicherungen in Anteilseinheiten, gegen Einmalprämie bis zu einer Laufzeit von acht Jahren, Versicherungsverträge ohne Überschussbeteiligung sowie Rentenversicherungsverträge ohne Rückkaufswert ausgenommen oder für sie höhere Höchstwerte festgesetzt werden, oder*
    b. *vom Ertrag der zum betreffenden Zeitpunkt im Bestand des Lebensversicherungsunternehmens vorhandenen Aktiva, wobei angemessene Sicherheitszuschläge vorzunehmen sind;*
2. *die Höchstbeträge für die ZILLMERUNG festzusetzen;*
3. *(...)*

Man zieht als untere Bemessungsgrenze also 60 % des Mittelwerts der Umlaufrenditen von Staatsanleihen heran; bei den genannten Ausnahmen (Einmalprämienversicherungen bis zu acht Jahren Laufzeit, Rentenversicherungen ohne Rückkaufswert in den ersten acht Jahren) gelten 85 % der laufzeitkongruenten Umlaufrenditen. Die wertmäßige Festschreibung ist Bestandteil der **Deckungsrückstellungsverordnung (DeckRV)**.

Bei längerfristigen Veränderungen der Zinsstruktur werden Anpassungen des Höchstrechnungszinses notwendig. Über lange Jahre hinweg lag er konstant bei 3,00 %. Im Jahre 1987 erfolgte eine Anhebung auf 3,50 %, 1994 eine erneute Anhebung auf 4,00 %. Nach dem starken Rückgang des Zinsniveaus in der zweiten Hälfte der 90er-Jahre kam zum 1. 7. 2000 eine Absenkung auf 3,25 %, zum 1. 1. 2004 auf 2,75 % und zum 1. 1. 2007 auf 2,25 %. Diese Entwicklung zeigt die Schwäche des Verfahrens: Es arbeitet rein retrospektiv und ist damit nur bedingt geeignet, einen für lange Vertragslaufzeiten sicher zu gewährleistenden Zinssatz zu bestimmen.

Für die Prämienkalkulation sind seit 1994 abweichende Zinssätze zulässig. Auf die praktischen Möglichkeiten und Konsequenzen gehen wir in Kapitel E ausführlicher ein.

2.3 Kosten

Die Zuschlüsselung der im Versicherungsbetrieb entstehenden Kosten auf Segmente des Bestands und einzelne Verträge ist ein schwieriges betriebswirtschaftliches Unterfangen und durchaus Schauplatz unternehmerischen Erfindungsreichtums. Wir interessieren uns hier nur für das kalkulatorische Ergebnis in Gestalt diverser Kostensätze, die auf verschiedene Kostenarten entfallen. Die Bestätigung, dass gewählte Sätze für das Unternehmen insgesamt eine profitable, mindestens aber kostendeckende Kalkulation ermöglichen, ist gewöhnlich ein iterativer Prozess im Rahmen der Tarifentwicklung. Generell bewegen sich die Versicherungsunternehmen bei der Festlegung ihrer kalkulatorischen Kostensätze in einem Spannungsfeld zwischen Sicherheitserfordernissen auf der einen Seite, welche hohe Prämien nahelegen, und ihrer Wettbewerbssituation auf der anderen Seite, die möglichst niedrige Prämien wünschenswert erscheinen lässt.

Kostenzuschläge müssen der Höhe, Bezugsgröße und Fälligkeit nach festgelegt werden. Grundsätzlich unterscheidet man

- (unmittelbare) **Abschlusskosten** zur Deckung von Abschlussprovisionen, der Einrichtung eines Vertrags und des Marketings **(α^Z-Kosten)**,
- laufende, auf die Versicherungssumme bezogene **Amortisationskosten**, die auch noch Abschlussaufwendungen decken **(α^Y-Kosten)**,
- allgemeine **laufzeitabhängige Verwaltungskosten**, darunter auf die Prämie bezogene **β-Kosten** (historisch als Inkassokosten bezeichnet) und versicherungssummenbezogene **γ-Kosten**,
- Zuschläge für **Stückkosten**,
- **Summenzuschläge** oder **Summenrabatte**, die sich nach der Höhe der vereinbarten Versicherungsleistung richten,
- **Ratenzuschläge**, wenn von jährlich vorschüssiger Prämienzahlung abgewichen wird.

Diese Modellierung ist zwangsläufig grob, weil sie – wie die der übrigen Rechnungsgrundlagen – für die gesamte Vertragslaufzeit eingefroren wird, ohne dass volkswirtschaftliche Einflüsse (Inflation) oder gegenläufig wirkende Rationalisierungseffekte berücksichtigt würden.

Die wichtige Betrachtung der Abschlusskosten während der Vertragslaufzeit wird in Kapitel E eingehend vorgenommen werden.

3. Nettoprämienkalkulation

Prinzipiell lassen sich die Zahlungsströme, die sich aus einem Versicherungsvertrag ergeben, wie folgt beschreiben: Der **Versicherungsnehmer** leistet einmalig oder in wiederkehrenden Raten Prämienzahlungen, das **Versicherungsunternehmen** leistet z. B. bei Risikolebensversicherungen im Todesfall einmalig, bei Rentenversicherungen im Rentenbezug in wiederkehrenden Raten einen bestimmten Geldbetrag.

Auf Basis der in den Abschnitten 1 und 2 skizzierten rechtlichen und rechnungsmäßigen Grundlagen der Prämienkalkulation muss zwischen diesen beiden Zahlungen (oder allgemein: Zahlungsströmen) eine wirtschaftlich sinnvolle Beziehung hergestellt werden. Diese Beziehung beschreibt das **versicherungsmathematische Äquivalenzprinzip** (Abschnitt 3.1). Damit wir dieses in Abschnitt 3.3 anwenden können, müssen zunächst die beiden Zahlungsströme mithilfe des jetzt verfügbaren Instrumentariums zum Zeitpunkt des Vertragsabschlusses in geeignete **Barwerte** umgerechnet werden (Abschnitt 3.2). Die Kalkulation von **Nettoprämien** ohne Einbeziehung von Kostenzuschlägen ergibt sich daraus zwangsläufig. In Abschnitt 3.4 wird kurz das Kalkül der **Kommutationswerte** vorgestellt, ehe wir in Abschnitt 3.5 ausführlich die Abhängigkeit der berechneten Prämien von der Wahl der **Rechnungsgrundlagen** untersuchen.

3.1 Äquivalenzprinzip der Prämienkalkulation

In Kapitel A haben wir den fundamentalen Unterschied zwischen Individualversicherungsgeschäft und gesetzlichen Sozialversicherungssystemen kennengelernt: Der Preis der Versicherung richtet sich im ersten Fall ausschließlich nach dem individuellen Risiko. Eine Todesfallversicherung von zehn Jahren Laufzeit stellt für eine 20-jährige Frau einen erheblich geringeren Schutz dar als die gleiche Versicherung für eine 60-Jährige, denn die Sterblichkeit von 20-Jährigen ist aller Erfahrung nach deutlich niedriger. Dies legt die Vermutung nahe, dass sie für ihren Versicherungsvertrag niedrigere Prämien bezahlen wird als die ältere Geschlechtsgenossin.

Im Gegensatz zur Sozialversicherung erzwingt die Individualversicherung keine risikounabhängige Prämie für den Vertrag. Vielmehr geht es darum, vergleichbare Risiken auch in etwa gleich zu bewerten. Dazu ist sie durch den schon in Abschnitt 1 erwähnten **Gleichbehandlungsgrundsatz** (§ 11 [2] VAG) sogar verpflichtet. Diese Verpflichtung bedeutet nichts anderes, als dass die Prämienhöhe dem versicherten Risiko entsprechen muss.

Damit sind wir beim **versicherungsmathematischen Äquivalenzprinzip**: Die zu erwartenden Prämien müssen den zu erwartenden Leistungen (Zahlungen infolge eingetretener Risiken) entsprechen. Berücksichtigen wir dabei keine Kosten für den Versicherungsbetrieb, ergibt sich die **Nettovariante** des Äquivalenzprinzips. Das Prinzip ist fundamental für die gesamte versicherungsmathematische Prämienkalkulation und rechtfertigt eine optische Hervorhebung:

Versicherungsmathematisches Äquivalenzprinzip:

Prämienbarwert = Leistungsbarwert

Der Vergleich von Erwartungswerten zum Zeitpunkt des Vertragsabschlusses bedeutet, dass Zahlungsströme miteinander zu vergleichen sind: einerseits für die Prämienzahlungen, andererseits für die im Lauf der Zeit zu erwartenden Leistungen. Folgende Gesichtspunkte sind dabei zu berücksichtigen:

- Die Zahlungen sind ungewiss. Je nach Charakter der Versicherungsleistung kann dies fallweise die Frage betreffen, ob überhaupt eine Zahlung fällig wird, andernfalls, zu welchem Zeitpunkt oder (bei ratierlichen Leistungen) wie oft dies der Fall sein wird. Wesentlichen Aufschluss über diese ungewissen Zahlungen liefern uns die gewählten **Sterbetafeln**.
- Die unterschiedlichen Zeitpunkte möglicher Zahlungen erfordern eine **Diskontierung** mit dem gewählten Rechnungszins. Wir gehen also zu dem in Kapitel C eingeführten Barwertbegriff über. Da ein Modell deterministischer Wahrscheinlichkeiten zugrunde gelegt wird, ist es gerechtfertigt, anstelle von Barerwartungswerten im weiteren Verlauf einfach von Barwerten zu sprechen.
- Die Höhe der nominalen Leistungen beeinflusst nicht die Grundlagen der Barwertberechnung. Das bedeutet, dass der Barwert einer Zeitrente von 1.000 € je Rate tausendmal so hoch ist wie der Barwert einer Zeitrente von 1 € je Rate **(Summenlinearität)**.

Damit haben wir die Berechnung von Versicherungsprämien auf die Berechnung allgemeiner (Renten-)Barwerte zurückzuführen. Für die wichtigsten Beispiele leiten wir diese im nächsten Abschnitt her.

3.2 Leistungs- und Prämienbarwerte

Vor dem Einstieg in die konkrete Prämienberechnung einige Anmerkungen zur **Altersberechnung** versicherter Personen in der Praxis. Die Hauptverfahren haben historische Gründe und bieten jeweils verschiedene rechentechnische Vorzüge, oft aus Zeiten, da die Tarifkalkulation sich stark pauschalierender Verfahren bediente.

Am einfachsten zu handhaben ist die **Kalenderjahresmethode**. Hierbei wird als Alter die Differenz aus dem Kalenderjahr des Vertragsbeginns und dem Geburtsjahr genommen. Bei der **Halbjahresmethode** schaut man, welcher Geburtstag der versicherten Person dem Vertragsbeginn am nächsten liegt. (Ist der Abstand gerade sechs Monate, wählt man per Konvention in der Regel den früheren Geburtstag.) Die **Methode des bürgerlichen Alters** schließlich arbeitet mit der Anzahl der bei Vertragsbeginn vollendeten Lebensjahre. Eine etwaige **Altersverschiebung** bei Rentenversicherungen setzt jeweils auf dem nach einem dieser drei Verfahren ermittelten Alter auf. Die Berechnungsbeispiele im Text und in den Übungsaufgaben gehen, wo diese Information wichtig ist, von der Kalenderjahresmethode aus (etwa die Beispiele mit den Generationentafeln DAV 2004 R).

Wir können nun bereits direkt den Barwert der einfachsten Versicherungsform bestimmen, der **Risikolebensversicherung** mit einjähriger Laufzeit und Nennleistung 1. Ein x-Jähriger schließe diese einjährige Versicherung ab. Stirbt er innerhalb dieses Jahres, so wird dem hinterbliebenen Leistungsempfänger am Ende des Jahres die Versicherungssumme 1 ausgezahlt; andernfalls erlischt die Versicherung nach einem Jahr ohne Geldleistung. Wie sieht der Leistungsbarwert für diese Versicherung aus?

Wir gehen zunächst von der versicherten Summe S = 1 aus: 1

Da die Versicherung zum Jahresende leistet, wird mit dem Rechnungszins diskontiert: $v \cdot 1$

Geleistet wird jedoch nur, wenn der x-Jährige im Verlauf des Jahres stirbt: $q_x \cdot v \cdot 1$

Wir halten fest für den

Leistungsbarwert der einjährigen Risikolebensversicherung: $_{|1}A_x = q_x \cdot v$

Hier manifestiert sich das Prinzip des **Ausgleichs im Kollektiv**. Während für das einzelne Risiko nur die volle Leistung oder keinerlei Zahlung fällig wird, ergibt sich bei vielen Versicherten im Mittel eine Leistung, die infolge der Gewichtung mit der Sterblichkeit sehr viel niedriger als die nominale Todesfallleistung ist.

Wir verallgemeinern nun den Fall der einjährigen Risikolebensversicherung auf n Jahre. Es liegt intuitiv nahe, dafür n einjährige Risikolebensversicherungen hintereinander zu schalten. Zunächst betrachten wir daher eine Folge aus n solchen Versicherungen, jeweils für unterschiedliche Alter: Die Leistungsbarwerte betragen:

$$q_x \cdot v \qquad q_{x+1} \cdot v \qquad q_{x+2} \cdot v \qquad \ldots \qquad q_{x+n-1} \cdot v$$

Der zweite Teilbarwert ist jedoch auf den Beginn des zweiten Versicherungsjahres bezogen. Da wir den gesamten Barwert auf den Beginn des ersten Jahres beziehen, muss um ein weiteres Jahr abgezinst werden. Entsprechendes gilt für die restlichen Terme:

$$q_x \cdot v \qquad q_{x+1} \cdot v^2 \qquad q_{x+2} \cdot v^3 \qquad \ldots \qquad q_{x+n-1} \cdot v^n$$

Außerdem muss noch berücksichtigt werden, dass der zweite Teilbarwert nur wirken kann, wenn der Versicherte im ersten Jahr noch nicht gestorben ist. Deshalb ist er mit der einjährigen Überlebenswahrscheinlichkeit zu gewichten. Auch das gilt für alle weiteren Terme in entsprechender Weise:

$$q_x \cdot v \qquad p_x \cdot q_{x+1} \cdot v^2 \qquad {}_2p_x \cdot q_{x+2} \cdot v^3 \qquad \ldots \qquad {}_{n-1}p_x \cdot p_{x+n-1} \cdot v^n$$

Die Teilbarwerte der einjährigen Versicherungen addieren wir zum Gesamtbarwert der Risikolebensversicherung:

$$q_x \cdot v + p_x \cdot q_{x+1} \cdot v^2 + {}_2p_x \cdot q_{x+2} \cdot v^3 + \ldots + {}_{n-1}p_x \cdot p_{x+n-1} \cdot v^n$$

Diesen Ausdruck fassen wir in Summennotation zusammen zu

$$\sum_{k=0}^{n-1} {}_kp_x \cdot q_{x+k} \cdot v^{k+1}.$$

Mithilfe der Notation ${}_{|n}A_x$ gelangen wir damit schließlich zum

Leistungsbarwert der n-jährigen Risikolebensversicherung:

$${}_{|n}A_x = \sum_{k=0}^{n-1} {}_kp_x \cdot q_{x+k} \cdot v^{k+1}$$

Indem man die Summe bis zum Endalter ω der Sterbetafel ausdehnt, gelangt man zum

Leistungsbarwert der lebenslangen Todesfallversicherung:

$$A_x = \sum_{k=0}^{\omega-x} {}_kp_x \cdot q_{x+k} \cdot v^{k+1}$$

Auch für eine **Erlebensfallversicherung**, die bei Erleben nach n Jahren die Summe 1 auszahlt, kann der Leistungsbarwert direkt angegeben werden. Die Leistung wird genau mit der n-jährigen Überlebenswahrscheinlichkeit fällig und über n volle Jahre abgezinst:

Leistungsbarwert der n-jährigen Erlebensfallversicherung:

$${}_nE_x = {}_np_x \cdot v^n$$

Die **kapitalbildende Lebensversicherung** vereint in sich die Leistungsspektren der n-jährigen Risikolebens- und der n-jährigen Erlebensfallversicherung und wird deshalb auch als **gemischte Versicherung** bezeichnet. Es liegt daher nahe, die Barwerte beider Teilversicherungen zusammenzufassen. Daher lautet der

Leistungsbarwert der kapitalbildenden Lebensversicherung:

$$A_{x,\overline{n|}} = {}_{|n}A_x + {}_nE_x$$

Bei diesem Versicherungstyp ist die Auszahlung einer Leistung sicher, nur der Zeitpunkt ist ungewiss. Der Index n ist beim Leistungsbarwert der Risikolebensversicherung mit einem senkrechten Strich versehen, bei der Erlebensfallversicherung dagegen nicht. So wird deutlicher, dass n im ersten Fall für die Versicherungslaufzeit und nicht für eine Aufschub- bzw. Wartezeit steht. Eine Übersicht der üblichen Notation ist für verschiedene Barwerttypen vor Abschnitt 3.3 aufgelistet.

Alle bisherigen Versicherungstypen sehen höchstens eine Zahlung vor. Bei Rentenversicherungen treten dagegen periodisch wiederkehrende Zahlungen auf, sofern der Versicherte den Zahlungszeitpunkt erlebt oder ihn, etwa bei Invaliditätsrenten, bei eingeschränkter Gesundheit erlebt. Die sofortbeginnende nachschüssige **n-jährige oder lebenslange Leibrente** leiten wir genauso aus der einmaligen Erlebensfallleistung ${}_nE_x$ ab, wie der Übergang von der einjährigen zur n-jährigen Risikolebens- bzw. zur lebenslangen Todesfallversicherung vollzogen wurde.

Zunächst betrachten wir also eine Folge einjähriger Erlebensfallversicherungen für unterschiedliche Alter:

$$ {}_1E_x \qquad {}_1E_{x+1} \qquad {}_1E_{x+2} \qquad \ldots \quad {}_1E_{x+n-1} $$

Da diese jeweils auf die Folgejahre bezogen sind, müssen sie wiederum auf den Beginnzeitpunkt abgezinst und mit den Erlebensfallwahrscheinlichkeiten gewichtet werden:

$$ {}_1E_x \qquad p_x \cdot v \cdot {}_1E_{x+1} \qquad {}_2p_x \cdot v^2 \cdot {}_1E_{x+2} \qquad \ldots \quad {}_{n-1}p_x \cdot v^{n-1} \cdot {}_1E_{x+n-1} $$

Jetzt setzen wir die weiter oben schon ermittelten ${}_1E_{x+k}$ ein

$$ p_x \cdot v \qquad p_x \cdot v \cdot p_{x+1} \cdot v \qquad {}_2p_x \cdot v^2 \cdot p_{x+2} \cdot v \qquad \ldots \quad {}_{n-1}p_x \cdot v^{n-1} \cdot p_{x+n-1} \cdot v, $$

addieren wie bei der Risikolebensversicherung die Teilbarwerte und fassen dann die Produkte nach den Rechenregeln für Überlebenswahrscheinlichkeiten (vgl. dazu Abschnitt B.3) zusammen:

$$ \begin{aligned} & p_x \cdot v + p_x \cdot v \cdot p_{x+1} \cdot v + {}_2p_x \cdot v^2 \cdot p_{x+2} \cdot v + \ldots + {}_{n-1}p_x \cdot v^{n-1} \cdot p_{x+n-1} \cdot v \\ = {} & p_x \cdot v + {}_2p_x \cdot v^2 + {}_3p_x \cdot v^3 + \ldots + {}_np_x \cdot v^n \end{aligned} $$

Leistungsbarwert der n-jährigen sofortbeginnenden nachschüssigen Leibrente:

$$ a_{x,\overline{n}|} = \sum_{k=1}^{n} {}_kp_x \cdot v^k $$

Zur n-jährigen vorschüssigen Leibrente gelangt man offensichtlich, indem zu Beginn sofort eine Rate der Höhe 1 gezahlt wird, während der Ausdruck für die letzte Rate in der Summe wegfällt.

Leistungsbarwert der n-jährigen sofortbeginnenden vorschüssigen Leibrente:

$$ \ddot{a}_{x,\overline{n}|} = \sum_{k=0}^{n-1} {}_kp_x \cdot v^k $$

Bei lebenslangen Leibrenten läuft die Summation immer bis zum Endalter der Sterbetafel, also dem Summanden ${}_{\omega-x}p_x \cdot v^{\omega-x}$. Daher gilt hier zwischen vor- und nachschüssiger Rente der einfache Zusammenhang $ä_x = 1 + a_x$. Konkret lautet der

Leistungsbarwert der lebenslangen vorschüssigen Leibrente:

$$ä_x = \sum_{k=0}^{\omega-x} {}_kp_x \cdot v^k$$

und der

Leistungsbarwert der lebenslangen nachschüssigen Leibrente:

$$a_x = \sum_{k=1}^{\omega-x} {}_kp_x \cdot v^k$$

Um m Jahre aufgeschobene Leibrenten beginnen mit den Ratenzahlungen erst nach m Jahren – sofern der Versicherte dieses Datum erlebt. Die obigen Barwerte sind daher erneut um m Jahre abzuzinsen und mit der m-jährigen Überlebenswahrscheinlichkeit zu gewichten. Damit erhalten wir für den

Leistungsbarwert der n-jährigen aufgeschobenen vorschüssigen Leibrente:

$${}_{m|}ä_{x,\bar{n|}} = \sum_{k=m}^{n+m-1} {}_kp_x \cdot v^k = {}_mp_x \cdot v^m \cdot ä_{x+m,\bar{n|}}$$

sowie für den

Leistungsbarwert der n-jährigen aufgeschobenen nachschüssigen Leibrente:

$${}_{m|}a_{x,\bar{n|}} = \sum_{k=m+1}^{n+m} {}_kp_x \cdot v^k = {}_mp_x \cdot v^m \cdot a_{x+m,\bar{n|}}$$

Erfolgt die Ratenzahlung nicht in einer Rate pro Jahr, sondern in k unterjährlichen Teilraten, so bekommen die Barwerte gemäß jährlicher Ratenzahl einen Korrekturabzug, dessen exakte Herleitung hier nicht gegeben wird (vgl. dafür etwa WOLFSDORF). Wir beschränken uns auf eine heuristische Näherung für den Fall vorschüssiger lebenslanger Leibrenten $ä_x$. Bei m-tel-jährlicher Zahlung kann man sich die Gesamtrente als Summe von m Renten der Höhe 1/m vorstellen, die um einige Zahlungsperioden aufgeschoben starten:

$$ä_x^{(m)} = \frac{1}{m} \cdot \sum_{k=0}^{m-1} {}_{\frac{k}{m}|}ä_x$$

Wegen ${}_{0|}ä_x = ä_x$ und ${}_{1|}ä_x = a_x = ä_x - 1$ kann eine lineare Approximation gewagt werden:

$${}_{\frac{k}{m}|}ä_x \approx ä_x - \frac{k}{m}$$

Dabei wird das Abzugsglied der Höhe 1 für ein volles Jahr bei der um k/m-tel Jahre aufgeschobenen Rente durch ein Glied k/m ersetzt, was einer Näherung für die zeitanteilige Diskontierung entspricht. Mithilfe der Partialsummenbeziehung 1 + 2 + 3 + ... + (m − 1) = m · (m − 1) / 2 ergibt sich dann durch Einsetzen die praxistaugliche Näherung

$$\ddot{a}_x^{(m)} \approx \frac{1}{m} \cdot \sum_{k=0}^{m-1} \left(\ddot{a}_x - \frac{k}{m} \right) = \ddot{a}_x - \frac{m \cdot (m-1)}{2} \cdot \frac{1}{m^2}$$

und damit insgesamt für den

Leistungsbarwert der lebenslangen m-tel-jährlichen vorschüssigen Leibrente:

$$\ddot{a}_x^{(m)} \approx \ddot{a}_x - \frac{m-1}{2m}$$

Dieser Barwert ist etwas kleiner als der bei jährlicher Zahlungsweise, da Teile einer jeden Jahresrate nicht sofort, sondern erst im Jahresverlauf bereitgestellt werden müssen und deshalb noch anteilig diskontiert werden. Das Korrekturglied konvergiert für große m gegen ½, weil die Raten im Mittel zur Jahresmitte fällig werden.

Aus den auf den letzten drei Seiten eingeführten **Leistungsbarwerten** lassen sich fast alle komplexeren Leistungsstrukturen zusammensetzen. Mit den Rentenbarwerten verfügen wir außerdem bereits über den Grundbaustein für die **Prämienbarwertberechnung**. Prämien werden als **Einmalprämie** oder periodisch wiederkehrend als **laufende Prämie** gezahlt. Bezeichnet NP die pro Fälligkeit zu zahlende Jahresnettoprämie, so lautet bei t-jähriger (t = 0 für Einmalprämien ist zulässig) jährlich vorschüssiger Prämienzahlungsdauer der Nettoprämienbarwert also gerade $NP \cdot \ddot{a}_{x,\overline{t}|}$.

Abschließend noch eine Zusammenfassung zur **Notation versicherungsmathematischer Barwerte**. Über ihre Prägnanz lässt sich fruchtlos streiten, denn sie hat sich mit geringer Variabilität allgemein durchgesetzt. Daher stellen wir ihr Prinzip hier vor (vgl. auch Abschnitt C.3). Dem Leser ist es natürlich unbenommen, die etwas sperrige Auflistung beim ersten Lesen zu überspringen.

- Zentralposition: Kennzeichen des Versicherungstyps

  E → für einmalige Erlebensfallleistungen

  a → für wiederkehrende (ratierliche) Erlebensfallleistungen, also Rentenleistungen

  A → für einmalige Todesfallleistungen

- direkt darüber (bei Renten): zwei Punkte („Trema“) für Vorschüssigkeit

  a_x → jährlich nachschüssig gezahlte lebenslange Rentenleistung

  $\ddot{a}_x$ → jährlich vorschüssig gezahlte lebenslange Rentenleistung

- rechts oben: Parameter für unterjährliche Zahlweisen bei Renten; die runden Klammern können auch fehlen

  $\ddot{a}_x^{(m)}$ → lebenslängliche Rente, die statt in jährlich vorschüssigen Raten der Höhe 1 in m-tel-jährlichen Raten der Höhe 1/m gezahlt werden, also (4) bei vierteljährlicher Zahlungsweise etc.

- rechts unten: maßgebliches Versichertenalter

  a_x → im Alter x sofortbeginnende lebenslange nachschüssige Rentenleistung

- daran anschließend: Zeitparameter für Dauern bei Rentenleistungen und Versicherungen mit gemischtem Charakter; die Deckstriche dienen zur Unterscheidung von der Altersangabe

  $A_{x,\overline{n|}}$ → ab Alter x maximal n Jahre laufende kapitalbildende Lebensversicherung

  $\ddot{a}_{\overline{n|}}$ → n Jahre laufende vorschüssige Zeitrente, rein finanzmathematisch, d. h. ohne Biometrie

- links unten: Zeitparameter für Dauern bei einmaligen Todes- oder Erlebensfallleistungen; der senkrechte Strich erscheint nur bei Todesfallleistungen

  ${}_kE_x$ → ab Alter x auf k Jahre vereinbarte Erlebensfallleistung

  ${}_{|n}A_x$ → ab Alter x vereinbarte n-jährige Risikolebensversicherung

- daran anschließend: Aufschubzeit

  ${}_{m|}a_x$ → im Alter x vereinbarte, um m Jahre aufgeschobene (d. h. ab Alter [x + m] fällige) lebenslängliche Rente

  ${}_{m|n}A_x$ → um m Jahre aufgeschobene n-jährige Risikolebensversicherung (d. h. Todesfallschutz vom Alter [x + m] bis zum Alter [x + m + n])

3.3 Nettoprämien

In Anwendung des **Äquivalenzprinzips** setzen wir Prämien- und Leistungsbarwert gleich und lösen nach der **Jahresnettoprämie** NP auf. Bei Einmalprämien ist natürlich NP gerade gleich dem Leistungsbarwert. Man verwendet daher gelegentlich auch die Bezeichnung Nettoeinmalprämie statt Leistungsbarwert. Im Falle regelmäßiger jährlicher Prämienzahlung ist hingegen der Leistungsbarwert durch den Prämienbarwert $ä_{x,t}$ zu dividieren, was für die wichtigsten Beispiele zu folgenden Darstellungen führt. Dabei steht S für die Leistungshöhe bei (höchstens) einmal fälliger Zahlung, R für die Ratenhöhe bei wiederkehrender Zahlung von Leistungen.

Nettoprämie der n-jährigen Risikolebensversicherung:

$$NP \cdot ä_{x,\overline{t|}} = S \cdot {}_{|n}A_x \rightarrow NP = S \cdot \frac{{}_{|n}A_x}{ä_{x,\overline{t|}}}$$

Nettoprämie der n-jährigen kapitalbildenden Lebensversicherung:

$$NP = S \cdot \frac{A_{x,\overline{n|}}}{ä_{x,\overline{t|}}}$$

Nettoprämie der sofortbeginnenden jährlich vorschüssigen lebenslangen Leibrentenversicherung:

$$NP = R \cdot \frac{ä_x}{ä_{x,\overline{t|}}}$$

Nettoprämie der aufgeschobenen jährlich vorschüssigen lebenslangen Leibrentenversicherung:

$$NP = R \cdot \frac{{}_{m|}ä_x}{ä_{x,\overline{t|}}}$$

Generell bezeichnen wir im Folgenden mit **Nettoprämie** ohne weiteren Zusatz die Nettoprämie bei jährlicher Fälligkeit (Jahresnettoprämie); ist unterjährliche Prämienzahlung gemeint, wird darauf im Text ausdrücklich hingewiesen. Unterjährliche Prämienzahlungsweisen könnte man direkt kalkulatorisch berücksichtigen, indem der Prämienbarwert um ein entsprechendes Korrekturglied gekürzt wird, wie wir es im vorigen Abschnitt kennengelernt haben. In der Praxis jedoch geht man gröber vor und erhebt auf die Bruttoprämien (vgl. Abschnitt 4) einen prozentualen Zuschlag.

3.4 Kommutationswerte

Wir stellen in diesem Abschnitt einen Formalismus vor, der seine Rechtfertigung ursprünglich in dem Ziel hatte, manuelle Prämienberechnungen zu vereinfachen. Zu diesem Zweck wurden tabellierbare Zwischenwerte berechnet, mit deren Hilfe die bisher verwendeten Barwerte einfach ausgewertet werden können. Obwohl der Vereinfachungsaspekt im Zeitalter EDV-gestützter Berechnungsverfahren seine Bedeutung verloren hat, ist das Kalkül der **Kommutationswerte** immer noch weit verbreitet.

Die Barwertformel für eine **Erlebensfallversicherung** der Höhe 1 und der Dauer n Jahre lautet:

$$ {}_nE_x = {}_np_x \cdot v^n $$

Wir drücken die Überlebenswahrscheinlichkeit ${}_np_x$ durch die Zahl der Überlebenden aus und nehmen eine triviale Erweiterung vor:

$$ {}_nE_x = \frac{l_{x+n}}{l_x} \cdot v^n = \frac{l_{x+n}}{l_x} \cdot v^n \cdot \frac{v^x}{v^x} = \frac{l_{x+n} \cdot v^{x+n}}{l_x \cdot v^x} $$

Zur Berechnung von ${}_nE_x$ gibt es genau $(\omega - x)$ verschiedene Wahlmöglichkeiten von n für jedes x, das sind insgesamt etwa $\omega^2/2$ Varianten. Demgegenüber gibt es nur ω verschiedene Ausdrücke der Form $l_x v^x$, aus denen sich sämtliche ${}_nE_x$ berechnen lassen. Die zweidimensionale Beziehung von Risiko und Zins ist damit in eine eindimensionale Darstellung transformiert worden. Vergleichbare Ausdrücke lassen sich für Renten- und Todesfallversicherungen aufstellen. Wir geben vor deren Herleitung die Definitionen der elementaren Kommutationswerte nebst ihren makabren Bezeichnungen an:

$D_x := l_x \cdot v^x$	$N_x := \sum_{k=x}^{\omega} D_k$	$C_x := d_x \cdot v^{x+1}$	$M_x := \sum_{k=x}^{\omega} C_k$
„diskontierte Lebende“	**„Summe der diskontierten Lebenden“**	**„diskontierte Tote“**	**„Summe der diskontierten Toten“**

Soeben ist demnach für die Erlebensfallversicherung gezeigt worden:

$$ {}_nE_x = \frac{l_{x+n} \cdot v^{x+n}}{l_x \cdot v^x} = \frac{D_{x+n}}{D_x} $$

Bei der n-jährigen **Risikolebensversicherung** gehen wir ähnlich vor. Zunächst führen wir die Überlebens- und Sterbewahrscheinlichkeiten wieder auf die entsprechenden l_x-Werte zurück und erweitern in Form eines trivialen Bruchs mit 1:

$$ {}_{ln}A_x = \sum_{k=0}^{n-1} \left({}_kp_x \cdot q_{x+k} \cdot v^{k+1} \right) = \sum_{k=0}^{n-1} \left(\frac{l_{x+k}}{l_x} \cdot \frac{d_{x+k}}{l_{x+k}} \cdot v^{k+1} \right) = \sum_{k=0}^{n-1} \left(\frac{d_{x+k}}{l_x} \cdot \frac{v^{x+k+1}}{v_x} \right) $$

Jetzt müssen nur noch anstelle der Produkte der Zähler und Nenner die Definitionen der Kommutationswerte C_{x+k} bzw. D_x eingesetzt werden. In der zweiten Zeile erweitern wir die Summe, die von x bis $(x + n - 1)$ läuft, mit 0, indem wir denselben Ausdruck addieren (Oberklammer +) und wieder abziehen (Oberklammer –). In der dritten Zeile fassen wir schließlich alle Ausdrücke zusammen, wie durch die Unterklammern angedeutet:

$$_{\lceil n}A_x = \frac{1}{l_x \cdot v_x} \sum_{k=0}^{n-1} \left(d_{x+k} \cdot v^{x+k+1} \right) = \frac{1}{D_x} \cdot \sum_{k=0}^{n-1} C_{x+k}$$

$$= \frac{1}{D_x} \cdot \Bigg[\underbrace{(C_x + C_{x+1} + \ldots + C_{x+n-1}) + \overbrace{(C_{x+n} + C_{x+n+1} + \ldots + C_\omega)}^{+}}_{\text{Summe von } x \text{ bis } \omega} - \underbrace{\overbrace{(C_{x+n} + C_{x+n+1} + \ldots + C_\omega)}^{-}}_{\text{Summe von } x+n \text{ bis } \omega} \Bigg]$$

$$= \frac{1}{D_x} \cdot \left(\sum_{k=0}^{\omega-x} C_{x+k} - \sum_{k=n}^{\omega-x} C_{x+k} \right) = \frac{M_x - M_{x+n}}{D_x}$$

Bei der **lebenslangen Todesfallversicherung** fällt die zu subtrahierende Korrektursumme weg, also ergibt sich einfacher:

$$A_x = \frac{1}{D_x} \cdot \sum_{k=0}^{\omega-x} C_{x+k} = \frac{M_x}{D_x}$$

Risikolebens- und Erlebensfallversicherung fassen wir wieder zur **kapitalbildenden Lebensversicherung** zusammen:

$$A_{x,\overline{n}\rceil} = {}_{\lceil n}A_x + {}_nE_x = \frac{M_x - M_{x+n} + D_{x+n}}{D_x}$$

Abschließend leiten wir noch entsprechende Ausdrücke für Rentenversicherungen her, beginnend mit der **(sofortbeginnenden) n-jährigen vorschüssigen Leibrentenversicherung**:

$$\ddot{a}_{x,\overline{n}\rceil} = \sum_{k=0}^{n-1} \left({}_kp_x \cdot v^k \right) = \sum_{k=0}^{n-1} \left(\frac{l_{x+k}}{l_x} \cdot v^k \right) = \sum_{k=0}^{n-1} \frac{l_{x+k} \cdot v^{x+k}}{l_x \cdot v^x}$$

$$= \frac{1}{l_x \cdot v^x} \sum_{k=0}^{n-1} \left(l_{x+k} \cdot v^{x+k} \right) = \frac{1}{D_x} \cdot \sum_{k=0}^{n-1} D_{x+k} = \frac{N_x - N_{x+n}}{D_x}$$

Für die **lebenslange vorschüssige Leibrentenversicherung** erhalten wir kürzer:

$$\ddot{a}_x = \frac{N_x}{D_x}$$

Bei der um m Jahre **aufgeschobenen lebenslangen vorschüssigen Leibrentenversicherung** ergibt sich

$$_{m|}\ddot{a}_x = \frac{N_{x+m}}{D_x}.$$

Der Barwert der n-jährigen vorschüssigen Leibrentenversicherung (siehe oben)

$$\ddot{a}_{x,\overline{n}|} = \frac{N_x - N_{x+n}}{D_x}$$

kann auch aus den Barwerten der lebenslangen Renten abgeleitet werden, da hierfür der Zusammenhang

$$\ddot{a}_{x,\overline{n}|} = \ddot{a}_x - {}_{|n}\ddot{a}_x$$

gilt: Die sofortbeginnende lebenslange Rente wird mit einer um n Jahre aufgeschobenen lebenslangen Rente verrechnet, sodass sich die Raten beider nach Ablauf von n Jahren aufheben.

Auch die n-jährige Leibrente kann mit einer Aufschubzeit versehen werden, und wir erhalten für die um m Jahre **aufgeschobene n-jährige vorschüssige Leibrentenversicherung**:

$${}_{m|}\ddot{a}_{x,\overline{n}|} = \frac{N_{x+m} - N_{x+m+n}}{D_x}$$

Die Barwerte **nachschüssiger Leibrentenversicherungen** lassen sich ganz entsprechend herleiten; man erhält bei der **sofortbeginnenden n-jährigen** Leibrente

$$a_{x,\overline{n}|} = \frac{N_{x+1} - N_{x+n+1}}{D_x},$$

bei der **sofortbeginnenden lebenslangen** Leibrente

$$a_x = \frac{N_{x+1}}{D_x},$$

bei der um m Jahre **aufgeschobenen n-jährigen** Leibrente

$${}_{m|}a_{x,\overline{n}|} = \frac{N_{x+m+1} - N_{x+m+n+1}}{D_x}$$

und abschließend noch bei der **aufgeschobenen lebenslangen** Leibrente

$${}_{m|}a_x = \frac{N_{x+m+1}}{D_x}.$$

(Hieran zeigt sich übrigens, dass die in Kapitel C gefundene Beziehung zwischen Nachschüssigkeit und einjähriger Aufschubzeit bei Vorschüssigkeit auch bei versicherungsmathematischen **Rentenbarwerten** erhalten bleibt.)

Die Darstellung der jährlichen **Nettoprämie NP** im Gewand der Kommutationswerte folgt nun unmittelbar mithilfe der Formeln aus Abschnitt 3.3. Es ergibt sich für die **n-jährige Risikolebensversicherung** mit Prämienzahlungsdauer $t \leq n$ und Summe S

$$NP \cdot ä_{x,\overline{t|}} = S \cdot {}_{|n}A_x \rightarrow NP \cdot \frac{N_x - N_{x+t}}{D_x} = S \cdot \frac{M_x - M_{x+n}}{D_x} \rightarrow NP = S \cdot \frac{M_x - M_{x+n}}{N_x - N_{x+t}}.$$

Ganz entsprechend erhalten wir bei der **n-jährigen kapitalbildenden Lebensversicherung**

$$NP \cdot ä_{x,\overline{t|}} = S \cdot A_{x,\overline{n|}} \rightarrow NP = S \cdot \frac{M_x - M_{x+n} + D_{x+n}}{N_x - N_{x+t}},$$

bei der **sofortbeginnenden lebenslangen vorschüssigen Leibrente** zur Ratenhöhe R

$$NP \cdot ä_{x,\overline{t|}} = R \cdot ä_x \rightarrow NP \cdot \frac{N_x - N_{x+t}}{D_x} = R \cdot \frac{N_x}{D_x} \rightarrow NP = R \cdot \frac{N_x}{N_x - N_{x+t}}$$

und bei der um m Jahre **aufgeschobenen lebenslangen vorschüssigen Leibrente** mit Prämienzahlungsdauer $t \leq m$:

$$NP \cdot ä_{x,\overline{t|}} = R \cdot {}_{m|}ä_x \rightarrow NP \cdot \frac{N_x - N_{x+t}}{D_x} = R \cdot \frac{N_{x+m}}{D_x} \rightarrow NP = R \cdot \frac{N_{x+m}}{N_x - N_{x+t}}$$

Die folgende Tabelle listet noch einmal die wichtigsten Barwerte und die zugehörige Quotientendarstellung mit Kommunikationswerten. Um die direkte Anwendung in den Berechnungsbeispielen zu erleichtern, wird eine allgemeine Indexnotation (p1, p2, p3) verwendet, die zeigt, wie die Indizes x, m, n etc. der Barwerte in die Quotientenformeln einzusetzen sind.

Versicherungstyp	Barwertsymbol	Quotientenformel
Aufgeschobene Erlebensfallversicherung	${}_{p2}E_{p1}$	$\frac{D_{p1+p2}}{D_{p1}}$
Risikolebensversicherung	${}_{|p2}A_{p1}$	$\frac{M_{p1} - M_{p1+p2}}{D_{p1}}$
Kapitalbildende Lebensversicherung	$A_{p1,\,\overline{p2|}}$	$\frac{M_{p1} - M_{p1+p2} + D_{p1+p2}}{D_{p1}}$
Sofortbeginnende lebenslange vorschüssige Leibrentenversicherung	$\ddot{a}_{p1}$	$\frac{N_{p1}}{D_{p1}}$
Aufgeschobene lebenslange vorschüssige Leibrentenversicherung	${}_{p2|}\ddot{a}_{p1}$	$\frac{N_{p1+p2}}{D_{p1}}$
Sofortbeginnende p2-jährige vorschüssige Leibrentenversicherung	$\ddot{a}_{p1,\,\overline{p2|}}$	$\frac{N_{p1} - N_{p1+p2}}{D_{p1}}$
Um p2 Jahre aufgeschobene p3-jährige vorschüssige Leibrentenversicherung	${}_{p2|}\ddot{a}_{p1,\overline{p3|}}$	$\frac{N_{p1+p2} - N_{p1+p2+p3}}{D_{p1}}$
Nachschüssige Leibrentenversicherungen	Ersetze in den Barwerten der vorschüssigen Leibrentenversicherungen ä durch a	Erhöhe in den Formeln der vorschüssigen Leibrentenversicherungen die Indizes im Zähler um 1, also z. B. „$N_{p1+1} - N_{p1+p2+1}$“ statt „$N_{p1} - N_{p1+p2}$“

3.5 Fallbeispiele zur Nettoprämienberechnung

Nach den vielen abstrakten Formeln wollen wir nun konkret einige Nettoprämien berechnen zu Konstellationen, die in der Praxis auftreten. Das Hauptinteresse gilt dabei der Abhängigkeit der Prämie von den Parametern der Rechnungsgrundlagen. Wir warnen allerdings vor einem zu unbefangenen Gebrauch von Faustregeln, die ausgehend von den elementaren Versicherungstypen aufgestellt werden: Komplexer zusammengesetzte Produkte zeigen oftmals keine so eindeutige Tendenz, wenn Berechnungsparameter verändert werden.

Zum Einstieg berechnen wir die Nettoprämie für eine vierjährige Risikolebensversicherung mit gleichlanger Prämienzahlungsdauer. Versicherte Person sei ein 35-jähriger Mann, die versicherte Summe S betrage 100.000 €. Als Rechnungsgrundlagen dienen die Sterbetafel DAV 2008 T für Männer und ein Rechnungszins von 2,25 %. Die Berechnung erfolgt einmal auf der Grundlage der allgemeinen Barwertformel, zum Vergleich mithilfe von Kommutationswerten. Der vierjährige Leistungsbarwert lautet:

$$
{}_{|4}A_{35} = \sum_{k=0}^{3} ({}_kp_{35} \cdot q_{35+k} \cdot v^{k+1})
$$

$$
= q_{35} \cdot v + p_{35} \cdot q_{36} \cdot v^2 + {}_2p_{35} \cdot q_{37} \cdot v^3 + {}_3p_{35} \cdot q_{38} \cdot v^4
$$

Wir benutzen unter Anwendung von Abschnitt B.3, dass ${}_0p_{35} = 1$, ${}_1p_{35} = p_{35} = 1 - q_{35}$, ${}_2p_{35} = (1 - q_{35}) \cdot (1 - q_{36})$ sowie ${}_3p_{35} = (1 - q_{35}) \cdot (1 - q_{36}) \cdot (1 - q_{37})$ und gelangen zu

$$
\begin{aligned}
{}_{|4}A_{35} &= 0{,}000895 \cdot 0{,}977995 + 0{,}999105 \cdot 0{,}000945 \cdot 0{,}956474 \\
&\quad + 0{,}998161 \cdot 0{,}001005 \cdot 0{,}935427 + 0{,}997158 \cdot 0{,}001083 \cdot 0{,}914843 \\
&= 0{,}003705.
\end{aligned}
$$

Entsprechend berechnet sich der Prämienbarwert

$$
\ddot{a}_{35,\overline{4}|} = \sum_{k=0}^{3} ({}_kp_x \cdot v^k) = 1 + p_{35} \cdot v + {}_2p_{35} \cdot v^2 + {}_3p_{35} \cdot v^3
$$

$$
= 1{,}0 + 0{,}999105 \cdot 0{,}977995 + 0{,}998161 \cdot 0{,}956474 + 0{,}997158 \cdot 0{,}935427
$$

$$
= 3{,}864603
$$

und schließlich die Nettoprämie

$$
NP = \frac{S \cdot {}_{|4}A_{35}}{\ddot{a}_{35,\overline{4}|}} = 100.000 \cdot \frac{0{,}003705}{3{,}864603} = 95{,}86\ €.
$$

Die Kommutationswertformel lautet demgegenüber

$$
NP \cdot \frac{N_{35} - N_{39}}{D_{35}} = S \cdot \frac{M_{35} - M_{39}}{D_{35}}
$$

$$
\rightarrow NP = S \cdot \frac{M_{35} - M_{39}}{N_{35} - N_{39}} = 100.000 \cdot \frac{183.600{,}609 - 181.942{,}938}{11.990.532{,}979 - 10.261.312{,}317} = 95{,}86\ €.
$$

Für die weiteren Beispielberechnungen wird durchgehend auf Kommutationswerte zurückgegriffen und generell die Jahresnettoprämie (der Einfachheit halber wieder als „Nettoprämie“ bezeichnet) betrachtet.

Wir vergleichen zunächst die Nettoprämien für die elementaren Versicherungstypen unter verschiedenen Konstellationen – beginnend mit **Risikolebensversicherungen** unterschiedlicher Laufzeit. Statt der vierjährigen Laufzeit aus obigem Berechnungsbeispiel legen wir volle Dekaden zugrunde:

Nettoprämien bei Risikolebensversicherungen, DAV 2008 T M					
n = t	10	20	30	40	lebenslang
NP	128,58	237,31	426,67	837,93	1.531,21

Dem starken Anstieg der Sterblichkeiten mit zunehmendem Alter entsprechend beobachten wir mit wachsender Laufzeit einen überproportionalen Prämienanstieg, obwohl die Wirkung der höheren Alter durch die stärkere Diskontierung immer deutlicher gedämpft wird. Vergleichshalber werden in den beiden folgenden Tabellen die Nettoprämien der Todesfallversicherung mit um 20 % reduzierter bzw. um 20 % erhöhter Sterblichkeit erzeugt.

Risikolebensversicherungen mit 80 % DAV 2008 T M					
n = t	10	20	30	40	lebenslang
NP	102,89	190,16	343,61	688,83	1.421,40

Risikolebensversicherungen mit 120 % DAV 2008 T M					
n = t	10	20	30	40	lebenslang
NP	154,27	284,30	508,63	978,86	1.628,46

Bei reiner **Erlebensfallleistung** zeigt sich der umgekehrte Effekt. Mit wachsender Laufzeit sinken die Nettoprämien, da die mit dem Alter zunehmende Sterblichkeit die Leistungswahrscheinlichkeit senkt und dadurch den Diskontierungseffekt verstärkt:

Nettoprämien bei Erlebensfallversicherungen, DAV 2008 T M					
n = t	10	20	30	40	50
NP	8.753,90	3.779,17	2.046,09	973,71	254,95

Dabei wurde stillschweigend auch die Erlebensfallversicherung mit der Todesfalltafel berechnet, was in der Praxis nicht gerechtfertigt wäre.

Bei der nun folgenden **kapitalbildenden Lebensversicherung** hingegen ist die Verwendung einer Todesfalltafel gängige Praxis. Die Nettoprämien ergeben sich dementsprechend durch Summation der oben berechneten Nettoprämien für Risikolebens- und Erlebensfallversicherung. Während bei kurzer Laufzeit (im Altersbereich 35 bis 45) die Erlebensfallprämie ein Vielfaches der Todesfallprämie beträgt, kehrt sich das Verhältnis für sehr lange Laufzeiten um. Das Verhältnis kippt etwa bei 41 Versicherungsjahren, was einem Endalter des Versicherten von 76 Jahren entspricht (vgl. obige Tabellen).

Nettoprämien bei kapitalbildenden Lebensversicherungen, DAV 2008 T M					
n = t	10	20	30	40	50
NP	8.882,48	4.016,48	2.472,76	1.811,64	1.571,87

Generell bedarf aber die Wahl der Tafel der Rechtfertigung und sollte sich nach dem Charakter der Versicherung richten. Überwiegt der Todesfallcharakter, sollte ein Anstieg der Sterblichkeit zu einer höheren Nettoprämie führen, da das versicherte Risiko erhöht wird. Überwiegt hingegen der Erlebensfallcharakter, so erwartet man niedrigere Nettoprämien, wenn die Sterblichkeit zunimmt. Wir kalkulieren die kapitalbildende Lebensversicherung daher nochmals mit 80 % bzw. mit 120 % der DAV 2008 T M:

Kapitalbildende LV mit 80 % DAV 2008 T M					
n = t	10	20	30	40	50
NP	8.871,99	3.998,33	2.441,80	1.757,32	1.483,88

Kapitalbildende LV mit 120 % DAV 2008 T M					
n = t	10	20	30	40	50
NP	8.892,98	4.034,65	2.503,69	1.865,28	1.655,23

Da sich die Nettoprämien im gleichen Sinne wie die Sterblichkeiten ändern, erscheint die Wahl einer Todesfalltafel gerechtfertigt. Wir betonen nochmals, dass dies für die reine Erlebensfallversicherung nicht gilt, bei der sich bei Absenkung der Sterblichkeit auf 80 % die oben ermittelten Prämien erhöhen, sodass hier die Wahl einer Rententafel angemessen wäre:

Erlebensfallversicherungen mit 80 % DAV 2008 T M					
n = t	10	20	30	40	50
NP	8.769,10	3.808,17	2.098,19	1.068,49	345,56

In der folgenden Tabelle vergleichen wir die Nettoeinmalprämien sofortbeginnender lebenslanger Leibrenten zu verschiedenen Eintrittsaltern bei prozentualen Zu- und Abschlägen auf die Sterbetafeln (alle betrachteten Leibrentenbarwerte dieses Abschnitts basieren auf vorschüssigen Ratenzahlungen). Wir legen diesmal, dem Charakter der Rentenversicherung als Erlebensfallversicherung folgend, die DAV-Sterbetafeln 2004 R für Frauen zugrunde. Das Interesse gilt hier nur dem qualitativen Einfluss der Rechnungsgrundlagen; daher wird die einfache Grundtafel ohne Berücksichtigung einer Altersverschiebung verwendet. Die konstante Jahresrente ist 1.200 €. Es zeigt sich, dass die Prämie wesentlich schwächer auf Änderungen der Sterblichkeit reagiert als bei reinen Todesfallversicherungen:

Nettoeinmalprämien bei sofortbeginnenden lebenslangen Leibrentenversicherungen, DAV 2004 R F					
x	30	50	60	65	70
80 %	41.999,41	35.434,97	31.056,53	28.525,56	25.751,08
100 %	41.317,88	34.473,89	29.936,07	27.319,66	24.458,00
120 %	40.744,83	33.679,53	29.021,07	26.341,38	23.416,48

Anschließend stellen wir die Prämien gegenüber, die sich bei den obigen Beispielen Risikolebensversicherung, kapitalbildende Lebensversicherung und lebenslange Leibrentenversicherung für 100 %-Sterblichkeiten ergeben, wenn wir statt des niedrigen Rechnungszinses von 2,25 % die Werte 2,75 % bzw. 3,25 % der Vorläufertarifgenerationen für die Berechnungen heranziehen. Es überrascht nicht, dass sich die Zinsänderung umso deutlicher auswirkt, je länger die Laufzeiten gewählt werden:

Nettoprämien bei Risikolebensversicherungen, DAV 2008 T M					
n = t	10	20	30	40	lebenslang
2,25 %	128,58	237,31	426,67	837,93	1.531,21
2,75 %	245,33	410,39	686,10	1.066,53	1.587,21
3,25 %	243,31	402,29	660,86	1.005,80	1.454,24

Nettoprämien bei kapitalbildenden Lebensversicherungen, DAV 2008 T M					
n = t	10	20	30	40	50
2,25 %	8.882,48	4.016,48	2.472,76	1.811,64	1.571,87
2,75 %	8.692,23	3.884,81	2.409,49	1.815,81	1.617,47
3,25 %	8.457,17	3.686,38	2.238,73	1.667,16	1.481,53

Nettoprämien bei sofortbeginnenden lebenslangen Leibrentenversicherungen, DAV 2004 R F					
x	30	50	60	65	70
2,25 %	41.317,88	34.473,89	29.936,07	27.319,66	24.458,00
2,75 %	36.745,58	31.445,98	27.706,15	25.478,70	22.988,93
3,25 %	32.957,04	28.829,56	25.735,84	23.833,67	21.661,51

Außerdem sei noch eine Vergleichsdarstellung der Nettoprämien aufgeschobener Rentenversicherungen zu verschiedenen Rechnungszinsen präsentiert. Die Ratenzahlungen beginnen einheitlich nach dem 65. Lebensjahr, wiederum auf Basis der Tafel DAV 2004 R (Grundtafel ohne Altersverschiebung) für Frauen, die Prämienzahlungsdauer ist jeweils gleich der Aufschubzeit, die Jahresrente beträgt 3.000 €:

Nettoprämien bei aufgeschobenen lebenslangen Leibrentenversicherungen, DAV 2004 R F					
n = t	40	30	20	10	0
2,25 %	1.019,01	1.546,88	2.635,19	5.969,87	68.299,15
2,75 %	846,02	1.325,20	2.325,13	5.414,47	63.696,76
3,25 %	702,84	1.137,24	2.056,72	4.925,31	59.584,17

Auch diese Tabelle bestätigt den laufzeitabhängigen Einfluss des Rechnungszinses. Bei Aussagen des Typs: „Todesfallversicherungen reagieren eher auf Änderungen der Sterblichkeit, Erlebensfallversicherungen sind stärker vom Rechnungszins abhängig“, sollte man jedoch Vorsicht walten lassen, da kein plausibles Maß dafür existiert, wie beide Rechnungsgrundlagen sich wechselseitig beeinflussen. Wir verweisen stattdessen auf Übungsaufgabe D7 in Abschnitt 5, wo ein Beispiel präsentiert wird, wie sich bei Erlebensfallversicherungen eine prozentuale Änderung der p_x in eine Änderung des Rechnungszinses umformen lässt.

Um dem Leser ein Gefühl für die relevanten Größenordnungen zu vermitteln, folgen jetzt noch einige Beispiele für **Leistungs- und Prämienbarwerte**. Je höher der Rechnungszins, desto niedriger ist der Barwert infolge der stärkeren Diskontierung. Sinkende Sterblichkeit bewirkt bei Versicherungen mit Todesfallcharakter einen synchronen Rückgang der Leistungsbarwerte, während bei einer Erlebensfallversicherung die Barwerte dann anwachsen. Die Barwerte sind normiert auf die Einheitsleistung bzw. eine Jahresrentenrate von 1 €. Allen Berechnungsbeispielen liegt der Rechnungszins 2,25 % zugrunde. Zur Erinnerung: Die Leistungsbarwerte entsprechen den Nettoeinmalprämien, nicht den eventuellen jährlichen Nettoprämien.

n-jährige Risikolebensversicherungen, DAV 2008 T M					
n	10	20	30	40	50
${}_{n|}A_{35}$	0,012	0,038	0,091	0,209	0,349
Lebenslange Todesfallversicherungen, DAV 2008 T M					
x	30	40	50	60	70
A_x	0,369	0,456	0,557	0,670	0,783
Kapitalbildende Lebensversicherungen, DAV 2008 T M					
n	15	20	25	30	35
$A_{35,\overline{n}|}$	0,719	0,646	0,583	0,529	0,485
Lebenslange sofortbeginnende Leibrentenversicherungen, DAV 2004 R F (Grundtafel)					
x	35	45	55	60	65
$ä_x$	33,193	30,355	26,932	24,947	22,766
Aufgeschobene lebenslange Leibrentenversicherungen, DAV 2004 R F (Grundtafel)					
m	15	20	25	30	35
${}_{m|}ä_{35}$	20,349	16,967	13,961	11,293	8,930
Prämienbarwerte, DAV 2008 T M					
n	10	20	30	40	50
$ä_{30,\overline{n}|}$	9,034	16,169	21,668	25,636	27,896
Prämienbarwerte, DAV 2008 T M					
n	5	10	15	20	25
$ä_{50,\overline{n}|}$	4,744	8,864	12,376	15,259	17,441

Es zeigt sich:

- Die Leistungsbarwerte der Risikolebensversicherung wachsen – wenig überraschend – mit der Laufzeit an. Im Bereich kurzer und mittlerer Laufzeiten sind Barwerte deutlich unterhalb von 0,10 üblich.

- Bei der lebenslangen Todesfallversicherung nimmt zwar die Versicherungsdauer mit steigendem Eintrittsalter ab, der baldige Leistungseintritt wird allerdings immer wahrscheinlicher, sodass die Barwerte anwachsen.
- Bei der kapitalbildenden Lebensversicherung überwiegt der Diskontierungseffekt die mit der Laufzeit steigende Sterblichkeit. Der Vergleich mit der reinen Risikolebensversicherung zeigt, dass die zusätzliche Erlebensfallleistung bei Ablauf den Leistungsbarwert vor allem bei kurzen und mittleren Laufzeiten um mindestens den Faktor 5 erhöht.
- Die lebenslange Leibrentenversicherung zeigt bei wachsender Laufzeit (entsprechend jüngeren Eintrittsaltern) infolge des Diskontierungseffekts nur einen moderaten Barwertanstieg. Das Zwölffache des Barwerts gibt näherungsweise den Kapitalbedarf für eine **Monatsrate** von 1 € an. Faustregel: Auf Basis der DAV-Tafel 2004 R erfordert eine monatliche Rentenrate bei Frauen mit 65 Jahren je nach Geburtsjahr den 240- bis 280fachen Deckungsstock zu Rentenbeginn. Bei Männern liegt dieser **Verrentungsfaktor** bei etwa 220 bis 250. Mit den für Bestandsverträge nach wie vor wichtigen 1994er DAV-Rententafeln ergeben sich Verrentungsfaktoren von im Mittel 230 für Frauen und 200 für Männer. Eine **Jahresrate** von 1 € ist dementsprechend durch den gewöhnlichen Barwert einer sofortbeginnenden Leibrente ausfinanziert, denn so wurde er gerade berechnet; hierfür sind Werte üblich, die etwa zwischen 18 und 22 liegen. (Unter Einbeziehung laufender Kosten im Rentenbezug ergeben sich insgesamt etwas höhere Faktoren.)
- Im Falle der aufgeschobenen Leibrentenversicherung wirken bei festgehaltenem Beginnalter Diskontierung und kürzer werdende Rentenbezugsdauer bei steigender Aufschubzeit (in der Tabelle mit m bezeichnet) zusammen.
- Prämienbarwerte erreichen erst ab Dauern $n \approx 30$ Werte über 20.

4. Bruttoprämienberechnung

In Abschnitt 3 ist die dritte Rechnungsgrundlage der **Kosten** bislang unberücksichtigt geblieben. Sie lässt sich jedoch naheliegend, wenn auch in der Praxis beliebig verkomplizierbar, in den bisher erarbeiteten Formalismus integrieren. Grundsätzlich werden dabei auch die Kosten des Versicherungsbetriebs als Versicherungsleistung interpretiert, die in Form von Beratungsleistung, Vertragseinrichtung, Vertragsverwaltung etc. erbracht wird. Die in Abschnitt 2.3 genannten Rechnungsgrundlagen für die Kosten (α^z-, α^γ-, β- und γ-Kosten) werden der Nettoprämie zugeschlagen und ergeben die **ausreichende Prämie P^A**. Beschränkt man sich auf den unmittelbaren Abschlusskostenzuschlag, spricht man hingegen von der **gezillmerten Nettoprämie P^Z**. Im Unterschied dazu beinhaltet die **Tarifprämie** oder **Bruttoprämie P^B** außer den Kostenzuschlägen erster Ordnung noch **Stückkosten** und sonstige Prämienzuschläge. In der Literatur wird häufig die Bezeichnung Bruttoprämie auch als Synonym für die ausreichende Prämie verwendet.

4.1 Allgemeine Bruttoprämienformel

Zu Beginn stellen wir die kalkulatorisch zu berücksichtigenden Kostenzuschläge kurz dar.

Unmittelbare Abschlusskosten (α^z-Kosten, sprich: „alpha-zett-Kosten“) dienen zur Deckung von Abschlussprovisionen, aber auch der internen Kosten für die Einrichtung des Versicherungsvertrags. Eine Spezialität des deutschen Versicherungsrechts erlaubt es, bis zu 4 % der **Prämiensumme** $t \cdot P^A$ (in der Literatur ist oft auch die Bezeichnung **Beitragssumme** gebräuchlich) einmalig zu Beginn dem Versicherungsvertrag zu belasten (Verfahren der Zillmerung, siehe dazu Kapitel E). In der Praxis findet sich auch häufig die Angabe der α^z-Kosten in ‰ statt % der Bezugsgröße, also beispielsweise 40 ‰ der Prämiensumme. Der Name ZILLMER sei hier nur erwähnt als unterstützende Mnemotechnik für das Kürzel α^z. Wenn α^z in Teilen von 1 angegeben wird und t die Prämienzahlungsdauer ist, so ist der Leistungsbarwert zu ergänzen um einen Term

$$\alpha^z \cdot t \cdot P^A .$$

Bei den **Amortisationskosten (α^γ-Kosten)** handelt es sich um laufende Kosten, die auch noch Abschlussaufwendungen decken, sofern die unmittelbaren Abschlusskosten dafür nicht ausreichen. Sie sind bezogen auf die Versicherungssumme. Außerdem ist die jährliche Erhebung dieser Kosten durch einen Rentenbarwertfaktor zu berücksichtigen (dies gilt für alle laufenden Kostenanteile). Der Leistungsbarwert muss somit ergänzt werden um einen Term

$$\alpha^\gamma \cdot \ddot{a}_{x,\overline{n}|} \cdot S,$$

wobei im Kontext von Rentenversicherungen die jährliche Rentenrate R anstelle der Summe S zu setzen ist.

Die **Inkassokosten (β-Kosten)** werden als Anteil der ausreichenden Prämie angegeben und sind auf die Dauer der Prämienzahlung bezogen. β-Kosten fallen dementsprechend während prämienfreier Phasen der Vertragslaufzeit nicht an. Der Name geht auf Vorzeiten zurück, in denen es üblich war, die Versicherungsprämie durch einen Vertreter des Versicherungsunternehmens in bar zu kassieren. Das war bis zur Erfindung des Girokontos der gängige Prämienzahlungsmodus. Der Leistungsbarwert ist für die Inkassokosten zu erweitern um den Term

$$\beta \cdot \ddot{a}_{x,\overline{t|}} \cdot P^A.$$

Die **allgemeinen Verwaltungskosten (γ-Kosten)** sind wie die α^γ-Kosten auf die Versicherungssumme bzw. Jahresrente bezogen und werden über die Vertragslaufzeit eingerechnet. Oftmals werden unterschiedliche Kostensätze zugrunde gelegt, je nachdem, ob der Vertrag sich noch in der Prämienzahlungsphase befindet, prämienfrei gestellt worden ist oder sich (bei Rentenleistungen) in der Leistungsphase befindet. Der Zuschlag erhält die Form

$$\gamma \cdot \ddot{a}_{x,\overline{n|}} \cdot S.$$

Andere Kostenparameter wirken konventionsgemäß auf die ausreichende Prämie, die die einmaligen Abschlusskosten und die laufenden Kosten bereits enthält. Als weitere wichtige Kostenzuschläge ergeben sich beispielsweise **Stückkosten (StK)**. Diese werden als fester Geldbetrag der ausreichenden Prämie zugeschlagen. Bezogen auf die Versicherungssumme wurden früher prozentuale **Summenrabatte** (bei hohen Summen) von der ausreichenden Prämie abgezogen oder **Summenzuschläge** (bei kleinen Summen) hinzugerechnet; diese Art von Kosten ist in modernen Tarifwerken jedoch unüblich. **Risikozuschläge** richten sich nach Vorerkrankungen oder beruflichen Risiken (Berufsgruppenzuschlag in der Berufsunfähigkeitsversicherung) und können in % der Prämie oder in ‰ der Versicherungssumme erhoben werden. Schließlich wird für Prämienzahlung in monatlichen, vierteljährlichen oder halbjährlichen Raten ein prozentualer **Zahlweisezuschlag** oder **Ratenzuschlag (RZ)** auf die Bruttojahresprämie erhoben. Sehr verbreitet sind dabei 2 % Aufschlag für halbjährliche Zahlungsweise, 3 % bei vierteljährlicher und 5 % bei monatlicher Zahlung.

Damit sind alle Zutaten bereitgestellt, um die Nettoprämienformeln um Kostenanteile zu erweitern. Bezeichnen wir den Nettoleistungsbarwert (also ohne alle Kosten) mit A, so folgt für die **ausreichende Prämie P^A** durch Einbeziehung der α^z-, α^γ-, β- und γ-Kosten bei n-jähriger Versicherungsdauer und t Jahren Prämienzahlungsdauer der folgende Ansatz:

$$\begin{aligned} P^A \cdot \ddot{a}_{x,\overline{t|}} &= S \cdot A + \alpha^z \cdot t \cdot P^A + \alpha^\gamma \cdot \ddot{a}_{x,\overline{n|}} \cdot S + \beta \cdot \ddot{a}_{x,\overline{t|}} \cdot P^A + \gamma \cdot \ddot{a}_{x,\overline{n|}} \cdot S \\ &= S \cdot A + \alpha^z \cdot t \cdot P^A + S \cdot (\alpha^\gamma + \gamma) \cdot \ddot{a}_{x,\overline{n|}} + \beta \cdot \ddot{a}_{x,\overline{t|}} \cdot P^A \end{aligned}$$

Auflösen nach P^A liefert die Gleichung:

$$P^A = \frac{S \cdot (A + (\alpha^\gamma + \gamma) \cdot \ddot{a}_{x,\overline{n}|})}{(1-\beta) \cdot \ddot{a}_{x,\overline{t}|} - \alpha^z \cdot t} = \frac{NP \cdot \ddot{a}_{x,\overline{t}|} + S \cdot (\alpha^\gamma + \gamma) \cdot \ddot{a}_{x,\overline{n}|}}{(1-\beta) \cdot \ddot{a}_{x,\overline{t}|} - \alpha^z \cdot t}$$

Im letzten Schritt haben wir die Nettoprämiengleichung $NP \cdot \ddot{a}_{x,\overline{t}|} = S \cdot A$ verwendet.

Für die **gezillmerte Nettoprämie** (oft kürzer auch **Zillmerprämie** genannt) werden nur die unmittelbaren Abschlusskosten α^z berücksichtigt, und somit ergibt sich definitionsgemäß (man beachte, dass im Zillmerglied die ausreichende Prämie steht):

$$P^Z = NP + \frac{\alpha^z \cdot t \cdot P^A}{\ddot{a}_{x,\overline{t}|}}$$

Vor der **Deregulierung** im Jahre 1994 war es üblich, die Abschlusskosten nicht proportional zur Prämiensumme zu ermitteln, sondern sie auf die Versicherungssumme zu beziehen. Damit ergeben sich für **ausreichende Prämie** und **Zillmerprämie** die leicht abweichenden Formeln

$$P^A = \frac{S \cdot (A + \alpha^z + (\alpha^\gamma + \gamma) \cdot \ddot{a}_{x,\overline{n}|})}{(1-\beta) \cdot \ddot{a}_{x,\overline{t}|}} = \frac{NP \cdot \ddot{a}_{x,\overline{t}|} + S \cdot (\alpha^z + (\alpha^\gamma + \gamma) \cdot \ddot{a}_{x,\overline{n}|})}{(1-\beta) \cdot \ddot{a}_{x,\overline{t}|}}$$

bzw.

$$P^Z = NP + \frac{S \cdot \alpha^z}{\ddot{a}_{x,\overline{t}|}}.$$

Aus der ausreichenden Prämie ist nun leicht die **Bruttoprämie P^B** zu ermitteln, wobei wir uns der Übersichtlichkeit halber auf Stückkosten- und Ratenzuschläge bei prämienbezogenem α^z beschränken. Die Zahl der jährlichen Prämienraten bezeichnen wir mit m:

$$p^B = \frac{(PA + Stk) \cdot (1 + RZ)}{m} = \left(\frac{S \cdot (A + (\alpha^\gamma + \gamma) \cdot \ddot{a}_{x,\overline{n}|})}{(1-\beta) \cdot \ddot{a}_{x,\overline{t}|} - \alpha^z \cdot t} + StK\right) \cdot \left(\frac{1 + RZ}{m}\right)$$

Diese Bruttoprämie P^B zahlt der Versicherungsnehmer tatsächlich, und zwar m-mal jährlich.

Fassen wir zusammen: Ausgehend von der Nettoprämie NP haben wir in zwei Schritten die diversen Kostenarten einbezogen. Zuerst ergab sich dabei durch Einrechnung der einmaligen Abschlusskosten und laufenden Kosten die ausreichende Prämie P^A, die anschließend um Stückkosten, Ratenzuschläge etc. zur Bruttoprämie P^B ergänzt wurde. Berücksichtigt man im Rahmen der Zillmerung nur die α^z-Kosten, ergibt sich die Zillmerprämie P^Z als Bestandteil der ausreichenden Prämie. Ihr Betrag liegt demnach immer zwischen Nettoprämie und ausreichender Prämie.

4.2 Fallbeispiele zur Bruttoprämienberechnung

Wir wollen in diesem Abschnitt die Beispiele aus Abschnitt 3.4 im Hinblick auf die Auswirkungen üblicher Kostenzuschläge untersuchen. Da die sonstigen Kostenzuschläge als Stückkosten bzw. prozentuale Zuschläge auf die ausreichenden Prämien in ihrer Auswirkung keine Überraschungen bergen, beschränken wir uns für die vergleichenden Berechnungen auf die ausreichenden Prämien P^A. Wir werden dabei sehen, wie die Parameter α^z, α^γ, β und γ die ausreichende Prämie beeinflussen.

Die folgenden beiden Referenzfälle liegen den Berechnungen zugrunde:

- **Kapitalbildende Lebensversicherung** auf das Leben eines 35-jährigen Mannes, Laufzeit und Prämienzahlungsdauer 30 Jahre, Versicherungssumme S = 100.000 €, Ausscheideordnung DAV 2008 T M, Rechnungszins 2,25 %. Die Jahresnettoprämie hierfür hatten wir in Abschnitt 3.5 mit NP = 2.472,76 € angegeben.
- **Aufgeschobene lebenslange vorschüssige Leibrentenversicherung** auf das Leben einer 35-jährigen Frau, Aufschubzeit und Prämienzahlungsdauer 30 Jahre, Jahresrente 3.000 €, Ausscheideordnung DAV 2004 R F (Grundtafel) ohne Altersverschiebung, Rechnungszins 2,25 %. Die Jahresnettoprämie für diese Konstellation beträgt nach Abschnitt 3.5 NP = 1.546,88 €.

Diese Versicherungen belasten wir zunächst mit jeweils nur einer Kostenart (die anderen Kostenparameter werden also jeweils gleich null gesetzt), und zwar alternativ mit

- α^z-Kosten in Höhe von 3,0 % und 4,0 % der Summe der ausreichenden Prämien,
- α^γ-Kosten in Höhe von 0,2 ‰, 0,4 ‰ und 0,6 ‰ der Versicherungssumme bzw. Jahresrente für jedes Jahr der Prämienzahlungsdauer,
- β-Kosten in Höhe von 1,0 %, 2,0 % und 3,0 % der ausreichenden Prämie für jedes Jahr der Prämienzahlungsdauer,

- γ-Kosten in Höhe von 2,0 ‰, 3,0 ‰ und 4,0 ‰ der Versicherungssumme bei der kapitalbildenden Lebensversicherung bzw. bei der Rentenversicherung in Höhe von γ_1 = 0,5 ‰, 1,0 ‰ und 2,0 ‰ der Jahresrente während der Prämienzahlungsdauer und von γ_2 = 1,0 ‰, 2,0 ‰ und 3,0 ‰ in der Rentenbezugszeit, jeweils pro Jahr der Versicherungsdauer.

Für die kapitalbildende Lebensversicherung finden sich mit diesen Einstellungen die folgenden Resultate:

Kapitalbildende Lebensversicherung bei variierenden Kostensätzen (NP = 2.472,76 €)			
α^z	3,0 %	4,0 %	%+: prozentuale Abweichung gegenüber NP
P^A	2.581,33	2.619,67	
%+	4,39	5,94	
α^γ	0,2 ‰	0,4 ‰	0,6 ‰
P^A	2.492,76	2.512,76	2.532,76
%+	0,81	1,62	2,43
β	1,0 %	2,0 %	3,0 %
P^A	2.497,74	2.523,22	2.549,24
%+	1,01	2,04	3,09
γ	2,0 ‰	3,0 ‰	4,0 ‰
P^A	2.672,76	2.772,76	2.872,76
%+	8,09	12,13	16,18

Die wichtigsten Beobachtungen kurz zusammengefasst:

- Die prozentualen Abschlusskosten erhöhen die Prämie deutlich stärker als die laufenden, da diese Kosten nicht als Barwert, sondern als Absolutwert in die Berechnung eingehen. 4,0 % der Prämiensumme, sofort dem Vertrag belastet, erhöhen demnach den Leistungsbarwert um 5,94 %. Dieser Effekt ist umso ausgeprägter, je höher der Rechnungszins gewählt wird: Bei 3,25 % Rechnungszins beispielsweise bewirkt der α^z-Zuschlag von 4,0 % bereits eine Prämiensteigerung um 6,74 %.

- Die summenbezogenen Kosten beeinflussen die Prämie wesentlich stärker als die prämienproportionalen β-Kosten. Ein α^{γ}-Kostensatz von 0,6 ‰ der Versicherungssumme hat einen vergleichbaren Effekt wie ein β-Kostensatz von 2,5 % (betrachte in erster Näherung den Mittelwert der P^{A}-Werte für β = 2,0 % und 3,0 % in obiger Tabelle). Das Übergewicht der summenbezogenen Kosten nimmt bei konstanter Summe mit der Laufzeit zu, weil die Jahresprämie im Verhältnis zur Summe sinkt.

An dieser Stelle sei die Berechnung der ausreichenden Prämie für eine typische Kostenkonstellation von α^{z} = 4,0 %, α^{γ} = 0,2 ‰, β = 3,0 % und γ = 2,0 ‰ exemplarisch vorgeführt. Dazu identifizieren wir in der Gleichung für P^{A} aus Abschnitt 4.1 zunächst alle freien Parameter mit den Werten der Vorgabe und lösen anschließend die elementaren Barwerte in ihre Kommutationswerte auf. Diese werden schließlich nur noch den im Anhang tabellierten Werten gemäß eingesetzt und zusammengefasst. Im Einzelnen ist der Ablauf wie folgt:

Schritt 1: Allgemeine Prämiengleichung aufstellen

$$P^{A} = \frac{NP \cdot \ddot{a}_{x,\overline{t}|} + S \cdot (\alpha^{\gamma} + \gamma) \cdot \ddot{a}_{x,\overline{n}|}}{(1 - \beta) \cdot \ddot{a}_{x,\overline{t}|} - \alpha^{z} \cdot t}$$

Schritt 2: Parameter identifizieren und zusammenfassen

$$P^{A} = \frac{2.472,76 \cdot \ddot{a}_{35,\overline{30}|} + 100.000 \cdot (0,0002 + 0,002) \cdot \ddot{a}_{35,\overline{30}|}}{(1 - 0,03) \cdot \ddot{a}_{35,\overline{30}|} - 0,04 \cdot 30}$$

$$= \frac{2.472,76 \cdot \ddot{a}_{35,\overline{30}|} + 220 \cdot \ddot{a}_{35,\overline{30}|}}{0,97 \cdot \ddot{a}_{35,\overline{30}|} - 1,2} = \frac{2.692,76 \cdot \ddot{a}_{35,\overline{30}|}}{0,97 \cdot \ddot{a}_{35,\overline{30}|} - 1,2}$$

Schritt 3: Elementare Barwerte auflösen

$$P^{A} = \frac{2.692,76 \cdot \dfrac{N_{35} - N_{65}}{D_{35}}}{0,97 \cdot \dfrac{N_{35} - N_{65}}{D_{35}} - 1,2}$$

Schritt 4: Kommutationswerte einsetzen

$$P^A = \frac{2.692{,}76 \cdot \dfrac{11.990.532{,}979 - 2.415.799{,}097}{447.450{,}968}}{0{,}97 \cdot \dfrac{11.990.532{,}979 - 2.415.799{,}097}{447.450{,}968} - 1{,}2}$$

$$= \frac{2.692{,}76 \cdot 21{,}398398}{0{,}97 \cdot 21{,}398398 - 1{,}2} = 2.946{,}38 \text{ €}$$

Das ist ein Gesamtkostenzuschlag von 19,15 % auf die Jahresnettoprämie gegenüber (5,94 + 0,81 + 3,09 + 8,09) % = 17,93 % bei Addition der Prozentwerte aus obiger Tabelle. Die Kostenzuschläge wirken also nicht additiv, sondern verstärken sich gegenseitig.

Bei der Auflösung der Barwerte in Schritt 3 kann man natürlich auch den Nenner D_{35}, der in allen Brüchen auftritt, kürzen. (Dabei nicht vergessen, dass die α^z-Kosten dann mit D_{35} erweitert werden müssen.) Es ergibt sich alternativ der gleichwertige Ausdruck

$$P^A = \frac{2.692{,}76 \cdot (N_{35} - N_{65})}{0{,}97 \cdot (N_{35} - N_{65}) - 1{,}2 \cdot D_{35}}.$$

Das Kostenszenario für die **Leibrentenversicherung** haben wir mit folgender Prämienformel berechnet, die wegen des Wechsels beim γ-Kostensatz am Ende der Aufschubzeit und der Begrenzung von α^γ auf die Prämienzahlungsdauer geringfügig modifiziert ist. Die laufenden Kosten sind auf die jährliche Ratenhöhe R anstelle der Summe S bezogen. Außerdem müssen wir den Verwaltungskostensatz γ_1 mit einem Barwertfaktor für die Prämienzahlungsdauer gewichten, während γ_2 erst nach Ende der Aufschubzeit wirkt, dann aber lebenslänglich:

$$P^A = \frac{[NP + R \cdot (\alpha^\gamma + \gamma_1)] \cdot \ddot{a}_{x,\overline{t}|} + R \cdot \gamma_2 \cdot {}_{m|}\ddot{a}_x}{(1 - \beta) \cdot \ddot{a}_{x,\overline{t}|} - \alpha^z \cdot t}$$

Die Auswirkungen der einzelnen Parameter sind gemäß folgender Tabelle qualitativ den Ergebnissen für die kapitalbildende Lebensversicherung vergleichbar. Allerdings wirken sich die summenbezogenen Kosten nicht mehr stärker aus als die prämienbezogenen, weil in üblichen Laufzeitbereichen das Verhältnis der Jahresprämie zur versicherten Summe (= Jahresrente) sehr viel kleiner ist:

Aufgeschobene Leibrentenversicherung bei variierenden Kostensätzen (NP = 1.325,20)			
α^z	3,0 %	4,0 %	%+: prozentuale Abweichung gegenüber NP
P^A	1.613,17	1.636,55	
%+	4,29	5,80	
α^γ	0,2 ‰	0,4 ‰	0,6 ‰
P^A	1.547,48	1.548,08	1.548,68
%+	0,04	0,08	0,12
β	1,0 %	2,0 %	3,0 %
P^A	1.562,51	1.578,45	1.594,72
%+	1,01	2,04	3,09
γ_1	0,5 ‰	1,0 ‰	2,0 ‰
γ_2	1,0 ‰	2,0 ‰	3,0 ‰
P^A	1.549,93	1.552,97	1.557,52
%+	0,20	0,39	0,69

Auch für die Leibrentenversicherung soll ein konkretes Beispiel hier ausführlich durchgerechnet werden. Die Kostenparameter seien dabei festgelegt mit $\alpha^z = 4{,}0\ \%$, $\alpha^\gamma = 0{,}4$ ‰, $\beta = 3{,}0\ \%$, $\gamma_1 = 2{,}0$ ‰ in der Aufschubzeit und $\gamma_2 = 3{,}0$ ‰ im Rentenbezug.

Schritt 1: Allgemeine Prämiengleichung aufstellen

$$P^A = \frac{[NP + R \cdot (\alpha^\gamma + \gamma_1)] \cdot \ddot{a}_{x,\overline{t|}} + R \cdot \gamma_2 \cdot {}_{m|}\ddot{a}_x}{(1-\beta) \cdot \ddot{a}_{x,\overline{t|}} - \alpha^z \cdot t}$$

Schritt 2: Parameter identifizieren und zusammenfassen

$$P^A = \frac{[1.546{,}88 + 3.000 \cdot (0{,}0004 + 0{,}002)] \cdot \ddot{a}_{35,\overline{30|}} + 3.000 \cdot 0{,}003 \cdot {}_{30|}\ddot{a}_{35}}{(1-0{,}03) \cdot \ddot{a}_{35,\overline{30|}} - 0{,}04 \cdot 30}$$

$$= \frac{1.546{,}88 \cdot \ddot{a}_{35,\overline{30|}} + 9{,}0 \cdot {}_{30|}\ddot{a}_{35}}{0{,}97 \cdot \ddot{a}_{35,\overline{30|}} - 1{,}2}$$

Schritt 3: Elementare Barwerte auflösen

$$P^A = \frac{1.546,88 \cdot \frac{N_{35} - N_{65}}{D_{35}} + 9,0 \cdot \frac{N_{65}}{D_{35}}}{0,97 \cdot \frac{N_{35} - N_{65}}{D_{35}} - 1,2}$$

Schritt 4: Kommutationswerte einsetzen

$$P^A = \frac{1.546,88 \cdot \frac{15.147.094,851 - 5.153.147,681}{456.331,414} + 9,0 \cdot \frac{5.153.147,681}{456.331,414}}{0,97 \cdot \frac{15.147.094,851 - 5.153.147,681}{456.331,414} - 1,2}$$

$$= \frac{1.546,88 \cdot 21,900634 + 9,0 \cdot 11,29255}{0,97 \cdot 21,900634 - 1,2} = 1.703,14\ €$$

Auch hier zeigt sich die wechselseitige Verstärkung der Kostenparameter: Die ausreichende Jahresprämie liegt um 10,10 % über der Jahresnettoprämie, während die einfache Addition der prozentualen Prämiensteigerungen bei Variation lediglich jeweils eines Kostenparameters 9,66 % ergäbe.

5. Übungsaufgaben zur Prämienberechnung

Die mit einem Stern (*) gekennzeichneten Aufgaben sind am besten mithilfe eines Tabellenkalkulationsprogramms zu lösen. Die Aufgaben D6 und D7 lehnen sich an Klausuraufgaben der Prüfung der DAV für angehende Aktuare der Lebensversicherung aus dem Jahre 1994 an. Diese Aufgaben werden samt Lösungen regelmäßig in den Blättern der Deutschen Gesellschaft für Versicherungs- und Finanzmathematik e. V. (DGVFM) veröffentlicht.

Aufgabe D1

Wir betrachten drei Personen P_1, P_2 und P_3, die alle zum 1. 9. 2005 einen Versicherungsvertrag abschließen. P_1 ist am 27. 11. 1973 geboren, P_2 am 4. 2. 1974, P_3 am 31. 10. 1974. Ermitteln Sie für alle drei das versicherungstechnische Alter bei Vertragsbeginn nach der Kalenderjahresmethode und der Halbjahresmethode sowie das bürgerliche Alter.

Aufgabe D2

Berechnen Sie anhand der Sterbetafel DAV 2008 T für einen 45-jährigen Mann die Wahrscheinlichkeit

a) innerhalb der nächsten 15 Jahre zu sterben,
b) die nächsten 15 Jahre zu überleben,
c) im Alter von 60 Jahren zu sterben,
d) das Alter von 60 Jahren zu erreichen und innerhalb der folgenden zehn Jahre zu sterben.

Aufgabe D3

Berechnen Sie ${}_2p_{60}$ für eine Frau des Jahrgangs 1950

a) mithilfe der Tafel DAV 2008 T F,
b) mithilfe der Tafel DAV 2004 R F, Grundtafel ohne Altersverschiebung,
c) mithilfe der Tafel DAV 2004 R F, Grundtafel mit Altersverschiebung,
d) mithilfe der Tafel DAV 2004 R F, Aggregattafel und Trendfunktion zur Ermittlung der Generationentafel.

Aufgabe D4

Geben Sie Formeln für die rekursive Berechnung der Kommutationswerte D_x, N_x, C_x und M_x an, d. h., drücken Sie

a) D_x mithilfe von D_{x-1},
b) C_x mithilfe der diskontierten Lebenden D_x und D_{x+1},
c) N_x mithilfe von N_{x+1} ohne Rückgriff auf die Gesamtsumme der D_{x+k},
d) M_x mithilfe von M_{x+1} ohne Rückgriff auf die Gesamtsumme der C_{x+k}

aus.

Aufgabe D5

Diskontierung und Verzinsung lassen sich konform zur Zinseszinsrechnung aus Kapitel C auf unterjährliche Zeitabschnitte übertragen. Wird ein Jahr in k gleich lange Abschnitte unterteilt, ergibt sich dann die Diskontierung über einen solchen Abschnitt zu $v^{1/k}$ aus dem ganzjährigen Diskontierungsfaktor v. Bestimmen Sie vor diesem Hintergrund den effektiven Jahreszinssatz i, der einem Ratenzahlungszuschlag von 2 % bei halbjährlicher (3 % bei vierteljährlicher, 5 % bei monatlicher) Zahlungsweise entspricht, indem Sie eine Fixpunktgleichung aufstellen und diese durch lineare Interpolation oder iterativ lösen.

Aufgabe D6

Für ein Risiko gelte eine erhöhte Sterblichkeit, die durch einen konstanten Erhöhungsfaktor beschrieben werde:

$$q'_{x+t} = (1 + r) \cdot q_{x+t}, \qquad x,t \geq 0,\ r > 0$$

a) Zeigen Sie für die korrespondierende Überlebenswahrscheinlichkeit:

$$p'_{x+t} = p_{x+t} - r \cdot (1 - p_{x+t})$$

b) Beschreiben Sie die Änderung der Überlebenswahrscheinlichkeit für wachsende t qualitativ.

c) Gilt die Beziehung aus Teilaufgabe a) auch für reduzierte Sterblichkeiten ($r < 0$)?

Aufgabe D7

Bei der Berechnung von Erlebensfallbarwerten ${}_nE_x$ werde von einer Reduzierung der Überlebenswahrscheinlichkeiten um einen altersunabhängigen Faktor ausgegangen:

$$p'_{x+t} = (1 - r) \cdot p_{x+t}, \qquad x, t \geq 0,\ 0 \leq r < 1$$

a) Zeigen Sie, dass diese Modifikation bei der Berechnung von ${}_nE'_x$ auch als Kalkulation mit einem erhöhten Zinssatz i' bei unveränderten p_{x+t} aufgefasst werden kann.

b) Gilt die Beziehung aus Teilaufgabe a) auch bei Erhöhung der Überlebenswahrscheinlichkeit?

c) Berechnen Sie, ausgehend von einem 10%igen Abschlag für r (d. h. r = 0,1), bei einem Rechnungszins von i = 2,75 % den modifizierten Zinssatz i'. Wie groß ist i' bei i = 3,25 %?

d) Welcher Steigerung der Überlebenswahrscheinlichkeit entspricht eine Zinssenkung von i = 2,75 % auf i' = 2,25 %?

Aufgabe D8

a) Berechnen Sie für eine Frau des Geburtsjahrgangs 1945 im Altersbereich zwischen 60 und 72 Jahren auszugsweise die Generationentafel nach DAV 2004 R. Verwenden Sie die im Anhang gegebenen Werte der Aggregat- und Selektionstafeln und außerdem folgende Informationen: Renteneintritt erfolgt mit 65 Jahren im Jahr 2010; in den ersten fünf Jahren des Rentenbezugs werden die Sterblichkeitswerte zusätzlich gedämpft mit den Selektionsfaktoren $f^1 = 0{,}712823$, $f^2 = f^3 = f^4 = f^5 = 0{,}798230$. Führen Sie die Berechnungen der q_y auf sechs Nachkommastellen durch.

b) Vergleichen Sie die nach a) berechneten q_y qualitativ mit denen der DAV 2004 R Grundtafel unter Berücksichtigung der Altersverschiebung.

c*) Berechnen Sie zum Rechnungszins $i = 2{,}25\ \%$ den Barwert einer um fünf Jahre aufgeschobenen siebenjährigen Leibrente einmal mit den nach a) berechneten q_y, zum anderen mit der Grundtafel DAV 2004 R mit Altersverschiebung. Kommentieren Sie das Ergebnis.

d) Für welche vertragliche Option stellt die in a) gegebene Festlegung der Selektionsfaktoren f^i eine geeignete Wahl dar?

e) Wie würde man die f^i bei einem Rententarif ohne Kapitalwahlrecht naheliegend modifizieren?

Aufgabe D9

Geben Sie eine allgemeine Formel an, um aus der Jahresnettoprämie NP einer n-jährigen Risikolebensversicherung die Jahresnettoprämie NP_a einer um m Jahre aufgeschobenen n-jährigen Risikolebensversicherung (Beginn der Aufschubzeit im Alter x) abzuleiten.

Aufgabe D10

a) Beweisen Sie für den normierten Leistungsbarwert (zur Summe S = 1) der lebenslangen Todesfallversicherung die Beziehung $A_x = 1 - d \cdot \ddot{a}_x$ mit $d = 1 - v$.

b) Beweisen Sie für den normierten Leistungsbarwert der kapitalbildenden Lebensversicherung die Beziehung $A_{x,\overline{n}|} = 1 - d \cdot \ddot{a}_{x,\overline{n}|}$.

Aufgabe D11

Beweisen Sie die Gültigkeit der folgenden Rekursionsformeln für die normierten Leistungsbarwerte verschiedener Risikoversicherungen.

a) $A_x = q_x \cdot v + p_x \cdot v \cdot A_{x+1}$

b) ${}_{|n}A_x = q_x \cdot v + p_x \cdot v \cdot {}_{|n-1}A_{x+1}$

c) $A_{x,\overline{n}|} = q_x \cdot v + p_x \cdot v \cdot A_{x+1,\overline{n-1}|}$

Aufgabe D12

Beweisen Sie die Gültigkeit der folgenden Rekursionsformeln für die normierten Leistungsbarwerte verschiedener Rentenversicherungen.

a) $\ddot{a}_x = 1 + p_x \cdot v \cdot \ddot{a}_{x+1}$

b) $\ddot{a}_{x,\overline{n}|} = 1 + p_x \cdot v \cdot \ddot{a}_{x+1,\overline{n-1}|}$

Aufgabe D13

a) Berechnen Sie zu den Daten $x = 45$ Jahre, Tafel DAV 2008 T M, Rechnungszins $i = 2{,}25\,\%$, Laufzeit $n = 25$ Jahre, Summe $S = 50.000$ € den Leistungsbarwert einer n-jährigen Risikolebensversicherung.

b) Vergleichen Sie das Ergebnis aus a) mit dem Leistungsbarwert einer lebenslangen Todesfallversicherung bei sonst übereinstimmenden Vertragsdaten.

c) Berechnen Sie zu den Daten aus a) den Leistungsbarwert einer n-jährigen Erlebensfallversicherung. Worin liegt das Problem bei dieser Kalkulation?

d) Ermitteln Sie ohne ausführliche Rechnung den Leistungsbarwert einer kapitalbildenden (gemischten!) Lebensversicherung zu den Daten aus Teilaufgabe a). Wie lässt sich im Hinblick auf die Aussagen aus Teil c) die Angemessenheit bzw. Unangemessenheit der Kalkulation auf einfache Art prüfen?

e*) Wie stark erhöhen sich die in a) und b) berechneten Leistungsbarwerte bei einer Reduzierung des Rechnungszinssatzes auf 2,0 %? Wie bei einer alternativen Erhöhung der Sterblichkeiten q_x um 50 %? Im letzten Fall bleibe $q_\omega = 1$ fixiert.

Aufgabe D14

a) Berechnen Sie ohne Umweg über die Jahresnettoprämie die monatliche Bruttoprämie für einen Risikolebensversicherungsvertrag zu folgenden Daten: Tafel DAV 2008 T M, Rechnungszins $i = 2{,}25\,\%$, Beginnalter $x = 40$ Jahre, Vertragsdauer $n = 25$ Jahre, Prämienzahlungsdauer $t = 20$ Jahre, Summe $S = 100.000$ €; Kostenzuschläge: $\alpha^z = 2{,}0\,\%$ der Summe der ausreichenden Jahresprämien zu Vertragsbeginn, $\beta = 6{,}0\,\%$ der ausreichenden Jahresprämie (vorschüssig für jedes Jahr der Prämienzahlungsdauer), $\gamma = 1{,}0$ ‰ der Versicherungssumme (ebenfalls jährlich vorschüssig), Ratenzuschlag auf die ausreichende Prämie 5 %.

b) Wiederholen Sie die Berechnung aus a) zu sonst gleichen Grunddaten für eine weibliche versicherte Person. Welches Prämienverhältnis ergibt sich?

Aufgabe D15

Berechnen Sie auf Grundlage der Tafel DAV 2008 T M und des Rechnungszinssatzes $i = 2{,}25\,\%$ die Jahresnettoprämien für kapitalbildende Lebensversicherungen zum Eintrittsalter $x = 20$ bei Laufzeiten von $n = 20$ bzw. $n = 60$ ($n = t$, Summe $S = 100.000$ €), jeweils getrennt nach dem Risikolebens- und dem Erlebensversicherungsteil. Geben Sie das Verhältnis der Risikofallsprämie zur Gesamtprämie für beide Verträge an. Welche Interpretation legt das Ergebnis nahe?

Aufgabe D16

Berechnen Sie ohne Umweg über die Jahresnettoprämie die Bruttovierteljahresprämie für eine kapitalbildende Lebensversicherung zu folgenden Daten: weibliche versicherte Person, Tafel DAV 2008 T, Rechnungszins i = 2,25 %, Beginnalter y = 45 Jahre, Vertragsdauer n = 15 Jahre, Prämienzahlungsdauer t = 12 Jahre, Summe S = 250.000 € ; Kostenzuschläge: α^z = 4,0 % der Summe der ausreichenden Jahresprämien zu Vertragsbeginn, β = 3,0 % der ausreichenden Jahresprämie (vorschüssig für jedes Jahr der Prämienzahlungsdauer), γ = 2,0 ‰ der Versicherungssumme (vorschüssig für jedes Jahr nach Ablauf der Prämienzahlungsdauer), Ratenzuschlag auf die ausreichende Prämie 3 %.

Aufgabe D17

a) Berechnen Sie die monatliche Bruttoprämie einer kapitalbildenden Lebensversicherung für einen 35-jährigen Mann auf Basis der DAV-Tafel 2008 T mit Rechnungszins i = 2,25 % zu folgenden Vertrags- und Tarifparametern: Laufzeit und Prämienzahlungsdauer n = t = 12 Jahre, Todes- und Erlebensfallsumme S = 50.000 €, α^z = 4,0 %, β = 4,0 %, γ = 2,5 ‰, jährliche Stückkosten 30 €, Ratenzuschlag 5 %.

b) Berechnen Sie die monatliche Bruttoprämie für den Vertrag mit n = t = 30 bei sonst unveränderten Daten.

c) Vergleichen Sie in beiden Fällen die Summe aller gezahlten Prämien mit der versicherten Leistung.

Aufgabe D18

a) Berechnen Sie für die Daten x = 65, DAV-Tafel 2004 R (Grundtafel mit Altersverschiebung), Rechnungszins i = 2,25 % die Nettoeinmalprämie einer sofortbeginnenden, jährlich vorschüssigen Leibrentenversicherung der Ratenhöhe R = 12.000 € für jeweils eine weibliche bzw. männliche versicherte Person der Geburtsjahrgänge 1945 und 1975.

b) Vergleichen Sie das Ergebnis aus a) mit den Nettoeinmalprämien, die sich bei ansonsten unveränderten Daten für sofortbeginnende Renten ab Alter 60 bzw. 67 (jeweils Frau und Mann) ergeben.

Aufgabe D19

a) Berechnen Sie die Jahresnettoprämie für eine aufgeschobene lebenslange vorschüssige Leibrentenversicherung zu folgenden Daten: weibliche versicherte Person, Tafel DAV 2004 R (Grundtafel mit Altersverschiebung), Rechnungszins i = 2,25 %, Geburtsjahr 1977, Beginnalter y = 25 Jahre, Aufschubzeit n = 40 Jahre, Prämienzahlungsdauer t = 33 Jahre, Jahresrente = 24.000 €.

b) Wiederholen Sie die Berechnung aus a) zu sonst gleichen Grunddaten für eine männliche versicherte Person. Welches Prämienverhältnis ergibt sich?

c) Berechnen Sie – unter Verwendung der Jahresnettoprämie aus Teilaufgabe a) – die Jahresbruttoprämie bei Einbeziehung folgender Kostenzuschläge: $\alpha^z = 4{,}0\,\%$ der Summe der ausreichenden Jahresprämien zu Vertragsbeginn, $\beta = 4{,}0\,\%$ der ausreichenden Jahresprämie (vorschüssig für jedes Jahr der Prämienzahlungsdauer), $\gamma_1 = 1{,}0\,\%$ der Jahresrente (vorschüssig für jedes Jahr nach Ablauf der Prämienzahlungsdauer), $\gamma_2 = 2{,}5\,\%$ der Jahresrente (vorschüssig für jedes Jahr während des Rentenbezugs).

d) Wie würde sich die Bruttoprämie ändern, wenn die β-Kosten nicht jährlich vorschüssig erhoben würden, sondern stattdessen einmalig zusätzlich 4,0 % der Summe der ausreichenden Jahresprämien zu Vertragsbeginn einkalkuliert würde? Begründen Sie die Antwort ohne weitere Rechnung.

AUFGABE D20

Ein Versicherungsvertrag sehe nach vereinbarter Laufzeit von n Jahren die Zahlung einer Leistung der Höhe S vor, unabhängig davon, ob der Versicherte diesen Zeitpunkt erlebt. Die Prämienzahlung endet mit dem Tod des Versicherten, spätestens nach n Jahren. Dieses Produkt wird auch als **Termefix-Versicherung** bezeichnet. Geben Sie eine allgemeine Formel für die Jahresnettoprämie an.

AUFGABE D21

a) Eine Risikolebensversicherung, die insgesamt n Jahre laufe, beginne mit der versicherten Summe 1; die Summe erhöhe sich bis zum m-ten Jahr ($m \leq n$) jährlich um 1. Geben Sie eine allgemeine Formel für den Leistungsbarwert $(I_m A)_{x,\overline{n|}}$ an. (Konvention für m = n: $(IA)_{x,\overline{n|}}$.) Benutzen Sie dafür die Formel

$$R_x = \sum_{k=0}^{\omega-x} M_{x+k} \text{ für die } \textbf{doppelt summierten diskontierten Toten } \boldsymbol{R_x}.$$

b) Bestimmen Sie ohne weitere Berechnung unter Verwendung des Ergebnisses aus a) eine allgemeine Formel für den Leistungsbarwert einer n-jährigen, jährlich um 1 fallenden Risikolebensversicherung der anfänglichen Summe n. Dafür hat sich die Bezeichnung $(DA)_{x,\overline{n|}}$ eingebürgert.
(I steht für engl. *increasing*, D für *decreasing*.)

AUFGABE D22

Bestimmen Sie anhand der Rententafel DAV 2004 R (Grundtafel mit Altersverschiebung) für eine Frau des Geburtsjahrgangs 1965 näherungsweise eine passende Aufschubzeit, sodass bei Rentenbeginn im Alter 65 die jährliche Rentenrate einer lebenslangen Leibrente gleich der Jahresnettoprämie ist (Aufschubzeit = Prämienzahlungsdauer). Der Rechnungszins betrage i = 2,25 %.

Aufgabe D23

a) Geben Sie eine allgemeine Formel für den Leistungsbarwert einer sofortbeginnenden vorschüssigen Leibrente der anfänglichen Ratenhöhe 1 an, wenn die Höhe der Rentenrate jährlich um i % der Anfangsrate steigt. Die Rente werde auf n Jahre bzw. lebenslänglich gezahlt. Verwenden Sie zur Vereinfachung der Formel die **doppelt summierten diskontierten Lebenden S_x** mit

$$S_x = \sum_{k=0}^{\omega-x} N_{x+k}.$$

b) Wie könnte man zu einer gleichartig strukturierten Formel gelangen, wenn statt eines konstanten jährlichen Zuwachses um i % der Anfangsrate mit einem jährlichen Wachstum von i % der jeweiligen Vorjahresrate gerechnet würde (Rentendynamik)?

Aufgabe D24

Ein Versicherungsvertrag über eine lebenslange, um n Jahre aufgeschobene vorschüssige Leibrente der Ratenhöhe R zur Prämienzahlungsdauer $t \leq n$ sehe vor, dass nach Eintritt des Rentenbezugs die Rente mindestens g Jahre lang gezahlt werde (**Rentengarantiezeit**). Geben Sie eine allgemeine Formel für die Jahresnettoprämie an.

Aufgabe D25

Ein Versicherungsvertrag über eine lebenslange, um n Jahre aufgeschobene vorschüssige Leibrente der Ratenhöhe R zur Prämienzahlungsdauer $t \leq n$ sehe eine **Prämienrückgewähr** in der Aufschubzeit vor. Dies bedeutet, dass beim Tod des Versicherten während der Aufschubzeit die unverzinste Summe der bis dahin gezahlten Prämien als Leistung fällig wird. Geben Sie eine allgemeine Formel für die Jahresnettoprämie an.

Aufgabe D26

a) Berechnen Sie unter Anwendung der in den Aufgaben D24 und D25 gewonnenen Formeln die Jahresnettoprämie für eine aufgeschobene Rentenversicherung mit Prämienrückgewähr in der Aufschubzeit und Rentengarantiezeit zu folgenden Daten: weibliche versicherte Person des Geburtsjahrgangs 1965, Sterbetafel DAV 2004 R F (Grundtafel mit Altersverschiebung), Vertragsbeginn 2010, Aufschubzeit n = 20 Jahre, Prämienzahlungsdauer t = 15 Jahre, Jahresrentenrate R = 2.400 €, Rentengarantiezeit g = 10 Jahre. Der Rechnungszins betrage 2,25 %.

b) Vergleichen Sie die Prämie mit derjenigen
   - einer reinen aufgeschobenen Rentenversicherung ohne Zusatzleistungen,
   - einer reinen aufgeschobenen Rentenversicherung mit Prämienrückgewähr,
   - einer reinen aufgeschobenen Rentenversicherung mit Rentengarantiezeit.

c) Die Prämienrückgewähr ist eine Versicherungskomponente mit Todesfallleistung. Ist die Kalkulation eines Produkts wie in Aufgabe D25 mit einer Rententafel angemessen? Versuchen Sie eine Überprüfung für die Konstellation der Teilaufgabe a).

Aufgabe D27*

a) Berechnen Sie die Nettoeinmalprämien aus Aufgabe D18 auf Basis der DAV 2004 R Aggregat- und Selektionstafeln mit den Selektionsfaktoren aus Aufgabe D8 a).

b) Berechnen Sie zu den gleichen Konstellationen die Nettoeinmalprämien, wenn die Höhe der Rentenrate jährlich um einen garantierten **Dynamiksatz** sdyn = 1 % der Vorjahresrente steigt. (Den Dynamiksatz berücksichtigt man am besten bei Berechnung der Bar- bzw. Kommutationswerte in den Diskontierungsfaktoren.)

c) Berechnen Sie zu den Daten aus a) bzw. Aufgabe D18 die Bruttoeinmalprämien BEP für eine monatlich zahlbare Rente der Ratenhöhe 1.000 € bei Einbeziehung folgender Kostenzuschläge: α^z = 4,0 % der Bruttoeinmalprämien zu Vertragsbeginn, γ = 2,5 % der Monatsrate (vorschüssig für jeden Monat während des Rentenbezugs). Die ratierliche Zahlweise kann im Rentenbarwert mit dem pauschalen Abzugsglied $(m - 1) / (2 \cdot m)$ aus Abschnitt 3 berücksichtigt werden.

d) Ermitteln Sie zu den Bruttoeinmalprämien aus Teilaufgabe c) die **Verrentungsfaktoren**, d. h. die Verhältniszahlen BEP / (R / m), die angeben, der wievielfache Betrag einer (anfänglichen) Rentenrate bei Rentenbeginn als Deckungsstock zur Finanzierung der gesamten Rente vorhanden sein muss.

Aufgabe D28

Ein Lebensversicherungsunternehmen biete eine kapitalbildende Lebensversicherung mit konstanter Todesfallleistung in der Variante des folgenden „Studententarifs“ an, wobei der Einfachheit halber Kosten unberücksichtigt bleiben. In den ersten drei Jahren der Vertragslaufzeit beträgt die vorschüssig zu zahlende Prämie nur ein Zehntel der während der anschließenden Vertragsdauer zu zahlenden vollen Jahresnettoprämie.

a) Berechnen Sie die (volle) Jahresnettoprämie für einen 22-jährigen Mann auf Basis der DAV-Tafel 2008 T, $i = 2{,}25\ \%$, $n = t = 30$ Jahre, $S = 50.000$ €.
b) Prüfen Sie durch eine einfache Rechnung, ob dieser Tarif aus Sicht des Unternehmens auskömmlich kalkuliert sein kann.
c) Welche Schwierigkeit kann es bei derartigen Produkten bei der Einrechnung von Abschlusskosten geben?

Aufgabe D29

a) Berechnen Sie die summierte Jahresnettoprämie für folgende „Gemischte Rentenversicherung" für eine 30-jährige, 1980 geborene Frau: Ein Teil des Vertrags bestehe aus einer aufgeschobenen lebenslangen Leibrentenversicherung mit Aufschubzeit und Prämienzahlungsdauer $n = t = 35$ Jahre bei jährlicher Höhe der Rentenrate von 12.000 €. Während der Aufschubzeit sei ein konstanter Todesfallschutz in Höhe der bei Rentenbeginn verfügbaren Kapitalabfindung (entsprechend der Nettoeinmalprämie einer im Alter 65 sofortbeginnenden Rentenversicherung) mitversichert. Der Rechnungszins betrage $i = 2{,}25\ \%$. Berechnen Sie den Rentenanteil mit der DAV 2004 R Grundtafel mit Altersverschiebung, die Todesfallleistung mit der Sterbetafel DAV 2008 T.
b) Welche Gründe sprechen für, welche gegen eine einheitliche Kalkulation mit der Rententafel?

Aufgabe D30

Verdeutlichen Sie sich die Berechnung der nach Raucher- und Nichtraucherstatus differenzierten Sterbetafeln DAV 2008 T R M bzw. DAV 2008 T NR M anhand des folgenden Tabellenauszugs für die Lebensalter x = 30, 40, 50, 60, 70, 80 und 90 Jahre. Die ausgeglichenen Rohsterblichkeiten ohne Sicherheitszuschlag sind dabei durch eine Tilde gekennzeichnet. Auf sie werden die Formeln aus Abschnitt D.2.1 angewendet. Verwenden Sie anschließend als Sicherheitszuschlag (Irrtums- und Schwankungszuschlag) für die nicht differenzierte Tafel pauschal 34 %, für die differenzierten Tafeln jeweils 45 %.

Alter x	$\tilde{q}_x$	ANT_x^R	$ÜbSt_x^R$
30	0,000561	0,311	1,529
40	0,000971	0,311	2,300
50	0,002971	0,283	2,654
60	0,007764	0,194	2,692
70	0,027775	0,116	2,491
80	0,074822	0,770	1,828
90	0,194445	0,710	1,272

E. Deckungsrückstellung

Die in Kapitel D berechneten Prämien werden während der gesamten Prämienzahlungsdauer in gleichbleibender Höhe entrichtet. Bereits die einfache Risikolebensversicherung mit mehreren Jahren Laufzeit aber zeigt einen steigenden Risikoverlauf, da die q_x der zugrunde liegenden Sterbetafel in der Regel mit dem Alter wachsen. Prämienzahlung und Prämienbedarf infolge laufend erbrachter Leistung verhalten sich also nicht proportional zueinander. Noch deutlicher wird dies bei Versicherungen mit Sparcharakter wie der kapitalbildenden Lebensversicherung oder der (aufgeschobenen) Leibrentenversicherung; hier ist die zeitliche Trennung von Prämienzahlung und Erlebensfallleistung sogar ausdrücklich erwünscht.

Grundsätzlich ist also mit Differenzen zwischen bereits entrichteten Versicherungsprämien und im gleichen Zeitraum erbrachten Leistungen zu rechnen. Diese führen direkt zum Konzept der **Deckungsrückstellung**, das in Abschnitt 1 definiert wird. In den weiteren Abschnitten widmen wir uns der Einbeziehung von Kosten, Anwendungen der Deckungsrückstellung auf die **Beitragszerlegung**, Einzelaspekten der Tarifierung und dem Vorgehen bei **Vertragsänderungen**.

1. Sinn und Zweck der Deckungsrückstellung

Wir kehren noch einmal zum Beispiel der reinen Risikolebensversicherung zurück. Bei zweijähriger Vertragslaufzeit lautet das Äquivalenzprinzip für die Jahresnettoprämie:

$$NP \cdot (1 + v \cdot p_x) = S \cdot (v \cdot q_x + v^2 \cdot p_x \cdot q_{x+1}) \leftrightarrow NP = S \cdot \frac{v \cdot q_x + v^2 \cdot p_x \cdot q_{x+1}}{1 + v \cdot p_x}$$

Für einen 40-Jährigen ergibt sich bei einer Versicherungssumme S = 100.000 €, 2,25 % Rechnungszins und Sterblichkeiten gemäß DAV-Tafel 2008 T

$$NP = 100.000 \cdot \frac{0{,}977995 \cdot 0{,}001301 + 0{,}956474 \cdot 0{,}998699 \cdot 0{,}001447}{1 + 0{,}977995 \cdot 0{,}998699} = 134{,}29\ €.$$

Die Risikoleistung für das erste Jahr beträgt jedoch nur

$${}_{|1}A_{40} = S \cdot v \cdot q_{40} = 100.000 \cdot 0{,}977995 \cdot 0{,}001301 = 127{,}24\ €.$$

Am Ende des ersten Versicherungsjahres steht demnach noch ein Geldbetrag von

$$(134{,}29 - 127{,}24) \cdot 1{,}0225 = 7{,}21\ €$$

zur Verfügung. Dabei muss mit 2,25 % aufgezinst werden, weil Prämie und einjährige Leistung auf den Versicherungsbeginn bezogen sind. Die Risikoleistung für das zweite Jahr beträgt demgegenüber gerade

$$_{|1}A_{41} = S \cdot v \cdot q_{41} = 100.000 \cdot 0{,}977995 \cdot 0{,}001447 = 141{,}52 \text{ €}.$$

Die Differenz zur (für das zweite Jahr!) gezahlten Prämie von 134,29 € beträgt also gerade 7,21 €. Der Faktor p_{40} musste hierbei nicht explizit berücksichtigt werden, weil er sowohl bei der Prämienzahlung als auch bei der Leistungsberechnung auftritt.

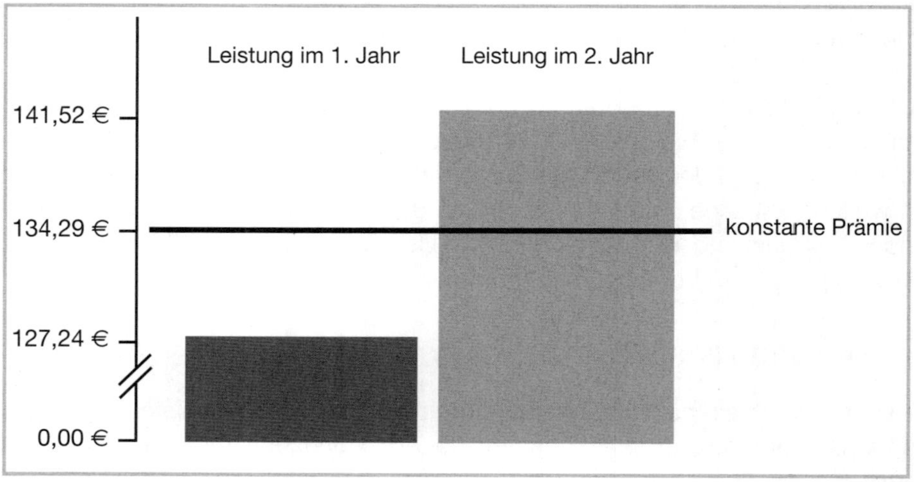

Abb. E.1: Jahresnettoprämie im Vergleich zur vom Unternehmen erbrachten Leistung bei der zweijährigen Risikolebensversicherung

Damit liegt folgende Interpretation nahe: Prämienanteile, die zu Beginn der Vertragslaufzeit zu viel gezahlt werden, werden gegen Ende der Laufzeit benötigt, um die dann für die erbrachte Leistung zu niedrige Prämie risikoadäquat aufzustocken. Die Differenz aus erwarteten zukünftigen Leistungen (im Beispiel Risikodeckung für das zweite Jahr) und Prämien, die für die Restlaufzeit noch zu entrichten sind, hieß daher ursprünglich auch **Prämienreserve**. Erheblich größer sind diese Beträge, wenn Erlebensfallleistungen wie Zeitrenten oder die Ablaufleistung einer kapitalbildenden Lebensversicherung zu zahlen sind. Da das Versicherungsunternehmen die betreffenden Zahlungen aus den „vorab“ gezahlten Prämien decken muss, haben sich die Bezeichnungen **Deckungsrückstellung** bzw. **Deckungskapital** eingebürgert. Oftmals bezieht man Deckungskapital auf die individuelle Vertragssicht, während man von Deckungsrückstellung eher im Zusammenhang mit bilanztechnischen Betrachtungen spricht, die Bestandskollektive betreffen. Wir verwenden im weiteren Verlauf der Einfachheit halber nur die Bezeichnung Deckungsrückstellung.

Verzichtet man auf konstante Prämien und legt stattdessen Prämien fest, die in jedem Jahr gerade das Versicherungsrisiko abdecken, spricht man von **natürlichen Prämien**. Sie betragen im obigen Beispiel gerade 127,24 € für das erste und 141,52 € für das zweite Versicherungsjahr. Mag ein derart variierender Prämienverlauf bei der Risikolebensversicherung noch akzeptabel erscheinen, so ergäbe sich bei einer kapitalbildenden Lebensversicherung ein Jahr vor Vertragsende im Wesentlichen die einjährig diskontierte Ablaufleistung, also ein hochgradig inhomogener Prämienverlauf. Für Leibrentenversicherungen lässt sich die natürliche Prämie gar nicht sinnvoll definieren. Bei Zugrundelegung eines konstanten Prämienverlaufs muss damit ein allgemeines Konzept der Deckungsrückstellung für beliebige Typen von Versicherungen bereitgestellt werden. Zu diesem Zweck erweitern wir das Einführungsbeispiel und definieren die **prospektive Deckungsrückstellung** über eine erweiterte Fassung der Äquivalenzgleichung. Zu jedem Zeitpunkt der Versicherungsdauer gilt demnach für die Zukunft („prospektiv"):

  Deckungsrückstellung
= Barwert der erwarteten künftigen Versicherungsleistungen
– Barwert der erwarteten künftigen Prämieneinnahmen

Entsprechend kann rückblickend („retrospektiv") auf die schon abgelaufene Vertragsdauer die **retrospektive Deckungsrückstellung** definiert werden:

  Deckungsrückstellung
= Endwert der zurückliegenden rechnungsmäßigen Prämieneinnahmen
– Endwert der zurückliegenden rechnungsmäßigen Versicherungsleistungen

Die prospektive Darstellung ist in der Praxis von größerer Bedeutung, da sie zur Berechnung von Deckungsrückstellungen in allen Fällen vorgeschrieben ist, in denen die prospektiven Werte sich überhaupt ermitteln lassen. Grundlage hierfür ist § 341f HGB:

Deckungsrückstellung

(1) Deckungsrückstellungen sind für die Verpflichtungen aus dem Lebensversicherungs- und dem nach Art der Lebensversicherung betriebenen Versicherungsgeschäft in Höhe ihres versicherungsmathematisch errechneten Wertes einschließlich bereits zugeteilter Überschussanteile und nach Abzug des versicherungsmathematisch ermittelten Barwerts der künftigen Beiträge zu bilden (prospektive Methode). Ist eine Ermittlung des Wertes der künftigen Verpflichtungen und der künftigen Beiträge nicht möglich, hat die Rechnung auf

Grund der aufgezinsten Einnahmen und Ausgaben der vorangegangenen Geschäftsjahre zu erfolgen (retrospektive Methode).

(2) ...

Für die versicherungsmathematische Errechnung bedient man sich in aller Regel der Bezeichnungsweise ${}_mV_x$ für die Deckungsrückstellung im m-ten Versicherungsjahr und erhält bei **prospektiver Darstellung** die Gleichung

$${}_mV_x = LBW_{x+m} - NP \cdot ä_{x+m,\overline{t-m|}}$$

mit dem Leistungsbarwert LBW_{x+m} für die verbliebene Laufzeit von (x + m) bis (x + n).

Zum Zeitpunkt m kann man unter direkter Anwendung des Äquivalenzprinzips auch die Nettoprämie NP_{x+m} für eine zum Eintrittsalter (x + m) neu abgeschlossene Versicherung mit auf n – m Jahre verkürzter Dauer angeben:

$$NP_{x+m} \cdot ä_{x+m,\overline{t-m|}} = LBW_{x+m}$$

Differenzbildung liefert die so genannte **Prämiendifferenzformel**:

$${}_mV_x = (NP_{x+m} - NP) \cdot ä_{x+m,\overline{t-m|}}$$

Sie besagt, dass die Deckungsrückstellung gerade der Differenz aus der Prämiensumme für einen neu berechneten über die Restlaufzeit laufenden Vertrag und der noch ausstehenden Prämiensumme für den ursprünglichen Vertrag entspricht.

Die Beispielrechnung zu Beginn des zweiten Jahres entspricht im Grunde dieser Prämiendifferenzdarstellung: Konkretisieren wir die Formel für x = 40, t = 2 und m = 1, so ist der Leistungsbarwert für das zweite Jahr gerade die „neue" Nettoprämie NP_{40+1}, denn $ä_{40+1,\overline{2-1|}}$ nimmt den Wert 1 an.

In der **retrospektiven Darstellung** nimmt die Deckungsrückstellungsgleichung mit dem Aufzinsungsfaktor $r^m := (1 + i)^m$ und dem Leistungsendwert LEW_{x+m} für die schon abgelaufene Versicherungsdauer die Form

$${}_mV_x = NP \cdot \frac{r^m}{{}_mp_x} \cdot ä_{x,\overline{m|}} - LEW_{x+m} = \frac{r^m}{{}_mp_x} \cdot (NP \cdot ä_{x,\overline{m|}} - LBW_{x+m})$$

an. Der Prämienanteil wird nun positiv berücksichtigt, da es sich ja um bereits gezahlte Prämien handelt, die um die aufgezinsten, bereits erbrachten Leistungen reduziert werden müssen. Der etwas sperrige Faktor $r^m/{}_mp_x$ wird benötigt, um die Rentenbarwertkürzel anwenden zu können. Er zinst sozusagen den Barwert der Prämienzahlungen der ersten m Jahre bis zum Zeitpunkt (x + m) auf, wobei die Überlebenswahrscheinlichkeit berücksichtigt wird. Die retrospektive Deckungsrückstellung für das Musterbeispiel der zweijährigen Risikolebensversicherung errechnet sich wie folgt: Der Rentenbarwertfaktor $\ddot{a}_{40,1}$ reduziert sich wieder auf 1, und auch $_0p_{40}$ ist gleich 1, denn das Alter 40 ist ja schon erreicht. Der Endwert der Leistung für ein Jahr ist gerade $r \cdot {}_{|1}A_{40}$, denn sie wird im Betrachtungszeitpunkt fällig. Zusammenfassend erhalten wir

$$_1V_{40} = 134{,}29 \cdot 1{,}0225 - 1{,}0225 \cdot 127{,}24 = 7{,}21 \text{ €},$$

und das ist genau das oben schon auf anderem Wege ermittelte Resultat. Suggestiv haben wir beide Darstellungen $_mV_x$ genannt. Man erwartet intuitiv, dass eine Deckungsrückstellung nicht davon abhängt, ob in die Vergangenheit zurück- oder in die Zukunft vorausgerechnet wird, da Prämien und Leistungen dem Äquivalenzprinzip gehorchen. Dies gilt aber zunächst nur bezogen auf den Vertragsbeginn. Tatsächlich muss zwischen $_mV_x^{(prospektiv)}$ und $_mV_x^{(retrospektiv)}$ unterschieden werden, sobald die Rechnungsgrundlagen der Deckungsrückstellungsberechnung von denen der Prämienkalkulation abweichen: Es ist z. B. zulässig, Prämien mit einem höheren Rechnungszinssatz i_P zu kalkulieren und in der Rechnungslegung mit niedrigerem Rechnungszinssatz i_R zu bilanzieren. Es gilt in diesem Fall $_mV_x(i_R) > {}_mV_x(i_P)$, und die Differenz muss im Rahmen einer **Nachreservierung** vom Unternehmen gestellt werden. $_mV_x(i_P)$ kann daher auch nicht als Deckungsrückstellung angesehen werden. Das gleiche Problem stellt sich bei Änderungen der biometrischen Rechnungsgrundlagen (Sterbetafeln), wie sie bereits wiederholt in der privaten Rentenversicherung vorgenommen wurden (siehe dazu die Übersicht von ALLERDISSEN et al.).

Im Allgemeinen gilt also

$$_mV_x^{(prospektiv)} \neq {}_mV_x^{(retrospektiv)}.$$

Nur bei **übereinstimmenden Rechnungsgrundlagen** für Prämien- und Deckungsrückstellungsberechnung ist

$$_mV_x^{(prospektiv)} = {}_mV_x^{(retrospektiv)} \equiv {}_mV_x$$

gesichert. Dies ist für die Praxis der weitaus bedeutendere Fall. Stillschweigend gehen wir von ihm aus, wenn nicht ausdrücklich anderes gesagt wird.

2. Nettodeckungsrückstellung

Bisher sind keinerlei Kosten berücksichtigt und in den Deckungsrückstellungsformeln Nettoprämien zugrunde gelegt worden. Naheliegenderweise bezeichnet man die so definierte Reserve präziser als **Nettodeckungsrückstellung**. Zunächst geben wir für die Standardversicherungen allgemeine Berechnungsformeln an. Sie basieren alle auf der prospektiven Darstellung. Der Übersichtlichkeit halber gehen wir dabei von der Nennleistung S = 1 € aus; bei allgemeinen Berechnungen sind also die nachfolgend hergeleiteten Formeln noch mit S zu multiplizieren.

Die Verallgemeinerung des Eingangsbeispiels für **Risikolebensversicherungen** beliebiger Laufzeit n und Prämienzahlungsdauer t führt wegen

$$NP = \frac{{}_{|n}A_x}{\ddot{a}_{x,\overline{t|}}}$$

auf

$$ {}_mV_x = {}_{|n-m}A_{x+m} - NP \cdot \ddot{a}_{x+m,\overline{t-m|}} = {}_{|n-m}A_{x+m} - {}_{|n}A_x \cdot \frac{\ddot{a}_{x+m,\overline{t-m|}}}{\ddot{a}_{x,\overline{t|}}}$$

$$= \frac{M_{x+m} - M_{x+n}}{D_{x+m}} - \frac{M_x - M_{x+n}}{D_x} \cdot \frac{\frac{N_{x+m} - N_{x+t}}{D_{x+m}}}{\frac{N_x - N_{x+t}}{D_x}}$$

$$= \frac{M_{x+m} - M_{x+n}}{D_{x+m}} - \frac{M_x - M_{x+n}}{N_x - N_{x+t}} \cdot \frac{N_{x+m} - N_{x+t}}{D_{x+m}}$$

während der Prämienzahlungsdauer, d. h. für $0 \leq m < t$. Hierbei wurde der Kommutationswert D_x gekürzt, der sowohl bei ${}_{|n}A_x$ wie auch bei $\ddot{a}_{x,\overline{t|}}$ im Nenner auftritt.

Für $n = t = \omega - x$ verschwinden die Anteile M_{x+n} und N_{x+t}. Im Falle einer prämienfreien Zeit, $t \leq m$ ($\leq n$), bleibt daher nur der Leistungsbarwert übrig, also

$$ {}_mV_x = {}_{|n-m}A_{x+m} = \frac{M_{x+m} - M_{x+n}}{D_{x+m}} .$$

Beispielhaft demonstrieren wir die Berechnung der Nettodeckungsrückstellung ${}_mV_x$ für die Modellkonstellation mit 30 Jahren Laufzeit und Prämienzahlungsdauer, Sterbetafel DAV 2008 T M, Rechnungszins 2,25 % und Summe 100.000 €. Der männliche Versicherte habe bei Vertragsbeginn das Alter x = 35 Jahre. Wir wollen ${}_mV_x$ zum Ende des zehnten Versicherungsjahres berechnen.

Für diese Versicherung entnehmen wir der ersten Tabelle in Abschnitt D.3.5 eine Nettoprämie von NP = 426,67 €. Konkretisieren wir die oben hergeleitete Formel für den beitragspflichtigen Fall, so ergibt sich

$$ {}_{10}V_{35} = S \cdot \frac{M_{35+10} - M_{35+30}}{D_{35+10}} - \underbrace{S \cdot \frac{M_{35} - M_{35+30}}{N_{35} - N_{35+30}}}_{NP} \cdot \frac{N_{35+10} - N_{35+30}}{D_{35+10}} $$

$$ = S \cdot \underbrace{\frac{M_{45} - M_{65}}{D_{45}}}_{I} - NP \cdot \underbrace{\frac{N_{45} - N_{65}}{D_{45}}}_{II} $$

und daraus unter Verwendung von

$$ I = \frac{178.409{,}285 - 142.748{,}145}{353.419{,}653} = 0{,}100903, $$

$$ II = \frac{7.953.248{,}950 - 2.415.799{,}097}{353.419{,}653} = 15{,}668200 $$

das Endresultat

$$ {}_{10}V_{35} = 100.000 \cdot 0{,}100903 - 426{,}67 \cdot 15{,}668200 = 3.405{,}17 \text{ €}. $$

Man beachte, dass sich NP hierbei nicht, wie in der allgemeinen Herleitung der Deckungsrückstellung, auf die Normleistung 1 € bezieht, sondern entsprechend Abschnitt D.3.3 auf die versicherte Summe S; demgegenüber sind die Barwerte in unserer Darstellung normiert.

Für die **kapitalbildende Lebensversicherung** ist in den eben hergeleiteten Formeln nur der Erlebensfallanteil ${}_{n-m}E_{x+m}$ zu ergänzen:

$$ {}_{m}V_{x} = A_{x+m,\overline{n-m|}} - NP_{x} \cdot \ddot{a}_{x+m,\overline{t-m|}} = A_{x+m,\overline{n-m|}} - A_{x,\overline{n|}} \cdot \frac{\ddot{a}_{x+m,\overline{t-m|}}}{\ddot{a}_{x,\overline{t|}}} $$

$$ = \frac{M_{x+m} - M_{x+n} + D_{x+n}}{D_{x+m}} - \frac{M_{x} - M_{x+n} + D_{x+n}}{D_{x}} \cdot \frac{\dfrac{N_{x+m} - N_{x+t}}{D_{x+m}}}{\dfrac{N_{x} - N_{x+t}}{D_{x}}} $$

$$ = \frac{M_{x+m} - M_{x+n} + D_{x+n}}{D_{x+m}} - \frac{M_{x} - M_{x+n} + D_{x+n}}{N_{x} - N_{x+t}} \cdot \frac{N_{x+m} - N_{x+t}}{D_{x+m}} $$

bzw. (im prämienfreien Zustand)

$$_mV_x = A_{x+m,\overline{n-m|}} = \frac{M_{x+m} - M_{x+n} + D_{x+n}}{D_{x+m}}$$

Bis zu drei Fälle sind zu unterscheiden bei der um n Jahre **aufgeschobenen lebenslangen vorschüssigen Leibrentenversicherung**, nämlich die prämienpflichtige (a) und evtl. prämienfreie (b) Aufschubzeit, außerdem die Rentenbezugszeit (c). Bei (a) ist mit $m < t$

$$_mV_x = {}_{n-m|}\ddot{a}_{x+m} - NP_x \cdot \ddot{a}_{x+m,\overline{t-m|}} = {}_{n-m|}\ddot{a}_{x+m} - {}_{n|}\ddot{a}_x \cdot \frac{\ddot{a}_{x+m,\overline{t-m|}}}{\ddot{a}_{x,\overline{t|}}}$$

$$= \frac{N_{x+n}}{D_{x+m}} - \frac{N_{x+n}}{N_x - N_{x+t}} \cdot \frac{N_{x+m} - N_{x+t}}{D_{x+m}}$$

wobei beim Einsetzen der Kommutationswerte sofort D_x gekürzt wurde.

Der Fall (b) mit $t \leq m < n$ reduziert sich wieder auf den Leistungsbarwert zum Zeitpunkt $(x + m)$, also

$$_mV_x = {}_{n-m|}\ddot{a}_{x+m} = \frac{N_{x+n}}{D_{x+m}}.$$

Im Rentenbezug (Fall [c]) mit $m \geq n$ schließlich verbleibt nur der Barwert einer sofortbeginnenden Rente:

$$_mV_x = \ddot{a}_{x+m} = \frac{N_{x+m}}{D_{x+m}}$$

Für je einen Repräsentanten dieser Versicherungstypen, die bereits die Prämienberechnungen illustriert haben, seien noch einige Vergleichsbetrachtungen angegeben und grafisch dargestellt. Im Falle der **Risikolebensversicherung** werden die Verläufe der Deckungsrückstellung für die Rechnungszinssätze 2,25 % und 4,00 % sowie für 100 % bzw. 80 % der Sterblichkeiten der Basissterbetafel verglichen. Offensichtlich ist der Einfluss der Sterblichkeit hier dominierend, da die Kurven gleicher Sterblichkeit bei wechselndem Rechnungszins nur geringfügig voneinander abweichen:

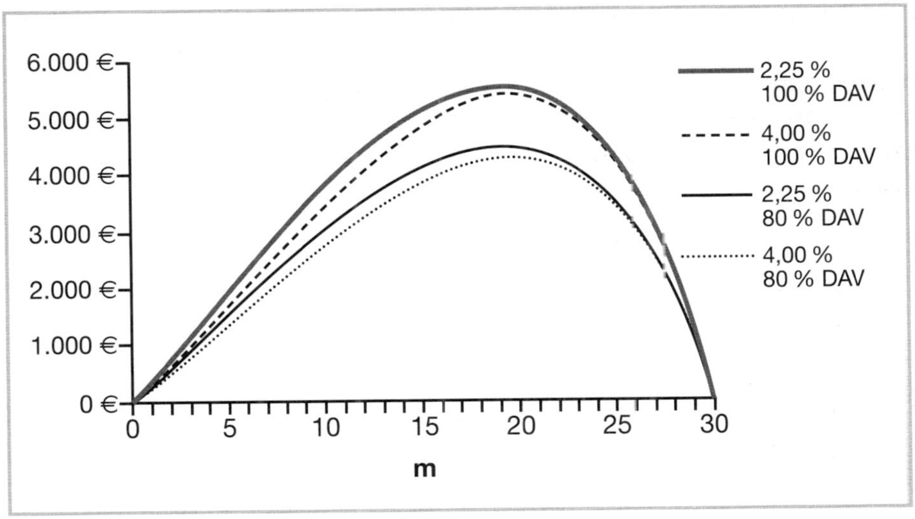

Abb. E.2: Deckungsrückstellungsverläufe für Risikolebensversicherungen bei variierenden Rechnungszinssätzen und Sterblichkeiten für einen männlichen Versicherten, x = 35, n = t = 30, Summe 100.000 €, Basissterbetafel DAV 2008 T

Für die **kapitalbildende Lebensversicherung** führt die Variation des Rechnungszinses zwischen 2,25 % und 4,00 % zu nachfolgendem Schaubild. Der Einfluss der Sterblichkeit ergibt in diesem Maßstab keine sichtbaren Unterschiede, sodass hier von einem dominierenden Einfluss des Zinssatzes auszugehen ist.

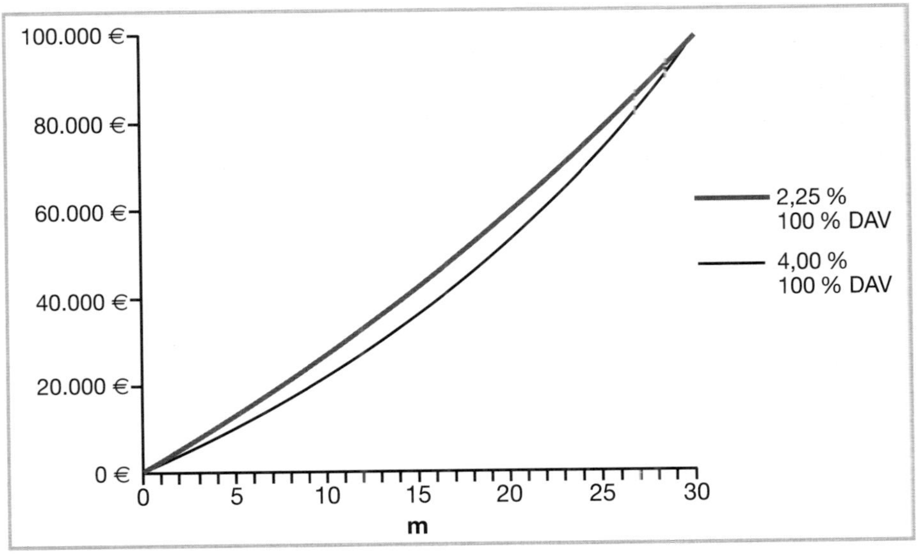

Abb. E.3: Deckungsrückstellungsverläufe für kapitalbildende Lebensversicherungen bei variierenden Rechnungszinssätzen für einen männlichen Versicherten, x = 35, n = t = 30, Summe 100.000 €, Basissterbetafel DAV 2008 T

Schließlich noch ein Vergleich in der **aufgeschobenen Leibrentenversicherung**. Auch hier dominiert der Rechnungszins. Gewählt wurde eine gegenüber der Aufschubzeit abgekürzte Prämienzahlungsdauer, um den Effekt des in der prämienfreien Zeit abknickenden Deckungsrückstellungsverlaufs zu demonstrieren. Dieser ergibt sich, da für $m > t$ nur noch die Verzinsung steigernd wirkt, aber nicht mehr die Sparbeiträge.

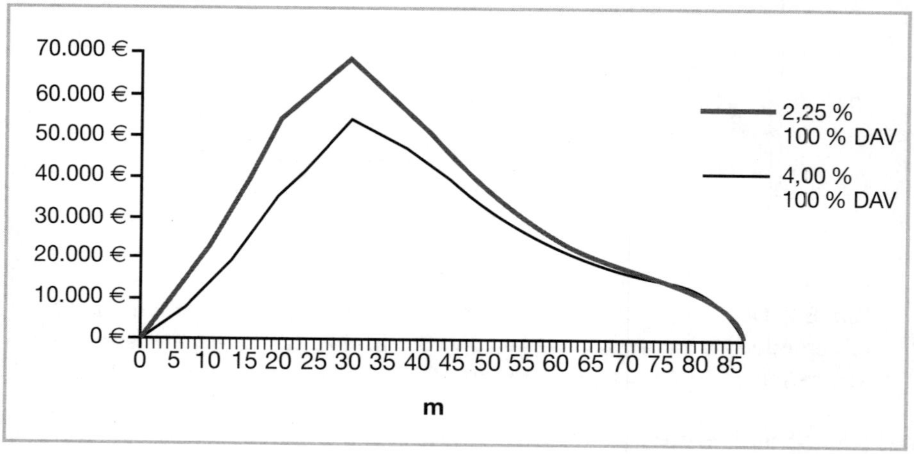

Abb. E.4: Deckungsrückstellungsverläufe für lebenslange aufgeschobene Leibrentenversicherungen mit variierendem Rechnungszins für eine weibliche Versicherte, y = 35, n = 30, t = 20, Jahresrente 3.000 €, DAV 2004 R (Grundtafel ohne Altersverschiebung)

Der Sterblichkeitseinfluss ist bei Leibrentenversicherungen unterscheidbar, da er vor allem auf die Dauer der Rentenzahlung wirkt. Allerdings verläuft nun die Kurve mit reduzierter Sterblichkeit höher, da die Versicherung Erlebensfallcharakter hat und der Leistungsbarwert folglich mit sinkendem q_x ansteigt.

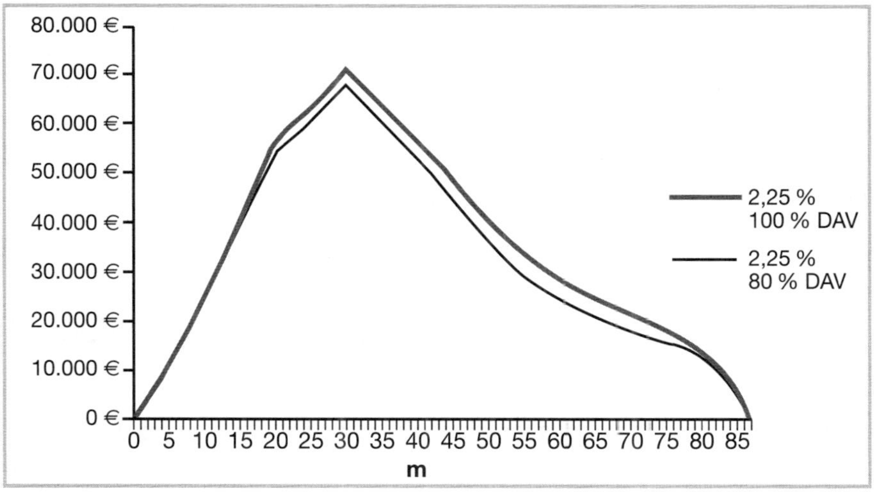

Abb. E.5: Deckungsrückstellungsverläufe für lebenslange aufgeschobene Leibrentenversicherungen mit variierender Sterblichkeit für eine weibliche Versicherte, y = 35, n = 30, t = 20, Jahresrente 3.000 €, DAV 2004 R (Grundtafel ohne Altersverschiebung)

Exemplarisch zeigen wir für die Aufschubzeit einer Rentenversicherung noch die Aufteilung der Deckungsrückstellung in den **Leistungsbarwert** (LBW), der sich bis zum Ende der Aufschubzeit glatt entwickelt, und den **Prämienbarwert** (PBW), der gegenläufig bis auf 0 fällt. Mit dem Wegfall dieses Korrekturglieds am Ende der Prämienzahlungsdauer fallen Deckungsrückstellung und Leistungsbarwert zusammen, sodass der Deckungsrückstellungsverlauf an dieser Stelle zwar stetig bleibt, sich aber sichtbar abflacht.

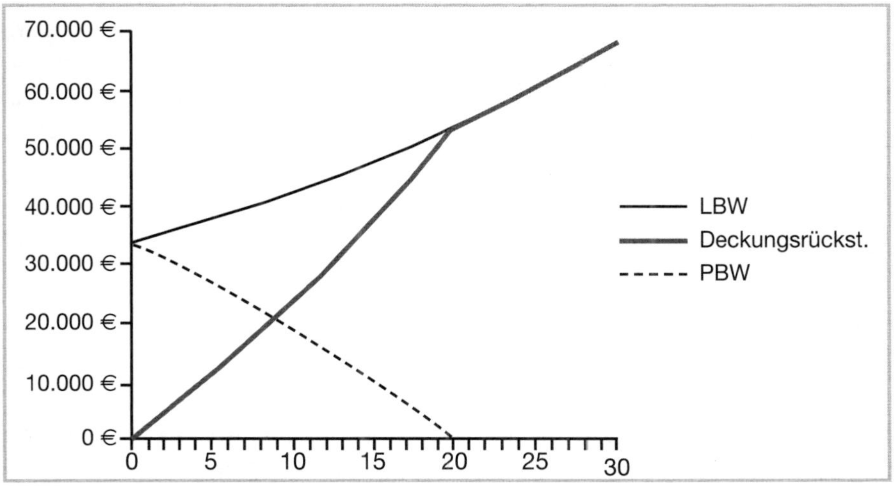

Abb. E.6: Zusammensetzung Renten-Deckungsrückstellung in der Aufschubzeit, obiges Beispiel mit 2,25 % Rechnungszins, DAV 2004 R (Grundtafel ohne Altersverschiebung)

Die Prämienbarwerte zeigen für andere Versicherungstypen vergleichbare Verläufe. Monoton wachsende Leistungsbarwerte sind typisch für kapitalbildende Versicherungen mit Erlebensfallcharakter. Bei der Risikolebensversicherung steigt der Leistungsbarwertverlauf zunächst von einem mittleren Wert aus langsam an und erreicht ein Maximum, um danach steiler bis auf 0 abzufallen: Zunächst dominiert noch die zunehmende Sterblichkeit, gegen Ende der Laufzeit überwiegt jedoch die abnehmende Restlaufzeit den Sterblichkeitsanstieg.

3. Gezillmerte Deckungsrückstellung und ausreichende Deckungsrückstellung

Die bisherigen Betrachtungen lassen sich mit charakteristischen Modifikationen aufrechterhalten, wenn **Abschlusskosten** und **laufende Kosten** berücksichtigt werden. Bei kapitalbildenden Produkten mit ihren traditionell hohen Abschlusskosten hat sich in Deutschland seit den 60er-Jahren des 19. Jahrhunderts das Verfahren der **Zillmerung** durchgesetzt, das nach seinem Erfinder August ZILLMER benannt ist. Auslösend war der Wunsch, die für den Vertrieb von Versicherungen fälligen Abschlussprovisionen sofort bei Vertragsbeginn zur Auszahlung zu bringen und der Deckungsrückstellung zu belasten, sie aber gleichmäßig verteilt in die Beiträge einzurechnen.

§ 65 VAG bestimmt, dass das Bundesfinanzministerium für die Zillmerung Höchstbeträge festlegt, deren genaue Bemessung in der so genannten **Verordnung über Rechnungsgrundlagen für die Deckungsrückstellungen** (kürzer: **Deckungsrückstellungsverordnung**, ganz kurz: **DeckRV**) geregelt ist, deren maßgeblicher § 4 lautet:

> *(1) Im Wege der Zillmerung werden die Forderungen auf Ersatz der geleisteten, einmaligen Abschlusskosten einzelvertraglich bis zur Höhe des Zillmersatzes ab Versicherungsbeginn aus den höchstmöglichen Prämienteilen gedeckt, die nach den verwendeten Berechnungsgrundsätzen in dem Zeitraum, für den die Prämie gezahlt wird, weder für Leistungen im Versicherungsfall noch zur Deckung von Kosten für den Versicherungsbetrieb bestimmt sind. Der Zillmersatz darf 40 vom Tausend der Summe aller Prämien nicht überschreiten.*
>
> *(2) (...)*

Dies bedeutet im Klartext: Die zuerst gezahlten Prämien des Kunden werden um laufende Kosten und Risikoanteile gekürzt, die verbleibende Prämie kann vollständig zur Tilgung der Abschlusskosten eingesetzt werden, bis der **Zillmersatz** erreicht ist. In diesem Fall stehen also zunächst keinerlei Prämienanteile für die Bildung einer „echten" Deckungsrückstellung zur Verfügung.

Bis 1994 war die Zillmerung der Abschlusskosten nicht auf die ausreichende Prämie, sondern auf die Versicherungssumme bezogen; höchstzulässig war dabei ein Zillmersatz von 35 ‰. Dieser Fall wird aber im Folgenden nicht näher betrachtet.

Da der Vorgang des Zillmerns die Leistung und damit auch den Leistungsbarwert der Versicherung nicht verändert, liegt es nahe, die **gezillmerte Deckungsrückstellung** zu definieren:

$$
\begin{aligned}
{}_mV_x^z &= LBW_{x+m} - P_x^Z \cdot \ddot{a}_{x+m,\overline{t-m}|} \\
&= LBW_{x+m} - NP \cdot \ddot{a}_{x+m,\overline{t-m}|} - \alpha^z \cdot t \cdot P^A \cdot \frac{\ddot{a}_{x+m,\overline{t-m}|}}{\ddot{a}_{x,\overline{t}|}} \\
&= {}_mV_x - \alpha^z \cdot t \cdot P^A \cdot \frac{\ddot{a}_{x+m,\overline{t-m}|}}{\ddot{a}_{x,\overline{t}|}}
\end{aligned}
$$

Hierbei wird in der die Nettodeckungsrückstellung beschreibenden Gleichung formal der Barwert der zukünftigen Prämien durch einen mit den gezillmerten Nettoprämien P^Z im Sinne von Abschnitt D.4.1 ermittelten Barwert ersetzt. Zu Beginn des Vertrags (m = 0) ergibt sich dementsprechend die oben bereits erwähnte Belastung

$$
{}_0V_x^z = {}_0V_x - \alpha^z \cdot t \cdot P^A \cdot \frac{\ddot{a}_{x+0,\overline{t-0}|}}{\ddot{a}_{x,\overline{t}|}} = -\,\alpha^z \cdot t \cdot P^A.
$$

Bei den **laufenden Kosten** unterstellen wir konstante Höhe. **Inkassokosten** fallen nur während der Prämienzahlungsdauer an, **Amortisations-** und **Verwaltungskosten** auch während einer evtl. von Prämienzahlungen freien Phase. Gehen wir nochmals zurück auf den Ansatz für die ausreichende Prämie P^A in Abschnitt D.4.1:

$$
P^A \cdot \ddot{a}_{x,\overline{t}|} = S \cdot A_{(x,n)} + \alpha^z \cdot t \cdot P^A + S \cdot (\alpha^\gamma + \gamma) \cdot \ddot{a}_{x,\overline{n}|} + \beta \cdot P^A \cdot \ddot{a}_{x,\overline{t}|}
$$

$A_{(x,n)}$ steht dabei allgemein für den Nettoleistungsbarwert. Statt nach P^A aufzulösen, dividieren wir durch den Prämienbarwert $\ddot{a}_{x,\overline{t}|}$ und fassen die Terme zusammen:

$$
\begin{aligned}
P_x^A &= \frac{S \cdot A_{(x,n)} + \alpha^z \cdot t \cdot P^A}{\ddot{a}_{x,\overline{t}|}} + \frac{S \cdot (\alpha^\gamma + \gamma) \cdot \ddot{a}_{x,\overline{n}|}}{\ddot{a}_{x,\overline{t}|}} + \frac{\beta \cdot P^A \cdot \ddot{a}_{x,\overline{t}|}}{\ddot{a}_{x,\overline{t}|}} \\
&= P_x^Z + \frac{S \cdot (\alpha^\gamma + \gamma) \cdot \ddot{a}_{x,\overline{n}|}}{\ddot{a}_{x,\overline{t}|}} + \beta \cdot P_x^A
\end{aligned}
$$

Gleichzeitig treten die Kosten als Bestandteil des Barwerts der Gesamtversicherungsleistung LBW^A (für: ausreichender Leistungsbarwert) in Erscheinung, die sich darstellen lässt als

$$
LBW^A = S \cdot A_{(x,n)} + S \cdot (\alpha^\gamma + \gamma) \cdot \ddot{a}_{x,\overline{n}|} + \beta \cdot P_x^A \cdot \ddot{a}_{x,\overline{t}|}\,.
$$

Bestimmt man den ausreichenden Leistungsbarwert zum Zeitpunkt (x + m), wobei der entsprechende Nettoleistungsbarwert $A_{(x+m,n-m)}$ einzusetzen ist, und bezeichnet ihn analog zum obigen Vorgehen mit LBW^A_{x+m}, so lässt sich wieder aus beiden Größen die **ausreichende Deckungsrückstellung** unter Berücksichtigung laufender Kosten kombinieren zu

$$ {}_mV_x^A = LBW_{x+m}^A - P_x^A \cdot \ddot{a}_{x+m,\overline{t-m}|} \,, $$

die im prämienpflichtigen Zustand gilt (m < t). Vielfach ist in der Literatur auch die Bezeichnung **Bruttodeckungsrückstellung** gebräuchlich. Wir sehen, dass sich der β-Kostenanteil beider Terme neutralisiert. Gilt sogar n = t, heben sich auch noch die α^γ- und γ-Kostenanteile gegenseitig auf. Es bleibt also festzuhalten:

> Stimmen Vertragsdauer und Prämienzahlungsdauer überein und werden konstante laufende Kosten erhoben, so stimmt die ausreichende Deckungsrückstellung mit der gezillmerten Deckungsrückstellung überein und kann ohne Berücksichtigung laufender Kosten aus der gezillmerten Nettoprämie berechnet werden.

Diese schöne Eigenschaft der laufenden Kosten verschwindet für n ≠ t. In der prämienpflichtigen Phase bleibt ein zu

$$ (\alpha^\gamma + \gamma) \cdot \left[\ddot{a}_{x+m,\overline{n-m}|} - \frac{\ddot{a}_{x,\overline{n}|}}{\ddot{a}_{x,\overline{t}|}} \cdot \ddot{a}_{x+m,\overline{t-m}|} \right] $$

proportionaler Kostenanteil bestehen, der sich im prämienfreien Zustand (m ≥ t) zu

$$ (\alpha^\gamma + \gamma) \cdot \ddot{a}_{x+m,\overline{n-m}|} $$

verkürzt. Wir skizzieren den Verlauf dieser **Verwaltungskostenrückstellung** in der Deckungsrückstellung am Beispiel einer 30-jährigen Versicherung (auf deren Typ es hierbei gar nicht ankommt!) mit $S \cdot (\alpha^\gamma + \gamma) = 500$ € und um zehn Jahre abgekürzter Prämienzahlung (männlicher Versicherter, DAV-Tafeln 2008 T):

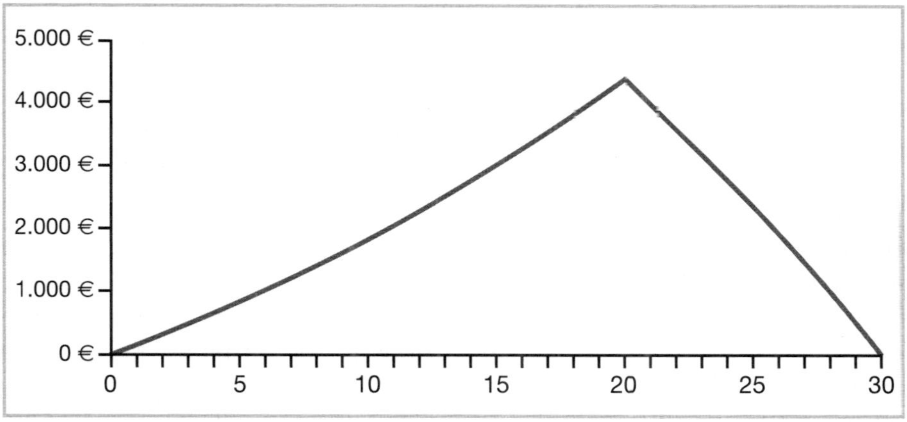

Abb. E.7: Verwaltungskostenrückstellung (kapitalbildende Lebensversicherung, $x = 35$, $n = 30$, $t = 20$, $i = 2{,}25\,\%$, $S = 100.000$ €, Sterbetafel DAV 2008 T M)

Die Verwaltungskostenrückstellung dient zur Vorfinanzierung der laufenden Kosten für die Vertragsverwaltung nach Ablauf einer abgekürzten Prämienzahlungsdauer, wenn sie nicht mehr aus den laufenden Versicherungsprämien gedeckt werden können.

Bei Berechnung der gezillmerten Nettodeckungsrückstellung wurden die einmaligen Abschlusskosten in der Prämie berücksichtigt. Im Gegensatz zu den laufenden Kosten wurden sie jedoch nicht dem Leistungsbarwert zugeschlagen. Dies reflektiert den Umstand, dass die Abschlusskosten gedanklich vor dem eigentlichen Vertragsbeginn anfallen. Die Darstellung erlaubt eine saubere Trennung von Nettodeckungsrückstellung, gezillmerten Abschlusskosten und Rückstellung für die laufenden Kosten; sie wird erkauft durch einen Störterm in der Äquivalenzgleichung, aus der sich ${}_0V_x = 0$ ergäbe.

4. Versicherungsmathematische Bilanzgleichung und Beitragszerlegung

Wir wollen die jährliche Veränderung der Deckungsrückstellung noch etwas eingehender betrachten. Dazu analysieren wir deren Entwicklung von einem Jahrestag m der Versicherung zum nächsten, dem (m + 1)-ten Jahrestag. Es erscheint sinnvoll, ähnlich zum Äquivalenzprinzip eine Form von „Kapitalerhaltungssatz" für jeden Zeitraum der Laufzeit zu fordern: Kapital kann dem Vertrag nur in Form von Prämienzahlungen und Kapitalerträgen (Verzinsung) zufließen und ihm nur in Gestalt von Todes- oder Erlebensfallleistungen oder aber Verwaltungskosten entnommen werden. Bei der versicherungsmathematischen Betrachtung ist dabei wie gewöhnlich neben der reinen finanzmathematischen Verzinsung die Sterbe- bzw. Überlebenswahrscheinlichkeit zu berücksichtigen:

Der aufgezinste Saldo aus ausreichender Deckungsrückstellung zu Jahresbeginn, ausreichender Jahresprämie und Verwaltungskostenentnahme ist gleich dem Saldo aus ausreichender Deckungsrückstellung zum Jahresende und erwarteten Leistungen.

Implizit wird dabei unterstellt, dass die Leistungen nachschüssig am Ende eines Jahres gezahlt werden; bei einer vorschüssigen Rentenzahlung ergibt sich also eine geringfügig andere Beziehung. Ein vereinfachtes Beispiel ohne Kosten für diese heuristisch formulierte Beziehung folgt unmittelbar aus dem einführenden Beispiel in Abschnitt 1 (zweijährige Risikolebensversicherung). Dort steht nach dem ersten Jahr ein Prämienüberhang, entsprechend der Nettodeckungsrückstellung, von 7,21 € zu Buche. Der neue Prämienzugang beträgt 134,29 €. Die verzinste Summe ergibt nach dem zweiten Versicherungsjahr 144,68 €, was exakt der endfälligen Todesfallleistung von $S \cdot q_{41}$ entspricht. Die Deckungsrückstellung ${}_2V_{40}$ am Ende der Laufzeit muss demnach gleich 0 sein, was auch der intuitiven Erwartung entspricht.

Wegen der verschiedenen Eintrittswahrscheinlichkeiten q_{x+m-1} bzw. p_{x+m-1} im m-ten Jahr muss allgemein zwischen Todes- und Erlebensfallleistungen T_m und E_m unterschieden werden. Fasst man zudem die laufenden Kostenzuschläge $S \cdot (\alpha^{\gamma} + \gamma) + \beta \cdot P^A$ zu einem Kostenparameter Γ_m zusammen (dies nur aus Gründen der Übersichtlichkeit), lässt sich die im obigen Kasten formulierte Saldenbeziehung direkt in eine Gleichung umschreiben:

$$({}_{m-1}V_x^A + P^A - \Gamma_m) \cdot (1 + i) = p_{x+m-1} \cdot ({}_mV_x^A + E_m) + q_{x+m-1} \cdot T_m$$

Das ist die so genannte **versicherungsmathematische Bilanzgleichung**. Zusammen mit der Anfangsbedingung

$${}_0V_x^A = -\alpha^z \cdot t \cdot P^A$$

erlaubt sie die rekursive Berechnung der Deckungsrückstellung über die gesamte Vertragslaufzeit, indem nach ${}_mV_x^A$ aufgelöst wird:

$${}_mV_x^A = \frac{(1 + i)}{p_{x+m-1}} \cdot ({}_{m-1}V_x^A + P^A - \Gamma_m) - E_m - \frac{q_{x+m-1}}{p_{x+m-1}} \cdot T_m$$

Die Leistungen T_m und E_m werden generell als zum Ende des Jahres m fällig angenommen. (Bei vorschüssigen Rentenleistungen wäre E_m in die große Klammer zu verschieben; die weitere Berechnung wäre dann leicht zu modifizieren.) Unmittelbar nach ihrer Auszahlung ist dann ${}_mV_x$ die „neue“ Deckungsrückstellung zu Beginn des

Jahres (m + 1). Alternativ erlaubt die Auflösung der Bilanzgleichung nach P^A eine andere Darstellung der ausreichenden Prämie. Dabei erhält man zunächst

$$P^A = \frac{p_{x+m-1}}{1+i} \cdot \left({}_mV_x^A + E_m + \frac{q_{x+m-1}}{p_{x+m-1}} \cdot T_m \right) - {}_{m-1}V_x^A + \Gamma_m$$

und nach Umgruppierung der Terme mithilfe von $v = (1 + i)^{-1}$:

$$P^A = v \cdot (1 - q_{x+m-1}) \cdot ({}_mV_x^A + E_m) + v \cdot q_{x+m-1} \cdot T_m - {}_{m-1}V_x^A + \Gamma_m$$

$$= v \cdot q_{x+m-1} \cdot (T_m - {}_mV_x^A - E_m) + v \cdot E_m + v \cdot {}_mV_x^A - {}_{m-1}V_x^A + \Gamma_m$$

Den Term $T_m - {}_mV_x^A - E_m$ bezeichnet man als **riskiertes Kapital**, da es sich gerade um die Differenz aus fälliger Todesfallleistung und bereits angespartem Kapital handelt. „Angespartes Kapital" ist hierbei versicherungsmathematisch zu verstehen, nicht im Sinne eines Banksparguthabens. Gewichtet mit dem Diskontierungsfaktor und der Sterblichkeit ist es gerade der zu erwartende Barwert der tatsächlichen Leistung unter Risiko. Man definiert daher die **Risikoprämie**

$$P^R := v \cdot q_{x+m-1} \cdot (T_m - {}_mV_x^A - E_m).$$

Die folgenden drei Terme $v \cdot E_m + v \cdot {}_mV_x^A - {}_{m-1}V_x^A$ lassen sich leichter interpretieren, wenn wieder mit $1/v = (1 + i)$ multipliziert wird. Denn $E_m + {}_mV_x^A - (1 + i) \cdot {}_{m-1}V_x^A$ besagt gerade, dass die Differenz aus der Summe von Deckungsrückstellung zum Jahresende und Erlebensfallauszahlung einerseits und der verzinsten Deckungsrückstellung zu Jahresbeginn andererseits aus der Jahresprämie gedeckt werden muss. Dies gibt Anlass zur Definition der **Sparprämie**

$$P^S := v \cdot (E_m + {}_mV_x^A) - {}_{m-1}V_x^A.$$

Sie beschreibt nicht nur den Prämienanteil zur Finanzierung einer Erlebensfallleistung (als Sparvorgang im engeren Sinne), sondern ebenso die Auffüllung der Deckungsrückstellung zur Vorfinanzierung von Risikoleistungen. Während der „Entsparphase", z. B. gegen Ende der Laufzeit einer Risikolebensversicherung, kann die Sparprämie auch negativ werden: Die Deckungsrückstellung wird dann zur Finanzierung der laufenden Risikoleistung sukzessiv aufgezehrt.

Der verbleibende Term schließlich wird naheliegenderweise als **Kostenprämie** bezeichnet:

$$P^K = \Gamma_m = S \cdot (\alpha_\gamma + \gamma) + \beta \cdot P^A$$

Insgesamt ergibt sich damit die vollständige **Beitragszerlegung**

$$P^A = P^R + P^S + P^K .$$

Die drei Gleichungen für die Prämienanteile P^R, P^S und P^K bleiben im prämienfreien Zustand prinzipiell gültig. Sie beziehen sich aber nun nicht auf eine laufend gezahlte „Kundenprämie", sondern auf die vorhandene Deckungsrückstellung, der sie entnommen bzw. (durch die laufende Verzinsung) zugeführt werden. Werden ${}_mV_x^A$ und P^A durch ${}_mV_x$ und NP ersetzt und die Kostenanteile außer Acht gelassen, ergeben sich analoge Nettobeziehungen, die zu einer Zerlegung $NP = P^R + P^S$ der Nettoprämie führen.

Zur Veranschaulichung der Beitragszerlegung betrachten wir wieder drei typische Prämienverläufe. Dabei wird ausgenutzt, dass die Kostenprämie zeitlich konstant ist bzw. nur am Ende der Prämienzahlungsdauer einen Sprung nach unten aufweist. Damit lässt sich die Untersuchung auf die Zillmerprämie P^Z und die gezillmerte Nettodeckungsrückstellung beschränken.

n-jährige Risikolebensversicherung:

Es ist $T_m = S$, $E_m = 0$ für alle m. Der Verlauf der (Netto-)Deckungsrückstellung ist aus Abschnitt 2 bereits bekannt. Für seinen Aufbau ist zunächst eine hohe Sparprämie erforderlich, die im Vertragsverlauf zugunsten eines wachsenden Risikoprämienanteils abnimmt. Dies zeigt folgendes Schaubild, berechnet für einen 50-Jährigen auf der Grundlage der DAV-Tafel 2008 T M mit n = t = 20 und 2,25 % Rechnungszins. Die Summe S beträgt 100.000 €, der Abschlusskostensatz α^z ist 4,0 %. Die Zillmerprämie für diesen Vertrag beträgt 1.172,62 €.

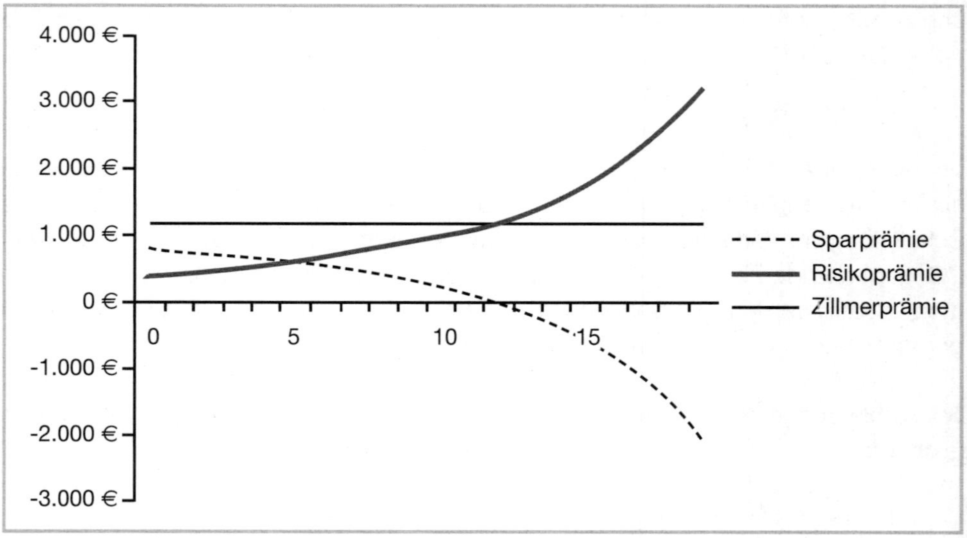

Abb. E.8: Beitragszerlegung der Risikolebensversicherung, x = 50, n = t = 20, i = 2,25 %, S = 100.000 € , Sterbetafel DAV 2008 T M

Kapitalbildende Lebensversicherung:

Der Sparanteil der Prämie ist wegen der eingeschlossenen Erlebensfallleistung bei Vertragsablauf natürlich größer als bei der Risikolebensversicherung. Die jährliche Risikoprämie ist vor allem gegen Ende der Laufzeit niedriger als bei der reinen Risikolebensversicherung, weil das Sparguthaben für die Erlebensfallleistung das riskierte Kapital reduziert. Dem folgenden Diagramm liegen die Vertragsparameter des obigen Beispiels zugrunde, woraus sich eine Zillmerprämie von 4.593,77 € ergibt:

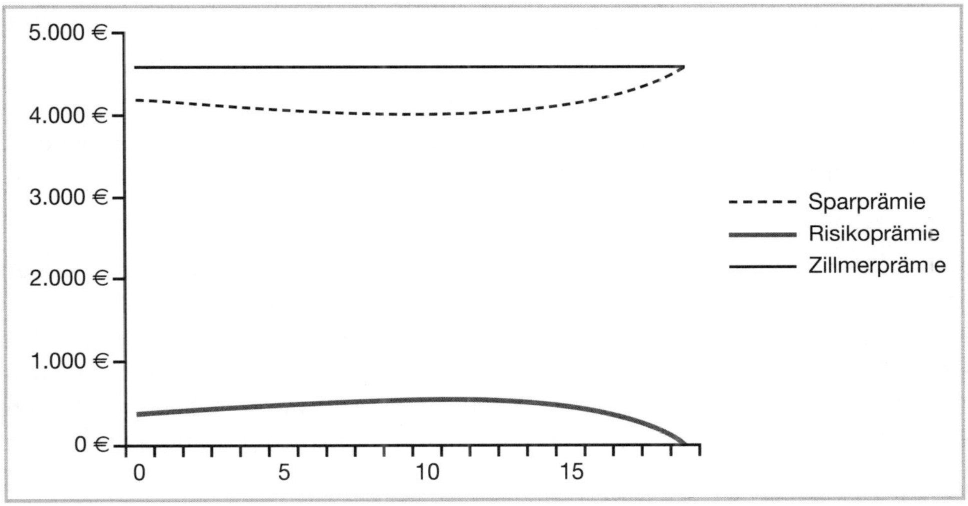

Abb. E.9: Beitragszerlegung der kapitalbildenden Lebensversicherung, x = 50, n = t = 20, i = 2,25 %, S = 100.000 €, Sterbetafel DAV 2008 T M

Aufgeschobene Leibrentenversicherung:

Die aufgeschobene Rentenversicherung beinhaltet in der Aufschubzeit eine negative (!) Risikoprämie

$$P^R = -v \cdot q_{q+m-1} \cdot {}_mV_x^A ,$$

die zum Ausdruck bringt, dass beim Tod des Versicherten die Deckungsrückstellung dem Versichertenkollektiv übertragen wird. Dieser Effekt setzt sich qualitativ auch in einer evtl. prämienfreien Phase bzw. im Rentenbezug fort. Auch hierfür geben wir zur Anschauung die Beitragszerlegung einer aufgeschobenen vorschüssigen Leibrentenversicherung (y = 45, m = t = 20, Sterbetafel DAV 2004 R F (Grundtafel ohne Altersverschiebung), Jahresrente 3.000 €, α^z = 4,0 %) mit einer Zillmerprämie von 2.772,43 €:

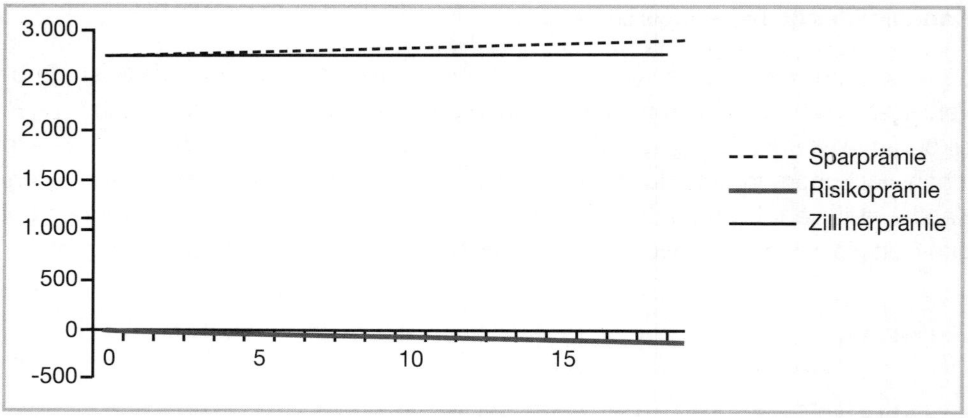

Abb. E.10: Beitragszerlegung der aufgeschobenen Rentenversicherung während der Aufschubzeit, y = 45, m = t = 20, i = 2,25 %, Jahresrente 3.000 €, Sterbetafel DAV 2004 R F (Grundtafel)

Anhand der Beispiele sollte sich der Leser nochmals Klarheit darüber verschafft haben, dass die Bezeichnungen Risikoprämie und Sparprämie nicht im anschaulichen Sinn verstanden werden dürfen. Es werden keine Prämienanteile „gespart"; es erfolgt lediglich eine Rückstellung für zukünftige Leistungen. Die Sparprämie übernimmt im Grunde die ausgleichende Funktion zwischen der aufwandsbezogenen natürlichen Prämie und der tatsächlich erhobenen konstanten Bruttoprämie.

5. Bilanzdeckungsrückstellung

Wir widmen der **Bilanzdeckungsrückstellung** wegen ihrer Bedeutung in Kapitel G über Rechnungslegung hier einen eigenen Abschnitt. Die Bilanzierung von Versicherungsbeständen erfolgt zum so genannten Bilanzstichtag, typischerweise dem 31. 12. eines Kalenderjahres. Der Jahrestag eines Versicherungsvertrags kann hingegen ein beliebiges unterjähriges Datum sein. In der Lebensversicherungsmathematik beschränkt man sich dabei traditionell auf die Monatsersten. Damit stellt sich die Frage, wie die bilanzrelevanten Deckungsrückstellungen, die bisher nur zum Jahrestag berechnet wurden, auf den mitten im Versicherungsjahr liegenden Bilanzstichtag abgebildet werden können.

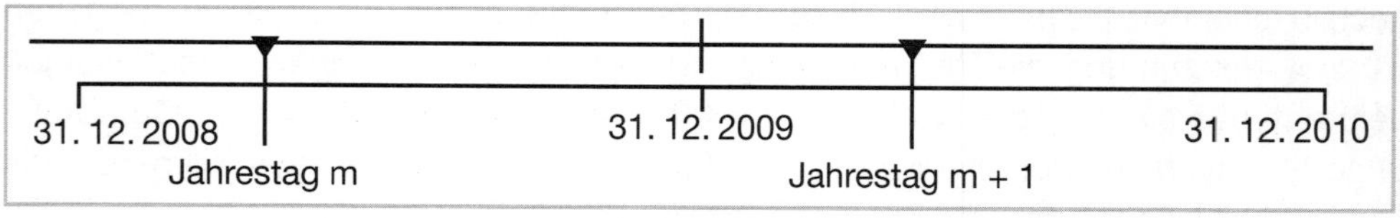

Abb. E.11: Der Bilanzstichtag im Versicherungsjahr

Prinzipiell könnte man die Bilanzdeckungsrückstellung mithilfe unterjährlich ermittelter Barwerte bestimmen. In der Praxis bedient man sich aber der bedeutend einfacher zu handhabenden **linearen Interpolation**. Fällt der Jahrestag (auch **Hauptfälligkeit** genannt) eines Vertrags auf den Ersten des Monats h ($1 \leq h \leq 12$) am Beginn des m-ten Versicherungsjahres, berechnet sich demnach die Deckungsrückstellung ${}_mV_x^B$ für den nächstfolgenden Bilanzstichtag (in der Skizze der 31. 12. 2009) als gewichtetes Mittel der Deckungsrückstellungen zum Versicherungsjahrestag m bzw. (m + 1):

$$ {}_mV_x^B := \frac{h-1}{12} \cdot {}_mV_x^A + \frac{13-h}{12} \cdot {}_{m+1}V_x^A $$

6. Besonderheiten

Durch die Zillmerung der Abschlusskosten startet ein Versicherungsvertrag üblicherweise mit einer **negativen Deckungsrückstellung**. Negative Rückstellungen sind bilanztechnisch jedoch nicht zulässig. Dieses Problem umgeht man, indem der Fehlbetrag als Forderung an den Versicherungsnehmer des Vertrags bilanziert wird. Aus geschäftspolitischer Sicht ist aber viel gravierender, dass negative Deckungsrückstellungen das Unternehmen in eine nachteilige Situation bringen: Der Kunde (Versicherungsnehmer) darf seinen Vertrag schließlich, wie in Abschnitt D.1 festgestellt, jederzeit kündigen.

Resultiert der negative Saldo aus Zahlungen an den Vermittler für Abschlussprovisionen bzw. -courtagen, behilft man sich normalerweise durch so genannte **Haftungsregelungen**. Solange die dem Vertrag belasteten Zillmerkosten durch die laufenden Kundenprämien noch nicht gedeckt sind, wird der Vermittler dazu verpflichtet, bei Vertragskündigung durch den Versicherungsnehmer diese ungetilgten Kosten als **unverdiente Provision** dem Unternehmen zurückzuzahlen **(Provisionshaftung)**.

Kritischer sind Vertragszustände, bei denen der Leistungsverlauf selbst zu negativer Deckungsrückstellung führt, ohne dass ein Anspruch gegen den Vermittler oder Kunden geltend gemacht werden kann. Erfolgt zu einem solchen Zeitpunkt ein Vertragsstorno (Kündigung), endet das Vertragsverhältnis für den Versicherer mit einem Verlust in Höhe der negativen Deckungsrückstellung. In den bisherigen Beispielen trat dies nicht auf. Daher betrachten wir auf den folgenden Seiten einige Tarifkonstruktionen, die eine solche Konstellation zulassen.

6.1 Fallende Risikolebensversicherung

In vielen Fällen dienen Risikolebensversicherungen dem Schutz anderer Verbindlichkeiten. Ein Hauseigentümer möchte z. B. ein Bankdarlehen für den Fall seines Todes absichern, um den Hinterbliebenen eine Zwangsversteigerung der Immobilie zu ersparen. Durch die laufenden Tilgungsleistungen sinkt das Darlehen mit der Zeit, sodass keine Risikolebensversicherung über die ursprüngliche Darlehenssumme benötigt wird, sondern eine Absicherung in Gestalt einer im Laufe der Zeit **fallenden Risikolebensversicherung**. Legt man eine jährlich linear um den n-ten Teil des anfänglichen Darlehens fallende Versicherungssumme zugrunde, berechnet sich die konstante Jahresprämie mit der allgemeinen Formel für die ausreichende Prämie. Es fehlt nur noch die Bestimmung des Leistungsbarwerts.

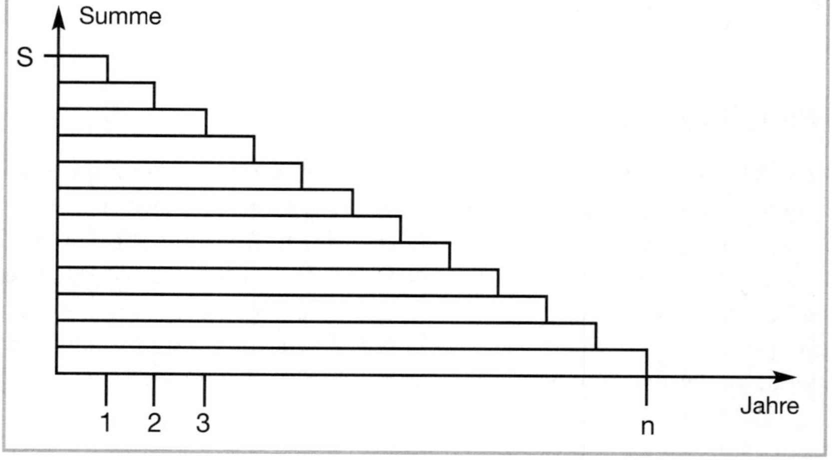

Abb. E.12: Summenverlauf der linear fallenden Risikolebensversicherung

Die Skizze suggeriert, diese Versicherung (mit linear fallender Leistung) aus konstanten Risikolebensversicherungen unterschiedlicher Laufzeit mit Summe S/n zusammenzusetzen. Der Leistungsbarwert ergibt sich dann zu

$$
\begin{aligned}
LBW &= \frac{S}{n} \cdot \left({}_{|1}A_x + {}_{|2}A_x + {}_{|3}A_x + \ldots + {}_{|n}A_x\right) \\
&= \frac{S}{n} \cdot \left(\frac{M_x - M_{x+1}}{D_x} + \frac{M_x - M_{x+2}}{D_x} + \frac{M_x - M_{x+3}}{D_x} + \ldots + \frac{M_x - M_{x+n}}{D_x}\right) \\
&= \frac{S}{n \cdot D_x} \cdot \left(n \cdot M_x - \sum_{k=1}^{n} M_{x+k}\right).
\end{aligned}
$$

Wir betrachten eine Vertragskonstellation für einen männlichen Versicherungsnehmer mit Eintrittsalter x = 45 und Laufzeit n = 15 zur Anfangssumme S = 150.000 € und 2,25 % Rechnungszins auf Basis der Tafeln DAV 2008 T. Wird t = n gewählt, so ist die Nettodeckungsrückstellung während der Vertragslaufzeit durchgehend negativ (mit maximalem Fehlbetrag von 513 € im elften Versicherungsjahr, siehe Abbildung E.13). Der Grund liegt darin, dass die Versicherungssumme in stärkerem Maße fällt, als die Sterblichkeit zunimmt. Dadurch besteht am Anfang ein relativ hoher Risikobedarf, der durch den Risikoprämienanteil nicht vollständig gedeckt werden kann. Der Effekt schwächt sich bei längeren Laufzeiten ab, tritt aber gegen Vertragsende weiterhin auf, wie das abgewandelte Beispiel mit x = t = n = 30 Jahre zeigt (siehe Abbildung E.14).

Negative Deckungsrückstellungen lassen sich vermeiden, indem die Prämienzahlungsdauer verkürzt wird. Dazu wurden in Abbildung E.13 auch die Kurven für t = 12 und t = 15 bzw. in Abbildung E.14 für t = 28 und t = 29 aufgenommen. Der Vergleich mit den ebenfalls aufgelisteten Prämien zeigt, dass der Negativsaldo eine Jahresnettoprämie deutlich übersteigen kann.

Jahresnettoprämien bei fallender Risikolebensversicherung						
x/n	45/15			30/30		
n = t	12	14	15	28	29	30
NP	395,18	347,62	328,73	145,17	141,77	138,63

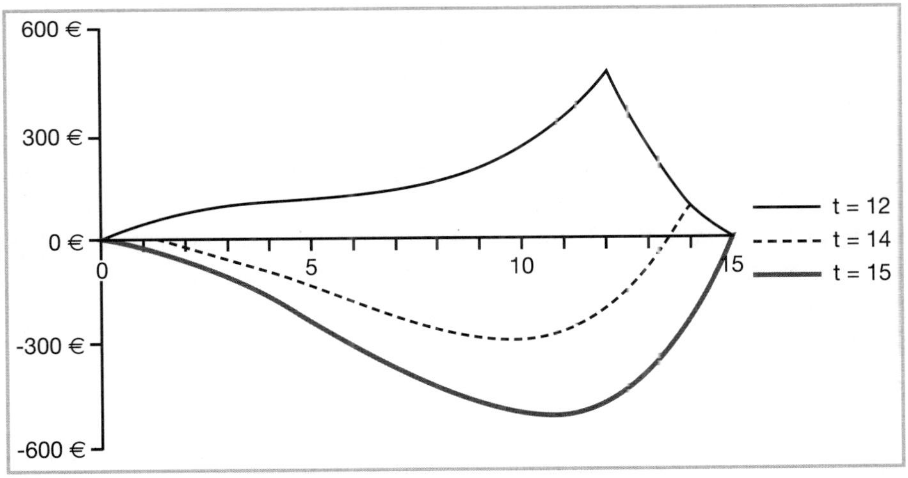

Abb. E.13: Nettodeckungsrückstellungen bei fallender Risikolebensversicherung, x = 45, n = 15 für verschiedene Prämienzahlungsdauern t

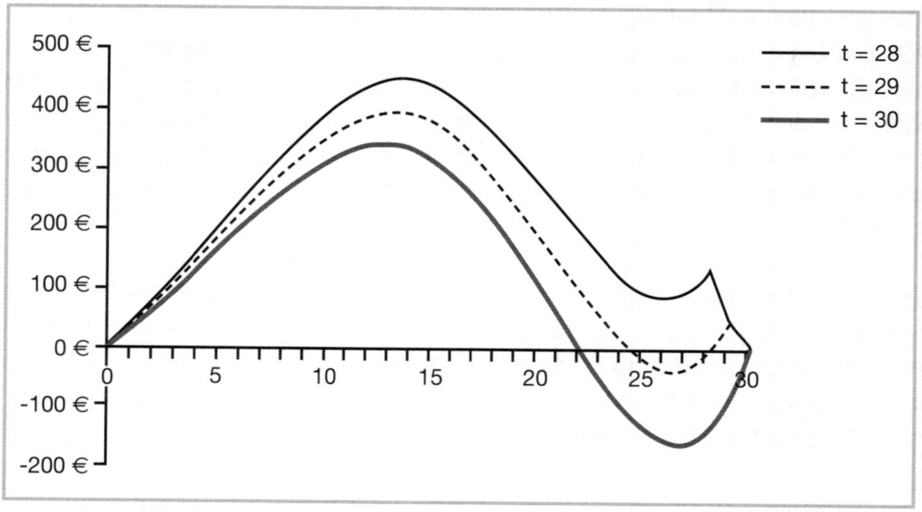

Abb. E.14: Nettodeckungsrückstellungen bei fallender Risikolebensversicherung, x = 30, n = 30 bei verschiedenen Prämienzahlungsdauern t

In der Praxis werden derartige Tarife daher mit in der Regel auf zwei Drittel der Laufzeit verkürzter Prämienzahlungsdauer angeboten. Dies führt zu höheren Jahresnettoprämien, durch die zu Beginn eine ausreichend hohe Deckungsrückstellung aufgebaut wird, die während der gesamten Vertragslaufzeit positiv bleibt.

6.2 Teilauszahlungstarife

Bei dieser Tarifgattung handelt es sich um eine Variante der **kapitalbildenden Lebensversicherung**. Sie setzt sich zusammen aus einer Todesfallversicherung mit über die Laufzeit konstanter Summe S und über die Laufzeit verteilten Erlebensfallzahlungen, die sich ebenfalls zur Summe S addieren. Da durch die vorgezogenen Teilauszahlungstermine der Barwert der Erlebensfallleistungen größer ist als bei der (endfälligen) kapitalbildenden Lebensversicherung, ist die Prämie des Teilauszahlungstarifs dementsprechend höher.

Die Teilauszahlungen führen zu einer ihrer Höhe entsprechenden Reduzierung der Deckungsrückstellung. Folglich muss sichergestellt sein, dass diese bereits eine ausreichende Höhe erreicht hat. Dass nicht mit beliebigen Kombinationen gearbeitet werden kann, folgt schon aus dem Extremfall, bei dem man sofort zu Vertragsbeginn eine Teilauszahlung vorsieht. Auch harmloser erscheinende Konstruktionen können allerdings zu unerwünschtem Absinken der Nettodeckungsrückstellung unter die Nulllinie führen, wie folgendes Beispiel zeigt:

Unser 35-jähriger Standardmann schließe eine Versicherung mit einer Laufzeit und Prämienzahlungsdauer von 30 Jahren ab. Die Todesfallsumme betrage konstant 100.000 €, die Erlebensfallleistungen 50.000 € nach 12 Jahren, 10.000 € nach 18 Jahren und jeweils 20.000 € nach 24 bzw. 30 Jahren. Der Rechnungszins betrage 2,25 % in Verbindung mit den üblichen Sterbetafeln DAV 2008 T. Der Leistungsbarwert errechnet sich nach der Formel

$$A^{MA}_{35,\overline{30|}} = 100.000 \cdot \left(\frac{M_{35} - M_{65}}{D_{35}} + \frac{0,5 \cdot D_{47} + 0,1 \cdot D_{53} + 0,2 \cdot D_{59} + 0,2 \cdot D_{65}}{D_{35}} \right)$$

$$= 72.689,60\ €$$

aus der Summe einer Risikolebens- und vierer reiner Erlebensfallversicherungen, die Nettoprämie beträgt NP = LBW/$\ddot{a}_{35,\overline{30|}}$ = 3.396,96 €. Nach der ersten Teilauszahlung und vor Zahlung der Jahresprämie für das 13. Versicherungsjahr beträgt dann die Nettodeckungsrückstellung –4.225,84 €. Abhilfe ermöglicht auch in diesem Fall eine Verkürzung der Prämienzahlungsdauer: Sie bewirkt, dass in den frühen Vertragsjahren höhere Sparprämien zum Aufbau der Deckungsrückstellung zur Verfügung stehen.

6.3 Profit Testing

Selbstverständlich ist die Deckungsrückstellung beim Beispiel des Mehrfachauszahlertarifs auch zu den anderen Auszahlungszeitpunkten zu überprüfen. Generell muss bei Einbeziehung von Provisionen, allen Kosten, den gewährten Rückkaufswerten und Überschüssen zu jedem Zeitpunkt die Verlustfreiheit des Geschäfts auch unter ungünstigen Annahmen wie Kündigungsfällen sichergestellt werden – auf einzelvertraglicher Ebene ebenso wie für Gesamtversicherungsbestand und Teilbestände. Die Verletzung dieses Grundsatzes haben bis in die 90er-Jahre hinein einige Versicherer mit Verlusten bezahlen müssen, indem durch gezielte Wahl des Stornozeitpunkts Verträge mit negativer Deckungsrückstellung gekündigt wurden. Es handelte sich um Tarife, bei denen nach Ablauf der **Provisionshaftung** des Vermittlers die Rückstellung infolge der Zillmerung immer noch kleiner als 0 war. Um derartigen Phänomenen vorzubeugen, wurden Instrumente entwickelt, die die Simulation der zeitlichen Ertragsentwicklung von Versicherungstarifen **(Profit Testing)** ermöglichen. Auf die beim Profit Testing anzuwendenden Verfahren wird in Kapitel G noch eingegangen.

7. Vertragsänderungen

Die lange Laufzeit gerade kapitalbildender Versicherungen steht in gewissem Kontrast zu den Unwägbarkeiten menschlicher Lebensführung. Daraus ergibt sich seitens der Versicherungsnehmer vielfach der Wunsch, das bestehende Vertragsverhältnis zu verändern oder ganz zu beenden. Der Gesetzgeber hat zwei mögliche Vertragsänderungen ausdrücklich vorgesehen, nämlich die **Aufhebung des Versicherungsvertrags (Rückkauf)** und die **Umwandlung in eine prämienfreie Versicherung (Prämienfreistellung)**, und dafür Spielregeln festgesetzt. Daneben gibt es Vertragsänderungen, deren Durchführung das Versicherungsunternehmen flexibler handhaben darf, sofern das Verfahren versicherungsmathematisch begründbar ist. Für diese Verfahren stellen wir vier Grundtypen vor.

Allgemeine Vertragsänderungen beanspruchen einen wesentlichen Teil der Arbeitskraft eines Versicherers, was weniger der komplexen Mathematik, sondern vielmehr den vielfältigen Anforderungen an zeitgemäße EDV-Unterstützung zu verdanken ist. Eine umfassende Darstellung zu diesem Themengebiet gibt es nach Kenntnis der Autoren in der Literatur bisher nicht. Auch dieses Buch ist bezüglich der Vertragsänderungen nur – was es bereits im Titel von sich behauptet – eine Einführung.

7.1 Rückkauf

Die außerplanmäßige Beendigung **(„Rückkauf")** des Versicherungsverhältnisses kann vom Versicherer wie auch vom Versicherungsnehmer ausgehen. Unternehmen kündigen in der Regel dann, wenn der Kunde die Einlöseprämien nicht zahlt. In diesem Fall hat kein Austausch geldwerter Leistungen stattgefunden; man spricht deshalb auch von **Nichteinlösung**. Der Vertrag kann außerdem gegenüber dem Kunden auf dem Wege der **Anfechtung** beendet werden. In der Regel geschieht dies dann, wenn der Versicherer einen Leistungsfall regulieren soll und die Verletzung von Pflichten auf Kundenseite moniert, weil beispielsweise beim Vertragsabschluss einer Risikolebensversicherung Vorerkrankungen nicht gemeldet wurden. Die Situationen, in denen das Versicherungsunternehmen den Vertrag auf dem Wege einseitiger Willenserklärung beenden darf, stehen generell im Zusammenhang mit rückständiger Prämienzahlung oder (vor-)vertraglichen Obliegenheitsverletzungen und sind in den §§ 37 und 38 bzw. §§ 19 und 39 VVG beschrieben.

Häufiger möchte der Versicherungsnehmer von sich aus den Vertrag beenden. Auch er kann dies vor der Zahlung von ersten Prämien tun oder solange er die relevanten Vertragsunterlagen (Police bzw. Versicherungsschein, allgemeine Vertragsbedingungen) vom Versicherer noch nicht erhalten hat. In diesem Fall spricht man vom **Rücktritt** vom Vertrag. Nach Zugang des Versicherungsscheins kann er zudem innerhalb von 30 Tagen seine Vertragserklärung **widerrufen** (§ 152 VVG). Schließlich kann er die **Kündigung** eines Vertrages verlangen, für den er bereits Prämien gezahlt hat. § 168 VVG sieht zur Vertragskündigung durch den Versicherungsnehmer Folgendes vor:

> *(1) Sind laufende Prämien zu zahlen, kann der Versicherungsnehmer das Versicherungsverhältnis für den Schluss der laufenden Versicherungsperiode kündigen.*

(2) Bei einer Versicherung, die Versicherungsschutz für ein Risiko bietet, bei dem der Eintritt der Verpflichtung des Versicherers gewiss ist, steht das Kündigungsrecht dem Versicherungsnehmer auch dann zu, wenn die Prämie in einer einmaligen Zahlung besteht.

(3) Die Absätze 1 und 2 sind nicht auf einen für die Altersvorsorge bestimmten Versicherungsvertrag anzuwenden, bei dem der Versicherungsnehmer mit dem Versicherer eine Verwertung vor dem Eintritt in den Ruhestand ausgeschlossen hat; der Wert der vom Ausschluss der Verwertbarkeit betroffenen Ansprüche darf die in § 12 Abs. 2 Nr. 3 des Zweiten Buches Sozialgesetzbuch bestimmten Beträge nicht übersteigen. (...)

Absatz 1 besagt, dass eine rückwirkende Kündigung für Perioden in der Vergangenheit nicht möglich ist, da hier der Versicherungsschutz bereits wirksam war, der bereits erfolgten Prämienzahlung also eine schon erbrachte Schutzleistung des Versicherers gegenübersteht. Absatz 2 bezieht sich auf bestimmte Versicherungen gegen Einmalbeitrag wie z. B. die kapitalbildende Lebensversicherung oder die lebenslange Todesfallversicherung, nicht aber eine aufgeschobene Rentenversicherung ohne Todesfallschutz (keine Leistung bei Tod der versicherten Person in der Aufschubzeit) oder die abgekürzte Risikolebensversicherung (keine Leistung bei Erleben des Vertragsablaufs). Durch Absatz 3 wird sichergestellt, dass Altersvorsorgeverträge mit einem Pfändungsschutz sozusagen aus Symmetriegründen auch seitens des Versicherungsnehmers nicht vorzeitig in Anspruch genommen werden können; das Sozialgesetzbuch definiert hierbei Obergrenzen für die Prämien, die in solche Verträge eingezahlt werden dürfen.

Bei der Kündigung hat der Versicherungsnehmer üblicherweise einen Anspruch auf die Auszahlung des **Rückkaufswertes (RKW)**, der sich vor allem aufgrund des Vorhandenseins unverbrauchter Prämienanteile ergibt, beispielsweise infolge der schon gezahlten Sparbeiträge im Sinne der Beitragszerlegung. Zur Festlegung des Rückkaufswertes gelten für Verträge, die nach dem 1. Januar 2008 abgeschlossen worden sind, die Regelungen des § 169 VVG. Auf ältere Verträge findet im Grundsatz § 176 des alten VVG Anwendung, auf den wir hier allerdings nicht eingehen, da dessen Handhabung aufgrund diverser Urteile des Bundesgerichtshofs in den Jahren 2001, 2005 und 2009 in großen Teilen im Sinne der für das neue VVG entwickelten Vorschriften modifiziert wurde.

Der aktuelle § 169 VVG lautet nun wie folgt:

(1) Wird eine Versicherung, die Versicherungsschutz für ein Risiko bietet, bei dem der Eintritt der Verpflichtung des Versicherers gewiss ist, durch Kündigung des Versicherungsnehmers oder durch Rücktritt oder Anfechtung des Versicherers aufgehoben, hat der Versicherer den Rückkaufswert zu zahlen.

(2) Der Rückkaufswert ist nur insoweit zu zahlen, als dieser die Leistung bei einem Versicherungsfall zum Zeitpunkt der Kündigung nicht übersteigt. Der danach nicht gezahlte Teil des Rückkaufswertes ist für eine prämienfreie Versicherung zu verwenden. Im Fall des Rücktritts oder der Anfechtung ist der volle Rückkaufswert zu zahlen.

(3) Der Rückkaufswert ist das nach anerkannten Regeln der Versicherungsmathematik mit den Rechnungsgrundlagen der Prämienkalkulation zum Schluss der laufenden Versicherungsperiode berechnete Deckungskapital der Versicherung, bei einer Kündigung des Versicherungsverhältnisses jedoch mindestens der Betrag des Deckungskapitals, das sich bei gleichmäßiger Verteilung der angesetzten Abschluss- und Vertriebskosten auf die ersten fünf Vertragsjahre ergibt; die aufsichtsrechtlichen Regelungen über Höchstzillmersätze bleiben unberührt. Der Rückkaufswert und das Ausmaß, in dem er garantiert ist, sind dem Versicherungsnehmer vor Abgabe von dessen Vertragserklärung mitzuteilen (...).

(4) Bei fondsgebundenen Versicherungen und anderen Versicherungen, die Leistungen der in § 54b des Versicherungsaufsichtsgesetzes bezeichneten Art vorsehen, ist der Rückkaufswert nach anerkannten Regeln der Versicherungsmathematik als Zeitwert der Versicherung zu berechnen, soweit nicht der Versicherer eine bestimmte Leistung garantiert; im Übrigen gilt Absatz 3. Die Grundsätze der Berechnung sind im Vertrag anzugeben.

(5) Der Versicherer ist zu einem Abzug von dem nach Absatz 3 oder 4 berechneten Betrag nur berechtigt, wenn er vereinbart, beziffert und angemessen ist. Die Vereinbarung eines Abzugs für noch nicht getilgte Abschluss- und Vertriebskosten ist unwirksam.

(6) Der Versicherer kann den nach Absatz 3 berechneten Betrag angemessen herabsetzen, soweit dies erforderlich ist, um eine Gefährdung der Belange der Versicherungsnehmer, insbesondere durch eine Gefährdung der dauernden Erfüllbarkeit der sich aus den Versicherungsverträgen ergebenden Verpflichtungen, auszuschließen. Die Herabsetzung ist jeweils auf ein Jahr befristet.

(7) Der Versicherer hat dem Versicherungsnehmer zusätzlich zu dem nach den Absätzen 3 bis 6 berechneten Betrag die diesem bereits zugeteilten Überschussanteile, soweit sie nicht bereits in dem Betrag nach den Absätzen 3 bis 6 enthalten sind, sowie den nach den jeweiligen Allgemeinen Versicherungsbedingungen für den Fall der Kündigung vorgesehenen Schlussüberschussanteil zu zahlen (...).

Absatz 1 legt analog zu § 168 (2) VVG fest, für welche Art von Versicherungsverträgen unter welchen Voraussetzungen ein Rückkaufswert zu zahlen ist; in Absatz 2 wird dieser für so genannte **Teilrückkäufe** begrenzt (vgl. hierzu die Erläuterungen am Schluss dieses Abschnitts).

Im weiteren Verlauf legt § 169 VVG zwei unterschiedliche Ansätze zur Berechnung des Rückkaufswertes fest. Der **Zeitwert** einer Versicherung ergibt sich generell als am Markt für entsprechende Produkte erzielbarer Preis und bezieht sich in Absatz 4 auf geldwerte Vertragsgrößen, die im Zeitablauf unvorhersehbar schwanken können. Dazu gehören beispielsweise Aktien- oder Fondsinvestments, deren Wert von der Nachfrage an den Finanzmärkten abhängt. Somit betrifft dieser Absatz fondsgebundene und vergleichbare Versicherungen, die § 54b VAG näher klassifiziert. Da der Versicherer keine bestimmte Leistung garantiert, liegt das Ertragsrisiko bei derartigen Policen beim Versicherungsnehmer, was sich in der zeitwertbedingten Schwankungsmöglichkeit des Rückkaufswertes äußert.

Der zweite und heute wichtigere Ansatz ist in Absatz 3 beschrieben. Demnach ist das **Deckungskapital** zugrunde zu legen, das sich nach einem prospektiven Verfahren berechnet (siehe Abschnitt 1 dieses Kapitels), und zwar zu den gleichen Rechnungsgrundlagen, die bei der Prämienberechnung zur Anwendung kommen. Bis 1994 war der Rückkaufswert im Wesentlichen identisch mit dem gezillmerten Deckungskapital. Seither ist dieses zwar bei deutschen Lebensversicherungsverträgen immer noch eine wichtige Rechengröße, findet aber vor allem bei der bilanziellen Deckungsrückstellung nach § 341f HGB im Zusammenhang mit § 4 DeckRV (siehe Abschnitt 2 dieses Kapitels sowie Kapitel G) Anwendung. Ein rechtlicher Zusammenhang mit dem Rückkaufswert besteht dagegen nicht mehr.

Im Kündigungsfall, und zwar sowohl bei Kündigung durch den Versicherungsnehmer als auch bei Kündigung durch das Versicherungsunternehmen, wird in Absatz 3 zudem eine Untergrenze **(Mindestrückkaufswert)** festgelegt. Die rechnungsmäßigen Abschluss- und Vertriebskosten müssen dann auf die ersten fünf Vertragsjahre verteilt werden, wobei auch hier die Höchstzillmersätze gemäß Deckungsrückstellungsverordnung greifen. Diese Regelung greift einerseits höchstrichterliche Entscheidungen zur Rückkaufswertproblematik auf, orientiert sich andererseits an den Festlegungen für so genannte **Riester-Renten**. Bei diesen der privaten Altersvorsorge dienenden **staatlich geförderten** Sparprodukten wurde die Möglichkeit, die ersten Beitragszahlungen weitgehend zur Finanzierung von Abschlusskosten zu verwenden, durch eine entsprechende Vorschrift begrenzt. Gegenüber einer gezillmerten Deckungsrückstellung ergeben sich durch die Verteilung der Abschlusskosten in den ersten Vertragsjahren zumeist höhere Rückkaufswerte als nach dem alten VVG.

Darüber hinaus sind die Unternehmen nach Absatz 5 berechtigt, einen **Stornoabschlag** einzubehalten, für den folgende versicherungsmathematische Gründe sprechen:

- Bei Verkleinerung des Bestandes durch Stornobewegungen erhöht sich das statistische Risiko (Schwankung) für den Restbestand; außerdem sind die Fixkosten der Bestandsverwaltung nun auf weniger Verträge umzulegen.
- Eventuell muss das Unternehmen langfristig gebundene Kapitalanlagen auflösen und realisiert dabei Kursverluste. Werden Rückkäufe aus liquiden Mitteln bestritten, handelt es sich auch dabei um Geld, das nicht langfristig angelegt sein kann und deshalb niedrigere Kapitalerträge liefert.
- Es gibt bei Kündigungen ein Übergewicht von Verträgen, bei denen der Eintritt des Versicherungsfalls weniger wahrscheinlich ist. Gehen diese systematisch aus dem Bestand, bleiben tendenziell schlechtere und damit teurere Risiken übrig. Diesen Effekt nennt man **Gegenauslese** oder **Antiselektion**.

Die nach altem Vertragsrecht noch zulässige Begründung von Stornoabschlägen mit noch nicht vollständig getilgten Amortisationskosten (α^{γ}-Kosten) ist nach Absatz 5 nunmehr ausdrücklich unwirksam.

Eine übliche Bemessungsgröße für den Stornoabschlag ist z. B. bei Produkten, bei denen der Todesfallcharakter überwiegt, das riskierte Kapital (siehe Abschnitt 4). Der Rückkaufswert RKW_m im m-ten Versicherungsjahr errechnet sich aus der Deckungsrückstellung mithilfe des Stornoabschlags STO_m und eines prozentualen Stornofaktors sfak(m) gemäß

$$RKW_m := {}_mV_x - STO_m = (1 - \text{sfak}(m)) \cdot {}_mV_x \,.$$

Neuere Diskussionen heben darauf ab, dass Lebensversicherungsprodukte (z. B. aufgeschobene Rentenversicherungen gegen Einmalprämie) auch zum Zweck der Renditespekulation gekauft werden, um Zinstiefs an den Kapitalmärkten zu überbrücken. Ziehen dort die Kapitalanlagerenditen an, werden solche Verträge verstärkt gekündigt. Vor allem im Hinblick auf die Beteiligung an Überschüssen wird deshalb die Idee eines laufzeitabhängigen Stornofaktors ins Spiel gebracht, der sich vornehmlich gegen die üblicherweise eher kurzfristige Spekulation richtet (vgl. HANUS).

Eine wesentliche Neuerung ergab sich im neuen VVG durch die Forderung, Rückkaufswerte und Stornoabschläge nicht nur klar und unmissverständlich zu vereinbaren und dem Kunden schon bei Vertragsabschluss deren Berechnungsgrundlagen zu erläutern, sondern auch der Höhe nach zu beziffern. Dies geschieht üblicherweise in Form von Tabellen, in denen die Rückkaufswerte für jedes Jahr der vereinbarten Vertragsdauer angegeben werden. Durch diese eindeutige Benennung der Rückkaufswerte sind diese bis auf den Vorbehalt in Absatz 6 garantiert. Dieser Vorbehalt ermöglicht Versicherern im Falle gravierender Schieflage, beispielsweise einer drohenden Insolvenz, die ausgewiesenen Rückkaufswerte herabzusetzen, allerdings nur für die Dauer eines Jahres.

Durch die vorsichtige Kalkulation der Prämien entstehen im Vertragsverlauf normalerweise **Überschüsse**, die den Versicherern nach definierten Regeln zugeteilt werden müssen. Gemäß Absatz 7 müssen auch diese zuzüglich zum Rückkaufswert ausgezahlt werden, sofern sie nicht schon durch eine besondere Art der Überschussverwendung in diesem berücksichtigt werden. Ausführlich wird das Thema Überschüsse in Kapitel F behandelt.

Eine Spezialität sind aufgeschobene Rentenversicherungen mit eingeschlossener Todesfallleistung in Form einer Prämienrückgewähr. Die Todesfallleistung wächst während der Prämienzahlungsdauer linear mit den unverzinsten Prämienzahlungen an, die Deckungsrückstellung ist zunächst gering, steigt aber durch Verzinsung progressiv an und übersteigt irgendwann im Vertragsverlauf die Todesfallleistung. Eine Kündigung in dieser zweiten Vertragsphase führt zu dem weiter oben angesprochenen Teilrückkauf: Bis zur Höhe der Prämienrückgewährleistung wird der berechnete Rückkaufswert ausgezahlt, der überschießende Betrag wird in eine **prämienfreie Restrente** umgewandelt, die bis zum regulären Vertragsende (ohne Todesfallschutz) bestehen bleibt. Diese Teilrückkaufsregelung soll Effekten der Gegenauslese vorbeugen und gilt daher nicht in Fällen, in denen das Interesse an der Vertragsbeendigung vom Versicherer ausgeht.

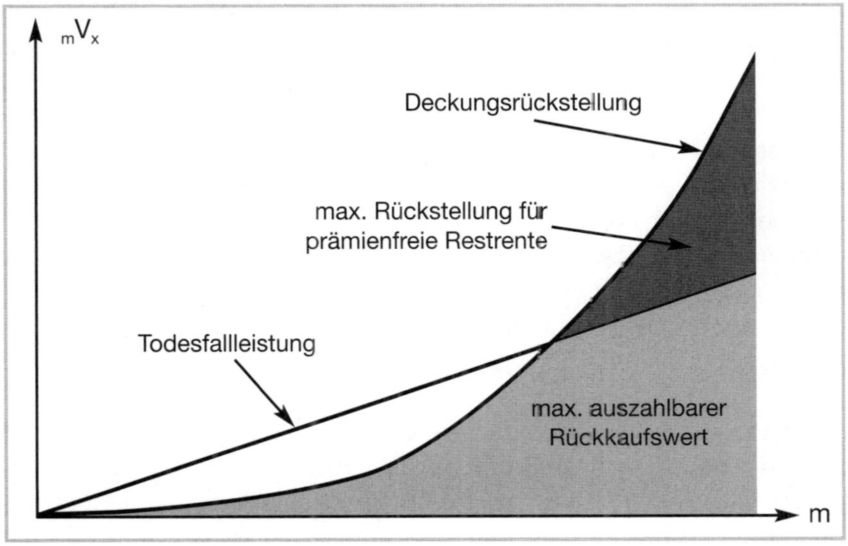

Abb. E.15: Teilrückkauf bei aufgeschobenen Rentenversicherungen

7.2 Prämienfreistellung

Der Versicherungsnehmer darf jederzeit die **Umwandlung in eine prämienfreie Versicherung** (in der Literatur auch häufig **beitragsfreie Versicherung** genannt) verlangen. Hierzu legt § 165 VVG in weitgehender Analogie zum alten Vertragsrecht fest:

> *(1) Der Versicherungsnehmer kann jederzeit für den Schluss der laufenden Versicherungsperiode die Umwandlung der Versicherung in eine prämienfreie Versicherung verlangen, sofern die dafür vereinbarte Mindestleistung erreicht wird. Wird diese nicht erreicht, hat der Versicherer den auf die Versicherung entfallenden Rückkaufswert einschließlich der Überschussanteile nach § 169 zu zahlen.*
>
> *(2) Die prämienfreie Leistung ist nach anerkannten Regeln der Versicherungsmathematik mit den Rechnungsgrundlagen der Prämienkalkulation unter Zugrundelegung des Rückkaufswertes nach § 169 Abs. 3 bis 5 zu berechnen und im Vertrag für jedes Versicherungsjahr anzugeben.*
>
> *(3) Die prämienfreie Leistung ist für den Schluss der laufenden Versicherungsperiode unter Berücksichtigung von Prämienrückständen zu berechnen. Die Ansprüche des Versicherungsnehmers aus der Überschussbeteiligung bleiben unberührt.*

Für die verwendeten Rückkaufswerte gilt das schon in Abschnitt 7.1 Gesagte, die dort diskutierten Grundsätze zur Berücksichtigung von Stornoabschlägen gelten demnach auch bei Prämienfreistellungen. Nach Absatz 1 darf der Versicherer für die prämienfreie Leistung eine **Bagatellgrenze** festlegen, bei deren Unterschreitung der Rückkaufswert ausgezahlt und der Vertrag nicht fortgeführt wird. Dies trägt dem betriebswirtschaftlichen Umstand Rechnung, dass bei sehr kleinvolumigen Verträgen das vorhandene Kapital vorwiegend durch laufende Verwaltungskosten aufgezehrt würde.

Absatz 2 besagt, dass die prämienfreie Leistung nicht z. B. mit einem niedrigeren Rechnungszins kalkuliert werden darf als die ursprüngliche Versicherungsleistung. Sie fiele ja sonst durch die je Normleistung höhere erforderliche Deckungsrückstellung niedriger aus. Die vorgeschriebene Bezifferung der prämienfreien Leistung bei Vertragsabschluss für jedes Versicherungsjahr dient wiederum der Transparenz beim Kunden. Sie bezieht sich naturgemäß nur auf die garantierten Leistungen, da die Höhe der Überschüsse bei Vertragsabschluss nicht vorhersehbar ist.

Dieser Rahmen legt folgendes Verfahren zur Prämienfreistellung m Jahre nach Vertragsabschluss nahe: Der nach Stornoabzug verbleibende Rückkaufswert steht als Einmalprämie für eine Versicherung des ursprünglichen Typs zur Verfügung, deren Leistungsbarwert, ähnlich wie bei der Berechnung der Deckungsrückstellung, mit dem aktuellen Alter $(x + m)$ des Versicherten und für die verbleibende Laufzeit von (n – m) Jahren zu bestimmen ist. Für die laufenden Verwaltungskosten ist dabei ebenfalls eine Rückstellung zu bilden.

Zur Demonstration greifen wir auf das Beispiel der kapitalbildenden Lebensversicherung aus Abschnitt D.4 zurück (35-jähriger Mann, Laufzeit und Prämienzahlungsdauer 30 Jahre, Versicherungssumme S = 100.000 €, Sterbetafeln DAV 2008 T, Rechnungszins 2,25 %, Jahresnettoprämie 2.472,76 €). Bei α^z-Kosten von 4,0 % und γ-Kosten von 2,0 ‰ wurde dort eine Zillmerprämie von 2.619,67 € errechnet. Die gezillmerte Nettodeckungsrückstellung beträgt nach 20 Jahren

$$ {}_{20}V_{35}^{Z} = S \cdot A_{55,\overline{10}|} - P^{Z} \cdot \ddot{a}_{55,\overline{10}|} $$

$$ = 100.000 \cdot \frac{M_{55} - M_{65} + D_{65}}{D_{55}} - 2.619,67 \cdot \frac{N_{55} - N_{65}}{D_{55}} $$

$$ = \frac{100.000 \cdot 219.680,46 - 2.619,67 \cdot 2.377.479,62}{271.996,63} = 57.867,79 \text{ €}. $$

Bei einem Stornoabschlag von 5 % des riskierten Kapitals steht ein Rückkaufswert

$$ RKW_{20} = {}_{20}V_{35}^{Z} - 0,05 \cdot (S - {}_{20}V_{35}^{Z}) = 55.761,17 \text{ €} $$

zur Verfügung. Der Leistungsbarwert zur gesuchten prämienfreien Versicherungsleistung S^{pfr} beträgt demgegenüber

$$ S^{pfr} (A_{55,\overline{10}|} + \gamma \cdot \ddot{a}_{55,\overline{10}|}) = S^{pfr} \cdot 0,825140. $$

Daraus ergibt sich wegen $S^{pfr} = RKW_{20} / 0,825140$ die prämienfreie Summe von 67.577,80 €.

Wir hätten oben den Rückkaufswert auch mithilfe von ausreichender Deckungsrückstellung und Prämie ermitteln können, aber wegen der als konstant angenommenen laufenden Kosten natürlich dasselbe Ergebnis erhalten (siehe Abschnitt D.3).

7.3 Allgemeine technische Vertragsänderungen

In diesem Abschnitt geht es um Vertragsänderungen, bei denen eine Neuberechnung der technischen Vertragsdaten vorgenommen werden muss. Dies ist z. B. immer dann der Fall, wenn sich Prämie oder Versicherungssumme, Versicherungs- oder Prämienzahlungsdauer oder das Alter der versicherten Person ändern. Beispiele sind Herabsetzungen oder Erhöhungen der Versicherungsleistung, Laufzeitverkürzungen oder -verlängerungen.

Vergleichbare gesetzliche Bestimmungen wie bei Rückkauf und Prämienfreistellung existieren nicht. Es muss aber weiterhin das Äquivalenzprinzip für den alten und neuen Vertragszustand erfüllt sein, Änderungen müssen versicherungsmathematisch begründbar sein. Es sind mehrere grundsätzliche Verfahren zur Durchführung denkbar, die aber alle auf die schon bei der Prämienfreistellung angewendete Idee hinauslaufen: Die Deckungsrückstellung soll vor der Änderung so hoch sein wie danach, abgesehen von einem Stornoabschlag, den der Versicherer allerdings ziemlich frei wählen darf. Wir stellen die wichtigsten Varianten anhand von Beispielen kurz vor. Entstünde beim neuen Zustand eine überschüssige Deckungsrückstellung, wird der Vertrag sinnvollerweise prämienfrei gestellt und das überschüssige Kapital dem Kunden ausgezahlt oder dem Überschussguthaben zugeführt. Diesen Fall lassen wir daher im Folgenden außer Betracht.

7.3.1 Vertragsänderung durch konstruktive Prämien

Nach dem versicherungsmathematischen Äquivalenzprinzip müssen im Neuzustand der Barwert der künftigen Leistungen und der Barwert aller künftigen Prämienzahlungen übereinstimmen. Dabei wird die vorhandene Deckungsrückstellung als einmalige Sofortprämie berücksichtigt und damit die neue Summe oder laufende Prämie berechnet.

Der Vertrag aus Abschnitt 7.2 soll nach 20 Jahren auf die Summe $S^{neu} = 150.000$ € erhöht werden. Die ausreichende Prämie für den Vertrag beträgt nach der allgemeinen Prämienformel (siehe Abschnitt D.4)

$$P^A = S \cdot \frac{A_{35,\overline{30|}} + \gamma \cdot \ddot{a}_{35,\overline{30|}}}{\ddot{a}_{35,\overline{30|}} - 30 \cdot \alpha} = 100.000 \cdot \frac{0{,}529131 + 0{,}002 \cdot 21{,}398398}{21{,}398398 - 1{,}2}$$

$$= 2.831{,}55 \text{ €}.$$

Zum Erhöhungszeitpunkt beträgt die ausreichende Deckungsrückstellung damit

$$_{20}V^Z_{35} = S \cdot (A_{55,\overline{10|}} + \gamma \cdot \ddot{a}_{55,\overline{10|}}) - P^A \cdot \ddot{a}_{55,\overline{10|}}$$

$$= 100.000 \cdot (0{,}807659 + 0{,}002 \cdot 8{,}740842) - 2.831{,}55 \cdot 8{,}740842$$

$$= 57.763{,}92 \text{ €}.$$

Die Äquivalenzgleichung für den neuen Vertragszustand lautet

$$P^{A,neu} \cdot \ddot{a}_{55,\overline{10|}} + {_{20}V^A_{35}} = S^{neu} \cdot (A_{55,\overline{10|}} + \gamma \cdot \ddot{a}_{55,\overline{10|}}) + 10 \cdot \alpha \cdot (P^{A,neu} - P^A)$$

$$\rightarrow P^{A,neu} = 7.777{,}93 \text{ €}.$$

Abschlusskosten werden hierbei nur für den Erhöhungsanteil der Prämie eingerechnet. Die deutlich gestiegene Prämie wird dadurch plausibel, dass die höhere Versicherungssumme in nur noch 10 statt 30 Jahren (wie beim ursprünglichen Vertrag) finanziert werden muss.

Das **Verfahren der konstruktiven Prämien** erlaubt auf Basis des geänderten Zustands nur in die Zukunft gerichtete Darstellungen, etwa von Rückkaufswerten. Auf die Vergangenheit bezogene Informationen lassen sich nur mit Kenntnis der Vertragshistorie gewinnen. Zwischen neuer Prämie, Summe und neuer Deckungsrückstellung besteht normalerweise kein Zusammenhang im Sinne einer einfachen Prämien- und Leistungsbarwertäquivalenz gemäß Abschnitt D.3 und D.4.

7.3.2 Vertragsänderung durch Vergleich der Deckungsrückstellung

Bei einer **Vertragsänderung durch Vergleich der Deckungsrückstellung** versucht man, zum neuen Vertragszustand einen Beginntermin zu bestimmen, sodass ein mit diesem Beginn gerechneter Neuvertrag zum Änderungszeitpunkt bei gleichbleibender Prämienhöhe die gleiche Deckungsrückstellung aufweist wie der ursprüngliche Vertrag. Das Verfahren ist deshalb auch unter dem Terminus **Beginnverlegung** bekannt; in älteren Verwaltungssystemen wird bei diesem Typ der Vertragsänderung oft eine tatsächliche Verlegung des Beginntermins vorgenommen (so genannter **technischer Beginn**).

In obigem Vertrag soll zur Illustration die Laufzeit bei gleichbleibender Prämie nach 20 Jahren um 5 auf 25 Jahre verkürzt werden. Wir erwarten daher eine reduzierte neue Versicherungssumme: $S^{neu} < S$. Die naheliegend erscheinende Wahl $S^{neu} = {}_{25}V_{35}$ führt nicht zum Ziel, denn wegen der Prämienvorgabe wäre zum Änderungszeitpunkt die Identität der Rückstellungen von altem und neuem Vertragszustand nicht gewährleistet.

Stattdessen suchen wir einen ganzzahligen Wert k so, dass mit Versicherungsbeginnalter (35 + k) und neuer Laufzeit (25 – k) die Deckungsrückstellung nach (20 – k) Jahren der vorhandenen möglichst nahekommt. Durch die Wahl der Zeitparameter ist sichergestellt, dass der Vertrag nach weiteren fünf Jahren endet. Die Äquivalenzgleichung lautet in diesem Fall

$$P^A \cdot \ddot{a}_{35+k,\overline{25-k}|} = S^{neu} \cdot (A_{35+k,\overline{25-k}|} + \gamma \cdot \ddot{a}_{35+k,\overline{25-k}|}) + (25-k) \cdot \alpha \cdot P^A$$

und kann für verschiedene Werte von k nach der neuen Summe aufgelöst werden. Mit dieser errechnen wir dann die Deckungsrückstellung zum Änderungstermin gemäß der Formel

$${}_{20-k}V^A_{35+k} = S^{neu} \cdot (A_{55,\overline{5}|} + \gamma \cdot \ddot{a}_{55,\overline{5}|}) - P^A \cdot \ddot{a}_{55,\overline{5}|} \; .$$

Für verschiedene Werte von k lauten die Wertepaare:

k	S^{neu}	${}_{20-k}V^{A}_{35+k}$
0	81.881,59	60.792,11
1	77.964,45	57.244,72
2	74.103,42	53.748,14

Zur vorhandenen Deckungsrückstellung von 57.763,92 € passt k = 1 offensichtlich am besten. Der überzählige Betrag von 519, 20 € wird dem Kunden ausgezahlt; alternativ könnte die Leistung S^{neu} erhöht werden. Lässt man neben ganzjährigen Verlegungen auch monatliche zu, verbessert sich die Näherung. Es wird aber im Allgemeinen nicht gelingen, die Rückstellungen exakt zur Deckung zu bringen. Folgende Skizze zeigt die Deckungsrückstellungsverläufe mit den unterschiedlichen Laufzeitparametern; deshalb beginnt die den neuen Vertragszustand repräsentierende Kurve erst im zweiten Jahr und endet bereits nach 25 Jahren.

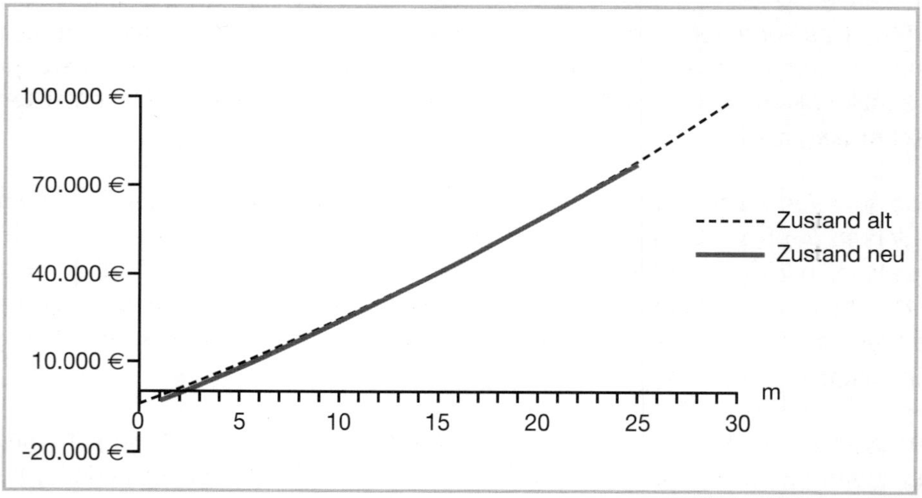

Abb. E.16: Alter und neuer Vertragszustand bei Änderung durch Vergleich der Deckungsrückstellungen

Das Beispiel zeigt die Schwächen des Verfahrens. Zum einen weicht in der Regel die vorhandene von der benötigten Deckungsrückstellung ab, sodass die Differenz aufgefüllt oder zur Leistungserhöhung verwendet werden muss. Außerdem ist die Begründung des neuen Beginntermins rein arithmetisch und daher wenig transparent. Andererseits ergeben sich im Gegensatz zur Methode der konstruktiven Prämien die technischen Werte aus der Grundform des Äquivalenzprinzips.

7.3.3 Vertragsänderung durch Neuabschluss (Differenzvertrag)

Bei einer **Vertragsänderung durch Neuabschluss** legt man gedanklich einen zweiten Vertrag an, dessen Daten sich als Differenz aus dem alten und neuen Zustand ergeben. Dem Kunden wird nur ein Gesamtvertrag dargestellt, der sich aus dem ursprünglichen und dem Differenzvertrag durch Addition ergibt, sofern für beide Teile dieselben Rechnungsgrundlagen verwendet werden.

Nehmen wir die Erhöhung des Beispielvertrags auf 150.000 € nach dieser Methode vor, so berechnet sich der Differenzvertrag zu den Daten $x = 55$, $n = t = 10$ und $S^{diff} = 50.000$ €:

$$P^{A,diff} = S^{diff} \cdot \frac{A_{55,\overline{10|}} + \gamma \cdot \ddot{a}_{55,\overline{10|}}}{\ddot{a}_{55,\overline{10|}} - 10 \cdot \alpha} = 50.000 \cdot \frac{0{,}807659 + 0{,}002 \cdot 8{,}740842}{8{,}740842 - 0{,}4}$$

$$= 4.946{,}39 \text{ €}$$

Es ergibt sich natürlich wieder die bereits in Abschnitt 7.3.1 bestimmte Summenprämie von 7.777,93 €.

Die folgende Abbildung zeigt die Verläufe der Deckungsrückstellungen für alle Vertragszustände. Die Delle bei m = 20 in der resultierenden Kurve (fette Linie) erklärt sich aus der Einrechnung der Abschlusskosten für den Erhöhungsanteil.

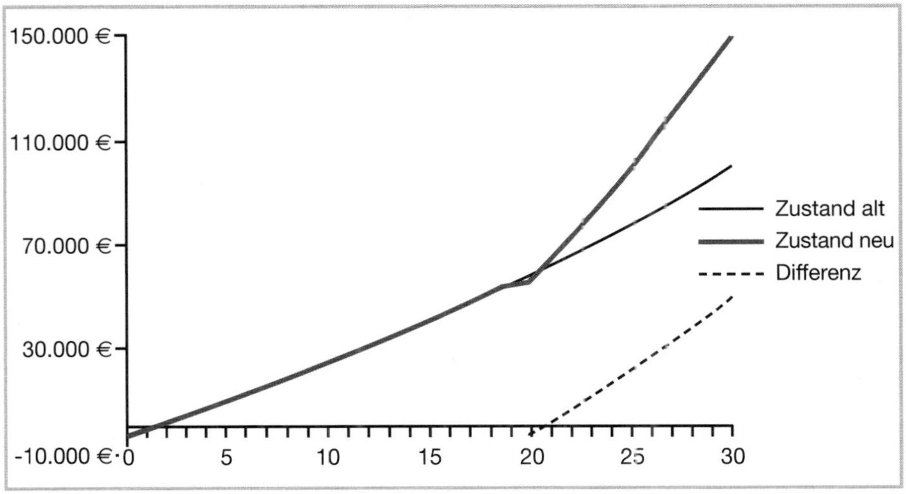

Abb. E.17: Alter und neuer Vertragszustand bei Änderung durch Differenzvertrag

Dieses Verfahren ist vor allem für Vertragsänderungen wie einmalige Zuzahlungen, Wiederinkraftsetzung prämienfreier Verträge oder die Überschusszuweisung (siehe Kapitel F) in Gestalt eines Leistungsbonus geeignet.

8. Übungsaufgaben zur Deckungsrückstellung

Die mit einem Stern (*) gekennzeichneten Aufgaben sind am besten mithilfe eines Tabellenkalkulationsprogramms zu lösen.

Aufgabe E1

Berechnen Sie zu den folgenden Konstellationen jeweils die Jahresnettoprämie und die jeweiligen Nettodeckungsrückstellungen am Ende des zehnten Versicherungsjahres:

a) Risikolebensversicherung: weibliche versicherte Person, Tafeln DAV 2008 T, Rechnungszins $i = 2{,}25\,\%$, Beginnalter $y = 40$ Jahre, Vertragsdauer $n = 25$ Jahre, Prämienzahlungsdauer $t = n$, Summe $S = 100.000$ €;

b) kapitalbildende Lebensversicherung: weibliche versicherte Person, Tafeln DAV 2008 T, Rechnungszins $i = 2{,}25\,\%$, Beginnalter $y = 45$ Jahre, Vertragsdauer $n = 20$ Jahre, Prämienzahlungsdauer $t = n$, Summe $S = 250.000$ €;

c) aufgeschobene lebenslange vorschüssige Leibrentenversicherung: männliche versicherte Person, Tafeln DAV 2004 R (Grundtafel mit Altersverschiebung), Rechnungszins $i = 2{,}25\,\%$, Geburtsjahr 1977, Beginnalter $x = 30$ Jahre, Aufschubzeit $n = 40$ Jahre, Prämienzahlungsdauer $t = n$, Jahresrente = 24.000 €.

Aufgabe E2

Stellen Sie die Formel für die Nettodeckungsrückstellung einer Termefix-Versicherung gemäß Aufgabe D20 dar. Berücksichtigen Sie den prämienpflichtigen und den prämienfreien (nach Tod des Versicherten) Vertragszustand.

Aufgabe E3

Grundlage sei die aufgeschobene Leibrentenversicherung aus Aufgabe E1, Teil c).

a) Berechnen Sie die prospektive Nettodeckungsrückstellung ${}_8V_x$.

b) Berechnen Sie die retrospektive Nettodeckungsrückstellung ${}_9V_x$.

c) Berechnen Sie über die versicherungsmathematische Bilanzgleichung ${}_{10}V_x$.

Aufgabe E4

Wie kann man für eine aufgeschobene Leibrentenversicherung, deren Prämienzahlungsdauer kleiner ist als die Aufschubzeit, die retrospektive Nettodeckungsrückstellung während der prämienfreien Zeit berechnen?

Aufgabe E5

Bestimmen Sie zu den Nettoprämien der Versicherungen aus Teil a) und b) der Aufgabe E1 die jeweilige Beitragszerlegung und das riskierte Kapital am Beginn des sechsten bzw. elften Versicherungsjahres.

Aufgabe E6

Berechnen Sie zur kapitalbildenden Lebensversicherung gemäß Aufgabe E1, Teil b) mit Abschlusskosten $\alpha^z = 4{,}0\ \%$ und Verwaltungskosten $\gamma = 0{,}5\ ‰$ die prämienfreie Versicherungssumme, wenn der Vertrag zum Ende des zehnten Versicherungsjahres prämienfrei gestellt und außerdem davon ausgegangen wird, dass der summenproportionale Verwaltungskostensatz in der prämienfreien Zeit 1,0 ‰ jährlich beträgt und kein Stornoabschlag erhoben wird.

Aufgabe E7*

Die kapitalbildende Lebensversicherung aus Teil b) in Aufgabe E1 werde wie folgt modifiziert: $y = 30$ Jahre, $n = t = 35$ Jahre. Nach 20, 25 und 30 Jahren werde eine Teilauszahlung von je 50.000 € fällig, die verbleibende Erlebensfallleistung betrage also 100.000 € nach 35 Jahren. Skizzieren Sie den Verlauf der Nettodeckungsrückstellung während der Vertragslaufzeit.

Aufgabe E8

Ermitteln Sie zur kapitalbildenden Lebensversicherung aus Teil b) in Aufgabe E1 unter Einbeziehung der Kostensätze $\alpha^z = 4{,}0\ \%$ und $\gamma = 1{,}0\ ‰$ die geänderte Summe nach einer am Ende des zehnten Versicherungsjahres vorgenommenen Laufzeitverkürzung auf 15 Jahre mit der Methode der konstruktiven Prämien.

Aufgabe E9

Zu der kapitalbildenden Lebensversicherung aus Aufgabe E1, Teil b) sei vereinbart, dass die ausreichende Jahresprämie ($\alpha^z = 4{,}0\ \%$, $\gamma = 2{,}0\ ‰$) jährlich um 5 % steigt (Dynamik). Berechnen Sie nach der Methode der Vertragsänderung durch Neuabschluss jeweils die neue Versicherungssumme im zweiten und dritten Versicherungsjahr, wenn die Prämienerhöhungen der Folgejahre dabei unberücksichtigt bleiben.

Aufgabe E10

Spezialisieren Sie die versicherungsmathematische Bilanzgleichung für die n-jährige Risikolebensversicherung, die Erlebensfallversicherung, die kapitalbildende Lebensversicherung, die aufgeschobene lebenslange Leibrentenversicherung mit abgekürzter Prämienzahlungsdauer (für alle drei Phasen) und die Termefix-Versicherung.

Aufgabe E11*

Betrachten Sie eine linear fallende Risikolebensversicherung mit Anfangssumme $S = 30.000$ €, Eintrittsalter $y = 40$ Jahre, Laufzeit $n = 30$ Jahre und Prämienzahlungsdauer t = 20 Jahre (Sterbetafel DAV 2008 T F, Rechnungszins i = 2,25 %). Skizzieren Sie den Verlauf der Nettodeckungsrückstellung und die jeweiligen Verläufe von Spar- und Risikoprämie. Dabei können Sie die Ergebnisse von Aufgabe D21 verwenden.

Aufgabe E12

Ermitteln Sie durch lineare Interpolation zwischen den Jahrestagen der kapitalbildenden Lebensversicherung, ab wann die gezillmerte Deckungsrückstellung des Vertrags aus Aufgabe E6 positiv ist.

Aufgabe E13

Betrachten Sie die aufgeschobene Leibrentenversicherung aus Teil c) in Aufgabe E1 und berechnen Sie die (Netto-)**Vorverrentungswerte** R^k der letzten fünf Jahre, d. h. die Jahresraten der Rente, wenn ohne Stornoabschläge der Rentenübergang bereits nach (40 – k) Jahren (k = 1, 2, 3, 4, 5) vorgenommen wird.

Aufgabe E14

Betrachten Sie die kapitalbildende Lebensversicherung aus Teil b) in Aufgabe E1 und berechnen Sie die (Netto-)**Optionssummen** der fünf Folgejahre, d. h. die Summen, die sich ergeben, wenn der Vertrag mit gleichbleibender Jahresnettoprämie ein, zwei, drei, vier oder fünf Jahre länger fortgeführt wird.

Aufgabe E15*

Eine Versicherungsgesellschaft biete folgende Leibrentenversicherung an: Aufschubzeit n = Prämienzahlungsdauer t, lebenslanger, jährlich vorschüssiger Rentenbezug, Berechnung der Prämien auf Basis der Sterbetafel DAV 2004 R M (Grundtafel). Die Deckungsrückstellungsverordnung schreibe einen Höchstrechnungszins von 2,25 % für die Berechnung der Deckungsrückstellung vor. Berechnen Sie den **Auffüllungsbedarf** durch das Unternehmen bei Vertragsbeginn, wenn die Prämienkalkulation mit dem Zinssatz 2,75 % vorgenommen wird, und den zeitlichen Verlauf der Deckungsrückstellungen bei Prämienkalkulation mit i = 2,25 % bzw. 2,75 % für x = 35, n = t = 30, R = 6.000 € (keine Altersverschiebung, reine Nettobetrachtung). Kommentieren Sie das Ergebnis.

F. Überschussbeteiligung

Das **Vorsichtsprinzip** des VAG zwingt die Lebensversicherer, die Prämienkalkulation mit defensiven Rechnungsgrundlagen erster Ordnung durchzuführen. Die so kalkulierten Prämien fallen in der Regel höher aus, als es dem tatsächlichen Bedarf für Versicherungsleistungen entspricht. In der Folge kommt es bei den Lebensversicherern am Ende eines Geschäftsjahres fast immer zu „gesetzlich verordneten" **Überschüssen**, die aber nicht als Teil des üblichen Unternehmensgewinns auszuweisen, sondern vielmehr an die Versicherungsnehmer zurückzutransferieren sind. Im Zuge der VVG-Reform 2008 hat der Gesetzgeber in § 153 VVG einen expliziten Anspruch der Versicherungsnehmer auf eine angemessene und verursachungsgerechte Beteiligung an den erwirtschafteten Überschüssen einschließlich etwaiger positiver **Bewertungsreserven** (vgl. Abschnitt G.1.1) erstmals festgeschrieben. In Ergänzung dazu fordert § 154 VVG, dass die Glaubwürdigkeit eines bei Vertragsabschluss in Aussicht gestellten Überschussniveaus vom Lebensversicherer mithilfe unverbindlicher Modellrechnungen (drei Zinsszenarien) zu untermauern ist.

Eine der wichtigsten Aufgaben der Lebensversicherungsmathematik ist die Ermittlung und Zerlegung der entstandenen Überschüsse nach **Teilbeständen** und **Ergebnisquellen** (**Gewinnzerlegung**, Abschnitt 1). Die konkrete Zuweisung der Überschüsse geschieht mithilfe eines ausgeklügelten Verfahrens (Abschnitt 2), das einerseits Sicherheitserwägungen berücksichtigt, andererseits aber auch versucht, die **Überschusszuweisungen** mit einer gewissen zeitlichen Stabilität vorzunehmen. Das jeweilige **Überschussverwendungssystem** eines Einzelvertrags gibt Auskunft über die konkrete Auszahlungsform, mit der die Überschüsse an die Versicherungsnehmer zurückfließen (Abschnitt 3). Die letztlich gewährten Überschüsse sind im Gegensatz zu den in Kapitel D betrachteten **Garantieleistungen** der Lebensversicherer in ihrer Höhe nicht garantiert. Um dennoch die einmal in Aussicht gestellten Überschüsse mit einiger Sicherheit auch längerfristig gewähren zu können, führen die meisten Lebensversicherer einen **Finanzierbarkeitsnachweis** durch, der die voraussichtliche Gültigkeit einer erfolgten **Überschussdeklaration** untermauert (Abschnitt 4).

1. Überschüsse in der Lebensversicherung

Die wesentlichen **Rechnungsgrundlagen** der Prämienkalkulation sind das **versicherte Risiko** (in der Lebensversicherung meist das Todesfallrisiko, im Folgenden daher symbolisch durch den Parameter q_x kenntlich gemacht), der verwendete **Rechnungszins** i und die eingerechneten **Kosten** K. Aufgrund des **Vorsichtsprinzips** des § 11 (1) VAG werden die Rechnungsgrundlagen für die Prämienkalkulation konservativ geschätzt und teilweise mit Sicherheitszuschlägen versehen (vgl. Abschnitte D.1 und D.2). Die (vgl. andere Kapitel) in der Prämienkalkulation verwendeten Rechnungsgrundlagen werden als **Rechnungsgrundlagen erster Ordnung** bezeichnet:

$$q_x^I, i^I, K^I$$

Nach Ablauf eines Geschäftsjahres vergleicht das Versicherungsunternehmen diese bewusst zu pessimistisch gewählten Rechnungsgrundlagen erster Ordnung mit dem tatsächlichen Verlauf der Risiko-, Kapitalanlage- und Kostensituation während des Jahres. Diese **Rechnungsgrundlagen zweiter Ordnung** (q_x^{II} , i^{II} , K^{II}) hätten – wären sie zuvor bekannt gewesen und bei der Prämienkalkulation verwendet worden – sichergestellt, dass die Versicherungsnehmer genau die Prämie zahlen, die ihrem versicherten Risiko unter den gegebenen Rahmenbedingungen (Zins, Kosten) entspricht.

So das Versicherungsunternehmen seine Rechnungsgrundlagen erster Ordnung hinreichend vorsichtig bestimmt hat, haben die Versicherungsnehmer jedoch im Allgemeinen eine zu hohe Prämie gezahlt, da gilt:

$q_x^I > q_x^{II}$ (das versicherte Risiko wurde bei der Prämienkalkulation *über*schätzt),

$i^I < i^{II}$ (die Kapitalerträge wurden bei der Prämienkalkulation *unter*schätzt),

$K^I > K^{II}$ (die Kosten wurden bei der Prämienkalkulation überschätzt; teilweise gilt in der Praxis aber auch $K^I < K^{II}$).

Voraussetzung dafür ist, dass es nicht zu einem unerwartet schlechten Risikoverlauf, dramatischen Einbrüchen an den Kapitalmärkten oder einer unvorhersehbaren Kostenexplosion im Lebensversicherungsunternehmen kommt. Unter dem Strich erzielt das Lebensversicherungsunternehmen damit nach Ablauf eines Geschäftsjahres einen **Rohüberschuss**, der überwiegend nicht als Ergebnis erfolgreichen betriebswirtschaftlichen Handels, sondern als natürliche Konsequenz des Vorsichtsprinzips bei der Prämienkalkulation zu interpretieren ist. Folglich verlangt der Gesetzgeber, dass diese Rohüberschüsse primär nicht an die Anteilseigner des Versicherungsunternehmens (z. B. Aktionäre) fließen, sondern im Wesentlichen an die Versichertengemeinschaft zurücktransferiert werden müssen. Hierfür ist es erforderlich, den erwirtschafteten Rohüberschuss nach Teilbeständen und Ergebnisquellen zu zerlegen, um eine möglichst sachgerechte Zuweisung der nicht benötigten Prämienbestandteile an die Einzelverträge zu erreichen.

1.1 Gewinnzerlegung nach Teilbeständen

Um eine sachgerechte Zuordnung angefallener Überschüsse zu gewährleisten und Quersubventionierungen innerhalb des Versichertenkollektivs eines Lebensversicherers zu vermeiden, schreibt die Versicherungsaufsicht in der **Verordnung über die Berichterstattung von Versicherungsunternehmen gegenüber dem Bundesaufsichtsamt für das Versicherungswesen (BerVersV)** eine **Zerlegung des Rohüberschusses** vor (**Gewinnzerlegung**, teilweise auch **Überschusszerlegung** genannt). Zu diesem Zweck wird der Gesamtbestand eines Versicherers zunächst in Teilbestände zerlegt, die als **Abrechnungsverbände** (im regulierten Altbestand) oder **Bestandsgruppen** (im deregulierten Neubestand) bezeichnet werden. Dabei werden Versicherungsverträge ähnlicher Risiko-, Vermögens- und Kostenstruktur zusammengefasst, um eine weitgehend verursachungsgerechte Gewinnzerlegung zu ermöglichen. Die Begriffe **Altbestand** und **Neubestand** beziehen sich darauf, ob ein Versicherungsvertrag vor oder nach dem 28. 7. 1994 abgeschlossen worden ist und bringt die Unterscheidung in Teilbestände vor bzw. nach der **Deregulierung 1994** zum Ausdruck.

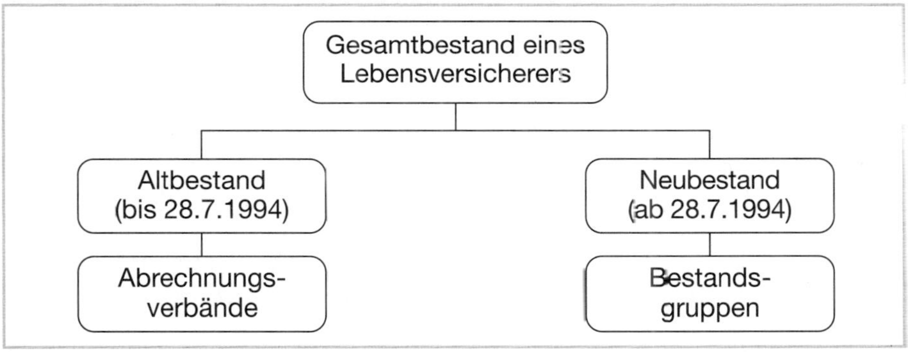

Abb. F.1: Aufteilung in Alt- und Neubestand

Abrechnungsverbände und Bestandsgruppen werden in **Gewinnverbände** weiter unterteilt. Solche Gewinnverbände werden z. B. immer dann gebildet, wenn neue biometrische Rechnungsgrundlagen eingeführt werden (neue Sterbetafel), der Rechnungszins für das Neugeschäft angepasst oder das Gewinnbeteiligungssystem verändert wird (Abschnitt 2.2). Gewinnverbände bilden damit innerhalb eines Abrechnungsverbandes bzw. einer Bestandsgruppe eine weitere zeitliche Unterteilung. Beim Altbestand kann alternativ zur Zerlegung nach Gewinnverbänden auch mit **Kopplungssätzen** gearbeitet werden, vgl. KURZENDÖRFER. Hierbei wird vereinfachend unterstellt, dass zwischen den Ergebnissen zweier Teilbestände ein zeitlich konstanter Zusammenhang besteht, ausgedrückt durch einen Kopplungssatz.

Für den **Altbestand** sieht die BerVersV folgende **Abrechnungsverbände** vor:

- Einzel-Kapitalversicherungen (Großleben) einschließlich Gruppenversicherungen nach Einzeltarif

- Vermögensbildungsversicherungen (seit 1977, zuvor den Einzel-Kapitalversicherungen zugerechnet)
- Gruppen-Kapitalversicherungen nach Sondertarif (auch möglich als separater Gewinnverband innerhalb des Abrechnungsverbandes „Großleben")
- Rentenversicherungen
- Berufsunfähigkeits- und Berufsunfähigkeitszusatzversicherungen inkl. Erwerbsunfähigkeits- und Erwerbsunfähigkeitszusatzversicherungen
- Obligatorische Bauspar-Risikoversicherungen
- Restschuld- bzw. Restkreditversicherungen
- Fondsgebundene Kapitalversicherungen
- Pflegerenten- bzw. Pflegerentenzusatzversicherungen
- Sonstige

Zusatzversicherungen können dabei in die Abrechnungsverbände der zugehörigen Hauptversicherungen integriert werden, soweit sie nicht einen eigenen Abrechnungsverband bilden, wie etwa die Berufsunfähigkeitszusatzversicherungen.

Für das nach dem 28. 7. 1994 abgeschlossene Geschäft **(Neubestand)** sieht die BerVersV folgende **Bestandsgruppen** in hierarchischer Gliederung vor:

100 Inlandsgeschäft
- 110 Einzelversicherungen mit Überschussbeteiligung (Kapitalanlagerisiko trägt der Versicherer)
  - 111 Kapitalbildende Versicherungen mit überwiegendem Todesfallcharakter
  - 112 Risikoversicherungen
  - 113 Kapitalbildende Versicherungen mit überwiegendem Erlebensfallcharakter
  - 114 Berufsunfähigkeitsversicherungen
  - 115 Pflegerentenversicherungen
  - 116 Übrige Tarife
- 120 Kollektivversicherungen mit Überschussbeteiligung (Kapitalanlagerisiko trägt der Versicherer)
  - 121 Kapitalversicherungen ohne eigene Vertragsabrechnung mit überwiegendem Todesfallcharakter
  - 122 Bauspar-Risikoversicherungen
  - 123 Restschuldversicherungen
  - 124 Kollektivversicherungen mit eigener Vertragsabrechnung
  - 125 Übrige Tarife

130 Sonstige Lebensversicherungen
- 131 Versicherungen, bei denen das Kapitalanlagerisiko vom Versicherungsnehmer getragen wird
- 132 Lebensversicherungen ohne Überschussbeteiligung, bei denen das Anlagerisiko vom Versicherer getragen wird
- 133 Tontinenversicherungen
- 134 Kapitalisierungsgeschäfte

140 Eigenkapital und sonstige Dienstleistungen einschließlich des Geschäfts der Verwaltung von Versorgungseinrichtungen

200 Auslandsgeschäft (über Niederlassungen; aufgeteilt nach Staaten)

Weitere Unterteilungen der genannten Bestandsgruppen sind möglich. Für den Fall, dass ein Teilbestand einen gewissen Umfang übersteigt (absolut oder in Relation zum Gesamtgeschäft), kann die Bildung weiterer Unterteilungen sogar vorgeschrieben werden.

Nun muss das Lebensversicherungsunternehmen für jeden Abrechnungsverband bzw. für jede Bestandsgruppe eine separate **Gewinn- und Verlustrechnung** vornehmen, die die Grundlage späterer Überschusszuweisungen bildet. Da viele Einzelerträge und -aufwendungen eines Versicherers keinem Teilbestand eindeutig zugewiesen werden können (Marketingaufwendungen, Aufwendungen für Personal etc.), greifen diese Gewinn- und Verlustrechnungen notwendigerweise auf pauschalierende Verfahren zurück, die zwar keine exakte Gewinnzerlegung nach Teilbeständen gestatten, diesem Ideal aber ausreichend nahe kommen.

1.2 Gewinnzerlegung nach Ergebnisquellen

Der Rohüberschuss wird mit Blick auf die Rechnungsgrundlagen der Lebensversicherung aus drei wesentlichen **Ergebnisquellen** gespeist, dem **Risikoergebnis**, dem **Kapitalanlageergebnis** und dem **Kostenergebnis**. Dazu kommen noch weitere Überschussquellen von normalerweise untergeordneter Bedeutung wie etwa das **Rückversicherungsergebnis**, das **Stornoergebnis** und das **sonstige Ergebnis** (Überschüsse, die nicht näher zugeordnet werden können):

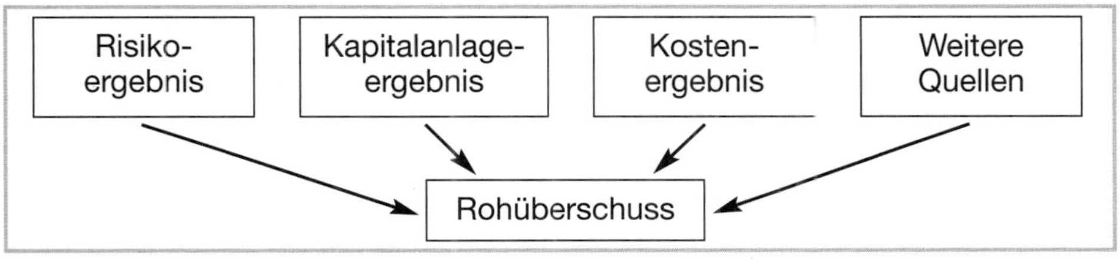

Abb. F.2: Rohüberschussquellen

Das **Risikoergebnis** (auch **Sterblichkeitsergebnis**) wird bei **Versicherungen auf den Todesfall** vom Sterblichkeitsverhalten eines Versicherungsbestandes bestimmt und errechnet sich als Differenz der eingerechneten und tatsächlichen Aufwendungen für Todesfälle, genauer:

  Risikobeiträge
– Aufwendungen für Todesfälle
\+ frei werdende Deckungsrückstellungen (vor allem infolge Rückkaufs und aus Leibrentenzahlungen nach Tod der versicherten Person)
= **Risikoergebnis**

Wie in Abschnitt D.2 dargestellt beinhalten z. B. die Sterbetafeln für Versicherungen auf den Todesfall Sicherheitszuschläge, die zu überhöhten Sterblichkeiten führen. Hinzu kommt, dass die allgemeine Lebenserwartung zunimmt, die verwendeten Sterbetafeln aber die höheren Sterblichkeiten der Vergangenheit abbilden, was eine Überschätzung des Todesfallrisikos bedingt (siehe HÖLSCHER). Auch ist zu beachten, dass die Antragsprüfung der Lebensversicherer allzu schlechte Risiken von vorneherein nicht in Versicherungsbestände aufnimmt und einzelne Sonderrisiken (etwa spezielle Berufsgruppenrisiken) mit zusätzlichen Prämienzuschlägen belegt.

Bei **Versicherungen auf den Erlebensfall** (vor allem Rentenversicherungen) können Risikoüberschüsse nur dann anfallen, wenn ein Versichertenbestand ein höheres Sterblichkeitsrisiko aufweist, als durch die zugrunde gelegte Sterbetafel prognostiziert. Da der allgemeine medizinische Fortschritt generell einen Anstieg der Lebenserwartung zur Folge hat und Rentenversicherungsverträge mit aufgeschobenem Rentenbezug mehrere Jahrzehnte laufen können, fallen die Risikoüberschüsse bei Versicherungen auf den Erlebensfall eher gering aus – so es überhaupt zu positiven Überschüssen kommt. Häufig werden auf lange Sicht sogar **Nachreservierungen** nötig (siehe Abschnitt E.1).

Die nicht für Abschluss- und Verwaltungskosten sowie für Versicherungsleistungen während einer Periode verwendeten Beitragsbestandteile investieren die Lebensversicherer auf den internationalen Kapitalmärkten. Das im Laufe eines Geschäftsjahres so erzielte **Kapitalanlageergebnis** eines Lebensversicherers errechnet sich aus der Formel

  Erträge aus Kapitalanlagen
– Rechnungsmäßige Zinsen
– Verwaltungsaufwendungen für Kapitalanlagen
= **Kapitalanlageergebnis**

Die rechnungsmäßigen Zinsen entsprechen dabei den in den Einzelverträgen verwendeten Rechnungszinsen erster Ordnung (diese schwanken je nach Abschlusszeitpunkt der Verträge zwischen $i^I = 2{,}25\ \%$ und $i^I = 4{,}0\ \%$). Die erzielten Kapitalerträge können entweder **laufende Erträge** aus Kapitalanlagen (Dividenden, Zinszahlungen, Mietzahlungen etc.) oder **außerordentliche Erträge** sein, die aus der Veräußerung von Kapitalanlagen entstanden sind (Verkauf von Aktien, Immobilien etc.).

Das Kapitalanlageergebnis ist im Gegensatz zum Risikoergebnis stark abhängig von der allgemeinen Entwicklung relativ volatiler internationaler Kapitalmärkte und kann daher im Laufe weniger Jahre deutlich schwanken. § 54 (1) VAG fordert von den Lebensversicherern deshalb aus Gründen der Risikominimierung eine hinreichend starke **Mischung und Streuung** bei der Auswahl von Kapitalanlagen (vgl. Abschnitt G.1.1), kann den Einfluss globaler Konjunkturzyklen auf das allgemeine Zinsniveau an den Kapitalmärkten aber nur begrenzt abfedern. In der Folge kann es immer wieder zu mehrjährigen Hoch- und Niedrigzinsperioden kommen, die Kapitalerträge in einem Geschäftsjahr fallen entsprechend hoch oder niedrig aus.

Grundsätzlich sind signifikante Beiträge des Kapitalanlageergebnisses zu den Rohüberschüssen eines Lebensversicherers nur dann zu erwarten, wenn der Versicherer einen relativ hohen Anteil an Versicherungsverträgen mit Sparanteil in seinem Versicherungsbestand hat (kapitalbildende Lebensversicherungen und Leibrentenversicherungen). Bei solchen Versicherern fällt das Kapitalanlageergebnis meist höher als das Risikoergebnis aus. Beschränkt sich ein Lebensversicherer hingegen auf das reine Risikogeschäft mit Risikolebensversicherungen sowie Berufs- und Erwerbsunfähigkeitsversicherungen, gewinnt das Risikoergebnis gegenüber dem Kapitalanlageergebnis an Bedeutung.

Im Unterschied zum Risiko- und Kapitalanlageergebnis fällt das **Kostenergebnis** eines Lebensversicherers am Ende eines Geschäftsjahres häufig negativ aus, da die in die Bruttoprämien eingerechneten Abschluss- und Verwaltungskostenanteile (Rechnungsgrundlagen erster Ordnung K^I) die wahre Kostensituation nur unzureichend darstellen. So wird z. B. das **Abschlusskostenergebnis** im Wesentlichen von Provisions- und Courtagezahlungen beeinflusst, die meist individuell mit dem jeweiligen Absatzorgan (Vermittler nach § 84 HGB, Makler etc.) vereinbart und daher nur näherungsweise in den Rechnungsgrundlagen erster Ordnung berücksichtigt werden. Wegen großer Schwankungen beim Neugeschäft von einem Jahr zum Folgejahr ist auch das Kostenergebnis häufig sehr schwankungsanfällig.

Ähnlich ist es bei den **Verwaltungskosten**, die sich in laufende Verwaltungs- und Inkassokosten sowie Abschreibungen und Wertberichtigungen zerlegen lassen. Die hier für die Rechnungsgrundlagen erster Ordnung üblichen Bemessungsgrundlagen

(Versicherungssumme, Beitragssumme und Jahresprämie, vgl. Abschnitt D.4) bilden die tatsächliche Kostenstruktur eines Lebensversicherers nur näherungsweise ab. Da das Kostenergebnis darüber hinaus in weiten Teilen von der unternehmerischen Leistung und der internen Kostenverrechnung des Versicherers bestimmt wird, spielt es häufig nur eine untergeordnete Rolle bei der Ermittlung des Rohüberschusses und kann auch über längere Zeiträume hinweg negativ ausfallen.

Das **Rückversicherungsergebnis** hängt in starkem Maße vom Schadenverlauf während eines Geschäftsjahres und der konkreten Ausgestaltung der Rückversicherungsvereinbarungen ab und fällt im Allgemeinen leicht negativ aus. Lediglich in Geschäftsjahren mit relativ schlechtem Risikoverlauf ist ein positives Rückversicherungsergebnis zu erwarten, andererseits fällt dann das Risikoergebnis tendenziell schlecht aus, was die Höhe der Rohüberschüsse insgesamt eher negativ beeinflusst.

Im **Stornoergebnis** (auch als **Ergebnis aus vorzeitigem Abgang** bezeichnet) finden Aufwendungen für Rückkäufe und Umwandlungen in prämienfreie Versicherungen sowie Wertberichtigungen auf aktivierte Abschlusskosten (Kosten, die direkt mit dem Neuabschluss bzw. der Erneuerung von Versicherungsverträgen zusammenhängen) Berücksichtigung. Dabei gelten Stornoabzüge und zurückgeforderte Provisionen als Stornoerträge, die zu positiven Rohüberschüssen beitragen. Schließlich ist noch das Ergebnis aus der Rückstellung für noch nicht abgewickelte Rückkäufe des Vorjahres zu beachten.

Haupteinflussgrößen des **sonstigen Ergebnisses** sind u. a. nicht anderweitig zuordnungsfähige Veränderungen der versicherungstechnischen Rückstellungen, Erträge und Aufwendungen für Dienstleistungen für andere Unternehmen sowie Steueraufwendungen und allgemeine Zinsaufwendungen (vgl. KURZENDÖRFER).

Obwohl die Bedeutung der einzelnen Überschussquellen sowohl von Versicherer zu Versicherer als auch im Laufe der Zeit großen Schwankungen unterworfen ist, bilden das Risiko- und Kapitalanlageergebnis üblicherweise die Hauptquellen der Rohüberschüsse, die sich durch Saldieren aller Ergebnisquellen ergeben. Die folgende Tabelle zeigt die Ergebnisquellen der deutschen Lebensversicherungswirtschaft laut Jahresbericht 2008 der BaFin, Teil B; alle Angaben sind in Prozent der verdienten Bruttobeitragseinnahmen für das selbst abgeschlossene Versicherungsgeschäft der jeweiligen Geschäftsjahre angegeben.

Jahr	2004	2005	2006	2007	2008
Risikoergebnis	5,9	7,8	7,9	8,0	7,8
Kapitalanlageergebnis	11,6	14,7	12,5	11,4	1,2
Kostenergebnis	0,4	1,5	1,3	1,2	1,0
Rückversicherungsergebnis	0,3	-0,5	-0,6	-0,6	-0,4
Ergebnis aus vorzeitigem Abgang	0,7	0,0	0,7	0,5	0,7
Sonstiges Ergebnis	-3,8	-3,4	-2,6	-2,1	-1,3
Gesamtüberschüsse	**15,1**	**20,1**	**19,2**	**18,4**	**9,0**

Die Rohgewinnzerlegung nach Ergebnisquellen für die Lebensversicherungswirtschaft der Jahre 2004 bis 2008 ist in verschiedener Hinsicht bemerkenswert:

- Bis zum Jahre 2007 entfiel der Löwenanteil der Rohüberschüsse auf das Kapitalanlageergebnis, im Jahre 2008 trat dann der immense Abschreibungsbedarf vieler Lebensversicherer infolge der Finanzkrise deutlich zutage. Doch selbst in den „guten" Jahren 2004 bis 2007 blieb das Kapitalanlageergebnis weit hinter den üblichen Werten der späten 1990er-Jahre zurück, als regelmäßig Zahlenwerte von mehr als 25 % erzielt wurden.
- Der Einbruch beim Kapitalanlageergebnis im Jahre 2008 konnte nicht durch andere Ergebnisquellen kompensiert werden, die Rohüberschüsse brachen insgesamt ein. In der Folge kam es bei vielen Lebensversicherern zu Kürzungen bei der Überschussbeteiligung.
- Die Risikoüberschüsse fielen im gesamten Zeitraum sehr stabil aus, was auf die geringe Schwankungsanfälligkeit der versicherten Risiken (Tod, Erleben, Invalidität) zurückzuführen ist.

Die Rohüberschüsse der Lebensversicherungswirtschaft hängen also von einer Vielzahl interner und externer Faktoren ab, was längerfristige Vorhersagen über den Umfang dieser Überschüsse unmöglich macht. Folglich sind alle Prognosen über den zeitlichen Verlauf von Überschüssen mit großer Vorsicht zu genießen, lediglich die auf Basis der Rechnungsgrundlagen erster Ordnung ermittelten garantierten Versicherungsleistungen dürfen als wirklich sicher angenommen werden.

1.3 Kontributionsformel

Mathematisch lässt sich die Gewinnzerlegung nach der wesentlichen Ergebnisquellen Risiko, Kapitalanlage und Kosten mithilfe der **Kontributionsformel** auf Einzelvertragsbasis ausdrücken. Ausgangspunkt ist die Unterscheidung nach Rechnungsgrundlagen erster bzw. zweiter Ordnung und die daraus jeweils resultierenden **Erträge und Aufwendungen** erster bzw. zweiter Ordnung in einem Jahr m der Vertragslaufzeit.

Die **Erträge erster Ordnung** E_m^I eines einzelnen Versicherungsvertrags am Ende des Jahres m ergeben sich zu

$$E_m^I = ({}_{m-1}V_x^A + P_m^B) \cdot (1 + i^I)\,,$$

d. h., sowohl die zu Beginn eines Versicherungsjahres vorliegende ausreichende Deckungsrückstellung ${}_{m-1}V_x^A$ als auch die vorschüssig gezahlte Bruttoprämie P_m^B werden jeweils mit dem Zinssatz i^I verzinst. Die an sich zeitlich konstante Bruttoprämie trägt hier (wie alle anderen Prämien im weiteren Verlauf dieses Abschnitts) einen zusätzlichen Index m, damit auch Zeiten mit Beitragsfreistellung oder Rentenbezugszeiten durch die Kontributionsformel erfasst werden können.

Die zugehörigen **Aufwendungen erster Ordnung** A_m^I im gleichen Jahr errechnen sich durch Aufsummieren folgender endfälliger Einzelaufwendungen:

Aufwendungen für Erlebensfallleistungen $E_{x,m}$
\+ Aufwendungen für Todesfallleistungen $T_{x,m}$
\+ Eingerechnete Kosten (aufgezinst) $P_m^B - NP_m$
\+ Ausreichende Deckungsrückstellung am Jahresende ${}_mV_x^A$
= **Aufwendungen erster Ordnung A_m^I**

Mathematisch ausgedrückt heißt dies:

$$A_m^I = (1 - q_{x+m-1}^I) \cdot E_{x,m} + q_{x+m-1}^I \cdot T_{x,m} + (P_m^B - NP_m) \cdot (1 + i^I) + (1 - q_{x+m-1}^I) \cdot {}_mV_x^A$$

Dabei werden die Erlebensfallleistungen $E_{x,m}$ mit dem Faktor $1 - q_{x+m-1}^I = p_{x+m-1}^I$ multipliziert, da diese Leistungen nur im Erlebensfall fällig werden, also mit einer Wahrscheinlichkeit von p_{x+m-1}^I. Ebenso werden die Todesfallleistungen mit der Todesfallwahrscheinlichkeit q_{x+m-1}^I der versicherten Person multipliziert. Die Kostenaufwendungen ergeben sich durch Aufzinsen der Differenz aus Bruttoprämie P_m^B und Nettoprämie NP_m. Die ausreichende Deckungsrückstellung ${}_mV_x^A$ am Jahresende wird mit $1 - q_{x+m-1}^I = p_{x+m-1}^I$ multipliziert, da auch sie nur im Erlebensfall gebildet werden muss.

Da E_m^I und A_m^I auf Basis der Rechnungsgrundlagen erster Ordnung ermittelt worden sind und damit Erträge und Aufwendungen einander genau die Waage halten (sprich: die Prämien „fair“ kalkuliert sind), gilt

$$E_m^I - A_m^I = 0\,.$$

Anders bei den **Erträgen und Aufwendungen zweiter Ordnung**, die die tatsächlichen Verhältnisse während des abgelaufenen Versicherungsjahres abbilden. Für die **Erträge zweiter Ordnung** gilt:

$$E_m^{II} = ({}_{m-1}V_x^A + P^B_m) \cdot (1 + i^{II}),$$

während sich für die **Aufwendungen zweiter Ordnung**

$$A_m^{II} = (1 - q^{II}_{x+m-1}) \cdot E_{x,m} + q^{II}_{x+m-1} \cdot T_{x,m} + K_{x,m} \cdot (1 + i^{II}) + (1 - q^{II}_{x+m-1}) \cdot {}_mV_x^A$$

ergibt, wobei $K_{x,m}$ die tatsächlich im m-ten Jahr angefallenen Kosten beschreibt. Für den Gesamtüberschuss $g_{x,m}$ nach dem m-ten Jahr gilt damit

$$g_{x,m} = E_m^{II} - A_m^{II} = E_m^{II} - A_m^{II} - (E_m^{I} - A_m^{I}) = (E_m^{II} - E_m^{I}) - (A_m^{II} - A_m^{I}).$$

Für die Ertragsterme ergibt sich

$$E_m^{II} - E_m^{I} = ({}_{m-1}V_x^A + P^B_m) \cdot (i^{II} - i^{I}),$$

für die beiden Aufwendungsterme nach teilweiser Zusammenfassung gleichartiger Summanden und Addition von $0 = K_{x,m} \cdot i^{I} - K_{x,m} \cdot i^{I}$:

$$\begin{aligned} A_m^{II} - A_m^{I} = {} & (E_{x,m} - T_{x,m} + {}_{m-1}V_x^A) \cdot (q^{I}_{x+m-1} - q^{II}_{x+m-1}) + K_{x,m} \cdot (i^{II} - i^{I}) \\ & + (K_{x,m} - (P^B_m - NP_m)) \cdot (1 + i^{I}) \end{aligned}$$

Zusammen mit dem obigen Ausdruck für $E_m^{II} - E_m^{I}$ liefert dies schließlich die **Kontributionsformel**:

$$\begin{aligned} g_{x,m} &= (E_m^{II} - E_m^{I}) - (A_m^{II} - A_m^{I}) \\ &= (T_{x,m} - E_{x,m} - {}_{m-1}V_x^A) \cdot (q^{I}_{x+m-1} - q^{II}_{x+m-1}) \\ &\quad + ({}_{m-1}V_x^A + P^B_m - K_{x,m}) \cdot (i^{II} - i^{I}) \\ &\quad + ((P^B_m - NP_m) - K_{x,m}) \cdot (1 + i^{I}) \end{aligned}$$

Der besonders motivierte Leser sei dazu eingeladen, die Rechenschritte im Einzelnen zu rekapitulieren. Mithilfe von

$$g_{x,m,q} := (T_{x,m} - E_{x,m} - {}_{m-1}V_x^A) \cdot (q^{I}_{x+m-1} - q^{II}_{x+m-1}) \qquad (\rightarrow \text{Risikoergebnis}),$$

$$g_{x,m,i} := ({}_{m-1}V_x^A + P^B_m - K_{x,m}) \cdot (i^{II} - i^{I}) \qquad (\rightarrow \text{Kapitalanlageergebnis})$$

und

$$g_{x,m,K} := ((P^B_m - NP_m) - K_{x,m}) \cdot (1 + i^{I}) \qquad (\rightarrow \text{Kostenergebnis})$$

folgt für die Gesamtüberschüsse:

$$g_{x,m} = g_{x,m,q} + g_{x,m,i} + g_{x,m,K}$$

In $g_{x,m,q}$ ist dabei die Differenz der Sterbewahrscheinlichkeiten $(q^{I}_{x+m-1} - q^{II}_{x+m-1})$ für das Entstehen von Risikoüberschüssen verantwortlich, in $g_{x,m,i}$ eine entsprechende Differenz der Zinssätze und in $g_{x,m,K}$ die Differenz aus einkalkulierten Kosten erster Ordnung $(P^{B}_{m} - NP_{m})$ und tatsächlichen Kosten $K_{x,m}$. Beachte, dass die entscheidenden Differenzen in allen drei Summanden in $g_{x,m}$ genau dann positiv sind, wenn die Rechnungsgrundlagen zweiter Ordnung aus Sicht des Versicherers „besser" ausfallen, als durch die Rechnungsgrundlagen erster Ordnung suggeriert. In diesen Fällen ist gerade

$q^{I}_{x+m-1} - q^{II}_{x+m-1} > 0$ (tatsächliche Sterblichkeit war geringer als angenommen),

$i^{II} - i^{I} > 0$ (tatsächlich erzielter Zins war höher als angenommen),

$(P^{B}_{m} - NP_{m}) - K_{x,m} > 0$ (tatsächliche Kosten waren niedriger als angenommen).

Beachte zudem, dass das Risikoergebnis bei Rentenversicherungen genau dann positiv ausfällt, wenn

$$q^{I}_{x+m-1} - q^{II}_{x+m-1} < 0$$

gilt, da die Differenz $(q^{I}_{x+m-1} - q^{II}_{x+m-1})$ in $g_{x,m,q}$ mit dem Faktor $(T_{x,m} - E_{x,m} - {}_{m-1}V^{A}_{x})$ multipliziert wird, der bei Rentenversicherungen wegen

$$T_{x,m} = 0,\ E_{x,m} \geq 0 \text{ und } {}_{m-1}V^{A}_{x} \geq 0$$

ebenfalls negativ ist. Gilt bei Rentenversicherungen (oder allgemeiner: Erlebensfallversicherungen) hingegen $q^{I}_{x+m-1} - q^{II}_{x+m-1} > 0$, entsteht ein negatives Risikoergebnis. Die Kontributionsformel kann in jedem Fall angewendet werden.

In der Literatur taucht im Kostenergebnis $g_{x,m,K}$ anstelle der Nettoprämie NP_{m} häufig auch die **Zillmerprämie** P^{Z}_{m} auf, d. h.

$$g_{x,m,K} = ((P^{B}_{m} - P^{Z}_{m}) - K_{x,m}) \cdot (1 + i^{I})\ .$$

In dieser Darstellung bildet $g_{x,m,K}$ nur das **Verwaltungskostenergebnis** ab, die Abschlusskosten bleiben bei der Überschussermittlung unberücksichtigt. Dies muss bei den Kosten zweiter Ordnung $K_{x,m}$ freilich auch beachtet werden, hier werden dann ebenfalls nur die tatsächlichen Verwaltungskosten verwendet.

Die Kontributionsformel ist **einzelvertraglich** zu interpretieren (daher die Indexparameter x und m) und erlaubt eine Überschusszuweisung an den Einzelvertrag bei gleichzeitiger Aufschlüsselung nach Ergebnisquellen. Hauptproblem bei der konkreten Anwendung der Kontributionsformel zur Gewinnzerlegung ist die einzelvertragliche Kostenermittlung, da gerade Fixkosten nur näherungsweise auf den Versicherungsbestand aufgeteilt werden können.

Die einzelnen Summanden in der Kontributionsformel erlauben grobe Aussagen über den zeitlichen Verlauf der Rohüberschüsse, soweit angenommen wird, dass die für das Entstehen von Rohüberschüssen verantwortlichen Differenzen $(q^{I}_{x+m-1} - q^{II}_{x+m-1})$, $(i^{II} - i^{I})$ und $((P^{B}_{m} - NP_{m}) - K_{x,m})$ über die Vertragslaufzeit weitgehend konstant sind. Die Höhe der einzelnen Ergebnisse hängt dann maßgeblich von den jeweils anderen Faktoren in $g_{x,m,q}$, $g_{x,m,i}$ und $g_{x,m,K}$ ab. Folgende Daumenregeln lassen sich cum grano salis ablesen:

- Das Kapitalanlageergebnis gewinnt bei Versicherungen mit über die gesamte Laufzeit wachsender Deckungsrückstellung stetig an Bedeutung, da die ausreichende Deckungsrückstellung positiv in $g_{x,m,i}$ einfließt. Wegen $P^{B}_{m} - K_{x,m} \approx NP_{m}$ (d. h., das Kostenergebnis liegt nahe 0) gilt:

  $$g_{x,m,i} = ({}_{m-1}V_{x}^{A} + P^{B}_{m} - K_{x,m}) \cdot (i^{II} - i^{I}) \approx ({}_{m-1}V_{x}^{A} + NP_{m}) \cdot (i^{II} - i^{I}) ,$$

  gegen Ende der Vertragslaufzeit einer kapitalbildenden Lebensversicherung also sogar

  $$g_{x,m,i} \approx {}_{m-1}V_{x}^{A} \cdot (i^{II} - i^{I}) ,$$

  da die Deckungsrückstellung dann deutlich höher als die Jahresnettoprämie ausfällt, die deshalb vernachlässigt werden kann. Die Zinsdifferenz $(i^{II} - i^{I})$ wirkt mithin bei einer kapitalbildenden Lebensversicherung kurz vor Ablauf auf die gesamte bis dahin angesparte Deckungsrückstellung und erzeugt entsprechend hohe Rohüberschüsse. Ähnlich wichtig ist das Kapitalanlageergebnis für aufgeschobene Rentenversicherungen kurz vor Rentenbeginn, wenn das in Form der Deckungsrückstellung angesammelte Kapital seinen Höchststand erreicht.

- Genau andersherum verhält sich das Risikoergebnis bei Versicherungen mit stetig ansteigender Deckungsrückstellung. Der Term $(T_{x,m} - E_{x,m} - {}_{m-1}V_{x}^{A})$ wird durch das negative Vorzeichen der ausreichenden Deckungsrückstellung immer kleiner, womit der Ausdruck $g_{x,m,q}$ bei weitgehend konstanter Differenz der Sterblichkeiten ebenfalls immer kleiner wird und gegenüber dem Kapitalanlageergebnis an Bedeutung verliert.

- Bei Risikolebensversicherungen erreicht die ausreichende Deckungsrückstellung ihren Höchststand etwa zur Mitte der Vertragslaufzeit (vgl. Abschnitt E.2), entsprechend fällt hier das Kapitalanlageergebnis tendenziell am höchsten aus. Da die Deckungsrückstellung bei Risikolebensversicherungen insgesamt aber weit geringer ist als bei kapitalbildenden Lebensversicherungen gleicher Versicherungssumme (vgl. etwa Abb. E.2 und E.3 in Abschnitt E.2), macht das Kapitalanlageergebnis bei Risikolebensversicherungen einen weit geringerenAnteil der Rohüberschüsse aus. Hier gilt stattdessen (beachte, dass $E_{x,m} = 0$)

$$\begin{aligned} g_{x,m,q} &= (T_{x,m} - E_{x,m} - {}_{m-1}V_x^A) \cdot (q^I_{x+m-1} - q^{II}_{x+m-1}) \\ &= (T_{x,m} - {}_{m-1}V_x^A) \cdot (q^I_{x+m-1} - q^{II}_{x+m-1}) \\ &\approx T_{x,m} \cdot (q^I_{x+m-1} - q^{II}_{x+m-1}), \end{aligned}$$

  wobei die letzte Abschätzung darauf zurückzuführen ist, dass die Todesfallleistung weit höher als die ausreichende Deckungsrückstellung ist und ${}_{m-1}V_x^A$ daher vernachlässigt werden kann. Folglich wirkt die Differenz der Sterblichkeiten direkt auf die vereinbarte Versicherungssumme S (es gilt ja gerade $T_{x,m} = S$), entsprechend hoch fällt das Risikoergebnis bei Risikolebensversicherungen im Allgemeinen aus. Die obigen Ausführungen verlieren ihre Gültigkeit freilich immer dann, wenn die Differenzen zwischen Rechnungsgrundlagen erster und zweiter Ordnung während der Vertragslaufzeit größere Schwankungen erfahren (vgl. etwa zeitliche Entwicklung der Rohüberschüsse nach Gewinnquellen in Abschnitt 1.2).

2. Überschusszuweisung

Bei der **Überschusszuweisung** an einzelne Versicherungsverträge müssen die Lebensversicherer nach den Vorgaben der Versicherungsaufsicht mehrere teilweise konkurrierende Ziele parallel verfolgen. Einerseits sollen die erzielten Überschüsse möglichst **zeitnah** weitergegeben werden, andererseits soll die Höhe der zugewiesenen Überschüsse eine gewisse **zeitliche Stabilität** aufweisen. Dieses Problem lösen die Lebensversicherer durch die Aufteilung der Überschüsse in einen Teil, der direkt an den Einzelvertrag fließt, und einen Teil, der zunächst „zwischengelagert" wird, um dann später zugewiesen zu werden (Abschnitte 2.2 und 2.3). Die konkrete Höhe der Überschüsse wird mithilfe verschiedener **Überschusssysteme** (Abschnitt 2.1) bestimmt, die die Einzelüberschüsse in Anteilen einer geeigneten Bezugsgröße angeben.

2.1 Überschusssysteme

Sind die Rohüberschüsse nach Teilbeständen und Ergebnisquellen zerlegt, beschreibt das zugehörige **Überschusssystem** des Lebensversicherers (auch **Gewinnsystem**), wie die Überschüsse an die Einzelverträge zuzuweisen sind. Diese Überschusszuweisung geschieht unter Beachtung des **Gleichbehandlungsgrundsatzes** des § 11 (2) VAG, wonach Prämien und Leistungen bei Vorliegen gleicher Voraussetzungen „nur nach gleichen Grundsätzen bemessen werden“ dürfen. Da sich dieser Passus auch auf die Überschussbeteiligung bezieht, müssen die Lebensversicherer gegenüber der Versicherungsaufsicht eine grundsätzlich **verursachungsgerechte Überschusszuweisung** nachweisen. Die Gewinnzerlegung nach Teilbeständen und Ergebnisquellen bildet dafür eine wichtige Grundlage.

Eine weitere Forderung an Überschusssysteme ist die **zeitnahe Zuweisung** der anfallenden Überschüsse. Da die Überschüsse durch die im Bestand befindlichen Versicherungsverträge erzeugt worden sind (bzw. durch die Differenz aus Rechnungsgrundlagen erster und zweiter Ordnung bei diesen Verträgen), müssen die während eines Geschäftsjahres angefallenen Überschüsse im Wesentlichen denjenigen Einzelverträgen zugewiesen werden, die in diesem Geschäftsjahr auch im Bestand gewesen sind. Würden die Überschüsse mit größerer Zeitverzögerung an die Versicherten zurücktransferiert werden, käme es zu einer Quersubventionierung zwischen zeitlich separierten Beständen, was mit sachgerechter Mittelzuweisung nicht zu vereinbaren ist.

Ein Überschusssystem, das eine verursachungsgerechte und zeitnahe Überschusszuweisung auf Grundlage der Kontributionsformel umsetzt, wird als **natürliches Überschusssystem** bezeichnet. Die **Bezugsgrößen**, die bei der Überschusszuweisung in natürlichen Überschusssystemen hauptsächlich zum Einsatz kommen, entsprechen den Bezugsgrößen der einzelnen Ergebnisquellen bei der Gewinnzerlegung nach Abschnitt 1.2. Im Einzelnen bedeutet dies (vgl. KURZENDÖRFER):

- Die **Risikoüberschüsse** werden in Promille der Versicherungssumme bzw. des riskierten Kapitals (z. B. bei Verträgen mit fallender Versicherungssumme) oder in Prozent der Risikoprämie (vgl. Abschnitt E.4) ausgewiesen.
- Da die **Kapitalanlageüberschüsse** anteilig auf die Deckungsrückstellung erwirtschaftet werden, werden diese Überschüsse den Einzelverträgen auch auf Basis der jeweiligen Deckungsrückstellung zugewiesen.
- **Kostenüberschüsse** und andere Überschüsse werden meist auf die Versicherungssumme bezogen. Für die Stückkosten wird meist Prämienabhängigkeit unterstellt.

Hauptvorteil natürlicher Überschusssysteme ist ihr hohes Maß an Fairness bei der Überschusszuweisung, Hauptnachteil der damit einhergehende Aufwand bei der Gewinnzerlegung.

Bereits vor den natürlichen Systemen sind **mechanische Überschusssysteme** entwickelt worden, die die **gesamten Überschüsse** auf eine Bezugsgröße beziehen (Versicherungssumme oder Prämienhöhe) und damit eine relativ einfache Überschussermittlung gestatten. Freilich geschieht diese Vereinfachung auf Kosten einer verursachungsgerechten Überschusszuweisung, weshalb diese Systeme zumindest in Deutschland bisher keine große Verbreitung gefunden haben.

In der Versicherungspraxis finden oftmals Mischformen von natürlichem und mechanischem System Anwendung, die als **halbmechanische Überschusssysteme** bekannt sind. Diese Systeme versuchen, die Komplexität eines rein natürlichen Systems durch einzelne mechanische Vereinfachungen so weit zu reduzieren, dass ein tragbarer Kompromiss aus Aufwand und gerechter Mittelzuweisung erreicht wird.

2.2 Gewinnbeteiligung

Die von einem Lebensversicherer infolge seiner **Überschussdeklaration** gewährten **Überschussanteilsätze** (Prozent- oder Promilleanteile, jeweils bezogen auf eine der obigen Bezugsgrößen) sind Teil des jährlichen Geschäftsberichts. Die Überschussanteilsätze werden dabei getrennt nach Abrechnungsverbänden und Bestandsgruppen angegeben, weitere Unterteilungen erfolgen nach der Höhe des in einem Teilbestand gültigen Rechnungszinses (zwischen 2,25 und 4,0 %) sowie nach der Art der **Gewinnbeteiligung**. Es werden drei Formen der Gewinnbeteiligung unterschieden (vgl. KURZENDÖRFER):

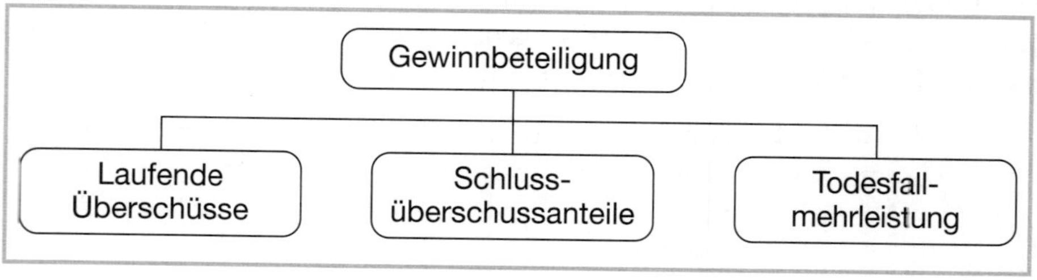

Abb. F.3: Formen der Gewinnbeteiligung

Die **laufenden Überschüsse** (auch **laufende Gewinnbeteiligung**) werden jährlich gutgeschrieben. Infolgedessen erwirbt der Versicherungsnehmer auch dann einen Anspruch auf diese Überschussanteile, falls der Vertrag durch Ablauf, Tod oder vorzeitige Kündigung (Rückkauf) beendet wird. Die laufenden Überschüsse erreichen den Versicherungsnehmer im Allgemeinen mit einer zeitlichen Verzögerung von ein bis zwei Jahren (vgl. Abschnitt 2.3).

Schlussüberschussanteile (SÜA; auch **Schlussgewinnanteile** [SGA]) werden zu Vertragsende gutgeschrieben. Die Schlussüberschussanteile hatten ursprünglich die Aufgabe, dem Einzelvertrag bei Beendigung (Ablauf, Tod, Rückkauf) diejenigen ihm zustehenden Überschussanteile zuzuweisen, die ihn aufgrund des Vertragsendes in Form laufender Überschüsse nicht mehr erreichen würden. Die letzten laufenden Überschussanteile gehen somit nicht verloren. Den Schlussüberschussanteilen kommt vor allem bei kapitalbildenden Lebensversicherungen mit laufender Beitragszahlung eine große Bedeutung zu, da die Kapitalerträge hier erst gegen Ende der Vertragslaufzeit ihr Maximum erreichen (Voraussetzung: kein plötzlicher Ertragseinbruch an den Kapitalmärkten). Heutzutage bilden die Schlussüberschussanteile für die Lebensversicherer vor allem ein wichtiges Steuerungsinstrument zur Regulierung der Überschusshöhe.

Einige Lebensversicherer bewilligen ihren Versicherungsnehmern neben laufenden Überschüssen und Schlussüberschussanteilen zusätzlich eine **Todesfallmehrleistung** in Prozent der Versicherungssumme.

2.3 Rückstellung für die Beitragsrückerstattung und Direktgutschrift

Die Hauptbedeutung bei der Gewinnbeteiligung kommt den laufenden Überschussanteilen sowie den Schlussüberschussanteilen zu. Um beide Überschussformen einem Einzelvertrag zuzuweisen, bedienen sich die Lebensversicherer nach § 56a VAG der **Rückstellung für die Beitragsrückerstattung** (RfB) und der **Direktgutschrift** (in § 56a [2] VAG nicht direkt als solche erwähnt; gemeint ist der dortige Passus „soweit sie den Versicherten nicht unmittelbar zugeteilt wurden"). Das Zusammenspiel beider Instrumente ermöglicht es, die angefallenen und einem Vertrag zugerechneten Überschüsse zeitnah und doch mit einer gewissen zeitlichen Stabilität zuzuweisen – trotz der natürlichen zeitlichen Schwankungen der Rohüberschüsse.

2.3.1 Rückstellung für die Beitragsrückerstattung

Die **Rückstellung für die Beitragsrückerstattung (RfB)** bildet neben der Deckungsrückstellung meist den größten Passivposten in der Bilanz eines Lebensversicherers (vgl. Abschnitt G.1.1) und stellt ein Kapitalsammelbecken zwischen den Rohüberschüssen und den einzelvertraglich zugewiesenen Überschüssen dar. Aufgabe der RfB ist die Glättung zeitlicher Schwankungen in der Höhe der Rohüberschüsse. Dies wird dadurch bewerkstelligt, dass der RfB Überschüsse zugeführt und gleichzeitig Mittel für die Überschusszuweisung an die einzelnen Versicherungsnehmer entnommen werden. Die Höhe der zugeführten und entnommenen Mittel muss dabei nicht übereinstimmen. So werden in Jahren mit geringen Rohüberschüssen meist mehr Mittel entnommen als zugeführt, in Jahren mit hohen Rohüberschüssen entsprechend mehr Mittel zugeführt als entnommen. Soweit die

RfB insgesamt eine hinreichende Größe aufweist, kann so ein hohes Maß an **zeitlicher Stabilität** bei der Überschusszuweisung gewährleistet werden. Ohne eine RfB müssten die Lebensversicherer jegliche Schwankungen an den Kapitalmärkten direkt an die Versicherten weitergeben, erhebliche Schwankungen und generelle Unsicherheit bei der jährlichen Überschusszuweisung wären die Folge.

Die RfB untergliedert sich in drei Bestandteile (teilweise entsprechend den in Abschnitt 2.2 beschriebenen Formen der Gewinnbeteiligung):

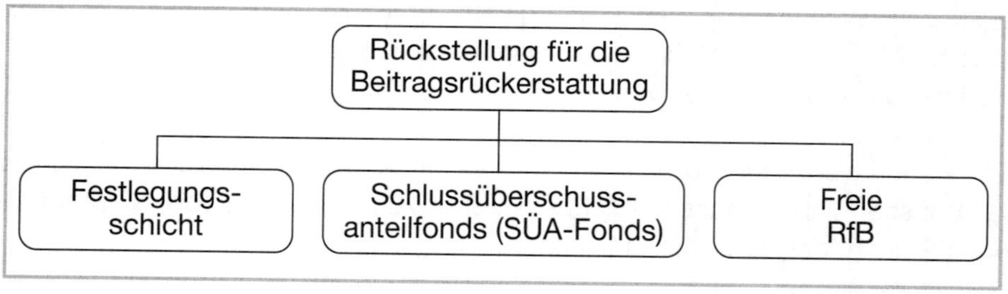

Abb. F.4: Bestandteile der RfB

Die **Festlegungsschicht** beinhaltet alle Mittel, die für die nächsten ein bis zwei Jahre an laufenden Überschussanteilen und Schlussüberschussanteilen voraussichtlich benötigt werden. Die Zeitdauer von ein bis zwei Jahren entspricht dabei der Zeitverzögerung, mit der einmal entstandene Überschüsse an die Versichertengemeinschaft transferiert werden und hängt vom jeweiligen Deklarationszeitraum des Versicherers ab. Auf die Mittel in der Festlegungsschicht besteht ein **expliziter Rechtsanspruch** des Versicherungsnehmers, auch wenn die Mittel als solche noch gar nicht zugewiesen worden sind. Sie unterliegen den Kapitalanlagevorschriften des § 54 (1) VAG und gehören zum **gebundenen Vermögen** des Versicherers (vor allem Prinzip der **Mischung und Streuung**, vgl. Abschnitt G.1.1).

Die Schlussüberschussanteile werden überwiegend aus dem **Schlussüberschussanteilfonds (SÜA-Fonds)** finanziert. Die Mittel für den SÜA-Fonds werden zeitanteilig angesammelt. Im Gegensatz zur Festlegungsschicht gehören die Mittel im SÜA-Fonds zum **freien Vermögen** eines Versicherers, werden bei der Berechnung des versicherungstechnischen Überschusses aber mit eingerechnet. Ein Rechtsanspruch auf die Mittel im SÜA-Fonds besteht grundsätzlich nur dann, wenn dies in den Versicherungsbedingungen explizit geregelt ist.

Grundsätzlich besteht kein Rechtsanspruch des Versicherungsnehmers auf die Mittel in der **freien RfB**. Die Mittel in dieser Schicht sind als Überschüsse zwar schon angefallen, aber noch nicht explizit einem Einzelvertrag zugeordnet worden. Wegen des fehlenden Rechtsanspruchs des Versicherungsnehmers kann die RfB vom Versicherer nach § 56a VAG dazu verwendet werden, finanzwirtschaftliche Notlagen abzuwenden. Als Teil des **freien Vermögens** des Versicherers unterliegt die freie RfB nicht den Anlagevorschriften des § 54 VAG.

Alle drei RfB-Schichten bilden zusammen einen **Puffer** zwischen der kollektiven Rohüberschussentstehung einerseits und der Überschusszuweisung an den einzelnen Versicherungsnehmer andererseits. Die **glättende Wirkung** der RfB ist letztlich darauf zurückzuführen, dass die in ihr enthaltenen Mittel im Voraus deklariert werden (**Vorausdeklaration**). Bezogen auf einen einzelnen Vertrag, der sich zum Bilanzstichtag im m-ten Versicherungsjahr befindet, enthält die RfB:

- Überschussanteile, die dem Vertrag für das m-te Versicherungsjahr zugeführtwerden sollen,
- Überschussanteile, die bereits im Vorjahr der RfB zugeführt worden sind und im (m + 1)-ten Versicherungsjahr zur Zuweisung kommen sollen,
- die zum Bilanzstichtag zugeführten Überschussanteile für das (m + 2)-te Versicherungsjahr.

Alles in allem verfügt die RfB damit über Gesamtmittel in Höhe von **zwei bis drei jährlichen Zuweisungen**, einen ein- bis zweijährigen Einbruch bei den Rohüberschüssen kann die RfB also durchaus herausglätten, ohne dass die Versichertengemeinschaft einen vergleichbaren Einbruch bei ihrer jährlichen Überschusszuweisung bemerkt. Verharren die Rohüberschüsse hingegen längerfristig auf einem niedrigeren Niveau, wird sich dies auch in niedrigeren Überschussdeklarationen zeigen.

So sinnvoll die Funktion der RfB bei der Glättung zeitlich variabler Rohüberschüsse ist, führt sie doch zu einem unerwünschten Nebeneffekt: Die Rohüberschüsse, die zu einem Zeitpunkt m im Versicherungsunternehmen anfallen (auf Basis der dann im Bestand befindlichen Verträge) erreichen die Versichertengemeinschaft erst mit **ein- bis zweijähriger Verspätung** (je nach Deklarationszeitraum). Da bis dahin einzelne Verträge aus dem Bestand ausscheiden und gleichzeitig neue Verträge hinzukommen, fließen die im Jahre m angefallenen Rohüberschüsse damit teilweise Verträgen zu, die an der Entstehung der Überschüsse gar nicht ursächlich beteiligt gewesen sind. Ausgeschiedene Verträge können an ihren Überschüssen nicht mehr beteiligt werden.

Um diesen Missstand zu beheben, hat die Versicherungsaufsicht die **Gesamthöhe** der Mittel in der RfB begrenzt. Danach dürfen die Mittel in der RfB unter Einbeziehung steuerlicher Bestimmungen (§ 21 [2] Körperschaftsteuergesetz) nicht höher sein als die Summe aus:

Summe der Zuführungen der letzten drei Wirtschaftsjahre
\+ Beträge, die bereits einzelnen Verträgen zugeteilt worden sind
\+ benötigte Mittel zur Finanzierung angefallener Schlussüberschussanteile

Damit büßt die RfB einen Teil ihrer Pufferfunktion zwischen Rohüberschüssen und letztlich zugewiesenen Überschüssen wieder ein, doch kann so ein gewisses Maß an Zeitnähe bei der Überschusszuweisung garantiert werden.

2.3.2 Direktgutschrift

Zusätzlich zur einer maximalen Obergrenze für die in der RfB enthaltenen Mittel ist 1984 die **Direktgutschrift** eingeführt worden, die eine direkte Zuweisung von Überschussmitteln an Versicherungsverträge vorsieht. Damit die Direktgutschrift in ihrer Höhe nicht von unerwünschten Schwankungen in den Rohüberschüssen beeinträchtigt wird, ist für die Höhe der Direktgutschrift ein Betrag von $(5 - i^{\prime})$ % des **VN-Guthabens** festgesetzt worden. Das hierfür maßgebliche VN-Guthaben wird häufig wie folgt definiert:

Deckungskapital der Hauptversicherung
\+ Deckungskapital des Summenzuwachses bzw. verzinslich angesammelte Überschüsse (vgl. Abschnitt 3)
\+ gezillmerte Nettoprämie zu Beginn des abgelaufenen Versicherungsjahres
= **VN-Guthaben**

Der genannte Satz von $(5 - i^{\prime})$ % dieser Bezugsgröße ist dabei als **Mindestsatz** zu verstehen, was vor allem in Jahren mit hohen Kapitalerträgen wichtig sein kann. Fallen die Rohüberschüsse insgesamt zu niedrig aus, um die geforderte Mindesthöhe der Direktgutschrift darzustellen, sind die Fehlbeträge der RfB zu entnehmen. Unterhalb einer Nettorendite von 6,5 % bei den Kapitalanlagen kann die Direktgutschrift auf Antrag bei der BaFin durch einen Versicherer gekürzt werden oder sogar ganz entfallen. Da die Kapitalerträge der meisten Lebensversicherer seit 2001 regelmäßig unter 6,5 % liegen, spielt die Direktgutschrift gegenwärtig nur eine untergeordnete Rolle, d. h., das Gros der Überschüsse erreicht die Versichertengemeinschaft über die einzelnen Schichten der RfB.

2.4 Regelungen der Mindestzuführungsverordnung

Mit Blick auf Abschnitt 2.3, die Interessen der Anteilseigner eines Versicherungsunternehmens (Aktionäre) sowie betriebswirtschaftliche Erfordernisse verteilen sich die in einem Geschäftsjahr angefallenen Rohüberschüsse damit auf drei Empfänger:

RfB

→ Zuweisung von Überschüssen an die Versichertengemeinschaft mit zeitlicher Verzögerung

Direktgutschrift

→ Direkte Zuweisung von Überschüssen an die einzelnen Verträge

Unternehmensgewinn bzw. **Jahresüberschuss**

→ Dividenden an Aktionäre und einbehaltene Gewinne (Gewinnrücklagen)

Es liegt dabei in der Natur des Lebensversicherungsgeschäfts, dass die in einem Geschäftsjahr erwirtschafteten Rohüberschüsse in weiten Teilen nicht als Ergebnis besonderer betriebswirtschaftlicher Leistung, sondern als Ergebnis des **Vorsichtsprinzips** des VAG zu interpretieren sind. Folglich schreibt der Gesetzgeber die **minimale Höhe** der jährlichen Überschusszuweisungen an die Versichertengemeinschaft im Rahmen der jährlichen Überschussdeklaration explizit vor. Wichtig ist dabei die Bezugsgröße des **Mindestsatzes**, die sich in den vergangenen Jahrzehnten mehrmals geändert hat, zuletzt 1982, 1994 und 2008.

Die im Jahre 2008 erlassene **Verordnung über die Mindestbeitragsrückerstattung in der Lebensversicherung („Mindestzuführungsverordnung“,** kurz **MindZV)** beinhaltet qualitative und quantitative Regelungen zur Höhe der Überschusszuweisungen. Die MindZV spezifiziert damit die Forderungen des § 153 (1) VVG, der einen expliziten Anspruch des Versicherungsnehmers auf eine Beteiligung an erwirtschafteten Überschüssen vorsieht, ebenso eine Beteiligung an etwaigen **Bewertungsreserven**.

Die eigentliche gesetzliche Grundlage der MindZV bildet § 81c (3) VAG, der das Bundesministerium der Finanzen dazu ermächtigt, eine Rechtsverordnung zur Mindestzuführung zur Rückstellung für Beitragsrückerstattung (RfB) zu erlassen und dabei insbesondere zu regeln, „ob und wie weit negative Erträge und Ergebnisse mit positiven Erträgen und Ergebnissen verrechnet werden dürfen“. Die sich hieraus ergebende Rechtsverordnung soll folglich im Gegensatz zu ihrer Vorgängerverordnung eine Begrenzung möglicher Querverrechnungen zwischen positiven und negativen Ergebnisquellen sicherstellen, zusätzlich wird eine Harmonisierung der Regelungen für Alt- und Neubestände angestrebt (vgl. Abschnitt [illegible].1).

Bezüglich der **Kapitalerträge** fordert § 4 (3) MindZV:

> *(3) Die Mindestzuführung zur Rückstellung für Beitragsrückerstattung in Abhängigkeit von den Kapitalerträgen für die überschussberechtigten Versicherungsverträge beträgt 90 vom Hundert der nach § 3 anzurechnenden Kapital-*

erträge abzüglich der rechnungsmäßigen Zinsen ohne die anteilig auf die überschussberechtigten Versicherungsverträge entfallenden Zinsen auf die Pensionsrückstellungen (...) Ergeben sich negative Beträge für die Mindestzuführung zur Rückstellung für Beitragsrückerstattung in Abhängigkeit von den Kapitalerträgen, werden diese durch Null ersetzt.

Auffällig ist die Verwendung des Begriffs „Kapitalerträge" anstelle des ebenso denkbaren Begriffs „Kapitalanlageergebnis", der zusätzlich auch Aufwendungen für Kapitalanlagen beinhalten würde; diese recht verbraucherfreundliche Regelung interpretiert das Kapitalanlagerisiko offensichtlich als unternehmerisches Risiko des Lebensversicherers, aus dem der Versichertengemeinschaft möglichst keine negativen Folgen erwachsen sollen.

Die Mindestzuführung zur RfB bei den **Kapitalerträgen** (mKE) genügt damit der Formel

$$mKE = \max(0; 0{,}9 \cdot KE - (RZ - ZP)) ,$$

wobei (jeweils bezogen auf ein Geschäftsjahr)

KE = (Anzurechnende) Kapitalerträge
RZ = Rechnungsmäßige Zinsen (bezogen auf Rechnungszinssatz)
ZP = (Anteilig entfallende) Zinsen auf Pensionsrückstellungen

Die Abrechnung ist dabei getrennt nach Alt- und Neubeständen vorzunehmen.

Für die Mindestzuführung zur RfB in Abhängigkeit vom **Risikoergebnis** (mRE) bzw. vom **übrigen Ergebnis** (mÜE) sehen § 4 (4) bzw. § 4 (5) MindZV vor:

$$mRE = \max(0; 0{,}75 \cdot RE)$$

bzw.

$$mÜE = \max(0; 0{,}5 \cdot ÜE) ,$$

wobei RE das Risikoergebnis und ÜE das übrige Ergebnis bezeichnen. Auch hier ist eine getrennte Abrechnung von Alt- und Neubeständen vorgesehen, ebenso werden nur positive Ergebnisse berücksichtigt.

Nach § 4 (6) MindZV beträgt die **Mindestzuführung zur RfB** schließlich getrennt nach Alt- und Neubeständen

$$mRfB = \max(0; mKE + mRE + mÜE - DG) ,$$

wobei DG die gesamte **Direktgutschrift** einschließlich der Direktgutschrift aufgrund der Beteiligung an Bewertungsreserven bezeichnet.

Alles in allem unterscheidet die MindZV damit im Gegensatz zur Gewinnzerlegung nach Ergebnisquellen in Abschnitt 1.2 nur drei Ergebnisquellen, das in seinem Umfang meist unbedeutende Kostenergebnis geht im übrigen Ergebnis ÜE auf. Die besonders wichtigen Überschussquellen KE und RE erhalten große Gewichte (0,9 bzw. 0,75), was grundsätzlich eine hohe Überschusszuweisung an die Versichertengemeinschaft sicherstellt. Unabhängig von den Regelungen der MindZV haben Lebensversicherungsunternehmen aber ohnehin ein lebhaftes Interesse an einer möglichst hohen Überschusszuweisung, definiert sich dadurch doch das der Versichertengemeinschaft gewährte Leistungsniveau der Produkte und damit langfristig das Abschneiden des Unternehmens in einschlägigen Produktratings.

Vor dem Hintergrund häufiger Krisen an den internationalen Finanzmärkten beinhaltet die MindZV allerdings auch diverse **Ausnahmeregelungen zur Reduzierung der Überschussbeteiligung**. So darf die Mindestzuführung zur RfB nach § 5 (1) MindZV mit Zustimmung der Aufsichtsbehörde reduziert werden,

- um den **Solvabilitätsbedarf** der überschussberechtigten Verträge des Gesamtbestandes zu decken (vgl. Abschnitt H.9),
- um **unvorhersehbare Verluste** aus dem Kapitalanlagen-, Risiko- oder übrigen Ergebnis, die auf eine allgemeine Änderung der Verhältnisse zurückzuführen sind, auszugleichen oder
- um den **Erhöhungsbedarf der Deckungsrückstellung**, der sich aus einer unvorhersehbaren und nicht nur vorübergehenden Änderung der Verhältnisse (bezogen auf die Rechnungsgrundlagen) ergibt, sicherzustellen.

Diese Regelungen stellen eine wichtige Ergänzung des § 56a (3) VAG dar, wonach Versicherungsunternehmen mit Zustimmung der Aufsichtsbehörde dazu berechtigt sind,

> *(...) in Ausnahmefällen die Rückstellung für Beitragserstattung, soweit sie nicht auf bereits festgelegte Überschussanteile entfällt, im Interesse der Versicherten zur Abwendung eines drohenden Notstandes heranzuziehen.*

Sowohl die Zuführung zur RfB als auch Teile der RfB selbst (vgl. Abschnitt 2.3.1) stehen somit in Krisenzeiten zur Abwehr finanzwirtschaftlicher Schieflagen des Lebensversicherers zur Verfügung.

3. Überschussverwendung

Sind einem Versicherungsvertrag Überschüsse in bestimmter Höhe zugewiesen worden, muss noch über die **Überschussverwendung** (auch **Gewinnverwendung**) entschieden werden. Die Überschussverwendung gibt an, in welcher Form die zugewiesenen Überschüsse den Versicherungsnehmer erreichen. Das Versicherungsunternehmen ist dabei daran interessiert, die zugewiesenen Überschüsse möglichst lange im Unternehmen zu halten, um einen Liquiditätsabfluss zu vermeiden – eine Strategie, von der durchaus auch die Versichertengemeinschaft profitiert, da hierdurch weitere Kapitalerträge erwirtschaftet werden können.

In der Praxis haben sich verschiedene **Bezugsformen** herausgebildet, die jeweils bei bestimmten Versicherungsarten angeboten werden und entweder eine **Entlastung bei der Prämienzahlung** oder eine **Erhöhung der Versicherungsleistungen** bewirken. Die Entscheidung über das Bezugssystem fällt der Versicherungsnehmer bei Vertragsabschluss. Die auf dem deutschen Markt gängigen Bezugsformen sind:

- **Bonussystem**
  Bei Bonussystemen werden die Überschüsse als Einmalbeiträge in eine Versicherung mit gleichem Leistungsspektrum und gleicher Restlaufzeit wie die bestehende Versicherung einbezahlt. Das Bonussystem führt damit bei einer kapitalbildenden Lebensversicherung zu einer Erhöhung sowohl der Todesfall- als auch der Erlebensfallleistung. Die aus Überschüssen finanzierten Einmalbeitragsversicherungen sind ihrerseits wieder überschussberechtigt.
- **Verzinsliche Ansammlung**
  Soll der Erlebensfallcharakter einer kapitalbildenden Lebensversicherung stärker betont werden, bietet sich als Alternative zum Bonussystem die verzinsliche Ansammlung der angefallenen Überschüsse an. Bei diesem Verfahren wird der Jahresüberschuss ähnlich einem Sparbuch mit einem jährlichen Ansammlungszins verzinst. Die letztendliche Höhe der Verzinsung hängt dabei von den durchschnittlichen Kapitalerträgen des Versicherungsunternehmens ab. Die verzinsliche Ansammlung erhöht die Ablaufleistung bei kapitalbildenden Lebensversicherungen oder – bei aufgeschobenen Rentenversicherungen – die spätere Rentenhöhe.
- **Sofortrabatt**
  Bei Risikolebensversicherungen sowie BU- und EU-Versicherungen (Versicherungen ohne Sparanteile) werden die Überschüsse oft direkt mit den fälligen Bruttoprämien verrechnet und führen so zu einem niedrigeren Zahlbeitrag. Der Sofortrabatt (auch **Beitragsver-**

rechnung oder **Beitragsvorwegabzug**) eignet sich somit zur Darstellung niedriger Prämien, die Versicherungsleistungen (Todesfallleistung, BU- bzw. EU-Rente) erhöhen sich dagegen nicht. Bei vorzeitiger Kündigung des Vertrags bestehen keine Ansprüche auf weitere Überschussanteile.

- **Todesfallbonus**
  Alternativ zum Sofortrabatt kann bei Risikolebensversicherungen auch der Todesfallbonus gewählt werden, bei dem die Überschussmittel eine einjährige Todesfallversicherung finanzieren. Im Todesfall besteht die Versicherungsleistung dann aus garantierter Versicherungssumme und Todesfallbonus, was eine Erhöhung der Versicherungsleistung von 40 % und mehr bedeuten kann. Todesfallbonus und Sofortrabatt entsprechen einander direkt, d. h., das letztlich gewährte Preis-Leistungs-Verhältnis (ausgedrückt durch den Quotienten aus Beitragssumme und Todesfallleistung) ist praktisch identisch.
- **Barauszahlung**
  Bei der Barauszahlung fließen die zugewiesenen Überschüsse direkt an die Versicherungsnehmer, meist in Form einer Banküberweisung. Diese Bezugsform ist vor allem bei Leibrentenversicherungen in der Bezugsphase üblich, bei kapitalbildenden Lebensversicherungen oder Leibrentenversicherungen mit laufender Beitragszahlung in der Ansparphase hingegen sehr selten (steuerliche Aspekte!).

Je nach Versicherungsart sind damit folgende Bezugsformen üblich:

Bezugsform	**Kapitalbildende Lebensvers.**	**Renten-versicherung**	**Risikolebens-versicherung**	**BU(Z)/EU(Z)**
Bonussystem	✓	✓		
Verzinsliche Ansammlung	✓	✓ (Aufschubzeit)		
Sofortrabatt			✓	✓
Todesfallbonus			✓	
Barauszahlung		✓ (Rentenbezug)		✓ (Rentenbezug)

Daneben gibt es noch **Mischformen** der genannten Bezugsformen sowie Sonderformen wie etwa Berufsunfähigkeitsversicherungen, bei denen die erwirtschafteten Überschüsse in einen Investmentfonds fließen. Parallel zum Versicherungsvertrag wird so entweder eine zusätzliche Altersversorgung aufgebaut oder im Leistungsfall neben der üblichen BU-Rente eine Zusatzleistung ausgezahlt. Ebenso ist es bei einigen Versicherern möglich, mithilfe der Überschüsse das Deckungskapital des Versicherungsvertrags aufzustocken und so eine Verkürzung der Versicherungsdauer zu erreichen **(Dauerverkürzung)**.

Insgesamt lässt sich der Weg der Überschüsse von den Rohüberschüssen bis zu den konkreten Auszahlungsformen damit wie folgt darstellen:

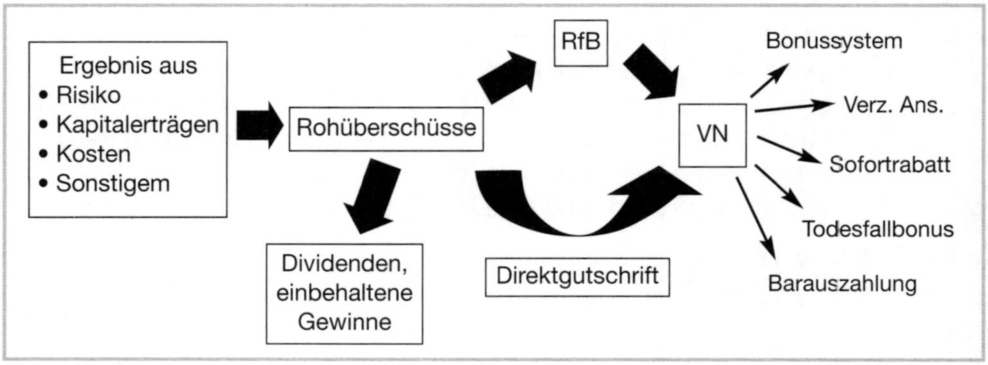

Abb. F.5: Gesamtübersicht zu Überschüssen in der Lebensversicherung

4. Finanzierbarkeitsnachweis

Mit der Festsetzung der Überschussanteilsätze durch den Unternehmensvorstand und der Veröffentlichung im Jahresabschluss des Versicherungsunternehmens sind die Überschusszuweisungen an die einzelnen Teilbestände nur für ein Geschäftsjahr festgeschrieben. Eine Garantie für die Höhe einer einmal gewährten Überschussbeteiligung kann mit Blick auf die Schwankungsanfälligkeit des Jahresergebnisses nicht ausgesprochen werden. Ebenso verständlich ist aber das Interesse der Lebensversicherungsunternehmen, eine möglichst hohe Überschussbeteiligung auch längerfristig halten zu können, da die Überschüsse eines Lebensversicherungsvertrags einen wichtigen Bestandteil des Preis-Leistungs-Verhältnisses bilden.

Deshalb versuchen die Lebensversicherer, die zeitliche Stabilität ihrer Überschussbeteiligung mithilfe von Modell- und Prognoserechnungen zu untermauern. Solche **Finanzierbarkeitsnachweise** (vgl. Reichel, Teil 4) sind im Rahmen der jährlichen Überschussdeklaration zwar aufsichtsbehördlich nicht explizit vorgeschrieben, für eine glaubhafte Darstellung von Überschussbeteiligungen aber erforderlich. Ein entsprechendes Rundschreiben des damaligen BAV („Hinweise zur Darstellung der Überschussbeteiligung“, Rundschreiben R2/2000) verlangt einen „Finanzierbarkeitsnachweis nach den anerkannten Regeln der Versicherungsmathematik" als Grundlage jedweder veröffentlichter Annahmen über den künftigen Verlauf einer Überschussbeteiligung. Diese Forderung ist vor dem Hintergrund zu sehen, dass die Zahlenwerte einer Überschussbeteiligung als wesentliches Kriterium bei der Kaufentscheidung eines neuen Versicherungskunden gelten müssen. Eine ähnliche Forderung hat der **Gesamtverband der Deutschen Versicherungswirtschaft e. V. (GDV)** in seinem Rundschreiben 0456/2000 formuliert, in dem darauf hingewiesen wird, dass Modellrechnungen zur Überschussbeteiligung, die „nicht aus der jeweiligen Unternehmenssituation begründet werden können", unlauteren Wettbewerb darstellen. Vergleiche dazu auch die seit 2008 bestehenden Regelungen des § 154 VVG zu Modellrechnungen auf Basis dreier Zinsszenarien.

Da ein Finanzierbarkeitsnachweis Aussagen über die **zukünftige Darstellbarkeit** einer in der Gegenwart gewährten Überschussbeteiligung treffen soll, müssen notgedrungen Annahmen über die künftige Entwicklung überschussrelevanter Größen im Versicherungsunternehmen getroffen werden. Dazu gehören Zukunftsprognosen (Rechnungsgrundlagen zweiter Ordnung) über die künftige Entwicklung der Größen

- Risikoergebnis → q^{II}
- Kapitalanlageergebnis → i^{II}
- Kostenergebnis → K^{II} (getrennt nach Abschluss- und Verwaltungskosten)
- Rückversicherungsergebnis
- Stornoergebnis
- Sonstiges Ergebnis

Alles läuft letztlich darauf hinaus, die zeitliche Entwicklung der für Erträge und Aufwendungen verantwortlichen Größen im Versicherungsunternehmen zu modellieren. Dies geschieht mithilfe aufwendiger Computersimulationen. Im Ergebnis erhält man geschätzte Zeitreihen für die künftigen **Erträge und Aufwendungen** des Unternehmens (Gegenwart sei der Zeitpunkt t):

Erträge: $E_t, E_{t+1}, E_{t+2}, \ldots, E_{t+N}$ (Erträge laufen N weitere Jahre)

Aufwendungen: $A_t, A_{t+1}, A_{t+2}, \ldots, A_{t+M}$ (Aufwendungen laufen M weitere Jahre)

Daneben ist noch das zum Zeitpunkt t **vorhandene Vermögen** eines Vertrags zu beachten, das sich nach folgender Formel berechnet:

Gezillmerte Deckungsrückstellungen
\+ Deckungsrückstellungen der Boni
\+ Zusätzliche Deckungsrückstellungen aufgrund von Verkürzung der Versicherungsdauer
\+ Guthaben aus der verzinslichen Ansammlung von Überschussanteilen
\+ Rückstellung für die Beitragsrückerstattung
\+ Beitragsüberträge aus dem Vorjahr
= **Vorhandenes Vermögen V_t**

Der Finanzierbarkeitsnachweis untersucht nun, wie sich V_t aufgrund künftiger Erträge und Aufwendungen bis zum Ende der Vertragslaufzeit verändern wird. Dabei wird normalerweise nach dem **Going-Concern-Prinzip** verfahren, d. h., der bestehende Versicherungsbestand wird ohne Berücksichtigung etwaigen Neugeschäfts fortgeschrieben (vgl. VON FÜRSTENWERTH/WEIß).

Zunächst ist in diesem Zusammenhang zu beachten, dass alle Erträge und Aufwendungen zu diskontieren sind. Der dafür benötigte Zins i_m im Jahre m kann nach der **Formel von HARDY** geschätzt werden (Herleitung siehe etwa WOLFSDORF):

$$i_m = \frac{2 \cdot I_{m,i}}{K_m + K_{m-1} - I_{m,i}}$$

Dabei bezeichnet K_m die Summe der Kapitalanlagen am Ende des m-ten Jahres (K_{m-1} entsprechend ein Jahr früher) und $I_{m,i}$ die Differenz aus Kapitalerträgen und Kapitalaufwendungen im Jahre m. Dem so gewonnenen Zins i_m entspricht ein **Diskontierungsfaktor** $v_m = (1 + i_m)^{-1}$, mit dessen Hilfe die Zeitwerte der Erträge und Aufwendungen ermittelt werden können.

Der Finanzierbarkeitsnachweis überprüft nun, ob die Bedingung

$$V_t + \sum_{k=0}^{\max(M,N)} (E_{t+k} - v_t^{0,5} \cdot A_{t+k}) \cdot v_t^k \geq 0$$

erfüllt ist, wobei v_t einem geeigneten mittleren Zins i_t der letzten drei bis fünf Jahre entspricht (zugehörige Einzelzinssätze bestimmt nach der Formel von HARDY). Die in der Ungleichung auftretende Summe ist gleich dem **Barwert** der Differenzen aus künftigen Erträgen und Aufwendungen. Die Aufwendungen werden zusätzlich mit einer halben Potenz von v_t multipliziert, da sie auch unterjährig fällig werden (überwiegend Versicherungsleistungen).

Ist obige Finanzierbarkeitsbedingung erfüllt, kann davon ausgegangen werden, dass die einem Versicherungsvertrag langfristig in Aussicht gestellten Überschussanteilsätze tatsächlich finanzierbar sind. Wird ein Versicherungsvertrag als „Investition" des Versicherungsunternehmens interpretiert, bedeutet obige Ungleichung letztlich, dass diese Investition einen **positiven Kapitalwert** besitzt (**Kapitalwertmethode**, vgl. einschlägige Literatur zu dynamischen Investitionsrechenverfahren, z. B. OLFERT/REICHEL). Über die gesamte Laufzeit betrachtet „rentiert" sich die Investition für den Versicherer bei positivem Kapitalwert.

Eine alternative Finanzierbarkeitsbedingung ist die Forderung

$$V_t + \sum_{k=0}^{\max(M,N)} (E_{t+k} - v_j^{0,5} \cdot A_{t+k}) \cdot v_j^k \overset{!}{=} 0,$$

wobei der hieraus bestimmte **Sollzins** i_j zum Kapitalwert 0 in

$$v_j = \frac{1}{1 + i_j}$$

der Bedingung $i_j \leq i_t$ genügen muss. Der unbekannte Zinssatz i_j wird mithilfe numerischer Näherungsverfahren ermittelt (z. B. NEWTON-Verfahren, vgl. FÜHRER [1]), i_t ist wieder ein geschätzter mittlerer Zinssatz, den der Versicherer voraussichtlich über die Vertragslaufzeit erzielen wird (**Istzins**; ermittelt auf Basis von Einzelschätzwerten i_m nach der Formel von HARDY). Ist die Ungleichung $i_j \leq i_t$ erfüllt, erzielt der Versicherer einen höheren Istzins, als für einen Kapitalwert 0 des Versicherungsvertrags erforderlich wäre, der Vertrag ist also aus Sicht des Versicherers finanzierbar. Dieses Vorgehen entspricht der **Internen-Zinsfuß-Methode** der Investitionsrechnung und findet in ähnlicher Form breite Anwendung bei betriebswirtschaftlichen Investitionsentscheidungen (vgl. OLFERT/REICHEL).

Unabhängig von der gewählten Form ist der Finanzierbarkeitsnachweis immer mit einer gewissen Unsicherheit behaftet. Vor allem die exakte Schätzung der künftigen Kapitalmarktentwicklung sowie der unternehmensinternen Kosten ist nur schwer durchführbar. Dennoch kann der Lebensversicherer auf Basis eines erfolgten Finanzierbarkeitsnachweises eine einmal getätigte Überschussdeklaration cum grano salis als glaubwürdige Orientierungshilfe für die Zukunft interpretieren. Eine Weiterentwicklung des Finanzierbarkeitsnachweises, das **Profit Testing**, wird in Abschnitt G.2.1 diskutiert. Für weiter gehende Literatur zum Finanzierbarkeitsnachweis sei auf die zahlreichen Quellenangaben in WOLFSDORF verwiesen.

G. Rechnungslegung im Lebensversicherungsunternehmen

Der **Jahresabschluss** eines Lebensversicherungsunternehmens verfolgt Ziele der **Offenlegung** und **Erfolgsrechnung**, soll also einerseits Einblicke in das Unternehmen gewähren, andererseits Auskunft über den betriebswirtschaftlichen Erfolg einer Periode (im Allgemeinen eines Geschäftsjahres) geben. Neben den allgemeinen bilanziellen Richtlinien des **Handelsgesetzbuches** (HGB; von Bedeutung sind hier die §§ 238–339) bilden vor allem die versicherungsspezifischen Regelungen in den §§ 341–341p HGB sowie die **Verordnung über die Rechnungslegung der Versicherungsunternehmen (RechVersV)** die rechtlichen Grundlagen.

Der Jahresabschluss eines Lebensversicherers besteht aus vier Teilen:

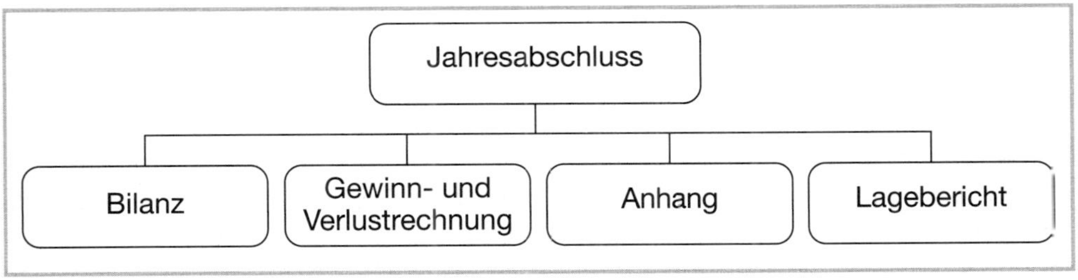

Abb. G.1: Bestandteile des Jahresabschlusses

- Die **Bilanz** stellt die **Kapitalstruktur** (**Passivseite**; „Woher kommt das Kapital?") und die **Vermögensstruktur** (**Aktivseite**; „Wie ist das Kapital angelegt?") eines Unternehmens dar. Eine Bilanz ist stets eine **Stichtagsbetrachtung**, Bezugszeitpunkt ist meist der 31. 12. eines Jahres.
- Die **Gewinn- und Verlustrechnung** (kurz **GuV**) ist im Gegensatz dazu eine **Zeitraumbetrachtung**, die Auskunft über den betriebswirtschaftlichen Erfolg einer Periode gibt (im Allgemeinen ein Geschäftsjahr). Sie stellt Aufwendungen und Erträge einander gegenüber und gestattet so eine grobe Aufschlüsselung des Unternehmensgewinns nach Quellen.
- Ein **Anhang** liefert ergänzende Informationen zu Einzelposten in Bilanz und GuV. Der Anhang erfüllt damit eine **Erläuterungs-, Korrektur- und Entlastungsfunktion** für Bilanz und GuV; zusätzlich wird auch eine **Ergänzungsfunktion** wahrgenommen, falls einzelne Angaben in Bilanz oder GuV ein tatsächliches Bild der finanziellen

Verhältnisse nur unzureichend liefern können (beispielsweise Angabe von **Zeitwerten** der Kapitalanlagen, siehe Abschnitt 1.1).

- Der **Lagebericht** nach § 341a (1) HGB beinhaltet weiter gehende Informationen und Kommentare zur Unternehmensstruktur, zur allgemeinen Geschäftsentwicklung etc. Dass der Lagebericht damit auch ein Mittel aktiver Öffentlichkeitsarbeit darstellt, versteht sich von selbst.

Die Kernbestandteile des Jahresabschlusses sind Bilanz und GuV, sie bilden zusammen die **externe Rechnungslegung**. Die nicht im Jahresabschluss thematisierte **interne Rechnungslegung** setzt sich aus Einzelmeldungen der Versicherer gegenüber der BaFin auf Basis fest vorgegebener **Formblätter** zusammen (so genannte **Nachweise**). Diese Informationen sind öffentlich nicht zugänglich und bilden die Basis der Solvenzkontrolle der Versicherungsunternehmen durch die staatliche Aufsicht.

Der folgende Abschnitt 1 erklärt zunächst den groben Aufbau von **Bilanz und GuV** auf Basis der aktuariellen Konzepte der Kapitel D und E. Die **wertorientierte Steuerung** von Lebensversicherungsunternehmen wird in Abschnitt 2 anhand einiger moderner betriebswirtschaftlicher Methoden vorgestellt. Der Fokus soll auch hier darauf liegen, speziell die Interaktion von Lebensversicherungsmathematik einerseits und betriebswirtschaftlicher Realität andererseits aufzuzeigen. Alle genannten Methoden sind dabei als Überbegriffe für unterschiedliche strategische Denkansätze und Ideen zu verstehen, mit deren Hilfe die Interessen der direkt an einem Lebensversicherungsunternehmen beteiligten Personengruppen (Versicherte, Mitarbeiter, Anteilseigner) gewahrt werden sollen.

1. Bilanz und Gewinn- und Verlustrechnung bei Lebensversicherungsunternehmen

Die **externe Rechnungslegung** im Lebensversicherungsunternehmen setzt sich aus **Bilanz** und **Gewinn- und Verlustrechnung** zusammen. Obwohl beide Bestandteile maßgeblich durch die einschlägigen gesetzlichen Vorgaben des HGB bestimmt werden, sorgen die versicherungsspezifischen Zusatzvorgaben in §§ 341 bis 341p HGB und in der RechVersV dafür, dass sich Bilanz und GuV eines Lebensversicherers markant von der eines gewöhnlichen Industriebetriebs unterscheiden. Diese Unterschiede resultieren aus der besonderen Struktur des Versicherungsgeschäfts, das im Grunde auf finanziellen Transaktionen immateriellen Charakters zwischen Versicherer und Versicherungsnehmer beruht. Dass die einzelnen Transaktionen dabei auch noch stochastischen Gesetzmäßigkeiten genügen, erschwert die objektive Darstellung der wirtschaftlichen Lage eines Lebensversicherers zusätzlich.

Bemerkung: Die folgenden Darstellungen zur Bilanz und GuV von Lebensversicherungsunternehmen sollen lediglich dem Zweck dienen, wichtige Beziehungen zwischen den versicherungsmathematischen Grundlagen der Kapitel D, E und F und der Rechnungslegung bei Lebensversicherern aufzuzeigen. Für eine ausführliche Diskussion der recht komplizierten Rechnungslegung bei Lebensversicherern sei direkt auf die **RechVersV** verwiesen. Auch wird bewusst auf einige neuere Entwicklungen im Umfeld der Rechnungslegung verzichtet (moderne Rechungslegung nach US-GAAP oder IFRS), da dies den Rahmen eines Einführungswerkes in die Lebensversicherungsmathematik sprengen würde.

1.1 Aktuarielle Aspekte der Bilanz

Die **Bilanz** eines Unternehmens gibt Auskunft über die **Mittelherkunft (Passivseite)** und die **Mittelverwendung (Aktivseite)**. Die Aktivseite gliedert sich in das langfristig eingesetzte **Anlagevermögen** und das **Umlaufvermögen**, das all jene Vermögenswerte zusammenfasst, die nicht dauerhaft dem Geschäftsbetrieb dienen. Demgegenüber unterteilt sich die Passivseite in das **Eigenkapital** (Einlagen der Anteilseigner, zumeist der Aktionäre), **langfristiges Fremdkapital** (Fälligkeit in mehreren Jahren) und **kurzfristiges Fremdkapital** (Verbindlichkeiten, die in naher Zukunft fällig werden und mit entsprechender Liquidität bedeckt werden müssen). Für die Größenverhältnisse gelten dabei bei einem „normalen" Industriebetrieb folgende Schätzungen:

Aktivseite (Mittelverwendung)	**Passivseite (Mittelherkunft)**
Anlagevermögen 70 % Umaufvermögen 30 %	Eigenkapital 30 % Fremdkapital (langfristig) 40 % Fremdkapital (kurzfristig) 30 %

Die genannten Schätzwerte für die Passivseite besagen letztlich, dass ein durchschnittliches Industrieunternehmen etwa 70 % seines Finanzbedarfs auf dem freien Kapitalmarkt über Darlehen, Anleihen etc. deckt, während gut 30 % der Bilanzsumme auf der Passivseite auf die Einlagen der Anteilseigner entfällt. Auf der Aktivseite hingegen entfallen rd. 70 % der Bilanzsumme auf das für Industrieunternehmen verständlicherweise wichtige Anlagevermögen (Fabrikanlagen etc.), während das Umlaufvermögen (Kassenbestand etc.) weniger umfangreich ausfällt.

Bei **Lebensversicherern** bietet sich ein gänzlich anderes Bild. Die speziellen Vorschriften in HGB und RechVersV bringen es mit sich, dass hier Bilanzgrößen auftauchen, die unmittelbar mit dem Versicherungsgeschäft zusammenhängen. Im Jahr 2008 zeigten die Bilanzen deutscher Lebensversicherer nach dem Jahresbericht der BaFin, Teil B, folgende Grobzusammensetzung (Summenwerte von 100 Unternehmen):

Wesentliche Positionen der Aktivseite deutscher Lebensversicherungsunternehmen 2008	in Mio. €
Kapitalanlagen soweit nicht Depotforderungen aus dem in Rückversicherung genommenen Geschäft	686.071
Kapitalanlagen für Rechnung und Risiko von Inhabern von Lebensversicherungspolicen	31.534
Übrige Positionen	34.252
Bilanzsumme	**751.857**

Wesentliche Positionen der Passivseite deutscher Lebensversicherungsunternehmen 2008	in Mio. €
Eigenkapital	11.680
Deckungsrückstellung	596.960
Deckungsrückstellung soweit Anlagerisiko vom Versicherungsnehmer getragen wird	31.534
Rückstellung für die Beitragsrückerstattung	54.825
Verzinslich angesammelte Überschussanteile	28.853
Übrige Positionen	28.005
Bilanzsumme	**751.857**

Auffallend auf der **Aktivseite** ist der beherrschende Posten der Kapitalanlagen mit rd. 686,1 Mrd. €, die überwiegend auf das so genannte **Sicherungsvermögen** nach § 66 VAG entfallen. Die Mittel in diesem Sicherungsvermögen investiert der Lebensversicherer nach den Vorgaben des § 54 VAG, wobei insbesondere der Grundsatz der **Mischung und Streuung** (§ 54 [1] VAG) von Bedeutung ist. Die anzulegenden Kapitalmittel müssen auf unterschiedliche Anlageklassen (Mischung) und gleichzeitig auf mehrere Schuldner innerhalb jeder Anlageklasse verteilt werden (Streuung). Durch diese strengen Anlagegrundsätze wird nach den Erkenntnissen der Investitionstheorie das Anlagerisiko eines Portefeuilles dauerhaft minimiert – ohne massive Abstriche bei der erwarteten Rendite (vgl. HAUGEN).

Für die mit einem Kapitalanlageportefeuille erzielbare Rendite ist meist der Aktienanteil im Portefeuille relevant, der für den Deckungsstock nach § 54 VAG bzw. nach der **Verordnung über die Anlage des gebundenen Vermögens von Versicherungsunternehmen (AnlV)** eine Obergrenze von 35 % nicht überschreiten darf

(**Risikokapitalquote**; bezieht neben Aktien auch andere riskante Kapitalanlageformen mit ein). Durch diese Obergrenze wird sichergestellt, dass das Gros der Kapitalanlagen in eher schwankungsarme (risikoarme) Wertpapiere wie staatliche oder private Anleihen (auch festverzinsliche Wertpapiere oder Rentenpapiere genannt) fließt. Zum Jahresende 2008 entfielen z. B. nur 1,0 % des Anlageportefeuilles deutscher Lebensversicherer auf Aktien, weitere 24,6 % auf Investmentanteile mit Aktienanteilen, die ebenfalls zu den riskanteren Anlageformen gezählt werden dürfen. Im Einzelnen hielten die 100 von der BaFin im Jahre 2008 erfassten Lebensversicherungsunternehmen zum 31. 12. 2008 folgende Vermögenswerte:

Anlageart	**%-Anteil am Gesamtportefeuille**
Grundstücke, grundstücksgleiche Rechte und Bauten	1,6
Kapitalanlagen in verbundenen Unternehmen und Beteiligungen	3,5
Aktien, Investmentanteile und andere nicht festverzinsliche Wertpapiere	25,6
Inhaberschuldverschreibungen und andere festverzinsliche Wertpapiere	7,4
Hypotheken-, Grundschuld- und Rentenschuldforderungen	8,6
Namensschuldverschreibungen (festverzinsliche Wertpapiere)	26,7
Schuldscheinforderungen und Darlehen	22,3
Sonstige Kapitalanlagen	4,3

Alle genannten Kapitalanlagen werden nach dem **Niederstwertprinzip** in der Bilanz aktiviert, das als Kapitalanlageanalogon des **Vorsichtsprinzips** bei der Prämienberechnung verstanden werden kann (vgl. Abschnitt D.1). Folgende Formen des Niederstwertprinzips werden verwendet:

- **Einfaches Niederstwertprinzip**
  Der Bilanzwert einer Kapitalanlage ist gleich dem Anschaffungswert.
- **Strenges Niederstwertprinzip**
  Der Bilanzwert einer Kapitalanlage ist gleich dem Minimum aus Anschaffungswert und aktuellem Kurswert.
- **Verschärftes strenges Niederstwertprinzip**
  Der Bilanzwert einer Kapitalanlage ist gleich dem Minimum aus Anschaffungswert, Bilanzwert des Vorjahres und Kurswert zum aktuellen Bilanzstichtag.

Die einzelnen Formen des Niederstwertprinzips werden dabei auf unterschiedliche Wertpapierformen angewendet, z. B. kommt das verschärfte strenge Niederstwertprinzip bei Inhaberaktien und festverzinslichen Inhaberpapieren zur Anwendung („Inhaber“ deutet dabei an, dass der Inhaber das im Wertpapier verbriefte Recht ohne weiteren Berechtigungsnachweis geltend machen kann). Ziel des Niederstwertprinzips ist unabhängig von der gewählten Form eine hinreichend defensive Darstellung der Kapitalanlageverhältnisse auf der Aktivseite, weshalb die ausgewiesenen **Buchwerte** im Vergleich zu den tatsächlichen **Zeitwerten** der Kapitalanlagen eher zu niedrig ausfallen. Soweit dann

Buchwert $<$ Zeitwert

gilt, verfügt der Versicherer über **positive Bewertungsreserven** (stille Reserven). Derartige posivite Bewertungsreserven bilden ein wichtiges Rückgrat einer auf Sicherheit und Vorsicht bedachten Unternehmensführung in der Lebensversicherung. Werden die zu pessimistisch bilanzierten Kapitalanlagen schließlich zu ihrem Zeitwert veräußert, werden die stillen Reserven realisiert und treten als **außerordentliche Kapitalerträge** in der Gewinn- und Verlustrechnung des Versicherers auf. Seit der VVG-Reform 2008 sind die Versicherungsnehmer nach § 153 VVG an positiven Bewertungsreserven verursachungsorientiert zu beteiligen.

Wiesen die meisten Lebensversicherer bis zum Jahre 2007 noch verhältnismäßig üppige stille Reserven auf, sind diese branchenweit mit der Finanzkrise 2008 massiv zusammengeschmolzen. Anders jedoch als bei einer ähnlichen Entwicklung in den Jahren 2001 bis 2003, als vor allem Aktien empfindliche Wertverluste hinnehmen mussten, sahen sich viele Lebensversicherer 2008 gezwungen, Abschreibungen hauptsächlich bei festverzinslichen Wertpapieren vorzunehmen. Liegt der Zeitwert von Kapitalanlagen infolge solcher Abschreibungen unter den ausgewiesenen Buchwerten, entstehen **negative Bewertungsreserven**, so genannte **stille Lasten**. Bestehen solche stille Lasten bei einem Lebensversicherer über längere Zeiträume hinweg, kann es zu einer Situation kommen, in der der Lebensversicherer nicht mehr in der Lage ist, seine Verbindlichkeiten auf der Passivseite der Bilanz zu bedienen. Im Extremfall droht dann gar die Zahlungsunfähigkeit. In der Praxis der Versicherungswirtschaft ist jedoch schon lange vor einer Zahlungsunfähigkeit mit einem massiven Eingreifen der Versicherungsaufsicht auf Basis von §§ 81–81c bzw. § 83 VAG zu rechnen.

Die **Kapitalanlagen für Rechnung und Risiko von Inhabern von Lebensversicherungspolicen** in Höhe von rd. 32 Mrd. € geben nach § 14 RechVersV den Zeitwert der Kapitalanlagen wieder, die für fondsgebundene Versicherungsprodukte auf dem Kapitalmarkt getätigt worden sind. Der hier dargestellte **Anlagestock** darf nicht direkt vom Lebensversicherer am Markt investiert, sondern muss an eine Kapitalanlagegesellschaft weitergeleitet werden, die die Mittel ihrerseits als Sondervermögen verwaltet und investiert (§ 54b VAG).

Der extrem hohe Anteil der Kapitalanlagen an der Bilanzsumme ist naturgemäß damit zu erklären, dass Versicherungsunternehmen mit Ausnahme ihrer Geschäftsimmobilien (Hauptverwaltung, Filialbetriebe) über keine Produktionsstätten im industriellen Sinne verfügen. Dies hängt mit dem immateriellen Charakter des Gutes Versicherungsschutz zusammen, dessen Produktion z. B. keine kostspieligen Fabrikanlagen erfordert.

Dem Vermögen auf der Aktivseite stehen auf der **Passivseite** die einzelnen Kapitalquellen gegenüber. Auffällig ist hier vor allem die geringe Ausstattung der Lebensversicherer mit **Eigenkapital** (Anteil 1,6 %!) im Gegensatz zur **Deckungsrückstellung**, die allein fast 80 % der Bilanzsumme auf der Passivseite bildet. Sie ergibt sich als Summe der **Bilanzdeckungsrückstellungen** auf Einzelvertragsbasis, deren Berechnung in Abschnitt E.5 dargestellt ist.

In der Deckungsrückstellung finden sich auch einige **Überschussanteile** wieder. So werden die Überschüsse bei der Bezugsform „Bonussystem" als Einmalbeitrag für eine Versicherung mit gleichen Fälligkeiten verwendet (vgl. Abschnitt F.3). Die damit zusätzlich eingegangene Verbindlichkeit gegenüber dem Versicherungsnehmer wird in der Deckungsrückstellung abgebildet und fortan wie ein Neuvertrag behandelt, der seinerseits überschussberechtigt ist.

Mit Blick auf die große Bedeutung der Deckungsrückstellung für das Geschäft eines Lebensversicherers wird auch klar, warum sich die staatlichen Vorgaben bzgl. des **Rechnungszinses** in der Lebensversicherung auf die Deckungsrückstellung und nicht auf den Rechnungszins der Prämienkalkulation beziehen (vgl. Abschnitt D.2.2). Die Deckungsrückstellung stellt die garantierten künftigen Verbindlichkeiten des Versicherers gegenüber seinem Versichertenkollektiv dar, die nicht durch erwartete Prämienzahlungen gedeckt sind. Wird hier ein zu hoher Zinssatz zugrunde gelegt, kommt auf den Versicherer bei anhaltend niedrigen Kapitalmarktzinsen langfristig eine wachsende Last an Verbindlichkeiten zu (Rentenzahlungen etc.), die durch die Aktivseite nicht mehr bedeckt werden. Langfristig würde Zahlungsunfähigkeit drohen. Soweit der Rechnungszins aber hinreichend niedrig gewählt ist (dies garantiert § 65 [1] VAG in Verbindung mit der DeckRV), bleibt die Gesamthöhe der Verbindlichkeiten sicher beherrschbar.

Weitere wichtige Positionen der Passivseite sind die **Rückstellung für die Beitragsrückerstattung (RfB)** sowie die **verzinslich angesammelten Überschussanteile**, die direkt den in Kapitel F genannten Überschussgrößen entsprechen. Speziell die letztgenannte Position fasst dabei diejenigen gutgeschriebenen Gewinnanteile zusammen, die im Rahmen der Überschussbezugsform „Verzinsliche Ansammlung“ anfallen. Bei Lebensversicherern mit relativ niedrigem Anteil an kapitalbildenden Lebensversicherungen und Leibrentenversicherungen fällt der Anteil der verzinslich angesammelten Überschussanteile an der Bilanzsumme meist deutlich niedriger aus, die Bilanz bildet hier ein indirektes Spiegelbild der Bestandsstruktur des Versicherers.

Bemerkung: Auch auf der Passivseite eines Lebensversicherers können **stille Reserven** und **stille Lasten** entstehen. Voraussetzung für das Entstehen von stillen Reserven (stillen Lasten) ist hier, dass die tatsächlichen Verbindlichkeiten unter (über) den ausgewiesenen Verbindlichkeiten liegen. Sinkt etwa langfristig die Sterblichkeit eines Rentenversicherungsbestands deutlich ab (wie branchenweit in den vergangenen Jahren geschehen), entstehen dem Versicherer entsprechende zusätzliche Verpflichtungen, die nicht mehr durch Aktiva bedeckt werden können. Es besteht somit **Nachreservierungsbedarf**, ansonsten droht Zahlungsunfähigkeit (vgl. Abschnitt E.1).

1.2 Aktuarielle Aspekte der Gewinn- und Verlustrechnung

Die **Gewinn- und Verlustrechnung** (GuV) eines Lebensversicherers bietet eine Zusammenstellung der **Erträge** und **Aufwendungen** einer Abrechnungsperiode (im Allgemeinen eines Geschäftsjahres) und gliedert sich in eine **versicherungstechnische** und eine **nicht-versicherungstechnische Rechnung**. Durch Saldieren aller angefallenen Erträge und Aufwendungen ergibt sich das während der Abrechnungsperiode erzielte **Unternehmensergebnis** (Gewinn oder Verlust). Die GuV eines Lebensversicherers wird von unterschiedlichen Größen beeinflusst:

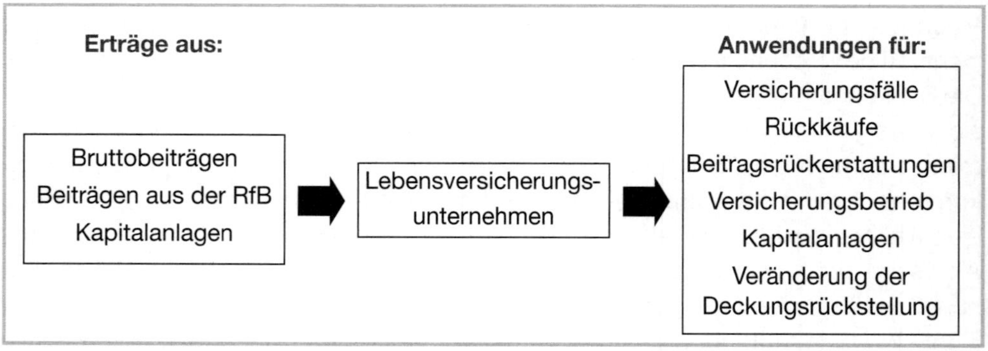

Abb. G.2: Wichtige Erträge und Aufwendungen im Lebensversicherungsunternehmen

Bei der **Veränderung der Deckungsrückstellung** handelt es sich dabei um Teile der verdienten Prämien, die noch nicht zur Deckung versicherter Risiken benötigt und daher in der Deckungsrückstellung „zwischengelagert“ werden. Beispiele sind etwa Risikolebensversicherungen in der Frühphase ihrer Vertragslaufzeit, in der der

Versicherungsnehmer noch eine höhere Prämie zahlt, als zur Deckung des versicherten Risikos erforderlich ist; in späteren Vertragsphasen genügen die Prämienzahlungen solcher Verträge nicht mehr zur Deckung der versicherten Risiken. Die dann benötigten zusätzlichen Prämien werden der Deckungsrückstellung entnommen.

Wesentliche Positionen der Gewinn- und Verlustrechnung deutscher Lebensversicherer im Jahre 2008 waren nach Jahresbericht der BaFin, Teil B (jeweils Summenwerte von 100 Unternehmen):

	Wesentliche GuV-Positionen deutscher Lebensversicherungsunternehmen 2008	**in Mio. €**
Erträge	Verdiente Bruttobeiträge	76.486
	Beiträge aus der RfB	3.494
	Erträge aus Kapitalanlagen	39.038
Aufwendungen	Bruttoaufwendungen für Versicherungsfälle	49.814
	Bruttoaufwendungen für Rückkäufe	14.301
	Bruttoaufwendungen für Beitragsrückerstattungen	5.745
	Bruttoaufwendungen für den Versicherungsbetrieb	10.300
	Aufwendungen für Kapitalanlagen	30.014
	Veränderung der Deckungsrückstellung	4.172

Alles in allem wird die **Ertragsseite** damit primär aus zwei Quellen gespeist, den verdienten Bruttobeiträgen und den Kapitalerträgen, die aus Kapitalanlagen erzielt werden. Die Kapitalanlagen stammen überwiegend aus zu viel gezahlten Beiträgen der Vergangenheit, da sie ja im Wesentlichen der Deckungsrückstellung (Passivseite der Bilanz) entsprechen. Auffällig ist der relativ hohe Anteil der Kapitalerträge verglichen mit den Bruttobeiträgen. Bis zum Ende der 1990er-Jahre fiel der Anteil der Kapitalerträge noch höher aus, seither haben sinkende Kapitalerträge infolge der Börsenbaisse nach dem März 2000 die Bedeutung der Bruttoprämien wieder erhöht.

Unter den **Aufwendungen** nehmen die Bruttoaufwendungen für Versicherungsfälle einen überraschend geringen Anteil ein (ca. 50 Mrd. €, was nur rd. 44 % der Summe aller Aufwendungen entspricht) – besonders mit Blick auf den eigentlichen Zweck des Versicherungsgeschäfts. Im Gegensatz dazu werden z. B. ca. 4,2 Mrd. € in die Deckungsrückstellung überführt (siehe Position **Veränderung der Deckungsrückstellung**), um später eingesetzt zu werden. Auffällig sind auch die hohen Aufwendungen für Rückkäufe von gut 14,3 Mrd. €, die darauf zurückzuführen sind, dass viele Verträge vorzeitig durch die Versicherungsnehmer beendet werden (**Rückkäufe**, vgl. Abschnitt E.7.1). Die Höhe der hierfür erforderlichen Aufwendungen lässt erahnen, dass relativ viele kapitalbildende Lebensversicherungen und Rentenversicherungen vor Ablauf bzw. vor Rentenbeginn gekündigt werden. Die entsprechenden Rückkaufswerte kommen dann zur Auszahlung.

Die **Bruttoaufwendungen für den Versicherungsbetrieb** in Höhe von ca. 10,3 Mrd. € unterteilen sich in Aufwendungen für den **Abschluss** und die **Verwaltung** von Versicherungsverträgen (8,1 bzw. 2,2 Mrd. €). Diese Aufwendungen entsprechen den tatsächlich entstandenen Abschluss- und Verwaltungskosten während einer Abrechnungsperiode, bilden also mit Blick auf die Kosten implizit die **Rechnungsgrundlagen zweiter Ordnung** des Gesamtbestands ab. Der relativ hohe Anteil der Abschlusskosten entfällt dabei zu großen Teilen auf Abschlussprovisionen für unternehmensgebundene Absatzorgane (Ausschließlichkeitsorganisation nach § 84 HGB) sowie auf Courtagezahlungen an Makler.

Eine weitere wichtige Position bilden die **Aufwendungen für Kapitalanlagen** mit rd. 30,0 Mrd. €, die zu großen Teilen auf Abschreibungen auf Kapitalanlagen und Verluste aus dem Abgang von Kapitalanlagen zurückzuführen sind. Die untypische Höhe dieser Aufwendungen ist vor allem eine Folge der Finanzkrise im Jahre 2008, im Jahre 2007 betrugen diese Aufwendungen lediglich 7,1 Mrd. €. Diese GuV-Position bildet daher zusammen mit den Kapitalerträgen ein Maß für den Kapitalanlageerfolg eines Lebensversicherers.

2. Wertorientierte Unternehmenssteuerung in der Lebensversicherung

Profit Testing (Abschnitt 2.1) und **Asset Liability Management** (Abschnitt 2.2) stellen Weiterentwicklungen des **Finanzierbarkeitsnachweises** dar (Abschnitt F.4), die zusätzlich zur dauerhaften Finanzierbarkeit eines Versicherungsbestands auch den **betriebswirtschaftlichen Erfolg** des Versicherungsunternehmens zum Gegenstand haben. Beide Ansätze basieren auf den in den Abschnitten 1.1 und 1.2 genannten Größen aus Bilanz und GuV, gehen aber deutlich weiter ins Detail, stellenweise bis auf Einzelvertragsebene. Profit Testing und Asset Liability Management ist damit gemein, dass sie zu großen Teilen Ideen und theoretische Ansätze der Lebensversicherungsmathematik verwenden und so eine Brücke zwischen angewandter Mathematik und praktischer Betriebswirtschaft darstellen. Ähnliches gilt für die Steuerung von Lebensversicherungsunternehmen auf der Grundlage von **Kennzahlen** (Abschnitt 2.3), die überwiegend absolute Erfolgsgrößen der GuV in relative und damit objektiv vergleichbare Erfolgsgrößen übersetzen.

2.1 Profit Testing

Der **Finanzierbarkeitsnachweis** in Abschnitt F.4 ist eine Barwertbetrachtung, die den Ertrag eines Versicherungsvertrags über die gesamte Laufzeit errechnet und so ermittelt, ob ein Versicherungsvertrag einen positiven Kapitalwert aufweist. Selbst wenn dieser Kapitalwert jedoch positiv ausfällt, ist damit noch nicht sichergestellt, dass der Vertrag für den Versicherer nach Beendigung des Vertragsverhältnisses auch tatsächlich einen positiven Ertrag erwirtschaftet haben wird.

So kann es z. B. vorkommen, dass ein Vertrag vorzeitig durch den Versicherungsnehmer gekündigt wird (**Rückkauf**, vgl. Abschnitt E.7.1), sodass nicht mehr alle Vertragsjahre in die Gesamtertragsermittlung einfließen. Dies ist besonders zu Beginn der Vertragslaufzeit relativ kritisch, da viele Versicherer ihrer Vertriebsorganisation Abschlussprovisionen gewähren (hohe Aufwendungen haben), die nach Ablauf einer gewissen Mindestvertragslaufzeit im Kündigungsfall nicht mehr zurückerstattet werden müssen (so genannte **Provisionshaftung**; denkbar sind z. B. Zeiträume von vier Jahren). Ist diese Frist verstrichen, kann es im Kündigungsfall für den Versicherer zu einer Situation kommen, in der er keine Abschlussprovisionszahlungen von seinem Vermittler mehr zurückfordern kann, gleichzeitig aber der Rückkaufswert des Vertrags schon so hoch ist, dass die bis dahin erfolgten (aufgezinsten) Prämienzahlungen nicht ausreichen, um einen positiven Saldo für den Versicherer zu garantieren.

Daher ist es sinnvoll und notwendig, den Finanzierbarkeitsnachweis durch ein so genanntes **Profit Testing** zu ergänzen, das den im statistischen Mittel erwarteten Ertrag nach einzelnen Jahren der Vertragslaufzeit errechnet. Damit wird für den Lebensversicherer ersichtlich, wie es um die Ertragsstärke eines Produkts auf Einzelvertrags-, Teilbestands- oder etwa Bestandsebene tatsächlich bestellt ist. Für die Durchführung solcher Periodenrechnungen gibt es keine verbindlichen Vorgaben, weshalb es letztlich in der Verantwortung des Lebensversicherers liegt, welche Detailgenauigkeit er im Rahmen eines Profit Testing umsetzen möchte. Wie der Finanzierbarkeitsnachweis verwendet das Profit Testing dabei **Rechnungsgrundlagen zweiter Ordnung**, arbeitet also mit realistischen Zahlenwerten ohne Sicherheitsmargen, um ein möglichst realistisches Bild der künftigen Ertragslage zu erhalten.

Ausgangspunkt des Profit Testing sind zunächst die unterschiedlichen Aufwands- und Ertragsformen (auf Basis von Rechnungsgrundlagen zweiter Ordnung), die den Gesamtertrag eines Vertrags beeinflussen. Diese sind als Funktion der Zeit (der Laufparameter m steht wieder für ganze Jahre):

- **Erwartete Bruttobeitragseinnahmen** P_m unter Einbeziehung des Stornorisikos. Beträgt die Jahresbruttoprämie x €, ist dieser Betrag durch eine Stornokorrektur (abgeleitet aus Analyse des eigenen Bestands) nach unten zu korrigieren, und zwar separat für jedes Jahr der Vertragslaufzeit.

- **Erwartete Aufwendungen** A_m . Hierzu zählen erwartete Aufwendungen für Todesfälle, Erlebensfallleistungen, Rückkäufe sowie Abschluss- und Verwaltungskosten. Besonders schwierig ist meist eine realistische Schätzung der künftigen Kostenentwicklung unter Einbeziehung des erwarteten Neugeschäfts und der Rückkäufe.

- **Erwartete Zinserträge** Z_m . Diese Zinserträge werden auf das dem Vertrag zugeordnete Vermögen gezahlt (Deckungsrückstellung), das sich aus drei Quellen speist:
  - dem Saldo der Prämieneinnahmen und Aufwendungen im Jahr m: $P_m - A_m$
  - der Summe der entsprechenden Salden der vergangenen Jahre: $\sum_{j=0}^{m-1} (P_j - A_j)$
  - einem eventuell vorhandenen Anfangskapital V_0

  Unter Zuhilfenahme einer Schätzung für den im Jahr m erzielbaren Zins i_m folgt damit für die erwarteten Zinserträge:

  $$Z_m = (\frac{1}{2}(P_m - A_m) + \sum_{j=0}^{m-1} (P_j - A_j) + V_0) \cdot i_m$$

  Der zusätzliche Faktor ½ bringt dabei zum Ausdruck, dass P_m und A_m gleichmäßig über das Jahr m verteilt anfallen. Wichtig bei der Ermittlung des Zinssatzes i_m ist die Beachtung der **Kapitalanlagestrategie** des Versicherers innerhalb der durch § 54 VAG vorgegebenen Grenzen.

- **Erwartete Veränderungen der Bruttorückstellungen** R_m, vor allem der Deckungsrückstellung und der Rückstellung für Beitragsrückerstattungen. Da es hier letztlich um künftig anfallende Verbindlichkeiten des Versicherers geht, sind diese Größen als Aufwendungen zu behandeln.

- **Gesetzlich zu bildende Reserven** S_m. Diese Reserven dienen vor allem der Vorbeugung gegen Insolvenz und sind damit ebenfalls als Aufwendungen zu betrachten.

Alles in allem ergibt sich im Jahr m damit ein **Cashflow** C_m von

$$C_m = P_m + Z_m - A_m$$

sowie unter Berücksichtigung der bilanziellen Größen R_m und S_m ein **bilanzielles Ergebnis** E_m von

$$E_m = P_m + Z_m - A_m - R_m - S_m = C_m - R_m - S_m \, ,$$

beides je nach Betrachtungsebene auf Basis eines Einzelvertrages, Teilbestandes (Abrechnungsverband, Bestandsgruppe) oder Bestandes.

Ziel des Profit Testing ist es nun, den Nachweis zu führen, dass zu **keinem Zeitpunkt m** der **Ertragsbarwert** EB_m negativ werden kann (v_m sei ein geeigneter Diskontierungsfaktor, der speziell für den Zeitraum bis zum Jahre m verwendet wird):

$$EB_m = v_m^m \cdot \sum_{j=0}^{m} C_j \geq 0 \, ,$$

soweit mit realistischen Eingangsdaten **(Rechnungsgrundlagen zweiter Ordnung)** gerechnet wird. Durch Einbeziehung von R_m und S_m kann alternativ ein erweiterter Ertragsbarwert

$$EB_m = v_m^m \cdot \sum_{j=0}^{m} E_j \geq 0 \, ,$$

berechnet werden, für einfache Modellrechnungen gibt aber auch ein Ertragsbarwert auf Basis des Cashflows wertvolle Hinweise. In beiden Fällen gilt, dass Profit Testing eine Art Finanzierbarkeitsnachweis für **alle Zeitpunkte m** während des Betrachtungszeitraums darstellt. Der Finanzierbarkeitsnachweis aus Abschnitt F.4 bestand hingegen aus einer Barwertbetrachtung unter der Bedingung, dass ein Vertrag auch tatsächlich bis zum vereinbarten Vertragsende bestehen bleibt. Profit Testing liefert darüber hinaus Informationen, wann in etwa ein Versicherungsvertrag besonders ertragsstark ist.

EB_m wird normalerweise auch für eine Reihe von **Worst-Case-Szenarien** berechnet, um Aufschluss darüber zu erhalten, wie es im schlimmstmöglichen Fall um die Zahlungsfähigkeit des Versicherers bestellt sein wird. Mögliche Szenarien sind dabei:

- unerwartete Einbrüche beim Neugeschäft
- unerwartet hohe Stornoquoten (→ hohe Aufwendungen für Rückkäufe)
- unerwartete Zinsverläufe (→ niedrige Zinserträge)

Feste Regeln für das Arbeiten mit Profit Testing gibt es nicht, allen in der Praxis verwendeten Verfahren ist aber gemeinsam, dass sie letztlich die in GuV und Bilanz bereitgestellten Daten fortschreiben, um so zu Projektionen für den künftigen Ertragsverlauf zu kommen. Da Profit Testing auch auf Einzelvertragsebene eingesetzt werden kann, kommt es mittlerweile auch in der Produktentwicklung zum Einsatz, um möglichst ertragreiche Produktvarianten zu identifizieren und die wirtschaftliche Situation des Lebensversicherers nachhaltig zu verbessern.

2.2 Asset Liability Management

Während Profit Testing als eine Ertragsanalyse von Einzelverträgen oder Beständen interpretiert werden kann und damit in gewisser Weise GuV-Charakter besitzt, orientiert sich **Asset Liability Management** (engl. für **Aktiv-Passiv-Steuerung**, kurz **ALM**) im Wesentlichen an der Bilanz. Ziel eines ALM ist es, die Positionen auf der Aktiv- und Passivseite im Zusammenhang zu betrachten und dauerhaft so zu steuern, dass der Lebensversicherer sein Geschäft in Bezug auf Ertrag, Sicherheit und Liquidität optimiert. Zu diesem Zweck werden wie beim Profit Testing Vorhersagen über den künftigen Verlauf von Neugeschäft, Storno, Finanzmarktentwicklung etc. benötigt, die mithilfe aufwendiger Prognose- und Szenariorechnungen gewonnen werden. ALM stellt damit ein wichtiges **Planungs- und Steuerungsinstrument** im Versicherungsunternehmen dar, erfordert allerdings auch einen erheblich Aufwand an EDV-Unterstützung und Personal.

Ausgangspunkt der meisten ALM-Techniken ist eine **Simulationsrechnung** für die Entwicklung der Aktivseite der Bilanz, die die **Kapitalanlagepolitik** des Unternehmens abbildet. Zwar gibt § 54 VAG den Lebensversicherern einen relativ engen Rahmen für die Kapitalanlage vor, doch sind auch innerhalb dieser Vorgaben in der Lebensversicherungswirtschaft separate Strategien mit z. B. mehr oder weniger Gewicht auf Aktienanlagen oder festverzinslichen Wertpapieren möglich. Alle Kapitalanlagen zusammengenommen bestimmen den letztlich vom Versicherer erzielbaren **Rechnungszins zweiter Ordnung**, der über die Überschussbeteiligung an die Versicherten weitergegeben wird.

Um die künftige Entwicklung der Aktivseite zu untersuchen, werden aufbauend auf der gegenwärtigen Portefeuillezusammensetzung **Kapitalanlageszenarien** für die Zukunft entwickelt und vor dem Hintergrund von Prognosen über die mit einzelnen Anlagen erzielbaren Renditen betrachtet. Das Ergebnis sind Häufigkeitsverteilungen über den in der Zukunft erzielbaren Rechnungszins zweiter Ordnung. Alle Kapitalanlagen werden dabei mit ihren **Zeitwerten** angesetzt.

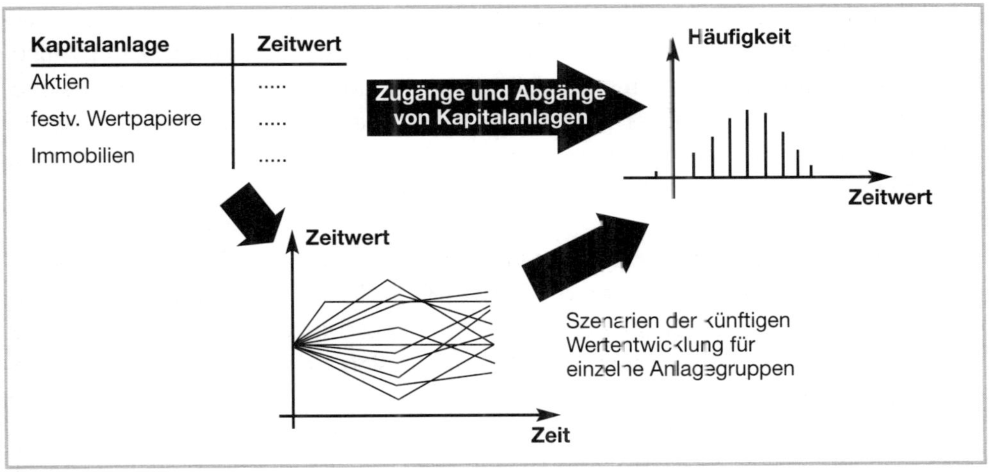

Abb. G.3: Simulation der Aktivwerte einer Bilanz

Üblicherweise wird für jede einzelne Anlagegruppe (solche Gruppen können z. B. Aktien, festverzinsliche Wertpapiere oder Immobilien sein) eine separate Simulationsrechnung unter Einbeziehung realistischer Kapitalmarktszenarien durchgeführt. Auch **Worst-Case-Szenarien** werden dabei simuliert (so genannte **Stresstests**), um die Auswirkungen eines Einbruchs an den Kapitalmärkten auf das eigene Portefeuille darzustellen. Die BaFin hat für Kapitalanlagen 2004 mehrere Stresstests veröffentlicht, die seither mehrfach modifiziert worden sind und die die Auswirkungen dramatischer Ertragseinbrüche an den Kapitalmärkten simulieren sollen:

Gegenwärtig unterscheidet die BaFin vier verschiedene Stresstests:

- **Isoliertes Rentenszenario**: Kursrückgang festverzinslicher Wertpapiere um 10 %
- **Isoliertes Aktienszenario**: Kursrückgang Aktien entsprechend Indexstand zum 31.12.2009; der angenommene Kursrückgang ergibt sich dabei aus einem Vergleich des EuroStoxx 50 Kursindex' zum Stichtag der Durchführung des Stresstests mit dem entsprechenden Wert vom 31.12.2009
- **Gemischtes Aktien- und Rentenszenario**: Kursrückgang Aktien entsprechend Indexstand zum 31.12.2009 (siehe isoliertes Aktienszenario) bei gleichzeitigem Kursrückgang festverzinslicher Wertpapiere um 5 %
- **Gemischtes Aktien- und Immobilienszenario**: Kursrückgang Aktien entsprechend Indexstand zum 31.12.2009 (siehe isoliertes Aktienszenario) bei gleichzeitigem Marktwertrückgang der Immobilien um 10 %

Die angenommenen Kursrückgänge bei den Aktien bewegen sich in Korridoren zwischen mindestens 10 % und höchstens 25 % (gemischte Szenarien) bzw. 45 % (isoliertes Aktienszenario). Ein Stresstest gilt als bestanden, wenn der Lebensversicherer nachweisen kann, dass er trotz der angenommenen Wertverluste noch in der Lage ist, seine versicherungstechnischen Verbindlichkeiten zu bedienen und dabei nicht seine Solvabilität gefährdet (vgl. Abschnitt H.9).

Um einen Stresstest zu bestehen, dürfen Lebensversicherer auf Reserven der Aktiv- und Passivseite ihrer Bilanz (etwa die freie RfB), ihr Eigenkapital und diverse Absicherungsmaßnahmen zurückgreifen. Im Falle des Nichtbestehens müssen geeignete Gegenmaßnahmen ergriffen werden. Hier bieten sich beispielsweise eine Aufstockung des Eigenkapitals, Umschichtungen von Kapitalanlagen oder eine Senkung der Überschussbeteiligung an. Die Versicherungsaufsicht versteht derartige Stresstests als Instrumente eines Risikomanagements, sie bilden jedoch auch wesentliche Bestandteile eines glaubhaften ALM, da auch hier die Frage nach extremen Entwicklungen von großer Bedeutung ist.

Im Ergebnis aller verwendeten **Kapitalmarktszenarien** ergibt sich eine Häufigkeitsverteilung des Zeitwertes der Kapitalanlagen, aus der sich wiederum eine entsprechende Häufigkeitsverteilung für den **Rechnungszins zweiter Ordnung** ermitteln lässt. Die beschriebenen Simulationen werden parallel auch für die Buchwerte der Kapitalanlagen durchgeführt, um etwa Informationen über **Bewertungsreserven** zu erhalten (Bewertungsreserven = Zeitwerte – Buchwerte).

Nicht minder kompliziert gestaltet sich die Simulation der versicherten Risiken bzw. Verbindlichkeiten auf der **Passivseite der Bilanz**. Hier geht es vor allem darum, ein Bild von der Höhe der in künftigen Jahren auf den Versicherer zukommenden Auszahlungen zu erhalten. Hierzu müssen folgende Größen beachtet und simuliert werden (Rechnungsgrundlagen zweiter Ordnung bzw. Worst-Case-Szenarien):

- Versicherungsleistungen (Tod, Ablauf, Renten)
- Rückkäufe und Beitragsfreistellungen
- Neugeschäft

Den reinen **Versicherungsleistungen** kann dabei – im Gegensatz zu den Kapitalanlagen auf der Aktivseite – ein grundsätzlich geringeres Schwankungsverhalten unterstellt werden, da sich z. B. Sterblichkeiten nur über mehrere Jahre hinweg signifikant ändern. Anders sieht es bei **Rückkäufen, Beitragsfreistellungen** und dem **Neugeschäft** aus: Hier spielen konjunkturelle Einflüsse eine wichtige Rolle, auch kurzfristigere Schwankungen in beide Richtungen sind daher möglich.

Liegen Projektionen für die Aktiv- und Passivseite vor, beginnt das eigentliche ALM, das nun beide Projektionen simultan betrachtet und auf dieser Basis Abschätzungen für die Entwicklung des künftigen **Geschäftsergebnisses** ableitet. Hierdurch wird einerseits erreicht, dass der Versicherer künftige Schieflagen zwischen Aktiv- und Passivseite frühzeitig erkennt, andererseits besteht nun auch eine Möglichkeit, das Geschäftsergebnis aktiv zu beeinflussen, z. B. durch:

- Änderungen in der Risikoprüfung (→ Ziel: Reduktion künftiger Versicherungsfälle)
- Änderungen in der Kapitalanlagestrategie (→ Umschichten des Anlageportefeuilles mit dem Ziel, Rendite, Risiko oder Liquidität langfristig zu beeinflussen; wichtig ist hier z. B. die Optimierung der Laufzeit festverzinslicher Anlagen in Abhängigkeit von der Passivseite)
- Änderungen in der Produktpolitik
- Verbesserte Kündigungsrücknahmestrategien (→ Verminderung der Rückkäufe)
- Steuerung des Neugeschäfts

Der ganze Prozess ist dabei von iterativer Natur, d. h., die Ergebniswerte einer Simulation beeinflussen die Eingabewerte der nächsten Simulation bzgl. Neugeschäft, Rückkäufen etc., sodass der Versicherer das Verhältnis von Aktiv- zu Passivwerten im Sinne eines umfassenden **Risikomanagements** iterativ verändern kann:

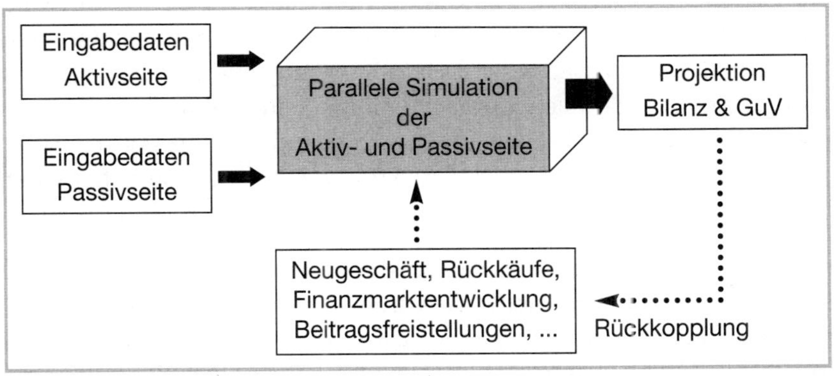

Abb. G.4: Funktionsweise von Asset Liability Management

ALM kann sowohl auf Gesamtunternehmensebene **(ALM auf Makroebene)** als auch auf Produkt- bzw. Teilbestandsebene **(ALM auf Mikroebene)** betrachtet werden. Im erstgenannten Fall stellt ALM dem Kapitalanlageportefeuille das gesamte Versichertenportefeuille der Passivseite gegenüber. Ein ALM auf Mikroebene operiert hingegen auf der Ebene von Teilbeständen bzw. Anlageklassen. Für die Aktivseite bedeutet dies im Wesentlichen eine Betrachtung nach Art der Asset Allocation (d. h. Anlagestrategie nach Anlageklassen, siehe etwa HAUGEN).

Für den zentralen Synchronisationsprozess von Aktiv- und Passivseite gibt es eine große Zahl an Verfahren, der interessierte Leser sei hierfür z. B. auf die Ausarbeitungen von ALBRECHT oder JOST verwiesen. Aufgrund der komplizierten Wechselwirkungen zwischen allen versicherungsrelevanten Parametern wird ALM in der Literatur denn auch mittlerweile als Überbegriff für alle Verfahren verstanden, die eine parallele Analyse der künftigen Entwicklung von Aktiv- und Passivgrößen mit dem Ziel einer langfristigen Unternehmenssteuerung zum Gegenstand haben (vgl. etwa FÜHRER [2] für eine Übersicht).

2.3 Kennzahlen der Lebensversicherung

Kennzahlen stellen betriebswirtschaftliche Informationen in verdichteter Form dar und erlauben so quantitative Analysen zur allgemeinen Geschäftsentwicklung eines Unternehmens. Generell können Kennzahlen dabei sowohl **Absolutzahlen** als auch **relative Zahlen** sein, verfolgen aber in jedem Falle die Absicht, Einzelfragen zur wirtschaftlichen Lage eines Unternehmens zu beantworten. Durch Zusammenführung mehrerer unterschiedlicher Kennzahlen entsteht ein **Kennzahlenkatalog** (auch **Kennzahlensystem**), der die wirtschaftliche Lage des Unternehmens in seiner Gesamtheit abbildet. Kennzahlenkataloge bilden eine wichtige Grundlage der Erfolgsmessung im Unternehmen und sind daher ein zentrales Instrument der Unternehmensführung. Üblicherweise lassen sich die Kennzahlen eines solchen Katalogs in Gruppen einteilen, die die wirtschaftliche Lage nach Gesichtspunkten wie Ertrag, Sicherheit und Wachstum beschreiben. Ein Kennzahlenkatalog soll dabei umfangreich genug sein, um alle relevanten wirtschaftlichen Teilfragen erschöpfend beschreiben zu können, aber gleichzeitig noch so knapp ausfallen, dass eine sinnvolle Unternehmenssteuerung möglich ist. Drücken zwei Kennzahlen daher einen ähnlichen Zusammenhang aus, ist eine von beiden normalerweise überflüssig.

Da der wirtschaftliche Zustand eines Lebensversicherungsunternehmens aufgrund der Mechanismen bei der **Prämienkalkulation** und **Überschussbeteiligung** eng an die Produkte und Versicherungsbestände gekoppelt ist, weisen die hier verwendeten Kennzahlenkataloge viele Kennzahlen mit Aussagekraft auch für das Preis-Leistungs-Verhältnis aus Sicht der Versicherungsnehmer auf. Aus diesem Grunde werden viele Unternehmenskennzahlen in der Lebensversicherung auch zur Beurteilung von einzelnen Produkten in veröffentlichten **Ratings** und **Rankings** herangezogen. Viele der in industriellen Unternehmen gebräuchlichen Kennzahlen kommen in der Lebensversicherung hingegen eher selten zum Einsatz, da sie dem speziellen Charakter des Versicherungsgeschäfts nicht gerecht werden.

Zur Gewinnung eines sinnvollen Kennzahlenkatalogs für einen Lebensversicherer bietet es sich an, in einem ersten Schritt zunächst geeignete **strategische Erfolgsmerkmale** zu definieren, mit deren Hilfe der wirtschaftliche Zustand eines Versicherers grob erfasst werden kann. Denkbare strategische Erfolgsmerkmale der privaten Versicherungswirtschaft sind etwa:

- **Ertragslage**

  Zum Beispiel: Welchen Ertrag hat der Versicherer mit seinen Kapitalanlagen erwirtschaftet?

- **Sicherheit**

  Zum Beispiel: Wie sicher wird der Versicherer in der Lage sein, seine Verpflichtungen auf der Passivseite der Bilanz auch tatsächlich zu erfüllen (Stichwort **Solvabilität**, vgl. VON FÜRSTENWERTH/WEIß). Hier ist gerade in der Lebensversicherung zwischen garantierten Leistungen und Leistungen aus Überschüssen zu unterscheiden.

- **Wachstum**

  Auch dies ist ein indirekter Indikator für die Sicherheit. Einem wachstumsstarken Versicherer darf mit Einschränkungen unterstellt werden, in der Öffentlichkeit auf der Grundlage guter Rating-Ergebnisse einen guten Ruf zu genießen, was Rückschlüsse auf die Qualität der Produkte zulässt.

- **Leistungen**

  Auch hier geht es primär um die Produktqualität und die Frage, inwieweit die Versicherungsnehmer über die Überschussbeteiligung tatsächlich am wirtschaftlichen Erfolg des Versicherers partizipieren (vgl. Ausführungen zu R- und Z-Quoten in Abschnitt F.2.4).

Im nächsten Schritt werden dann einzelne zu diesen Erfolgsmerkmalen passende **Kennzahlen** definiert, die jedes Erfolgsmerkmal von mehreren Seiten beleuchten. Nicht jede Kennzahl kann dabei einem der genannten Erfolgsmerkmale eindeutig zugeordnet werden. Auch sind viele Kennzahlen nicht eindeutig definiert. Vor allem bei **Relativzahlen** A / B, die eine absolute Erfolgsgröße A ins Verhältnis zu einer anderen Absolutgröße B setzen (Relativer Erfolg = A / B = Erfolg / Größe), existieren teilweise mehrere Definitionen. Soll B die Größe eines Versicherers messen, können hierfür die Bruttobeitragseinnahmen, die Bilanzsumme, die Deckungsrückstellung, die Versicherungssumme (genauer: die insgesamt versicherte Summe) und andere Parameter verwendet werden.

Ein Kennzahlenkatalog für die Lebensversicherung könnte folgende Kennzahlen enthalten:

Laufende Verzinsung LVZ (→ Ertragslage)

Diese Kennzahl kann aus den Einträgen in Formblatt 3 der RechVersV berechnet werden (interne Rechnungslegung; siehe Beginn dieses Kapitels) und ist definiert als

LVZ = 100 % · Erträge aus KA / Mittlerer KA-Bestand.

Bei den Erträgen werden dabei Erträge aus Zuschreibungen sowie Gewinne aus dem Abgang von Kapitalanlagen (KA) nicht berücksichtigt (daher auch laufende Verzinsung). Der mittlere Kapitalanlagenbestand errechnet sich als arithmetisches Mittel aus dem Kapitalanlagenbestand zu Jahresbeginn und Jahresende. Für die 100 von der BaFin in ihrem Jahresbericht 2008 erfassten Lebensversicherer ergab sich ein Zahlenwert von 4,8 % nach 4,8 % im Jahre 2007.

Reinverzinsung RVZ (→ Ertragslage)

Diese Kennzahl (auch **Nettoverzinsung**) findet sich ebenso in den Jahresberichten der BaFin und ist definiert als

RVZ = 100 % · (Erträge aus KA – Aufwendungen für KA) / Mittlerer KA-Bestand.

Die Reinverzinsung bezieht die Aufwendungen für Kapitalanlagen in die Renditeberechnung mit ein, z. B. die Aufwendungen für Verwaltung von Kapitalanlagen oder die Verluste aus dem Abgang von Kapitalanlagen. Die Kennzahl liefert damit im Zusammenspiel mit LVZ ein realistisches Bild vom Erfolg des Lebensversicherers bei seiner Kapitalanlage. Der für 2008 von der BaFin für die deutschen Lebensversicherer veröffentlichte Zahlenwert beträgt 3,4 % nach 4,5 % im Jahr zuvor. Bis zum Jahr 2000 waren für RVZ und LVZ Zahlenwerte von 7,0 bis 8,0 % üblich. Die naheliegende Relation RVZ $\leq$ LVZ gilt nur bedingt, da die BaFin bei der Ermittlung der Erträge in LVZ auf Erträge aus Zuschreibungen und Gewinne aus dem Abgang von Kapitalanlagen verzichtet, diese bei den Erträgen in RVZ aber berücksichtigt.

Eigenkapitalquote EKQ (→ Sicherheit)

Die Eigenkapitalquote stellt eine für alle Branchen wichtige Messgröße der Sicherheit dar und setzt das Eigenkapital in Relation zur Bruttodeckungsrückstellung:

EKQ = 100 % · Eigenkapital / Bruttodeckungsrückstellung

Die in Abschnitt 1.1 dargestellten Bilanzzahlen der Versicherungswirtschaft legen Zahlenwerte von 1,0 bis 2,0 % für diese Größe nahe, was im Vergleich mit Industrieunternehmen zunächst überrascht. Ursache ist die überragende Bedeutung der Deckungsrückstellung als zentrale Fremdkapitalquelle im Lebensversicherungsunternehmen.

RfB-Quote RBQ (→ Ertragslage, Sicherheit, Leistungen)

Die RfB-Quote betrachtet das Verhältnis der Rückstellung für Beitragsrückerstattung zu den Bruttobeitragseinnahmen und bringt damit zum Ausdruck, über welche noch nicht zugewiesenen Überschussmittel der Versicherer verfügt. Es gilt:

RBQ = 100 % · RfB / Bruttobeitragseinnahmen.

Da die Bruttobeitragseinnahmen einen Indikator für die Größe eines Versicherers darstellen, kann die RfB-Quote als ein Maß für die relative Größe der im Unternehmen vorhandenen Überschussmittel gewertet werden. Zahlenwerte von etwa 50 bis 80 % sind in der Branche möglich, wegen der Verpflichtung einer zeitnahen Weitergabe der Überschüsse ist ein unbegrenztes Anwachsen dieser Kennzahl nicht möglich (vgl. Abschnitt F.2.3.1).

Freie RfB-Quote fRBQ (→ Sicherheit)

Die freie RfB enthält nach Abschnitt F.2.3.1 diejenigen Überschussmittel, die zwar als solche schon angefallen, aber noch keinem Versicherungsvertrag zugeordnet worden sind. Da auf die Mittel der freien RfB noch kein Rechtsanspruch des Versicherungsnehmers besteht, kann die freie RfB als Sicherheitspolster für den Fall finanzieller Schieflagen interpretiert werden, weshalb sie hier als Sicherheitskennzahl gelten soll. Es gilt:

fRBQ = 100 % · Freie RfB / RfB

Die in der Branche üblichen Zahlenwerte bewegen sich zwischen 30 und 40 %. Ein relativ hoher Zahlenwert kann als Indiz für eine solide Finanzlage gesehen werden.

RfB-Zuführungsquote RZQ (→ Leistungen)

Die RfB-Zuführungsquote misst die Überschussstärke eines Lebensversicherers und ist definiert als

RZQ = 100 % · Zuführung zur RfB / Bruttobeitragseinnahmen.

Je höher RZQ ausfällt, als umso besser kann die Überschusslage bezeichnet werden. Die branchenüblichen Werte sind je nach Kapitalanlageergebnis starken Schwankungen unterworfen, sodass Werte von 2 % bis über 40 % möglich sind, wobei die meisten Versicherer im Zeitraum 2006 bis 2009 zwischen 5 und 25 % lagen.

Abschlusskostenquote AKQ (→ Leistungen)

Für diese Kennzahl werden die in der GuV genannten Aufwendungen für den Abschluss von Versicherungsverträgen dividiert durch die Bruttobeitragseinnahmen:

AKQ = 100 % · Aufwendungen für den Abschluss von Vers.'verträgen / Bruttobeitragseinnahmen

Die von der BaFin veröffentlichten AKQ-Werte deutscher Lebensversicherer schwanken erheblich, Werte von ca. 5 bis über 40 % sind möglich (hohe Werte vor allem bei jungen Unternehmen mit noch niedrigen Bruttobeitragseinnahmen). Der Branchenschnitt lag 2008 bei 10,6 % (2007 bei 10,4 %). AKQ hängt stark vom Vertriebsweg eines Versicherers ab, Unternehmen mit deutlichen Anteilen des Direkt- oder Bankvertriebs weisen dabei die niedrigsten Zahlenwerte auf. Wird im Nenner statt der Bruttobeitragseinnahmen die Versicherungssumme des Neugeschäfts verwendet, ändert sich die Quote massiv, 2008 betrug der Branchenschnitt hier 33,5 %.

Verwaltungskostenquote VKQ (→ Leistungen)

Die Verwaltungskostenquote ergibt sich aus den Aufwendungen für die Verwaltung von Versicherungsverträgen und ist analog zu AKQ definiert als

VKQ = 100 % · Aufwendungen für die Verwaltung von Versicherungsverträgen / Bruttobeitragseinnahmen.

Die Verwaltungskostenquote der Branche lag 2008 bei 2,9 %. Direktversicherer erreichen teilweise sogar Werte von 1,0 % und darunter, die Maximalwerte liegen bei 6,0 bis 7,0 %, in Ausnahmefällen (z. B. bei Neugründungen) stellenweise auch deutlich darüber. Zusammen mit AKQ kann VKQ als Maß für die betriebswirtschaftliche Effizienz eines Lebensversicherers interpretiert werden, das mit Blick auf die Kosten die Rechnungsgrundlagen zweiter Ordnung abbildet. Sowohl AKQ als auch VKQ geben letztlich an, welcher Teil der gezahlten Beiträge tatsächlich zur Deckung des versicherten Risikos verwendet wird, daher die Zuordnung beider Kennzahlen zum Erfolgsmerkmal Leistungen.

Beitragswachstum BWA (→ Wachstum)

Das Beitragswachstum gibt das relative Wachstum der Bruttobeitragseinnahmen (BBE) im Vergleich zum Vorjahr an:

BWA = 100 % · (BBE Geschäftsjahr – BBE Vorjahr) / BBE Vorjahr

Dabei ist zu beachten, dass dieses Wachstum des Lebensversicherers nicht nur das Wachstum nach Neuverträgen erfasst, sondern auch das Wachstum aufgrund automatischer Beitragserhöhungen (kapitalbildende Lebensversicherungen mit Dynamik) misst. Theoretisch kann BWA daher positiv ausfallen, obwohl die Zahl der Versicherungsnehmer abgenommen hat. Auch ist BWA sehr vom gesetzlichen und politischen Umfeld der Branche abhängig und kann in einzelnen Jahren markant vom langjährigen Mittelwert abweichen, der sich seit 1980 in der Größenordnung von 3,0 bis 4,0 % bewegt.

Stornoquote STQ (→ Wachstum, Leistungen)

Die Stornoquote ist ein Anzeichen für die Bestandsfestigkeit und setzt die vorzeitigen Abgänge (Rückkäufe und Umwandlung in beitragsfreie Versicherungen) ins Verhältnis zu einem geeigneten Größenmaß, üblicherweise auf Basis der Versicherungssumme S:

$$STQ = 100\,\% \cdot S\,(\text{vorzeitiger Abgang}) / S\,(\text{Jahresanfangsbestand})$$

Diese von der BaFin in ihren Jahresberichten veröffentlichte Kennzahl (dort als Spätstorno bezeichnet) lag für die Branche 2008 bei 3,8 % (Vorjahr 3,4 %) und ist ein grobes Maß für die **Kundenzufriedenheit**. Dabei ist zu beachten, dass ein Großteil der Rückkäufe nicht auf Unzufriedenheit mit dem Versicherer, sondern auf individuelle finanzielle Notlagen zurückzuführen ist. Gleiches gilt für viele Beitragsfreistellungen. Da Rentenversicherungen keine explizite Versicherungssumme kennen, wird hier stattdessen die zwölffache Jahresrente verwendet, um den Größenumfang des Vertrags zu messen.

Die Zusammenfassung aller oben genannten Kennzahlen ergibt den folgenden **Kennzahlenkatalog**, der für eine betriebswirtschaftliche Grobanalyse eines Lebensversicherers herangezogen werden kann:

Kennzahl	Abkürzung	Zugehörige Erfolgsmerkmale	Typische Zahlenwerte 2006 – 2008
Laufende Verzinsung	LVZ	Ertragslage	3–5 %
Reinverzinsung	RVZ	Ertragslage	3–5 %
Eigenkapitalquote	EKQ	Sicherheit	1–2 %
RfB-Quote	RBQ	Ertragslage, Sicherheit, Leistungen	50–80 %
Freie RfB-Quote	fRBQ	Sicherheit	30–40 %
RfB-Zuführungsquote	RZQ	Leistungen	5–25 %
Abschlusskostenquote	AKQ	Leistungen	10–25 %
Verwaltungskostenquote	VKQ	Leistungen	3–5 %
Beitragswachstum	BWA	Wachstum	3–4 %
Stornoquote	STQ	Wachstum, Leistungen	3–6 %

Um den Zahlenwert einer Kennzahl richtig einzuschätzen, bieten sich entweder Vergleiche mit den entsprechenden Branchenwerten oder Vergleiche mit Vorjahreswerten an, die zumindest eine Tendenz wiedergeben. Als Beispiel sei ein Lebensversicherungsunternehmen mit folgenden Kennzahlenwerten gegeben:

Kennzahl	**Zahlenwert**
Laufende Verzinsung	5,5 %
Eigenkapitalquote	2,7 %
RfB-Quote	82 %
RfB-Zuführungsquote	22 %
Abschlusskostenquote	8,8 %
Verwaltungskostenquote	1,2 %
Beitragswachstum	4,3 %
Stornoquote	2,3 %

Ein Vergleich mit den im Text genannten Branchenwerten legt folgende Aussagen nahe:

LVZ: Keine Aussage möglich, da stark abhängig vom jeweiligen Jahr (Branchenvergleich!)
EKQ: Relativ hoch
RBQ: Relativ hoch
RZQ: Relativ hoch
AKQ: Relativ niedrig
VKQ: Relativ niedrig
BWA: Keine Aussage möglich, da stark abhängig vom jeweiligen Jahr; im langjährigen Mittel ein eher guter Wert
STQ: Relativ niedrig

Fazit damit: Das Unternehmen weist eine hohe Überschusskraft auf bei gleichzeitig niedrigen Kostenquoten (meist abhängig vom Vertriebsweg; hier liegt wahrscheinlich ein Direktversicherer vor). Für die überaus komplizierte Führung und Steuerung eines Lebensversicherungsunternehmens kann ein derart kleiner Kennzahlenkatalog freilich nur erste Anhaltspunkte liefern.

Da alle beschriebenen Kennzahlen mehr oder weniger direkt die Größen aus Prämienkalkulation und Überschussbeteiligung abbilden, ist es wenig verwunderlich, dass auch Controlling-Abteilungen und strategisch ausgerichtete Stabsabteilungen vieler Lebensversicherungsunternehmen (Versicherungs-)Mathematiker beschäftigen. Zwar tritt an dieser Stelle der aktuarielle Hintergrund vieler Größen und Prozesse nicht mehr direkt hervor, doch leistet die Versicherungsmathematik wertvolle Dienste für das Verständnis vieler Kennzahlen und somit für das Management in Lebensversicherungsunternehmen.

H. Weiterführende Themen

In diesem Kapitel stellen wir in loser Folge einige weiterführende Aspekte im Zusammenhang der Lebensversicherungsmathematik kurz vor. Mehr als grundlegenden Ideen kann dabei kein Raum gegeben werden. Der interessierte Leser widme sich unbefangen der vertiefenden Lehrbuch- und Spezialliteratur, auf die wir in den einzelnen Abschnitten hinweisen.

Berufs- und Erwerbsunfähigkeitsversicherungen (Abschnitt 1) stellen mathematisch eine Erweiterung der klassischen Risikotarife auf Rentenleistungen dar, die auf komplexeren Ausscheideordnungen basieren. Die Pensionsversicherungsmathematik bündelt all diese Konzepte. Ihre umfangreichste Anwendung liegt heute in der **betrieblichen Altersversorgung** (Abschnitt 2), deren Hauptelemente neben der klassischen Altersrente in der Hinterbliebenenabsicherung und dem Schutz vor Invalidität liegen. Eine andere Erweiterung der eindimensionalen Sterbetafeln führt zu **Versicherungsprodukten auf verbundene Leben** (Abschnitt 3).

Preferred-Lives-Versicherungen beginnen sich seit der Etablierung unterschiedlicher Tarife für Raucher und Nichtraucher in der Risikolebensversicherung auch in Deutschland allmählich durchzusetzen; einen ersten Einblick eröffnet Abschnitt 4. Um Versicherungen mit Sparcharakter weniger konservativen Formen der Kapitalanlage zu öffnen, sind **fondsgebundene Tarife** auf den Markt gebracht worden, mit denen sich Abschnitt 5 beschäftigt.

Unternehmensübergreifende Risikoteilung ist Zweck der **Lebensrückversicherung** (Abschnitt 6), deren Methodik die bisher betrachteten diskreten Modelle verlässt. Zum einen basiert sie auf tiefer gehenden Verfahren der Wahrscheinlichkeitstheorie, andererseits weist sie deutliche Überschneidungen mit der Mathematik der Schadenversicherung auf. Moderne finanzmathematische Analyseinstrumente sind von zentraler Bedeutung bei der Bewertung von **Optionen in der Lebensversicherung** (Abschnitt 7).

Das Gebiet der eigentlichen Lebensversicherung verlässt Abschnitt 8 mit dem Thema **Krankenversicherungsmathematik**, das hier jedoch wegen der beträchtlichen Überschneidungen mit der Lebensversicherungsmathematik ebenfalls gestreift werden sollte.

1. Berufsunfähigkeits- und Erwerbsunfähigkeitsversicherungen

Die Kalkulation von Produkten aus dem Umfeld der **Berufsunfähigkeits- und Erwerbsunfähigkeitsversicherung** ist mit deutlich größerer Unsicherheit behaftet als bei den Standardtarifen der Lebensversicherung. Zum einen bestimmen komplexere Faktoren die Ausscheideordnung(en). Beispielsweise hängt die Wahrscheinlichkeit, berufsunfähig zu werden, erheblich vom ausgeübten Beruf ab. Sie schwankt zudem zeitlich in Korrelation zur allgemeinen Wirtschaftslage (Arbeitslosigkeit).

Andererseits hat sich der Definitionsspielraum für die Versicherer innerhalb der **gesetzlichen Rentenversicherung** (GRV) durch die Rentenreform des Jahres 2001 deutlich erweitert. Durch diese Reform wurden die vorherigen Systeme der Berufs- und Erwerbsunfähigkeitsversicherung unter dem Dach der **Erwerbsminderungsrente** zusammengefasst, das Leistungsspektrum dabei für die Jahrgänge ab 1961 drastisch reduziert. In der privaten Individualversicherung besteht das Begriffspaar hingegen fort und bewegt sich weiterhin im Umfeld der vor 2001 in der GRV gültigen Definition. Als **berufsunfähig** gilt dabei sinngemäß eine Person, die ihren Beruf voraussichtlich dauerhaft nicht mehr ausüben kann. **Erwerbsunfähig** ist hingegen jemand, der überhaupt keiner regelmäßigen Erwerbstätigkeit mehr nachgehen kann. Berufsunfähigkeit ist also die deutlich schwächere Forderung, diesbezügliche Versicherungstarife sind daher teurer.

In diesem Abschnitt ist der Kürze halber nur von Berufsunfähigkeit (BU) die Rede, alle Überlegungen übertragen sich sinngemäß auf die Erwerbsunfähigkeit (EU). Versicherungen beiderlei Typs werden auch unter dem Oberbegriff **Invaliditätsversicherung** vereint. Der Spielraum bei der Begriffsdefinition erfordert eine solide Prüfung, ob tabellierte Wahrscheinlichkeiten für Berufsunfähigkeit (allgemeiner: **Invalidisierungswahrscheinlichkeiten** i_x) tatsächlich auf Basis der gewählten Definition gewonnen worden sind.

Tritt Invalidität ein, wird bis zu einem vertraglich festgesetzten Endalter eine Zeitrente der Höhe R gezahlt. Verbreitet ist auch die Zeitrente in Form der Prämienbefreiung für eine übergeordnete Lebens- oder Rentenversicherung (allgemeiner auch **Hauptversicherung** genannt): Da der Invalide die Prämien für eine kapitalbildende Lebensversicherung nicht mehr bezahlen kann, tritt der Versicherer an seiner Stelle in die Rolle des Beitragszahlers ein. Mit Wahrscheinlichkeit i_x wird also eine Rentenzahlung fällig, die spätestens im Alter x + n endet. Dies gilt für jedes Jahr der Vertragslaufzeit; daher ergibt sich für das Gerüst des Leistungsbarwerts ein Ausdruck

$$\sum_{k=1}^{n}\left(R \cdot v^k \cdot i_{x+k} \cdot \underbrace{\ddot{a}^{i}_{x+k,\overline{n-k|}}}_{(*)}\right).$$

Man beachte, dass dies eine doppelte Summe ist, da ja die Barwerte (*) bereits die Summe periodischer Rentenraten bezeichnen. Das hochgestellte i am Rentenbarwert ä soll andeuten, dass die Überlebenswahrscheinlichkeiten des Invaliden andere sind als die aus einer Standard-q_x-Tafel berechneten.

Damit ist bereits der zweite wichtige Aspekt angesprochen. Die Berufsunfähigkeitsversicherung kann nicht auf Basis nur einer **Ausscheideordnung** i_x kalkuliert werden. Tatsächlich muss man mehrere Kollektive von Personen, so genannte **Personengesamtheiten**, zugleich betrachten, zwischen denen sich mit charakteristischen Wahrscheinlichkeiten Übergänge vollziehen. Ein gängiges Modell geht in einem Startjahr von einer Personengesamtheit zunächst voll Erwerbsfähiger aus, die als **Aktive** bezeichnet werden. Sie besteht aus Personen beliebigen Alters x unterhalb des Regeleintrittsalters der Rentenversicherung. Aktive können im Folgejahr mit Wahrscheinlichkeit i_x berufsunfähig werden und in das Kollektiv **Invalide** übergehen, mit Wahrscheinlichkeit q_x^a sterben und dadurch ganz aus der Gesamtheit ausscheiden oder aber mit der Wahrscheinlichkeit $1 - i_x - q_x^a$ in der Gruppe der Aktiven verbleiben. Invalide, die nicht invalide bleiben, können entweder mit Wahrscheinlichkeit q_x^i sterben oder mit Wahrscheinlichkeit r_x vom Invalidenstatus wieder zu den Aktiven übergehen. Dieser versicherungsmathematische Genesungsvorgang wird als **Reaktivierung** bezeichnet. Die folgende Skizze verdeutlicht die drei Gruppen und die Übergangswahrscheinlichkeiten zwischen ihnen. Altersrentner, die aus der Gruppe der Aktiven bzw. Invaliden ausscheiden, sind dabei nicht berücksichtigt.

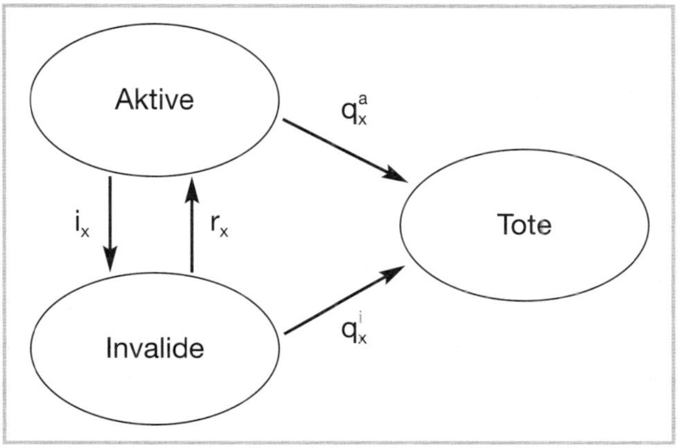

Abb. H.1: Zusammenspiel der Übergangswahrscheinlichkeiten zwischen verschiedenen Personengesamtheiten in der Invaliditätsversicherung

Die Reaktivierungswahrscheinlichkeiten müssen im Leistungsbarwert berücksichtigt werden. Feinere Modelle tragen zusätzlich z. B. der Tatsache Rechnung, dass Personen im Laufe eines Jahres erst berufsunfähig werden und noch im selben Jahr sterben können. Zur Vorgehensweise bei der Konstruktion adäquater Ausscheideordnungen sei auf KOLSTER et al. verwiesen.

In den letzten Jahren hat mit der so genannten **Dread-Disease-Versicherung** ein neuer Produkttyp mit Ähnlichkeit zu BU- und EU-Produkten Zugang zum Markt gefunden. Hier handelt es sich um einmalige Kapitalzahlungen, die bei bestimmten schweren Krankheiten, die nicht zwangsläufig zum Tode führen, geleistet werden. Als Beispiele seien Krebserkrankungen, Schlaganfälle oder Angina pectoris angeführt. Wegen des Einmalcharakters der Leistung lehnt sich dieses Produkt kalkulatorisch an die klassische kapitalbildende Lebensversicherung an.

2. Pensionsversicherungsmathematik und betriebliche Altersversorgung

Komplexere Leistungsversprechen in der Lebensversicherung, die nicht nur eine Risikoursache abdecken, fasst man unter dem Oberbegriff der **Pension** zusammen. Eine Pension besteht demnach aus verschiedenen Komponenten, deren wichtigste die Altersrente, die Hinterbliebenenrente (auch Witwen- bzw. Witwerrente genannt), die Waisenrente und die in Abschnitt 1 behandelte Invaliditäts- bzw. Berufsunfähigkeitsrente darstellen. Die konkrete Gestaltung einer solchen Kombination heißt **Pensionszusage**.

Der **Hinterbliebenenrente** unterliegt das Todesfallrisiko der hauptversicherten Person. Stirbt diese, beginnt für den hinterbliebenen Ehe- bzw. Lebenspartner eine lebenslange Rentenzahlung. Üblich ist eine Kopplung an die Höhe der Altersrente des Hauptversicherten mit einem Leistungsverhältnis von 55 oder 60 %; dies entspricht dem auch in der gesetzlichen Rentenversicherung seit 2002 bzw. davor geltenden Satz.

Wie bei der Berufs- und Erwerbsunfähigkeitsrente setzt sich der Leistungsbarwert auch in der **Hinterbliebenenversicherung** als Doppelsumme aus den Barwerten aufgeschobener Zeitrenten zusammen, die mit der jeweiligen Todesfallwahrscheinlichkeit q_x anstelle der i_x gewichtet sind. Es sind also folgende Ausscheideordnungen zu berücksichtigen:

- für die Altersrente eine Rentensterbetafel (Erlebensfallrisiko) der hauptversicherten Person
- für die Eintrittswahrscheinlichkeiten der Hinterbliebenenrente eine Todesfallsterbetafel der hauptversicherten Person
- für die Barwerte der Hinterbliebenenrente eine Rentensterbetafel der **mitversicherten Person**

In der Praxis wird allerdings aus Gründen des Berechnungsaufwands oft für alle drei Risiken einheitlich die Erlebensfalltafel des Hauptversicherten verwendet.

Waisenrenten unterscheiden sich von der Hinterbliebenenrente durch den niedrigeren Satz des Leistungsverhältnisses von normalerweise 20 % der Altersrente und werden außerdem nur als Zeitrenten bis zu einem Höchstalter der Waise von 27 Jahren gezahlt.

Hinterbliebenen- und Waisenrente erscheinen auch als pauschale Zusatzversicherungen. Sie werden dann nicht mit dem individuellen Alter der Ehepartner bzw. Kinder kalkuliert, sondern mit einem Pauschalalter, das nur vom Hauptversicherten abhängt. Ist die hauptversicherte Person männlich, die mitversicherte Person eine Frau, so wird deren Alter häufig drei bis fünf Jahre jünger als das Alter des Mannes angesetzt. Dieser Wert ergibt sich aus statistischen Häufigkeiten im Versichertenbestand oder der bundesweiten Heiratsstatistik. Auch für die Wahrscheinlichkeit, überhaupt verheiratet zu sein bzw. Kinder zu haben, wird dann mit Durchschnittswerten gearbeitet. Eine derartige Pensionszusage beinhaltet folgerichtig immer eine Hinterbliebenen- bzw. Waisenrente, unabhängig vom tatsächlichen Familienstand.

Pensionszusagen werden meistens von Arbeitgebern im Rahmen der **betrieblichen Altersversorgung** ausgesprochen. Deren Rückdeckung kann der Arbeitgeber selbst vornehmen oder auf eine Versorgungseinrichtung übertragen. Der rechtliche Rahmen, der allerdings häufigen Änderungen durch den Gesetzgeber unterworfen ist, sah im Jahre 2010 im Wesentlichen aus wie folgt.

Eine betriebliche Alterversorgung kann über fünf verschiedene **Durchführungswege** angeboten werden, deren Existenz die Entwicklung der Pensionsversicherung in den vergangenen gut 100 Jahren widerspiegelt: **Direktzusage** (ohne Umweg über eine Versorgungseinrichtung), **Unterstützungskasse**, **Direktversicherung**, **Pensionskasse** und **Pensionsfonds**. Entscheidend für die vom jeweiligen Unternehmen getroffene Auswahl sind dabei die Wege der Finanzierung, Beschränkungen bei der Kapitalanlage sowie die steuerliche Behandlung der für die Rückdeckung erforderlichen Prämien und der später fälligen Leistungen.

Als Minimalprogramm hat jeder Arbeitnehmer einen gesetzlich verbrieften Anspruch auf eine Direktversicherung, deren Beiträge er aus eigenem Einkommen finanziert. Oftmals bieten Arbeitgeber umfangreichere Pensionszusagen an, die auch einige der oben angesprochenen Zusatzbausteine enthalten. Deren Leistungshöhe wird für jedes Jahr der Betriebszugehörigkeit um einen Baustein angehoben, der durch eine Einmalprämie in einkommensabhängiger Höhe sofort ausfinanziert wird. Eine **arbeitgeberfinanzierte** Pensionszusage wird heute nach fünf Jahren Betriebszugehörigkeit unverfallbar, d. h., dass der Arbeitnehmer seine erworbenen Leistungsansprüche behält, wenn er nach Ablauf von mindestens fünf Jahren das Unternehmen verlässt. Ist die Zusage **arbeitnehmerfinanziert**, gilt die Unverfallbarkeit natürlich von Anfang an.

Nur als Stichworte genannt seien die im Zusammenhang mit den Reformen der gesetzlichen Rentenversicherung sowie des Steuerrechts im Bereich Altersvorsorge in den Jahren 2000 bis 2004 geschaffenen Möglichkeiten der privaten Ergänzungsversorgung im Rahmen der so genannten **RIESTER-Rente** und der **RÜRUP-Rente**.

Die mathematische Sicht der betrieblichen Altersversorgung beschreibt beispielsweise NEUBURGER.

3. Versicherungen auf verbundene Leben

Die im vorigen Abschnitt 2 erwähnte Hinterbliebenenrentenversicherung koppelt das Todesfallrisiko des Hauptversicherten, das die Zahlung einer Rente an die überlebende Person auslöst, an deren verbleibende Lebenserwartung. Hier liegt also ein Spezialfall von Produkten vor, deren Ausscheideordnungen von den biometrischen Daten mehr als einer Person abhängen. Während jedoch bei der Hinterbliebenenrente gemeinhin eine unvollständige Separation der Rechnungsgrundlagen gegeben ist, wird bei der größeren Klasse der **Versicherungen auf verbundene Leben** versucht, für beide (oder mehrere) versicherten Personen gemeinsame Rechnungsgrundlagen zu konstruieren.

Als wichtigste Beispiele finden sich am Markt die verbundene Risikolebens- und die verbundene Rentenversicherung. Bei der **Risikolebensversicherung zweier verbundener Leben** wird höchstens einmalig eine Todesfallleistung fällig, und zwar, je nach Vertragsgestaltung, nachdem der erste Todesfall eingetreten ist (z. B. zur Absicherung des überlebenden Ehegatten) oder nachdem beide Versicherten verstorben sind (z. B. zur Absicherung minderjähriger Kinder). Bei der (sofortbeginnenden oder aufgeschobenen) **verbundenen Leibrentenversicherung** dagegen läuft die Zahlung einer Leibrente bis zum Tode beider Versicherten. Häufig sieht der Vertrag nach dem Tode des ersten Versicherten eine Reduzierung der Ratenhöhe vor; dieses Produkt lehnt sich daher eng an die klassische Hinterbliebenenrente an.

Wir skizzieren kurz die Idee zur Konstruktion einer gemeinsamen Sterbetafel für zwei Versicherte. Das Konzept überträgt sich entsprechend auf mehrere Versicherte. Im häufigsten Fall, dass Paare von Mann und Frau versichert werden sollen, ist der Ausgangspunkt ein Kollektiv von beispielsweise je 100.000 Neugeborenen beiderlei Geschlechts. (Praktischen Erfordernissen genügen meist auch Gruppen mit einem Beginnalter von 15 Jahren.) Für beide Teilbestände gelten die bekannten Überlebendenzahlen l_x bzw. l_y einer geeigneten eindimensionalen Sterbetafel. Es werden nun alle möglichen $l_{xy} = l_x \cdot l_y$ Paarungen x-jähriger Männer mit y-jährigen Frauen gebildet.

Analog zum Vorgehen in einer Dimension berechnet man nun die Zahl der Paare, die sich durch Tod mindestens eines Partners im Laufe eines Jahres auflösen, zu

$$d_{xy} = l_{xy} - l_{x+1,y+1} \,.$$

Man beachte, dass nach Definition der l_{xy} im Allgemeinen gilt: $d_{xy} \neq d_x \cdot d_y$. Daraus ergeben sich die **verbundenen** einjährigen (um n Jahre aufgeschobenen) **Sterblichkeiten**

$$q_{xy} = \frac{d_{xy}}{l_{xy}}, \quad \left({}_{n|}q_{xy} = \frac{{}_{n|}d_{xy}}{l_{xy}} = \frac{l_{x+n,y+n} - l_{x+n+1,y+n+1}}{l_{xy}} \right)$$

und – beispielsweise – die n-jährigen **verbundenen Überlebenswahrscheinlichkeiten**

$${}_np_{xy} = \frac{l_{x+n,y+n}}{l_{x,y}} = \frac{l_{x+n}}{l_x} \cdot \frac{l_{y+n}}{l_y} = {}_np_x \cdot {}_np_y \,.$$

Im Gegensatz zum Fall einer versicherten Person, die am Ende eines Zeitraums entweder noch lebt oder gestorben sein muss, sind bei verbundenen Leben weitere Fälle zu betrachten, vor allem der, dass im gegebenen Zeitraum genau eine Person stirbt.

Mit diesen Ingredienzien konstruiert sich nun der Barwert einer um n Jahre aufgeschobenen **verbundenen Risikolebensversicherung** von einjähriger Dauer, die nach dem ersten Todesfall leistet, zu

$${}_{n|1}A_{xy} = {}_{n|}q_{xy} \cdot v^{n+1} \,.$$

Die n-jährige Risikolebensversicherung dieses Typs ergibt sich durch Summation von n einjährigen Versicherungen:

$${}_{|n}A_{xy} = \sum_{k=0}^{n-1} {}_{k|1}A_{xy}$$

Auch hier lassen sich zur bequemeren Berechnung **verbundene Kommutationswerte** definieren. Wahlfreiheit besteht zunächst bei der Festlegung des **Diskontierungsfaktors**, denn $D^{(x)}_{xy} = l_{xy} \cdot v^x$ ist ebenso möglich wie $D^{(y)}_{xy} = l_{xy} \cdot v^y$ oder die Wahl des symmetrischen Exponenten $(x + y) / 2$. Sofern die Wahl einheitlich erfolgt, bereitet dies keine Schwierigkeiten, da bei der Barwertberechnung immer eine Quotientenbildung stattfindet und sich somit Diskontierungsfaktoren ebenfalls einheitlich herauskürzen.

Man kann also ähnlich wie in Abschnitt D.3.4 definieren

$$D_{xy} := l_{xy} \cdot v^x, \quad C_{xy} := d_{xy} \cdot v^{x+1}, \quad M_{xy} := \sum_{k=0}^{\omega-\max(x,y)} C_{x+k,y+k}$$

und erhält für ${}_{|n}A_{xy}$ die alternative Darstellung

$$ {}_{|n}A_{xy} = \frac{C_{xy} + C_{x+1,y+1} + \ldots + C_{x+n-1,y+n-1}}{D_{xy}} = \frac{M_{xy} - M_{x+n,y+n}}{D_{xy}}.$$

Die Komposition weiterer Leistungsbarwerte erfolgt nach dem gleichen Prinzip. Wir verweisen dafür auf die präzisen Darstellungen bei ISENBART/MÜNZNER oder WOLFSDORF.

4. Preferred-Lives-Produkte

Die in Kapitel D vorgestellte Prämienberechnung basiert auf drei **Rechnungsgrundlagen**: versichertes Risiko, Rechnungszins und eingerechnete Kosten. Das versicherte Risiko wird mithilfe von **Sterblichkeiten** q_x bzw. q_y beschrieben (bzw. mithilfe der zugehörigen Überlebenswahrscheinlichkeiten), die normalerweise eine Funktion des **Geschlechts** und des **Alters** sind:

$$q_x = q_x(\text{Alter, Geschlecht})$$

In Wirklichkeit hängt die Sterblichkeit natürlich noch von anderen Einflussfaktoren ab, die sich in drei Gruppen untergliedern lassen:

- **Verhaltensbedingte Einflussfaktoren** (z. B. Rauchverhalten, Alkoholkonsumverhalten, Betreiben von Extremsportarten)
- **Lebensumstände** (z. B. Einkommen, Bildungsstand, Familienstand, Wohnort, Beruf)
- **Medizinische Faktoren** (z. B. Blutwerte [Blutdruck, Cholesterin etc.], Körpergewicht [genauer: Body-Mass-Index, der das Körpergewicht in Relation zur Körpergröße beschreibt])

Die Idee der **Preferred-Lives-Produkte** (*preferred lives* = bevorzugte Leben im Sinne von bevorzugte Risiken; kurz PL) ist es, neben Alter und Geschlecht noch weitere Einflussfaktoren bei der Abschätzung des versicherten Risikos heranzuziehen, was letztlich darauf hinausläuft, die gewöhnlichen Sterbetafeln durch detailliertere Sterbetafeln zu ersetzen. Die konkrete Auswahl der PL-Kriterien trifft das Versicherungsunternehmen dabei auf Basis eines oder mehrerer der oben genannten Einflussfaktoren.

Beispielsweise kann Nichtrauchern eine niedrigere Sterblichkeit als Rauchern bescheinigt werden, sie werden daher zu den **Preferred Lives** in der Risikolebensversicherung, in der das Sterblichkeitsrisiko das versicherte Risiko bildet. Raucher werden aufgrund ihrer erhöhten Sterblichkeit zu **Non-Preferred Lives** (NPL). Umgekehrt ist es in der privaten Rentenversicherung: Hier bilden gerade die Raucher aufgrund ihres erhöhten Sterblichkeitsrisikos ironischerweise das PL-Kollektiv (in der Praxis dann oftmals als **Impaired Lives** bezeichnet, wobei „impaired" so viel wie „benachteiligt" bedeutet), die langlebigeren Nichtraucher werden zu NPL-Kunden.

Durch die Verwendung unterschiedlicher Rechnungsgrundlagen ergeben sich in der Risikolebensversicherung entsprechend unterschiedliche Prämienhöhen. An die Stelle der üblichen q_x-Werte aus einer Standardsterbetafel treten dabei q_x^{PL}- bzw. q_x^{NPL}-Werte, die Leistungs- und Prämienbarwerte ändern sich entsprechend (vgl. Abschnitt D.3.3):

$$_{\text{ln}}A_x \rightarrow {_{\text{ln}}A_x^{PL}} \quad \text{bzw.} \quad _{\text{ln}}A_x \rightarrow {_{\text{ln}}A_x^{NPL}} \qquad \text{(Leistungsbarwerte)}$$

$$\ddot{a}_{x,\overline{tl}} \rightarrow \ddot{a}_{x,\overline{tl}}^{PL} \quad \text{bzw.} \quad \ddot{a}_{x,\overline{tl}} \rightarrow \ddot{a}_{x,\overline{tl}}^{NPL} \qquad \text{(Prämienbarwerte)}$$

Die niedrigeren Sterblichkeiten der PL-Kunden führen zu einer Verminderung des Leistungsbarwertes und einer parallelen Erhöhung des Prämienbarwertes (Überlebenswahrscheinlichkeiten nehmen zu), insgesamt also zu einer niedrigeren Nettoprämie NP^{PL} als in einem nicht differenzierten Versichertenkollektiv ($NP^{PL} < NP$). Bei den NPL-Kunden fällt der Leistungsbarwert hingegen höher aus, der Prämienbarwert im Gegenzug niedriger, sodass

$$NP = S \cdot \frac{_{\text{ln}}A_x}{\ddot{a}_{x,\overline{tl}}} < S \cdot \frac{_{\text{ln}}A_x^{NPL}}{\ddot{a}_{x,\overline{tl}}^{NPL}} = NP^{NPL}$$

und damit insgesamt $NP^{PL} < NP < NP^{NPL}$ folgt. Dem PL-Kollektiv wird damit der gleiche Versicherungsschutz bei niedrigerer Prämie eingeräumt, was den Anbieter eines solchen Produkts für PL-Antragsteller naturgemäß attraktiv macht. Dies mag auf den ersten Blick ungerecht erscheinen, bildet aber die unterschiedlichen Risiken, die PL- und NPL-Kunden darstellen, exakter ab, als dies normalerweise der Fall ist.

Voraussetzung für die Einführung einer **PL-/NPL-Unterscheidung** beim Neugeschäft ist, dass die unterschiedlichen Sterblichkeiten hinreichend genau angegeben werden können, anderenfalls wäre der **Gleichbehandlungsgrundsatz** des § 11 (2) VAG verletzt. Hierzu ist es erforderlich, dass das Versicherungsunternehmen seine PL- bzw. NPL-Sterbetafeln wissenschaftlich untermauern kann, z. B. auf Grundlage einer anerkannten biometrischen Studie.

Dies gelingt bislang nur für wenige der oben genannten PL-Kriterien, weshalb in der Praxis im Allgemeinen eine bloße Unterscheidung in Raucher und Nichtraucher vorgenommen wird und dies meist nur für die Risikolebensversicherung. Speziell für solche PL-Produkte liegen mittlerweile auch Sterbetafeln der DAV vor (DAV 2008 T R und DAV 2008 T NR, siehe Abschnitt D. 2.1). Bei der kapitalbildenden Lebensversicherung wäre eine ähnliche Unterteilung prinzipiell zwar auch denkbar, wegen des hohen Sparanteils an der Nettoprämie würden sich die PL- und NPL-Prämien aber nur geringfügig unterscheiden (vgl. Abschnitt E.4). Bei weiter gehenden PL-Konstrukten würde sich daneben auch noch die Frage stellen, wie sich die Kombination mehrerer PL-Kriterien auf die Gesamtsterblichkeit auswirkt. Kann z. B. wissenschaftlich belegt werden, dass bei Erfüllen eines PL-Kriteriums die Sterblichkeit im stochastischen Mittel um 20 % abnimmt, während sie bei Erfüllen eines anderen PL-Kriteriums um 40 % abnimmt, ist noch keine definitive Aussage darüber möglich, was bei Erfüllen beider Kriterien gilt. Oftmals kommt es zu unerwarteten Auslöschungs- oder Verstärkungseffekten.

Auch ist zu beachten, dass PL-/NPL-Unterscheidungen dem Versicherungsunternehmen im Allgemeinen keine höheren Gewinne, sondern allenfalls ein besseres Preis-Leistungs-Verhältnis bescheren, was die Produkte aus Sicht der PL-Kunden attraktiver macht. Lebensversicherer ohne PL-/NPL-Unterscheidung bei einem Produkt laufen auf lange Sicht Gefahr, in ihren gemischten Beständen überwiegend NPL-Kunden zu finden, da diese hier ein besseres Preis-Leistungs-Verhältnis vorfinden als in den reinen NPL-Beständen von PL-/NPL-Anbietern **(Antiselektion)**. Dies erhöht langfristig den Druck auf nicht differenzierende Lebensversicherer, ebenfalls separate PL- und NPL-Produkte anzubieten, da sich ihre Risikoüberschüsse und damit die gesamte Höhe ihrer Überschüsse mehr und mehr dem Niveau von NPL-Beständen annähert, sie also gewissermaßen schleichend zum NPL-Anbieter mutieren. Details zu PL-Produkten findet der interessierte Leser z. B. in Pecheim et al.

5. Fondsgebundene Lebensversicherungsprodukte

Fondsgebundene Lebensversicherungsprodukte gibt es zwar schon mehrere Jahrzehnte auf dem Markt, ihren Durchbruch haben diese Produkte jedoch erst im Zuge der Börseneuphorie der späten 1990er-Jahre erlebt. Die Idee bei diesen Produkten besteht darin, die Kapitalanlage nicht nach den Vorgaben des § 54 VAG zu gestalten, sondern stattdessen die Sparprämien (vgl. Abschnitt E.4) direkt in einen oder mehrere Fonds einzuzahlen (§ 54b VAG). Der damit gebildete **Anlagestock** wird von einer Kapitalanlagegesellschaft treuhänderisch verwaltet (oftmals Tochterunternehmen des Versicherers; der Versicherer selbst darf hier nicht als Kapitalanleger auf dem Finanzmarkt auftreten). Das **Kapitalanlagerisiko** trägt bei fondsgebundenen Produkten allein der Versicherungsnehmer, eine Garantieverzinsung findet nur in Ausnahmefällen statt (falls eine **Mindestgarantieverzinsung** expliziter Bestandteil des Produkts ist).

Üblich sind folgende **Produktformen**:

- **Fondsgebundene Lebensversicherung (FLV)**
  Dieses Produkt stellt das fondsgebundene Analogon zur klassischen **kapitalbildenden Lebensversicherung** mit laufender Beitragszahlung dar und bietet neben einem Todesfallschutz eine Ablaufleistung bei Erleben, die sich aus dem Wert der Fondsanteile bei Ablauf errechnet. Aus steuerlichen Gründen wird normalerweise ein garantierter Mindesttodesfallschutz von 60 % der Beitragssumme zugrunde gelegt, ansonsten verliert das Produkt in den Augen des Gesetzgebers seinen Versicherungscharakter. Soweit das angesammelte Fondsvermögen über der garantierten Todesfallsumme liegt, wird dieses Fondsvermögen im Todesfall ausbezahlt, ansonsten nur die vereinbarte Versicherungssumme.
- **Fondsgebundene Leibrentenversicherung (FRV)**
  Auch die **private Leibrentenversicherung** mit laufender Beitragszahlung und aufgeschobenem Rentenbezug kann als fondsgebundenes Produkt dargestellt werden. Hauptunterschied zu einem reinen Fondssparplan während der Aufschubphase ist die Beitragsrückgewähr im Todesfall, die sich im Allgemeinen auf die bis dahin gezahlte Beitragssumme beschränkt. Um das Kapitalanlagerisiko wenigstens teilweise zu begrenzen, kann darüber hinaus eine Mindestgarantieleistung bei Rentenbeginn vereinbart werden, die sicherstellt, dass zu Rentenbeginn zumindest die eingezahlten Beiträge zur Verrentung herangezogen werden.

Die **Überschussbeteiligung** bei den genannten Produktformen beschränkt sich im Wesentlichen auf Kosten- und Risikogewinne (bei der FLV) sowie etwaige Zinsgewinne, die aus der Beitragsrückgewähr bei der FRV oder einer garantierten Mindestverzinsung bei der FLV resultieren. Die während der Beitragszahlungsdauer in beiden Produkten erzielten Überschüsse werden meist dem Fondsvermögen zugeführt – ebenso die Erträge des Anlagestocks. Letztere fließen entweder direkt dem Anlagestock zu (**Thesaurierung**; es findet eine Werterhöhung der Anteilseinheiten statt) oder werden – nach Ausschüttung – zum Erwerb neuer Anteilseinheiten verwendet.

Die Fondsanlage selbst kann entweder auf Basis eines **gemanagten Fonds** oder durch **individuelle Zusammenstellung** eines Fondspakets durch den Versicherungsnehmer vonstatten gehen. In beiden Fällen bietet der Versicherer mehrere Fonds zur Auswahl an, die zusammen mit den Kapitalanlagegesellschaften dargestellt werden. Stellt der Versicherungsnehmer sein Fondspaket selbst zusammen, räumt man ihm zumeist die Möglichkeit ein, die bestehende Aufteilung der Anlagebeiträge auf die zur Verfügung stehenden Einzelfonds zu ändern (so genanntes **Shiften**). Bleiben hingegen die bestehenden Anlagen unverändert und soll lediglich die Kapitalanlagestrategie der Zukunft verändert werden, spricht man von **Switchen**. Sowohl beim Shiften als auch beim Switchen wird normalerweise ein Mindestprozentsatz für einzelne Anlagen vorgeschrieben, um zu kleinen Anteilswerten vorzubeugen. Die meisten Anbieter fondsgebundener Produkte ermöglichen ihren Kunden eine gewisse Zahl kostenfreier Fondswechsel während der Vertragslaufzeit (entweder Switchen oder Shiften), z. B. drei Umschichtungen pro Jahr, darüber hinaus werden Verwaltungsgebühren fällig.

Um die Fondsauswahl bei Vertragsabschluss zu erleichtern, werden dem Versicherungsnehmer zumeist mehrere **Fondspakete** mit unterschiedlichen Anteilen an Aktien, Renten, Geldmarktprodukten und Immobilien vorgestellt, die je nach Charakter und Anteil der einzelnen Anlageformen in konservative, gemischte und renditeorientierte Fonds unterteilt werden. Die konservativen Fonds weisen dabei üblicherweise einen hohen Anteil an Renten, Geldmarktprodukten und Immobilien auf, während renditeorientierte Fonds in eher spekulative Aktienwerte investieren. Die gemischten Fonds versuchen durch Mischung sowohl konservativer als auch renditeorientierter Anlageformen einen Kompromiss zwischen beiden Extremen zu erzielen. Gerade bei der FRV kann es sinnvoll sein, das eigene Anlageportefeuille während der Aufschubzeit allmählich von einem aktienlastigen in ein eher rentenlastiges Portefeuille umzuschichten, um nicht kurz vor Rentenbeginn durch einen überraschenden Einbruch an den Aktienmärkten größere Verluste hinnehmen zu müssen.

Die **Lebensversicherungsmathematik** fondsgebundener Produkte zerlegt die Produkte in ihren eigentlichen Versicherungsbestandteil sowie einen fondsgebundenen Bestandteil, der nicht den üblichen Regeln (Barwertbetrachtung etc.) genügt und lediglich die vereinbarten Einzahlungen in den Fondsbestandteil abbildet. Die Nettoprämie zerfällt folglich in die eigentliche Versicherungsprämie und die Fondseinzahlungen. Für die Nettoprämie der FLV mit n-jähriger Beitragszahlungsdauer und ebenso lang gewährtem garantierten Todesfallschutz bedeutet dies:

$$NP = S \cdot \frac{{}_{\lfloor n}A_x}{\ddot{a}_{x,\overline{n}|}} + FP ,$$

wobei FP den jährlichen Sparbeitrag in die Fondsanlage darstellt **(Fondsprämie)**.

Die Berechnung der dann tatsächlich fälligen **Bruttoprämie** gestaltet sich komplizierter, da zu den Kosten des Versicherungsanteils nun noch die Kosten des Fondsanteils treten, die überwiegend an die beteiligte Kapitalanlagegesellschaft fließen. Zu diesen Kosten gehören neben einem Ausgabeaufschlag etwaige Fondsmanagementkosten sowie allgemeine Verwaltungskosten und Depotbankvergütungen. Soweit es über das erlaubte Maß hinaus zu Fondsumschichten kommt (Shiften bzw. Switchen), können zusätzliche Transaktionskosten anfallen, die nicht explizit in die Bruttoprämienformel integriert werden können und einzeln verrechnet werden.

Eine interessante Weiterentwicklung der FLV bzw. FRV ist die **aktienindexgebundene Lebens- bzw. Leibrentenversicherung**, bei der die Fondsanlage so vorgenommen wird, dass der Verlauf eines Aktienindex nachgebildet wird (DAX, Dow Jones etc.). Durch diese Form der Kapitalanlage wird die Wertentwicklung des Anlageportefeuilles für den Versicherungsnehmer besonders transparent, da die Wertentwicklung des zugrunde liegenden Index der Tagespresse entnommen werden kann. Meist werden solche Produkte zusätzlich mit einer Mindestverzinsung angeboten, was freilich auf Kosten der Rendite geht. Dabei gilt: Je höher die garantierte Mindestverzinsung, desto geringer der **Partizipationssatz** am verwendeten Index. Dieser Partizipationssatz gibt an, in welchem Maß das Versicherungsprodukt am Wertzuwachs des dargestellten Index tatsächlich teilnimmt (in der Regel 80 bis 90 %).

Im Zuge der Angleichung der europäischen Aufsichtssysteme bleibt abzuwarten, inwieweit die strengen **Kapitalanlagevorschriften** des § 54 VAG für die gewöhnliche Lebensversicherung dauerhaft bestehen bleiben. Sollte die Obergrenze für Aktien- und Investmentanlagen in Deutschland irgendwann einmal massiv erhöht werden oder ganz wegfallen, können auch gewöhnliche Lebensversicherungsprodukte je nach Anlagestrategie des Versicherers mehr oder minder den Charakter fondsgebundener Produkte annehmen. In Großbritannien können Lebensversicherer schon heute bis zu 100 % ihrer Kapitalanlage am Aktienmarkt tätigen, was für die Versicherungsnehmer neben großen Renditechancen auch erhebliche Risiken mit sich bringt.

Um das Kapitalanlagerisiko für den Versicherungsnehmer kalkulierbarer zu machen, sind in den vergangenen Jahren zahlreiche Weiterentwicklungen der klassischen fondsgebundenen Lebens- und Rentenversicherung entstanden, die unterschiedliche Formen von Garantien beinhalten. **Dynamische Hybridprodukte** versuchen beispielsweise, durch einen ständigen Wechsel zwischen Anlageformen unterschiedlichen Rendite- und Risikoverhaltens eine möglichst hohe Rendite bei möglichst geringem Risiko sicherzustellen. Sehr verbreitet sind dynamische Hybridprodukte, die einen Teil ihrer Mittel im Sinne des § 54 VAG investieren (klassisches versicherungstechnisches Sicherungsvermögen), die übrigen Mittel fließen in einen so genannten Garantiefonds und einen freien Fonds („Drei-Topf-Modell"). Das versicherungstechnische Sicherungsvermögen und der Garantiefonds sollen dabei eine Mindestverzinsung garantieren, der freie Fonds soll hingegen vor allem in renditeträchtigere Kapitalanlageformen fließen. Je nach Kapitalmarktlage werden liquide Mittel zwischen den einzelnen „Töpfen" kurzfristig hin und her verschoben, vor allem zwischen Garantiefonds und freiem Fonds.

Eine ausgeprägte Kapitalmarktorientierung zeigen auch die **Variable Annuities**, die in Deutschland bislang nur über im Ausland ansässige Gesellschaften vertrieben werden dürfen. Im Unterschied zu gewöhnlichen fondsgebundenen Rentenversicherungen bleibt das angesparte Fondsvermögen bei Variable Annuities auch während der Rentenbezugsphase in Fonds investiert, was zusätzliche Renditechancen eröffnen soll. Um den hochspekulativen Charakter dieses Altersvorsorgeprodukts vor dem Hintergrund immer wieder auftretender Krisen an den Kapitalmärkten für den Versicherungsnehmer etwas abzumildern, werden Variable Annuities teilweise mit Garantien versehen. Beispielsweise kann garantiert werden, dass das Fondsvermögen feste Beiträge zu bestimmten Zeitpunkten nicht unterschreitet (Guaranteed Minimum Accumulation Benefit, kurz GMAB) oder dass während der Rentenbezugsphase bestimmte Teilrückkaufswerte nicht unterschritten werden (Guaranteed Minimum Withdrawal Benefit, kurz GMWB). Alle in diesem Zusammenhang ausgesprochenen Garantien sind jedoch reine „Kapitalmarktgarantien" und daher in ihrer Qualität nicht mit den Vorgaben des § 54 VAG in Verbindung mit der Anlageverordnung zu vergleichen. Das Kapitalanlagerisiko trägt auch bei fondsgebundenen Lebensversicherungsprodukten mit kapitalmarktorientierten Garantien letztlich alleine der Versicherungsnehmer.

Weiter gehende Informationen zu fondsgebundenen Lebensversicherungsprodukten mit und ohne Indexbindung findet der Leser z. B. in den Ausarbeitungen von KURZ und RUSS.

6. Lebensrückversicherung

Rückversicherungsvorgänge dienen dem Ziel, versicherungstechnische Risiken zu teilen und dadurch für die mitwirkenden Versicherungsunternehmen tragbarer zu machen. Idealerweise wird so die Summe der Teilrisiken kleiner als das ungeteilte Risiko. Dieses vorteilhafte Ergebnis setzt im Rückversicherungsgeschäft die Anwendung statistischer und risikotheoretischer Methoden voraus, die über das klassische Instrumentarium eines Lebenserstversicherers weit hinausgehen.

Neben der Risikoreduzierung beim Erstversicherer bewirkt die Rückversicherung eine Glättung seiner Jahresergebnisse, weil in schadenintensiven Jahren die Leistungen des Rückversicherers das Ergebnis verbessern, während in anderen Jahren die Rückversicherungsprämien in der Regel diese Leistungen übersteigen.

Die einfachste Form der Rückversicherung stellt die **proportionale Quotenteilung** dar, bei der ein einheitlicher Prozentsatz aller Risiken, die der Erstversicherer gezeichnet hat, an den Rückversicherer geht. Ein inhomogener Bestand bleibt dadurch für beide Unternehmen inhomogen, sodass zwar die Schadenleistungen entsprechend der Quote aufgeteilt werden, die Risikostruktur des Bestandes aber nicht verbessert wird.

Dies gelingt hingegen bei der **Summenexzedenten-Rückversicherung** (von *excedere* = übersteigen). Hierbei wird als Schwellenwert ein **Selbstbehalt** S_0 des Erstversicherers definiert, unterhalb dessen er Risiken allein trägt. Man beachte, dass dies nicht nach den tatsächlichen Schäden, sondern auf Basis der versicherten Summen festgelegt wird. Für größere Summen S trägt der Erstversicherer nur einen Teil des Schadens. Er hängt ab vom Verhältnis $c = S_0 / S$, das somit einen vertragsindividuellen Wert darstellt. Den Anteil $S \cdot (1 - c) = S - S_0$ trägt der Rückversicherer. Dessen Anteil am Schaden ist also umso größer, je größer S wird. Die Prämien werden zwischen den Gesellschaften im selben Verhältnis geteilt. Durch diese Vertragskonstruktion gelingt indirekt eine Verbesserung der Risikostruktur.

Diese Konzepte sind übrigens im Rahmen der Sachversicherung genauso anwendbar, daher haben wir allgemein von Schäden gesprochen. In der Lebensrückversicherung sind alle Leistungsansprüche der Versicherungsnehmer gegen den Erstversicherer in diesem Sinne Schäden: Todesfallzahlungen, Invaliditätsrenten, Altersrenten usw.

Wir beschreiben die beiden obigen Konzepte anhand konkreter Beispiele: Wird bei Risikolebensversicherungen eine proportionale Quotenversicherung mit Rückversicherungsquote 30 % vereinbart, hat bei einer Versicherungssumme von 100.000 € der Erstversicherer im Leistungsfall 70 %, der Rückversicherer 30 % der Versicherungsleistung zu tragen. Anders verläuft die Betrachtung bei der Exzedentenversicherung: Der vereinbarte Selbstbehalt liege bei 200.000 €. Um unterschiedliche Schadensummen in einem Vertrag realisieren zu können, sei ein Bestand kapitalbildender Lebensversicherungen unterstellt, deren Todesfallleistung bei 60 % der Erlebensfallleistung liegt. Ein Vertrag der Summe 100.000 € unterliegt ganz dem Selbstbehalt; der Rückversicherer ist also in keinem Fall an der Leistung beteiligt. Bei einer vereinbarten Erlebensfallleistung von 300.000 € ergibt sich ein Verhältnis c von 200.000 / 300.000 = ⅔. Wird die Erlebensfallleistung fällig, zahlt der Lebensversicherer davon 200.000 €, der Rückversicherer die verbleibenden 100.000 €. Die Todesfallleistung von 180.000 € würde entsprechend im Verhältnis 120.000 € (Erstversicherer) zu 60.000 € (Rückversicherer) getragen, obwohl die Gesamtleistung in diesem Fall kleiner wäre als der Selbstbehalt. Hieran wird deutlich, dass sich der Selbstbehalt an der vereinbarten Versicherungssumme orientiert, nicht an der Höhe der konkret fälligen Leistung. Beträgt die vereinbarte Versicherungssumme 400.000 €, ergibt sich ein Teilungsverhältnis c = ½.

Die überaus spannende Frage bei der Summenexzedenten-Rückversicherung ist die geeignete Wahl des Selbstbehalts. Hat man hierzu früher wenig begründete Heuristiken verwendet, bedient man sich heute risikotheoretischer Modellbetrachtungen. Die jährlichen Schäden deutet man als Ausprägungen von Zufallsvariablen X_i, über deren Wahrscheinlichkeitsverteilung plausible Annahmen getroffen werden. Der Gesamtschaden S ist gerade die Summe aller X_i: $S = X_1 + ... + X_n$. Mit der Summe B der jährlichen Prämieneinnahmen und den Schadenreserven R wird nun nach der Wahrscheinlichkeit dafür gefragt, dass in einem Jahr gilt: $S > B + R$. Genauer: Es muss sichergestellt werden, dass für einen hinreichend nahe bei 0 gelegenen Wert ε die **Ruinwahrscheinlichkeit** die Bedingung

$$P(S > B + R) \leq \varepsilon$$

erfüllt. ε ist in der Praxis ein Wert von wenigen Promille. Ein Promille entspricht hierbei im Mittel einem zu erwartenden Ruin in tausend Jahren. Zu den unerfreulichen Ergebnissen der Wahrscheinlichkeitsrechnung gehört, dass der Ruin eines Versicherungsunternehmens zwar durch hinreichend hohe Reserven beliebig unwahrscheinlich, aber niemals mit Sicherheit ausgeschlossen werden kann!

Mit risikotheoretischen Methoden lässt sich nun bei gegebenem ε zum einen die Minimalprämie für den Gesamtbestand S und die Einzelrisiken X_i bestimmen: Rückversicherung ist dann notwendig, wenn diese Minimalprämie höher ist als die am Markt durchsetzbare Prämie. Zum anderen liefert die Risikotheorie einen Schätzwert für die Wahl des größtmöglichen Selbstbehalts. Dieser ist gerade so hoch, dass der Erstversicherer die Ruinbedingung noch erfüllt, andererseits keine unnötig hohen Rückversicherungsprämien entrichten muss.

Für die Grundlagen der Mathematik der Rückversicherung verweisen wir auf Dienst.

7. Optionen in der Lebensversicherung

Unter einer **Option** wird in der Lebensversicherung das Recht des Versicherungsnehmers verstanden, einen bestehenden Versicherungsumfang innerhalb eines Vertrags nachträglich zu ändern. Die Änderung kann sich auf den Umfang des gewährten Versicherungsschutzes, die Vertragslaufzeit oder sonstige Vertragskonditionen beziehen. Wichtig ist dabei, dass die Ausübung der Option durch den Versicherungsnehmer erfolgen muss und für ihn mit **keiner erneuten Gesundheits- bzw. Risikoprüfung** verbunden ist. Der Sinn einer Option liegt meist in der Festschreibung eines einmal konstatierten Gesundheitszustands. Die Option kann auch dann ausgeübt werden, wenn sich der Gesundheitszustand der versicherten Person zwischenzeitlich so stark verschlechtert hat, dass ein Neuabschluss nicht mehr möglich wäre.

Typische **Optionen** in der Lebensversicherung sind:

- **Nachversicherungsgarantie**

  Diese Option erlaubt dem Versicherungsnehmer, einen bestehenden Versicherungsschutz (normalerweise ein Todesfallschutz oder eine BU-Rentenhöhe) innerhalb bestimmter Grenzen nachträglich zu erhöhen. Üblicherweise wird die Ausübung der Option dabei an das Vorliegen einschneidender Tatbestände, z. B. Heirat, die Geburt eines Kindes, berufliche Selbstständigkeit etc. gebunden. In solchen Fällen ist eine Anpassung gerade des Hinterbliebenenschutzes sinnvoll.

- **Abrufoptionen/Verlängerungsoptionen**

  Der Versicherungsschutz wird um einen bestimmten Zeitraum verlängert. Möglich sind solche Dauerverlängerungen zumeist bei kapitalbildenden Lebensversicherungen, wo sie z. B. bei einer nicht vorhersehbaren Verlängerung der Lebensarbeitszeit sinnvoll sein können. Bei Rentenversicherungen ist es ebenfalls sinnvoll, den Beginn der Rentenzahlungen entweder geringfügig nach vorn oder hinten verlegen zu können (normalerweise ± 5 Jahre bezogen auf das bei Vertragsbeginn vereinbarte Renteneintrittsalter).

- **Kapitaloption bei Leibrentenversicherungen (Kapitalwahlrecht)**

  Bei Leibrentenversicherungen mit laufender Beitragszahlung ist es meist möglich, statt der Rentenzahlungen eine Einmalzahlung zu Rentenbeginn zu bekommen, die in ihrer Höhe dem Zeitwert der angesparten Beiträge bzw. dem Barwert der ansonsten gewährten Leibrente inkl. Überschüssen entspricht.

- **Umwandlungsoptionen**

  Umwandlungsoptionen (auch Umtauschoptionen genannt) gibt es z. B. bei Risikolebensversicherungen, die in eine kapitalbildende Lebensversicherung umgetauscht werden können. Neben dem gewährten Todesfallschutz erhält die versicherte Person damit bei Ablauf der Versicherung zusätzlich eine Erlebensfallleistung.

Da es bei der Ausübung einer Option meist um eine Ausweitung des gewährten Versicherungsschutzes geht, kommt es dabei normalerweise zu Prämienerhöhungen. Wird etwa eine Risikolebensversicherung in eine kapitalbildende Lebensversicherung umgewandelt, muss der komplette Sparanteil fortan dargestellt werden, was je nach Alter-Laufzeit-Kombination und Zeitpunkt der Ausübung zu einer Vervielfachung der Prämie führen kann (vgl. das Nettoprämienniveau beider Versicherungsformen in Abschnitt D 3.5).

Die versicherungsmathematische Behandlung von Optionen ist nur näherungsweise möglich, da explizit mit eingerechnet werden muss, dass nicht alle Versicherungsnehmer, sondern nur eine Untermenge eine gegebene Option auch tatsächlich ausüben wird. Hier kann es in Einzelfällen zu erheblichen **Antiselektionseffekten** kommen, da vor allem solche Versicherungsnehmer eine Option ausüben werden, die sich davon einen finanziellen Nutzen versprechen.

Beispielsweise wird ein Versicherter, der bei einer aufgeschobenen Leibrentenversicherung mit laufender Beitragszahlung in den Jahren vor Rentenbeginn eine spürbare Verschlechterung seines Gesundheitszustands erfährt (Herzinfarkt, Krebs etc.) eher dazu neigen, von seinem Kapitalwahlrecht Gebrauch zu machen. Aus Sicht des gesundheitlich angeschlagenen Versicherten ist diese Entscheidung sinnvoll, da so die angesparten Beiträge im Todesfall (der nun mit erhöhter Wahrscheinlichkeit eintritt) vererbt oder etwa für eine aufwendige medizinische Versorgung verwendet werden können. Hätte sich der gleiche Versicherte für die Rentenzahlung entschieden, müsste er – soweit keine Rentengarantiezeit vereinbart worden ist – mit einem erheblichen finanziellen Verlust rechnen (den er buchstäblich nicht mehr erleben würde).

Aus Sicht des Versicherungsunternehmens bedeuten derartige Antiselektionseffekte, dass die Versicherungsnehmer bei der Ausübung oder Nichtausübung ihrer Optionen gegen den Versicherer spekulieren. Dies hat naturgemäß Auswirkungen auf die Rechnungsgrundlagen gerade bei Leibrentenversicherungen mit Kapitalwahlrecht, da davon ausgegangen werden kann, dass überwiegend langlebige Versicherungsnehmer die Rentenzahlung bevorzugen werden, während Kunden mit erhöhter Sterblichkeit eher ihr Kapitalwahlrecht ausüben.

Die einer Option zugrunde liegende **Optionsprämie** muss diese Antiselektionsproblematik berücksichtigen. Dabei kann es zu zwei Extremfällen kommen:

Extremfall A: Alle Versicherungsnehmer üben die Option aus

In diesem Fall kann die Option kostenfrei angeboten werden, da sich gute und schlechte Risiken unter den optionsausübenden Versicherungsnehmern im gleichen Verhältnis finden wie unter den Optionsinhabern. Soweit bei Abschluss des Versicherungsvertrags mit der Option also ein Normalbestand vorgefunden wird, kommt es bei Ausübung der Option durch einen einzelnen Versicherungsnehmer zu keiner Risikoerhöhung.

Extremfall B: Nur diejenigen Versicherungsnehmer üben die Option aus, die daraus einen konkreten finanziellen Nutzen ziehen

Hier würden sich unter den optionsausübenden Versicherungsnehmern nur schlechte Risiken wiederfinden, während kein gutes Risiko die Option ausübt. Ein abstraktes Beispiel für diesen Fall wäre eine fiktive Option auf Abschluss einer Risikolebensversicherung, die nur von denjenigen Versicherungsnehmern ausgeübt wird, die auch tatsächlich versterben, während alle Überlebenden die Option nicht ausüben. In diesem Fall wäre die Optionsprämie identisch mit der Prämie der Risikolebensversicherung bei Vertragsabschluss.

Es folgt also:

$0 \leq$ Optionsprämie $\leq$ Prämie des durch die Option ermöglichten Versicherungsschutzes

Letztlich bestimmt demnach der Grad an Antiselektion unter den Versicherungsnehmern im Zeitpunkt der Ausübung die Höhe der erforderlichen Optionsprämie. In den letzten Jahren sind hierfür komplizierte mathematische Modelle in Anlehnung an die Optionspreisfindung in der Investmenttheorie entwickelt worden (vgl. etwa HAJGEN). Diese Modelle basieren auf Annahmen über den Grad an Optionsausübung durch einzelne Teilbestände, weshalb der Versicherungsmathematiker in der betrieblichen Praxis meist auf mehr oder minder kluge Abschätzungen zurückgreifen muss. Zu einem gewissen Grad werden die hierbei unvermeidlichen Fehler über die Überschussbeteiligung wieder aufgefangen. Daneben sorgt die Bindung zahlreicher Optionen an das Vorliegen bestimmter objektiver Voraussetzungen dafür (etwa Bindung von Erhöhungsoptionen an Ereignisse wie Heirat, Geburt eines Kindes etc.), dass es zu keiner Anhäufung schlechter Risiken unter den optionsausübenden Versicherungsnehmern kommt.

Weitere Informationen zu Optionen in Versicherungsverträgen findet der interessierte Leser bei HERR et al.

8. Mathematik der Krankenversicherung

Während die private Lebensversicherung nicht in direkter Konkurrenz zur gesetzlichen Altersversorgung steht, sondern diese ergänzt, konkurriert die **private Krankenversicherung (PKV)** mit der **gesetzlichen Krankenversicherung (GKV)** um die Personen, die zwischen beiden Versicherungsarten wählen können. Änderungen der rechtlichen Grundlagen für die GKV haben daher meistens auch Auswirkungen auf die Privatversicherung.

Man unterscheidet einerseits die **Krankheitskosten-Vollversicherung**, die neben **Beamten** und **Selbstständigen** auch **abhängig Beschäftigten** (Arbeitern und Angestellten) mit einem Einkommen oberhalb der **Versicherungspflichtgrenze** der gesetzlichen Krankenversicherung offen steht. Sie hat für die Angehörigen der letztgenannten Personengruppe **substitutiven** Charakter, da sie in diesem Fall an die Stelle der gesetzlichen Krankenversicherung tritt.

Daneben existiert ein diversifiziertes Angebot an **Krankenzusatzversicherungen**, die gesetzlich Pflichtversicherten ergänzenden Schutz zur GKV bieten. Schließlich schützt die **Auslandskrankenversicherung** gesetzlich Versicherte bei Aufenthalten außerhalb der Bundesrepublik Deutschland.

Die Leistungsstruktur der privaten Krankenversicherung umfasst grundsätzlich die nachteiligen materiellen Folgen von als medizinisch notwendig definierten Heilbehandlungen wegen Erkrankungen oder Unfällen, sofern diese nicht vertraglich ausgeschlossen sind. Zum einen betrifft dies die unmittelbaren Behandlungskosten wie Arzthonorare, Medikamente, Heilmittel und Krankenhauskosten, daneben aber auch den Verdienstausfall während der Erkrankung und Rehabilitationsmaßnahmen.

Im Rahmen der Krankheitskosten-Vollversicherung werden normalerweise verschiedene Versicherungsbausteine wie die **allgemeine (ambulante und stationäre) Krankheitskostenversicherung**, die **Krankenhaustagegeld-** bzw. **Krankentagegeldversicherung** oder die **Versicherung für zahnmedizinische Behandlungskosten** angeboten. Die Leistungen sind, anders als in der Lebensversicherung, der Art und Höhe nach zunächst unbestimmt und können auch wiederholt anfallen.

Bei der **Prämienkalkulation** sind zwei Komponenten zu unterscheiden. Wie bei der Lebensversicherung legt man das **Äquivalenzprinzip** zwischen den Barwerten der erwarteten Prämienzahlungen und den zu erwartenden Leistungen zugrunde. Damit ist während der befristeten oder lebenslangen Versicherungsdauer die Kalkulation einer **konstanten Jahresprämie** möglich. Der Leistungsbarwert wird aus den beobachteten Schadensfällen der Vergangenheit (meist die drei zurückliegenden Jahre) geschätzt. Die mit dem Alter steigende jährliche Schadenerwartung führt in Verbindung mit den konstanten Prämien zur Bildung einer Deckungsrückstellung, vergleichbar derjenigen in der Risikolebensversicherung. In der Krankenversicherungsmathematik hat sich hierfür die Bezeichnung **Alterungsrückstellung** eingebürgert.

Die Fortschreibung zu erwartender Krankheitskosten in die Zukunft berücksichtigt allerdings nicht den allgemeinen **Inflationstrend**, der sich im Lauf der Zeit ändern kann, und den **medizinischen Fortschritt**, der tendenziell zu steigenden Behandlungskosten führt. Ergibt sich daraus, dass die Annahmen über das Leistungsspektrum korrigiert werden müssen, darf das Unternehmen die Prämien erhöhen oder – wenigstens theoretisch – senken.

Da ein kontinuierlicher Preissteigerungstrend durch neue Behandlungsmethoden absehbar ist, hat der Gesetzgeber die privaten Krankenversicherungsunternehmen in den 1990er-Jahren dazu verpflichtet, auf die konstant kalkulierten Prämien einen **10%igen Zuschlag** zu erheben, aus dem eine zusätzliche Rückstellung fürs Alter gebildet wird. Diese Rückstellung soll bei Versicherten im fortgeschrittenen Alter zur Deckung von Krankheitskosten eingesetzt werden und dadurch den Prämienanstieg für ältere Versicherte dämpfen. Sie ist getrennt zu sehen von der Alterungsrückstellung, die das altersbedingte und nicht das dem medizinischen Fortschritt geschuldete Schadenwachstum vorfinanzieren soll.

Der Leistungsbarwert für die konstante Prämie einer x-jährigen Person errechnet sich allgemein nach der Formel

$$LBW_x = \sum_{k=0}^{\omega-x} ({}_kp_x \cdot v^k \cdot K_{x+k}),$$

wobei ${}_kp_x$ die k-jährige Überlebenswahrscheinlichkeit unter einer geeigneten Ausscheideordnung ist. Die Diskontierungsfaktoren werden mit dem Rechnungszins $i = 3{,}5\ \%$ gerechnet. K_{x+k} ist definiert für alle Alter oberhalb eines Referenzalters und heißt **Kopfschaden**, die Gesamtheit der K_{x+k} bildet die so genannte **Kopfschadenreihe**. Die Struktur des Barwertes LBW_x ist die einer sofortbeginnenden Rente mit jährlich variablen vorschüssigen Zahlungen. Die Vorschüssigkeit bewirkt einen geringfügigen Sicherheitspuffer, denn natürlich sind die Erstattungsleistungen eines Krankenversicherers über das ganze Jahr verteilt.

Die Ausscheideordnung beinhaltet neben der Sterblichkeit q_x, noch Stornowahrscheinlichkeiten. Traditionell wird beim Wechsel eines Versicherten in einen anderen Tarif desselben Versicherungsunternehmens die im bisherigen Tarif gebildete Alterungsrückstellung mitgegeben. Bei Vertragskündigung ohne einen solchen Wechsel verfielen früher jedoch die gebildeten Rückstellungen zugunsten des im Tarif verbleibenden Versichertenkollektivs. Seit Inkrafttreten des **GVK-Wettbewerbsstärkungsgesetzes** muss für nach dem 1. Januar 2009 abgeschlossene Verträge auch in diesen Fällen ein Teil der Alterungsrückstellungen mitgegeben werden, und zwar maximal bis zum nötigen Niveau zur Finanzierung eines so genannten **Standardtarifs**, dessen Leistungsniveau im Wesentlichen dem der gesetzlichen Krankenversicherung entspricht. Diese Änderung des Versicherungsvertragsrechts bewirkt natürlich wegen der zukünftig ausbleibenden Stornogewinne eine Verteuerung der entsprechenden PKV-Tarife.

Die Kopfschadenreihen enthalten die erwarteten jährlichen Leistungen für einen Angehörigen eines Altersjahrgangs. Um sie zu ermitteln, geht man von den Gesamtschäden S_m der zurückliegenden Kalenderjahre aus. Sie werden den Angehörigen der einzelnen Altersjahrgänge zugeordnet, wobei nach Geschlecht und gegebenenfalls weiteren Kriterien differenziert wird (z. B. Berufsgruppen), die empirisch unterschiedliche Leistungsverläufe zeigen. Dabei ist unter anderem zu berücksichtigen:

- Schadenfälle können in der Regel auch noch im Folgejahr zur Regulierung gemeldet werden.
- Die Altersjahrgänge werden oft wegen zu kleiner Bestände zu Altersgruppen zusammengefasst, die z. B. aus den Altern 21–25, 26–30 usw. bestehen.
- Zu- und Abgänge innerhalb eines Kalenderjahres können die Aufschlüsselung auf einzelne Versicherte verfälschen, wenn sie sich nicht gleichmäßig übers Jahr verteilen.

In einem Zweischrittverfahren wird zuerst der Gesamtschadenverlauf ausgeglichen, auf die Folgejahre extrapoliert und – Jahr für Jahr – nach Altersklassen aufgeteilt. Anschließend werden aus diesen Gesamtschadenerwartungen $E(S_{m,x})$ bzw. $E(S_{m,y})$ pro Jahrgang anhand der Bestandszahlen individuelle Schadenerwartungen $E(s_{m,x})$ bzw. $E(s_{y,x})$ berechnet. Für das aktuell betrachtete Kalenderjahr (wobei der Index m weggelassen wird) sind dies die gesuchten Kopfschäden K_x; die Kopfschadenreihe ist deren Vektor zwischen einem Minimalalter und ω, z. B. $(K_x \mid 21 \leq x \leq \omega)$. Zur Glättung von Schwankungen werden die Schadenreihen noch ausgeglichen. Dabei finden die in Abschnitt D.2.1 erwähnten Verfahren Anwendung.

Üblich ist eine Normierung der Schadenreihe auf ein Basisalter x_0. Man erhält so **normierte Kopfschäden** $k_x := K_x / K_{x_0}$

und bezeichnet den Normierungswert K_{x_0} als **Grundkopfschaden** G.

Mit den schon bekannten Verfahren können nun Risikoprämien, Bruttoprämien und Alterungsrückstellungen berechnet werden. Da die Schadenverläufe zunächst aus der Vergangenheit geschätzt bzw. fortgeschrieben werden, die tatsächlichen Schäden aber eine viel stärkere Änderungstendenz haben als etwa die Sterblichkeit in der Lebensversicherung, ist die laufende Überprüfung und evtl. Anpassung der Prämien notwendig und auch vorgeschrieben.

Eine ausführliche Einführung in die Mathematik der privaten Krankenversicherung bietet Milbrodt.

9. Lebensversicherung und Solvency II

Der wohl wichtigste Begriff der Versicherungsaufsicht in Deutschland ist der im Versicherungsaufsichtsgesetz verankerte **Solvabilitätsbegriff**. § 53c (1) VAG verpflichtet Versicherungsunternehmen, „zur Sicherstellung der dauernden Erfüllbarkeit der Verträge stets über freie unbelastete Eigenmittel mindestens in Höhe der geforderten **Solvabilitätsspanne** zu verfügen, die sich nach dem Geschäftsumfang bemisst." Der etwas missverständliche Begriff der Solvabilitätsspanne beschreibt dabei keine „Spanne" im eigentlichen Sinne, sondern eine in der **Verordnung über die Kapitalausstattung von Versicherungsunternehmen (Kapitalausstattungsverordnung, kurz KapAusstV)** näher definierte **Soll-Solvabilität**, über die ein Versicherungsunternehmen mindestens verfügen muss, um auf etwaige finanzwirtschaftliche Notlagen vorbereitet zu sein. Zusätzlich zu dieser Soll-Solvabilität werden der so genannte **Garantiefonds** (⅓ der Soll-Solvabilität) und der **Mindestgarantiefonds** ermittelt (je nach Versicherungssparte 2 bis 3 Mio. €, bei Versicherungsvereinen auf Gegenseitigkeit 25 % weniger).

Das solvenzbasierte Aufsichtssystem stellt dieser Soll-Solvabilität eine **Ist-Solvabilität** des Versicherungsunternehmens gegenüber. Die Berechnung dieser Ist-Solvabilität ist recht kompliziert und bezieht im Wesentlichen ein (vgl. Farny oder Nguyen):

- Bilanzielles Eigenkapital und Hybridkapital mit Eigenkapitalcharakter
- Teile der Bewertungsreserven
- Gesetzliche und freie Rücklagen

Unterschreitet die Ist-Solvabilität die Soll-Solvabilität (Verletzung der **Solvenzkapitalanforderungen**), nicht aber den Garantiefonds, ist vom Versicherungsunternehmen ein **Solvabilitätsplan** zur mittelfristigen Behebung dieses Missstandes aufzustellen (§ 81b [1] VAG). Wird der Garantiefonds, nicht aber der Mindestgarantiefonds unterschritten, muss das Versicherungsunternehmen einen kurzfristig ausgerichteten **Finanzierungsplan** gemäß § 81b (2) VAG vorlegen. Wird gar der Mindestgarantiefonds unterschritten, drohen darüber hinaus weiter gehende aufsichtsrechtliche Maßnahmen bis hin zur Einstellung des Geschäftsbetriebs; Näheres findet sich in zahlreichen Einzelregelungen der §§ 81–89 VAG.

Schon bei ihrer Umsetzung in deutsches Recht im Jahre 2004 galten die genannten Vorgaben (bekannt als **„Solvency I"**) als veraltet, weshalb bereits seit 2000 die Vorarbeiten für eine Weiterentwicklung dieses Aufsichtsansatzes auf EU-Ebene unter dem Namen **„Solvency II“** vorangetrieben wurden. Als Hauptziele des Solvency II-Projekts gelten:

- Weitere **Angleichung internationaler Aufsichtsstandards** (Forderung nach einem „Level Playing Field“)
- **Stärkung des Risikomanagements** vor dem Hintergrund internationaler Krisen (der Krisenbegriff schließt dabei Terrorangriffe mit ein)
- **Angleichung der Aufsichtsstandards** von Banken, Investmentgesellschaften und Versicherungen; hierin artikuliert sich ein Stück weit die nur bedingt realistische Wunschvorstellung einer einheitlichen Allfinanzaufsicht für alle drei Finanzdienstleistungsbereiche. Insbesondere soll die Versicherungsaufsicht dem im Bankensektor bereits umgesetzten Regelwerk **Basel II** (2006 in Kraft getreten) teilweise angeglichen werden
- Stärkere **Risikoorientierung der Solvenzkapitalanforderungen**

Herzstück von Solvency II ist eine **EU-Rahmenrichtlinie** vom Mai 2009, die das seit mehreren Jahren diskutierte **„Drei-Säulen-Modell“** von Solvency II endgültig festgeschrieben hat. Dieses Drei-Säulen-Modell lehnt sich an eine ähnliche Architektur des Basel II-Projekts an und unterstreicht damit die strukturelle Ähnlichkeit beider Reformvorhaben.

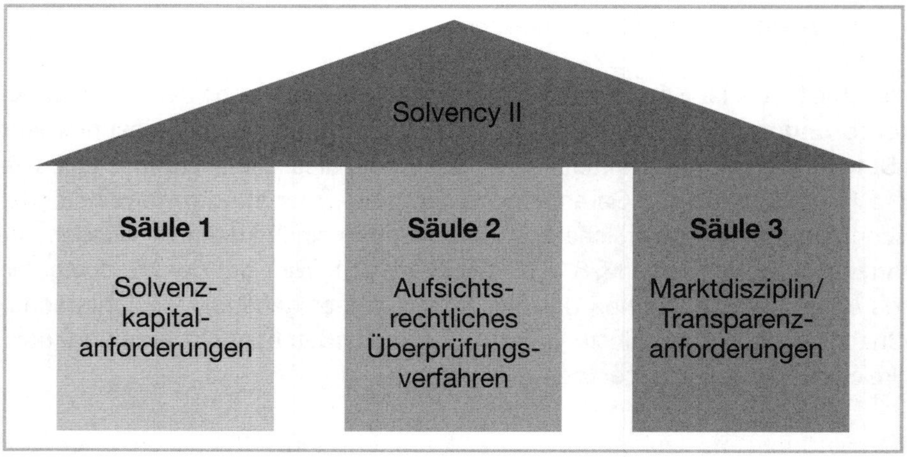

Abb. H.2: Grundstruktur von Solvency II

Säule 1 ersetzt die Größenabhängigkeit der bisherigen **Solvenzkapitalanforderungen** durch eine risikoorientierte Sichtweise. Die Anforderungen gehen dabei weit über die im Rahmen von Basel II für Banken beschlossenen Maßnahmen hinaus, beispielsweise sollen wirklich alle Unternehmensrisiken erfasst, bewertet und mit einer Solvenzkapitalanforderung versehen werden. Aus der Aggregation aller so gewonnenen Solvenzkapitalanforderungen ergibt sich dann eine Solvenzkapitalanforderung (Soll-Solvabilität) für das Versicherungsunternehmen bzw. den Versicherungskonzern. Der Katalog der zu erfassenden Risiken ist dabei vorgegeben, für die Lebensversicherung sind z. B. das Ausfallrisiko (bezogen auf Rückversicherer, Verbriefungen, Finanzderivate etc.), das Marktrisiko (Kapitalanlage), das versicherungstechnische Risiko (Langlebigkeit, Sterblichkeit, Invalidität, Storno, Kosten und Katastrophen) und das operationelle Risiko (Risiken aus dem Geschäftsablauf) separat zu erfassen und zu bewerten.

Die Bewertung eines Risikos geschieht auf Basis des im Bankwesen seit den 1980er-Jahren zur risikoorientierten Unternehmenssteuerung verbreiteten **Value-at-Risk**, kurz **VaR_α**. Diese Kenngröße beschreibt für ein vorgegebenes **Konfidenzniveau** $0 < \alpha < 1$ diejenige Schadenhöhe (gemeint ist der finanzielle Schaden, der aus einem Risiko erwachsen kann), die während eines Betrachtungszeitraums (in der Regel ein Jahr) mit einer Wahrscheinlichkeit α *nicht* überschritten wird. Um diesen Zahlenwert für ein gegebenes Risiko überhaupt angeben zu können, muss freilich eine Dichtefunktion für die Schadenhöhe des Risikos vorliegen.

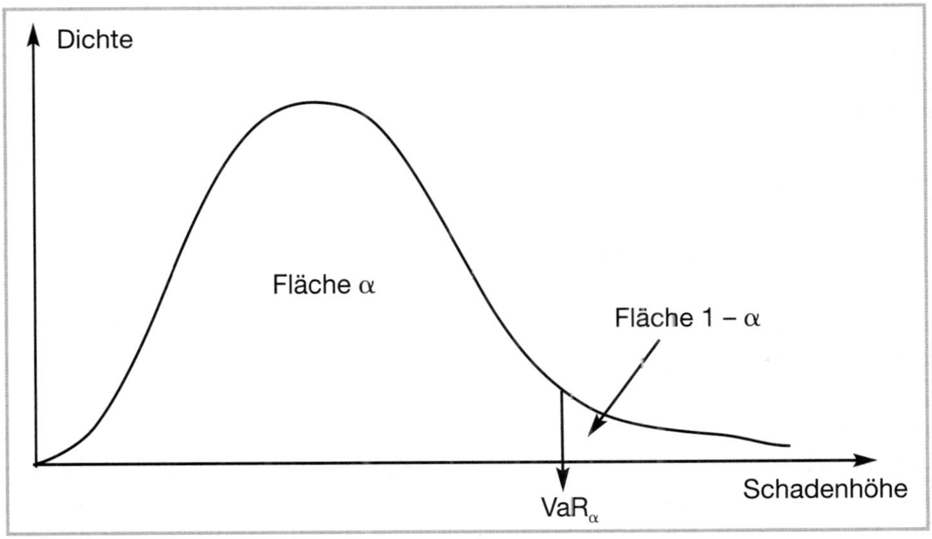

Abb. H.3: Value-at-Risk für eine gegebene Dichtefunktion und ein gegebenes Konfidenzniveau α

Ein VaR_α-Wert von 1 Mio. € bei $\alpha = 0{,}99$ und einem Betrachtungszeitraum von einem Jahr bedeutet beispielsweise, dass der aus dem vorliegenden Risiko entstehende Schaden während eines Jahres mit einer Wahrscheinlichkeit von 1 % über 1 Mio. €

liegen wird, mit 99%iger Wahrscheinlichkeit darunter. Das **Value-at-Risk-Konzept zur Risikobewertung** besitzt zwei entscheidende Vorteile:

- Der eigentlich zweidimensionale Risikobegriff (Schadenhöhe und Schadenhäufigkeit) wird auf ein eindimensionales Konstrukt reduziert. Dies ermöglicht objektive Vergleiche von Risiken völlig unterschiedlicher Natur und Herkunft.
- Das Risiko wird mithilfe einer monetären Größe gemessen, die gleichzeitig andeutet, wie dem betrachteten Risiko finanziell begegnet werden kann – freilich nur auf Basis des vorgegebenen Konfidenzniveaus α.

Die optimale Wahl von α gestaltet sich recht kompliziert. Einerseits sind α-Werte nahe eins generell zu bevorzugen, da diese ein hohes Maß an Sicherheit im Umgang mit einem Risiko verbriefen. Andererseits steigt der VaR_α-Wert bei Konvergenz von α gegen eins rasch an (vgl. obigen Kurvenverlauf), weshalb das Risiko dann ebenso schnell „unbezahlbar" wird. Allerdings kann sich der Versicherer bei der Zusammenführung der VaR_α-Werte seiner Einzelrisiken zu einem Unternehmens-VaR_α zahlreiche risikomindernde Effekte zu Nutze machen. So weisen zum Beispiel manche Risiken eine leicht negative Korrelation zueinander auf (etwa das Langlebigkeits- und das Sterblichkeitsrisiko in der Lebensversicherung), weshalb die Zusammenführung dieser Risiken nicht zu einer bloßen Addition der VaR_α-Werte führt. Stattdessen ergeben sich häufig Verhältnisse der Bauart „1 + 1 = 1,5", was letztendlich der Tatsache Rechnung trägt, dass in der Praxis nicht alle Risiken gleichzeitig einen hohen finanziellen Schaden verursachen werden und sich manche Risiken sogar fast gänzlich ausschließen.

Im Rahmen der EU-Rahmenrichtlinie vom Mai 2009 wird ein α-Wert von 0,995 nahegelegt, was mit Blick auf den Betrachtungszeitraum von einem (Geschäfts-)Jahr bedeutet, dass die daraus folgende Solvenzkapitalanforderung im statistischen Durchschnitt in einem von 200 Jahren nicht erfüllt wird. Diese Solvenzkapitalanforderung (nach ihrer englischsprachigen Bezeichnung **„Solvency Capital Requirement"** im Folgenden mit **SCR** abgekürzt) tritt an die Stelle der bisherigen Solvabilitätsspanne und muss mit entsprechenden freien unbelasteten Eigenmitteln **(Available Solvency Margin,** kurz **ASM)** bedeckt werden (Ist-Solvabilität $\geq$ Soll-Solvabilität, also ASM $\geq$ SCR). Was genau in diesem Zusammenhang unter „freien unbelasteten Eigenmitteln" zu verstehen ist, ist noch endgültig zu klären.

An die Stelle des Garantiefonds und des Mindestgarantiefonds bei Solvency I wird bei Solvency II nach der gesetzlichen Umsetzung im Winter 2012/2013 nach gegenwärtigem Stand die so genannte **minimale Solvenzkapitalanforderung (Minimum Capital Requirement,** kurz **MCR)** treten, die analog zu SCR, jedoch mit einem

Konfidenzniveau von $\alpha = 0{,}85$ berechnet wird, was automatisch MCR < SCR bedingt. Zusätzlich gelten dabei Kappungsgrenzen von 25 und 45 % (bezogen auf SCR), d. h., MCR bewegt sich stets zwischen dem 0,25- und 0,45-fachen von SCR (vgl. Niveau des Garantiefonds relativ zur Soll-Solvabilität bei Solvency I).

Für die konkrete Berechnung ihrer Solvenzkapitalanforderungen stehen den Versicherungsunternehmen generell zwei Wege offen: Entweder kann auf ein von der BaFin noch zu beschreibendes **Standardmodell** zurückgegriffen oder aber ein eigenes, **internes Modell** entwickelt werden. Das amtliche Standardmodell wird relativ einfach in der Handhabung sein, kann aber naturgemäß auf Besonderheiten eines Versicherungsunternehmens (spezielle Bestands- oder Produktstruktur etc.) nur begrenzt Rücksicht nehmen. Anders ein internes Modell: Es ist auf die Unternehmensindividualität weitgehend zugeschnitten und muss aus diesem Grunde von der Aufsichtsbehörde vorab genehmigt werden, führt aber in aller Regel zu deutlich niedrigeren SCR- und MCR-Werten. Für das Lebensversicherungsunternehmen (bzw. den Versicherungskonzern, zu dem ein Lebensversicherungsunternehmen gehört) stellt sich mithin die Frage, ob es den zusätzlichen Aufwand zur Konstruktion eines internen Modells bewältigen kann, um dessen Vorteile zu nutzen.

Was bei einer Unterschreitung der Soll-Solvabilität SCR (Fall ASM < SCR) konkret geschehen wird, muss im Rahmen der weiteren Beratungen um Solvency II auf politischer Ebene noch geklärt werden – hier soll vor allem die **Säule 2** greifen. Im Rahmen dieser Säule 2 ist eine so genannte **„Aufsichtsleiter“** angedacht, die aufsichtsrechtliche Maßnahmen am Grad der Verletzung der Solvenzkapitalanforderungen orientieren soll. Grob gesprochen wird dies bedeuten:

- Fall ASM < SCR aber ASM ≥ MCR: Handlungsbedarf gemäß Aufsichtsleiter. Im Ergebnis dürfte dies auf eine Art Solvabilitätsplan ähnlich § 81b (1) VAG hinauslaufen, in kritischen Fällen wäre auch ein kurzfristig ausgerichteter Finanzierungsplan gemäß § 81b (2) VAG denkbar.
- Fall ASM < MCR: Akuter Handlungsbedarf; dies kann im Extremfall auf eine sofortige Einstellung des Geschäftsbetriebs hinauslaufen.

In jedem Falle macht die Umsetzung der Säule 2 bis zum Winter 2012/2013 damit wohl eine Überarbeitung von §§ 81–89 VAG erforderlich. Darüber hinaus sieht Säule 2 aber auch die Schaffung einer regelrechten **„Risikokultur“** in Versicherungsunternehmen vor, die die Unternehmensführung zu einer laufenden internen Risiko- und Solvenzanalyse anhalten soll, begleitet von entsprechenden Meldevorschriften an die zuständige Aufsichtsbehörde.

Weite Teile der gegenwärtig absehbaren Bestandteile von Säule 2 dürften durch die MaRisk VA (Mindestanforderungen an das Risikomanagement) im Jahre 2008 bereits Eingang in deutsches Versicherungsrecht gefunden haben. In diesem Zusammenhang sind insbesondere die Forderungen des § 64a VAG nach einer dezidierten Risikostrategie, fest im Versicherungsunternehmen installierten Risikomanagementstrukturen und zugehörigen Prozessabläufen (Überwachungs- und Meldemechanismen) zu nennen.

Säule 3 im Rahmen des Solvency II-Projekts beschäftigt sich schließlich mit künftigen **Offenlegungs- und Transparenzvorgaben**, die eine disziplinierende Wirkung auf Versicherungsunternehmen haben sollen und den Rahmen des bisherigen Berichtswesens in der Branche sprengen werden. Verlässliche Details hierzu sind erst im Rahmen der konkreten gesetzlichen Umsetzung von Solvency II zu erwarten, diese dürften in ihrer Bedeutung jedoch hinter den Regelungen der anderen beiden Säulen, insbesondere Säule 1, zurückbleiben.

Alles in allem schafft Solvency II damit eine Vielzahl neuer Betätigungsfelder für Aktuare in Lebensversicherungsunternehmen, weit über die bisherigen Aufgaben im Umfeld der Produktentwicklung, Prämienkalkulation oder Überschussdeklaration hinaus. Inwieweit die neuen Regeln hingegen das Sicherheitsniveau der Lebensversicherungswirtschaft wirklich nachhaltig stärken werden, bleibt abzuwarten.

I. Lösungen der Übungsaufgaben

AUFGABE B1

(Die jeweils in den Teilaufgaben beschriebenen Ereignisse werden mit A bezeichnet.)

a) $W(A) = \frac{4}{32} = 0{,}125$

b) $W(A) = \frac{8}{32} = 0{,}25$

c) $W(A) = \frac{8-2}{32} = \frac{6}{32} = 0{,}1875$

AUFGABE B2

$$q_{41} = \frac{38}{13.823} = 0{,}002749 \rightarrow p_{41} = 1 - q_{41} = 0{,}997251$$

AUFGABE B3

Für jede der 1.000 Personen beträgt die Sterbewahrscheinlichkeit $q = 0{,}01$.
Damit gilt:

W(„mindestens eine Person stirbt“) = 1 – W(„keine Person stirbt“)
$= 1 - 0{,}99^{1.000} = 0{,}999957$

Mit anderen Worten: Es ist fast sicher, dass mindestens eine der 1.000 Personen sterben wird.

AUFGABE B4

a) Die benötigten Sterbewahrscheinlichkeiten sind $q_{23} = 0{,}000598, \ldots, q_{32} = 0{,}000626$. Damit der 23-jährige Mann nicht stirbt, muss er die nächsten zehn Jahre überleben, was mit einer Wahrscheinlichkeit

W(„10 Jahre überleben“) $= p_{23} \cdot p_{24} \cdot \ldots \cdot p_{32} = (1 - q_{23}) \cdot (1 - q_{24}) \cdot \ldots \cdot (1 - q_{32})$
$= 0{,}994001$

geschehen wird.

b) Nun sind die q_y-Werte für Frauen zu verwenden:

W(„drei Jahre leben und dann sterben“) $= p_{77} \cdot p_{78} \cdot p_{79} \cdot q_{80}$
$= (1 - q_{77}) \cdot (1 - q_{78}) \cdot (1 - q_{79}) \cdot q_{80}$
$= 0{,}994177 \cdot 0{,}993571 \cdot 0{,}992797 \cdot 0{,}008215 = 0{,}008056$

c) Es ist (q_x-Werte für Mann, q_y-Werte für Frau):

W(„65-jähriger Mann überlebt die nächsten fünf Jahre“) = $p_{65} \cdot p_{66} \cdot \ldots \cdot p_{69}$
= 0,976975

und

W(„63-jährige Frau überlebt die nächsten fünf Jahre“) = $p_{63} \cdot p_{64} \cdot \ldots \cdot p_{67}$
= 0,988874

Damit folgt nach dem Multiplikationstheorem:

W(„beide überleben die nächsten fünf Jahre“) = 0,976975 · 0,988874
= 0,966105

Aufgabe B5

a) W(„beide sterben“) = W(„Mann stirbt“) · W(„Frau stirbt“) = $q_{78} \cdot q_{77}$
= 0,011693 · 0,005823 = 0,000068 (Multiplikationstheorem)

b) W(„Mann oder Frau stirbt“) = W(„Mann stirbt“) + W(„Frau stirbt“) – W(„beide sterben“) = 0,011693 + 0,005823 – 0,011693 · 0,005823 = 0,017447

c) Es ist (vgl. Aufgabe B4 c):

W(„65-jähriger Mann überlebt die nächsten fünf Jahre“) = $p_{65} \cdot p_{66} \cdot \ldots \cdot p_{69}$
= 0,976975

und damit (Komplementärwahrscheinlichkeit)

W(„65-jähriger Mann überlebt die nächsten Jahre nicht“) = 1 – 0,976975
= 0,023025 .

Ebenso gilt für die Frau (jetzt gerechnet mit q_y- statt q_x-Werten)

W(„63-jährige Frau überlebt die nächsten fünf Jahre“) = $p_{63} \cdot p_{64} \cdot \ldots \cdot p_{67}$
= 0,988874

und damit (Komplementärwahrscheinlichkeit)

W(„63-jährige Frau überlebt die nächsten Jahre nicht“) = 1 – 0,988874
= 0,011126 .

Damit ergibt sich schließlich

W(„Mann oder Frau stirbt“) = W(„Mann stirbt“) + W(„Frau stirbt“) – W(„beide sterben“)

0,023025 + 0,011126 – 0,023025 · 0,011126 = 0,033895 .

Aufgabe C1

a) Endkapital nach 10 Jahren:

$$K_{10} = K_0 \cdot (1+i)^{10} = 10.000 \cdot 1{,}01^{10} = 11.046{,}22\ €$$

Endkapital nach 50 Jahren:

$$K_{50} = K_0 \cdot (1+i)^{50} = 10.000 \cdot 1{,}01^{50} = 16.446{,}32\ €$$

Endkapital nach 100 Jahren:

$$K_{100} = K_0 \cdot (1+i)^{100} = 10.000 \cdot 1{,}01^{100} = 27.048{,}14\ €$$

b) Endkapital nach 10 Jahren:

$$K_{10} = K_0 \cdot (1+i)^{10} = 10.000 \cdot 1{,}05^{10} = 16.288{,}95\ €$$

Endkapital nach 50 Jahren:

$$K_{50} = K_0 \cdot (1+i)^{50} = 10.000 \cdot 1{,}05^{50} = 114.674{,}00\ €$$

Endkapital nach 100 Jahren:

$$K_{100} = K_0 \cdot (1+i)^{100} = 10.000 \cdot 1{,}05^{100} = 1.315.012{,}58\ €$$

Der Zinseszinseffekt tritt bei hohen Zinssätzen und langen Laufzeiten besonders deutlich zutage.

Aufgabe C2

$$K_{10} = K_0 \cdot (1+i)^{10} \leftrightarrow K_0 = \frac{K_{10}}{(1+i)^{10}} = \frac{22.203{,}66}{1{,}04^{10}} = 15.000\ €$$

Aufgabe C3

Das Kapital wird 35 Jahre angelegt, also

$$K_{35} = K_0 \cdot (1+i)^{35} \leftrightarrow K_0 = \frac{K_{35}}{(1+i)^{35}} = \frac{250.000}{1{,}025^{35}} = 105.342{,}77\ €.$$

Wird stattdessen ein Zins von 5 % verwendet, ergibt sich

$$K_{35} = K_0 \cdot (1+i)^{35} \leftrightarrow K_0 = \frac{K_{35}}{(1+i)^{35}} = \frac{250.000}{1{,}05^{35}} = 45.322{,}57\ €.$$

Durch die Verdoppelung des Zinses verringert sich der Einmalbeitrag also um mehr als die Hälfte, eine Folge des Zinseszinseffektes.

Aufgabe C4

Es müssen die Barwerte der drei Einzelzahlungen berechnet und addiert werden:

$$\frac{500.000}{1{,}04} + \frac{500.000}{1{,}04^2} + \frac{500.000}{1{,}04^4}$$

$$= 480.769{,}23 + 462.278{,}11 + 427.402{,}10 = 1.370.449{,}44 \text{ €}$$

Der Gewinn von nominal 1,5 Mio. € hat damit bei einem Kalkulationszins von 4 % einen Barwert von nur etwa 1,37 Mio. €.

Aufgabe C5

a) $$R_0 = R \cdot a_{\overline{15|}} = 12.000 \cdot \frac{1}{1{,}05} \cdot \frac{1-\left(\frac{1}{1{,}05}\right)^{15}}{1-\frac{1}{1{,}05}} = 124.555{,}90 \text{ €}$$

b) $$R_0 = R \cdot a_{\overline{25|}} = 3.000 \cdot \frac{1}{1{,}04} \cdot \frac{1-\left(\frac{1}{1{,}04}\right)^{25}}{1-\frac{1}{1{,}04}} = 46.866{,}24 \text{ €}$$

c) $$R_0 = R \cdot \ddot{a}_{\overline{35|}} = 2.400 \cdot \frac{1-\left(\frac{1}{1{,}05}\right)^{35}}{1-\frac{1}{1{,}05}} = 41.262{,}97 \text{ €}$$

Aufgabe C6

a) Der Rentenbarwert verringert sich, da der höhere Zins nun verstärkt dazu beiträgt, die Ratenzahlungen zu finanzieren.

b) Bei einer nachschüssigen Zeitrente werden die Barwerte aller Raten ein Jahr länger verzinst, weshalb auch entsprechend weniger Anfangskapital zum Zeitpunkt 0 benötigt wird.

Aufgabe C7

a) $$R_0 = R \cdot ä_{\overline{15|}} = 10.000 \cdot \frac{1-(\frac{1}{1{,}025})^{15}}{1-\frac{1}{1{,}025}} = 126.909{,}12 \text{ €}$$

b) $$R_0 = R \cdot {}_{5|}ä_{\overline{15|}} = R \cdot v^5 \cdot ä_{\overline{15|}} = 10.000 \cdot \frac{1}{1{,}025^5} \cdot \frac{1-(\frac{1}{1{,}025})^{15}}{1-\frac{1}{1{,}025}} = 112.169{,}17 \text{ €}$$

Durch die Aufschubzeit kann der Rentenbarwert fünf Jahre länger verzinst werden, folglich wird ein niedrigerer Rentenbarwert zur Finanzierung der Zeitrente benötigt.

c) $$R_0 = R \cdot {}_{50|}ä_{\overline{15|}} = R \cdot v^{50} \cdot ä_{\overline{15|}} = 10.000 \cdot \frac{1}{1{,}025^{50}} \cdot \frac{1-(\frac{1}{1{,}025})^{15}}{1-\frac{1}{1{,}025}} = 36.923{,}22 \text{ €}$$

Aufgabe C8

In beiden Fällen gilt:

$$R_0 = R \cdot {}_{m|}ä_{\overline{n|}} \leftrightarrow R = \frac{R_0}{{}_{m|}ä_{\overline{n|}}}$$

Für die 1. Möglichkeit (m = 5, n = 20) ergibt sich

$${}_{m|}ä_{\overline{n|}} = {}_{5|}ä_{\overline{20|}} = v^5 \cdot ä_{\overline{20|}} = \frac{1}{1{,}04^5} \cdot \frac{1-(\frac{1}{1{,}04})^{20}}{1-\frac{1}{1{,}04}} = 11{,}617068 \,,$$

also folgt für die Rentenhöhe R:

$$R = \frac{R_0}{{}_{m|}ä_{\overline{n|}}} = \frac{200.000}{11{,}617068} = 17.216{,}05 \text{ €}$$

Für die 2. Möglichkeit (m = 10, n = 15) ergibt sich entsprechend:

$$_{m|}\ddot{a}_{\overline{n|}} = {}_{10|}\ddot{a}_{\overline{15|}} = v^{10} \cdot \ddot{a}_{\overline{15|}} = \frac{1}{1{,}04^{10}} \cdot \frac{1-(\frac{1}{1{,}04})^{15}}{1-\frac{1}{1{,}04}} = 7{,}811632$$

und damit

$$R = \frac{R_0}{_{m|}\ddot{a}_{\overline{n|}}} = \frac{200.000}{7{,}811632} = 25.602{,}84\ €$$

Da bei der zweiten Möglichkeit weniger Raten bei gleichzeitiger Verdoppelung der Aufschubzeit gezahlt werden, fallen die Raten deutlich höher aus.

Aufgabe C9

Im vorschüssigen Fall ergibt sich für den Rentenbarwert der ewigen Rente

$$R_0 = R \cdot {}_{m|}\ddot{a}_{\overline{\infty|}} = R \cdot v^m \cdot \ddot{a}_{\overline{\infty|}} = R \cdot \frac{v^m}{1-v},$$

im nachschüssigen Fall entsprechend (nun wieder a statt ä im Rentenbarwertfaktor):

$$R_0 = R \cdot {}_{m|}a_{\overline{\infty|}} = R \cdot v^m \cdot a_{\overline{\infty|}} = R \cdot v^m \cdot \frac{v}{1-v} = R \cdot \frac{v^{m+1}}{1-v}$$

Für eine siebenjährige Aufschubzeit bedeutet dies für das Rechenbeispiel:

$$R_0 = R \cdot {}_{7|}\ddot{a}_{\overline{\infty|}} = 1.000 \cdot \frac{(\frac{1}{1{,}05})^7}{1-\frac{1}{1{,}05}} = 14.924{,}31\ €$$

Eine Erhöhung der Aufschubzeit auf m = 70 Jahre führt auf

$$R_0 = R \cdot {}_{70|}\ddot{a}_{\overline{\infty|}} = 1.000 \cdot \frac{(\frac{1}{1{,}05})^{70}}{1-\frac{1}{1{,}05}} = 690{,}91\ €.$$

Wird der Rentenbezug also nur weit genug aufgeschoben (hier: 70 Zinsperioden vor Rentenbezug), genügt bei diesem Zinssatz offenbar schon ein Rentenbarwert kleiner als R (!) zur Ausfinanzierung einer ewigen Rente.

Aufgabe D1

Kalenderjahresmethode: P_1 32 Jahre, P_2 und P_3 31 Jahre – Halbjahresmethode: P_1 32 Jahre (nächstgelegener Geburtstag 27. 11. 2005), P_2 32 Jahre (nächstgelegener Geburtstag 4. 2. 2006), P_3 31 Jahre (nächstgelegener Geburtstag 31. 10. 2005) – bürgerliches Alter: P_1 und P_2 31 Jahre, P_3 30 Jahre

Aufgabe D2

a) $${}_{15}q_{45} = \frac{l_{45} - l_{60}}{l_{45}} = 0{,}075947$$

b) $${}_{15}p_{45} = 1 - {}_{15}q_{45} = 0{,}924053$$

c) $${}_{15}p_{45} \cdot q_{60} = 0{,}009614$$

d) $${}_{15}p_{45} \cdot {}_{10}q_{60} = {}_{15}p_{45} \cdot \frac{l_{60} - l_{70}}{l_{60}} = 0{,}001702$$

Aufgabe D3

a) $${}_2p_{60} = (1 - q_{60}) \cdot (1 - q_{61}) = (1 - 0{,}005884) \cdot (1 - 0{,}006449) = 0{,}987705$$

b) $$(1 - q_{60}) \cdot (1 - q_{61}) = (1 - 0{,}001674) \cdot (1 - 0{,}001771) = 0{,}996558$$

c) $$(1 - q_{63}) \cdot (1 - q_{64}) = (1 - 0{,}001986) \cdot (1 - 0{,}002096) = 0{,}996142$$

d) $$q_{60} = q^a_{60} \cdot \exp(-F(60) \cdot (2010 - 1999)) = 0{,}003145 \cdot \exp(-0{,}02424808 \cdot 11) = 0{,}002409$$

$$q_{61} = q^a_{61} \cdot \exp(-F(61) \cdot (2011 - 1999)) = 0{,}003402 \cdot \exp(-0{,}02417359 \cdot 12) = 0{,}002545$$

$$\rightarrow (1 - q_{60}) \cdot (1 - q_{61}) = 0{,}995052$$

Aufgabe D4

a) $D_x = l_x \cdot v^x = l_{x-1} \cdot p_{x-1} \cdot v^{x-1} \cdot v = p_{x-1} \cdot v \cdot D_{x-1}$ für $x > 0$,

b) $C_x = d_x \cdot v^{x+1} = (l_x - l_{x+1}) \cdot v^{x+1} = v \cdot l_x \cdot v^x - l_{x+1} \cdot v^{x+1} = v \cdot D_x - D_{x+1}$ für $0 \leq x < \omega$,

c) $N_x = D_x + D_{x+1} + \ldots + D_\omega = N_{x+1} + D_x$ für $0 \leq x < \omega$,

d) $M_x = C_x + C_{x+1} + \ldots + C_\omega = M_{x+1} + C_x$ für $0 \leq x < \omega$.

Außerdem ergibt sich, wenn obige Beziehung für C_x eingesetzt wird,

$$\begin{aligned} M_x &= (v \cdot D_x - D_{x+1}) + (v \cdot D_{x+1} - D_{x+2}) + \ldots + (v \cdot D_{\omega-1} - D_\omega) + v \cdot D_\omega \\ &= v \cdot N_x - (N_x - D_x). \end{aligned}$$

Aufgabe D5

Eine vorschüssige Jahresprämie 1 muss für den gesuchten Zinssatz gerade dem Barwert von k unterjährlichen Prämienraten der Höhe 1/k entsprechen.

a) $1 = \left(\frac{1}{2} + \frac{1}{2} \cdot v^{1/2}\right) \cdot 1{,}02$ führt zur Nullstellenbestimmung der Funktion

$$z(i) = \frac{1{,}02}{2} \cdot (1 + v^{1/2}) - 1.$$

$z(0{,}08) = 0{,}0007477$, $z(0{,}09) = -\,0{,}0015086$

$$\rightarrow i \approx 0{,}08 + \frac{z(0{,}08)}{z(0{,}08) - z(0{,}09)} \cdot 0{,}01 = 0{,}083314$$

b) $z(i) = \frac{1{,}03}{4} \cdot (1 + v^{1/4} + v^{1/2} + v^{3/4}) - 1$, $z(0{,}08) = 0{,}0009302$,

$z(0{,}09) = -0{,}0024647 \quad \rightarrow i \approx 0{,}082740$

c) $z(i) = \frac{1{,}05}{12} \cdot \sum_{j=0}^{11} v^{j/12} - 1 = \frac{1{,}05}{12} \cdot \frac{1 - v}{1 - v^{1/12}} - 1$, $z(0{,}11) = 0{,}0014101$,

$z(0{,}12) = -0{,}0026174 \quad \rightarrow i \approx 0{,}113501$

Aufgabe D6

a) $p'_{x+t} = 1 - q'_{x+t} = 1 - (1 + r) \cdot q_{x+t} = 1 - q_{x+t} - r \cdot q_{x+t} = p_{x+t} - r \cdot (1 - p_{x+t})$

b) Da üblicherweise die Überlebenswahrscheinlichkeiten mit zunehmendem Alter kleiner werden, wächst das Korrekturglied absolut und erst recht relativ zu p_{x+t} an. Der proportionalen Erhöhung der Sterblichkeit entspricht also eine überproportionale Reduzierung der Überlebenswahrscheinlichkeit.

c) Offenbar führt eine multiplikative Verminderung der Sterblichkeit zu einer überproportionalen Erhöhung der Überlebenswahrscheinlichkeit, da die obige Gleichungskette gültig bleibt.

AUFGABE D7

a) $\quad {}_nE'_x = {}_np'_x \cdot v^n = p'_x \cdot p'_{x+1} \cdot \ldots \cdot p'_{n-1} \cdot v^n = p_x \cdot (1-r) \cdot p_{x+1} \cdot (1-r) \cdot \ldots \cdot p_{n-1} \cdot (1-r) \cdot v^n$

$$= {}_np_x \cdot (1-r)_n \cdot v_n = {}_nE_x(i').$$

Dabei ist i' implizit gegeben durch die Beziehung $v(i') = v \cdot (1-r)$

$$\rightarrow i' = \frac{i+r}{1-r}$$

b) Alle Umformungen bleiben gültig, doch nur für $i > |r|$ ergeben sich sinnvolle Resultate.

c) $\quad i = 2{,}75\ \%,\ r = 0{,}1 \rightarrow i' = \dfrac{0{,}0275 + 0{,}1}{1 - 0{,}1} = 0{,}1417 = 14{,}17\ \%$

$i = 3{,}25\ \%,\ r = 0{,}1 \rightarrow i' = 0{,}1472$

d) Auflösen der Zinsrelation ergibt

$$r = \frac{i' - i}{1 + i'}\ .$$

Für $i = 2{,}75\ \%$, $i' = 2{,}25\ \%$ folgt $r = -0{,}00489$. Zusammenfassend ergibt sich, dass der Rechnungszins wesentlich sensibler auf Änderungen der Überlebenswahrscheinlichkeiten reagiert als umgekehrt.

AUFGABE D8

a) Der allgemeine Ansatz für die Berechnung einer Generationentafel lautet nach Abschnitt D.2.1

$$q_y = (q_y^a \cdot f^a(\text{Jahr}) + q_y^s \cdot f^s(\text{Jahr})) \cdot \exp(-F(y) \cdot (\text{Jahr} - 1999)).$$

Dabei steht Superindex a für die Werte der Aggregattafel in der Aufschubzeit, s für die Werte der Selektionstafel im Rentenbezug. Die Gewichtungsfaktoren f^a und f^s steuern die Auswahl der Basistafel. Formalisiert heißt das mit RB für das Jahr des Rentenbeginns

$$f^a(\text{Jahr}) = \begin{cases} 1 & \text{wenn Jahr} < RB \\ 0 & \text{wenn Jahr} \geq RB \end{cases},$$

$$f^s(\text{Jahr}) = \begin{cases} 0 & \text{wenn Jahr} < RB \\ f^i & \text{wenn Jahr} = RB + i - 1 \\ 1 & \text{wenn Jahr} \geq RB + 5 \end{cases}.$$

Beispielhaft für Alter 60 und Alter 65 ergeben sich damit die Ansätze

$$q_{60} = (q_{60}^{a} \cdot 1 + q_{60}^{s} \cdot 0) \cdot (\exp(-F(60) \cdot (2005 - 1999)) = q_{60}^{a} \cdot \exp(-6 \cdot F(60)),$$

$$q_{65} = (q_{65}^{a} \cdot 0 + q_{65}^{s} \cdot f^{1}) \cdot \exp(-F(65) \cdot (2010 - 1999))$$

$$= 0{,}712823\, q_{65}^{s} \cdot \exp(-11 \cdot F(65))$$

und damit insgesamt $q_{60} = 0{,}002719$, $q_{61} = 0{,}002872$, $q_{62} = 0{,}003043$, $q_{63} = 0{,}003230$, $q_{64} = 0{,}003428$, $q_{65} = 0{,}003157$ (hier macht sich die Selektion bei Rentenbeginn bemerkbar!), $q_{66} = 0{,}003690$, $q_{67} = 0{,}003941$, $q_{68} = 0{,}004255$, $q_{69} = 0{,}004602$, $q_{70} = 0{,}006234$, $q_{71} = 0{,}006792$, $q_{72} = 0{,}007407$.

b) Zu vergleichen sind die Werte aus a) mit den Werten q_{64} bis q_{76} der Grundtafel (Altersverschiebung +4 Jahre), die von 0,002096 bis 0,005328 anwachsen. Diese sind um ca. 30 % niedriger, sodass eine Rentenversicherungsprämie wegen des Erlebensfallcharakters der Versicherung nach der Grundtafel höher ausfiele als nach der Generationentafel.

c) Die allgemeine Barwertformel lautet

$$_{m|}\ddot{a}_{y,\overline{n}|} = {}_{m}p_{y} \cdot v^{m} \cdot \sum_{k=0}^{n-1} {}_{k}p_{y+m} \cdot v^{k} \;\rightarrow\; {}_{5|}\ddot{a}_{60,\overline{7}|} = {}_{5}p_{60} \cdot v^{5} \cdot \sum_{k=0}^{6} {}_{k}p_{65} \cdot v^{k}$$

bei Verwendung der Generationentafel. Mit der Grundtafel sind die Altersgrenzen 60 bzw. 65 durch 64 bzw. 69 zu ersetzen. Die Überlebenswahrscheinlichkeiten ${}_{k}p_{y}$ sind durch die Produkte

$$(1 - q_{y}) \cdot (1 - q_{y+1}) \cdot \ldots \cdot (1 - q_{y+k-1})$$

zu berechnen. Damit ergeben sich die Barwerte 5,495268 im Falle der Generationentafel und 5,521162 im Falle der Grundtafel.

d) Die zusätzliche Dämpfung der Sterblichkeit kann die Selektionseffekte durch ein Kapitalwahlrecht mildern (vgl. Abschnitt H.7), da tendenziell Versicherte mit höherer individueller Lebenserwartung auf eine ausreichend lange Rentenbezugszeit spekulieren.

e) Da hier beim Rentenübergang keine Selektion stattfindet, kann für Jahre $\geq$ RB generell mit $f^{s} = 1$ gerechnet werden.

Aufgabe D9

Der Barwert einer n-jährigen Risikolebensversicherung, die im Alter (x + m) beginnt, lautet

$$A_{x+m,\overline{n}|}\ .$$

in A_{x+m} laut S. 61

Während der Aufschubzeit muss um m Jahre diskontiert und mit der m-jährigen Überlebenswahrscheinlichkeit gewichtet werden:

$$_{m|}A_{x,\overline{n}|} = {}_{m}p_x \cdot v^m \cdot A_{x+m,\overline{n}|} = \frac{D_{x+m}}{D_x} \cdot \frac{M_{x+m} - M_{x+m+n}}{D_{x+m}} = \frac{M_{x+m} - M_{x+m+n}}{D_x}$$

Die Jahresnettoprämie (zur Summe S) ist demnach

$$NP_a(x) = S \cdot \frac{{}_{m}p_x \cdot v^m \cdot A_{x+m,\overline{n}|}}{\ddot{a}_{x,\overline{t}|}} = S \cdot {}_{m}p_x \cdot v^m \cdot \frac{A_{x+m,\overline{n}|}}{\ddot{a}_{x,\overline{t}|}}$$

$$= S \cdot {}_{m}p_x \cdot v^m \cdot NP(x+m).$$

Darstellung in Kommutationswerten:

$$NP_a(x) = \frac{D_{x+m}}{D_x} \cdot \frac{M_{x+m} - M_{x+m+n}}{D_{x+m}} = \frac{M_{x+m} - M_{x+m+n}}{D_x}$$

Aufgabe D10

Es genügt, für a) zu zeigen, dass $d \cdot \ddot{a}_x + A_x = 1$:

$$(1 - v) \cdot \sum_{k=0}^{\omega-x} {}_{k}p_x \cdot v^k + \sum_{k=0}^{\omega-x} {}_{k}p_x \cdot q_{x+k} \cdot v^{k+1}$$

$$= \sum_{k=0}^{\omega-x} {}_{k}p_x \cdot v^k - \sum_{k=0}^{\omega-x} {}_{k}p_x \cdot v^{k+1} + \sum_{k=0}^{\omega-x} {}_{k}p_x \cdot q_{x+k} \cdot v^{k+1}$$

Die zweite und dritte Summe können wir wegen $1 - q_{x+k} = p_{x+k}$ zusammenfassen und erhalten

$$\sum_{k=0}^{\omega-x} {}_{k}p_x \cdot v^k - \sum_{k=0}^{\omega-x} {}_{k}p_x \cdot p_{x+k} \cdot v^{k+1} = \sum_{k=0}^{\omega-x} {}_{k}p_x \cdot v^k - \sum_{k=0}^{\omega-x} {}_{k+1}p_x \cdot v^{k+1} = {}_{0}p_x = 1,$$

wobei ${}_{k}p_x \cdot p_{x+k} = {}_{k+1}p_x$ benutzt wurde. Von der Teleskopsumme bleibt dabei wegen ${}_{\omega-x+1}p_x = 0$ nur das erste Glied stehen.

Teilaufgabe b) ist nur sinnvoll, falls $x + n \leq \omega$. Dann laufen alle Summen bis n anstelle $\omega - x$.

Aufgabe D11

Wir zeigen nur die erste Behauptung:

$$A_x = \sum_{k=0}^{\omega-x} {}_kp_x \cdot q_{x+k} \cdot v^{k+1} = q_x \cdot v + \sum_{k=1}^{\omega-x} {}_kp_x \cdot q_{x+k} \cdot v^{k+1}$$

$$= q_x \cdot v + \sum_{k=0}^{\omega-x} {}_{k+1}p_x \cdot q_{x+k+1} \cdot v^{k+2} = q_x \cdot v + \sum_{k=0}^{\omega-x} {}_kp_{x+1} \cdot p_x \cdot q_{x+k+1} \cdot v^{k+2}$$

$$= q_x \cdot v + p_x \cdot v \cdot \sum_{k=0}^{\omega-x} {}_kp_{x+1} \cdot q_{(x+1)+k} \cdot v^{k+1}$$

Die verbliebene Summe aber ist gerade gleich A_{x+1}.

Aufgabe D12

Siehe Aufgabe D18!

Aufgabe D13

a) $${}_{|25}A_{45} = \frac{M_{45} - M_{70}}{D_{45}}$$

$$\rightarrow \text{LBW} = 50.000 \cdot \frac{178.409{,}285 - 120.699{,}723}{353.419{,}653} = 8.164{,}45\ €$$

b) $$A_{45} = \frac{M_{45}}{D_{45}} \rightarrow \text{LBW} = 50.000 \cdot \frac{178.409{,}285}{353.419{,}653} = 25.240{,}43\ €$$

c) $${}_{25}E_{45} = \frac{D_{70}}{D_{45}} \rightarrow \text{LBW} = 50.000 \cdot \frac{154.094{,}988}{353.419{,}653} = 21.800{,}57\ €$$

Eine Erlebensfallleistung müsste korrekterweise mit einer Erlebensfalltafel kalkuliert werden.

d) Die kapitalbildende Lebensversicherung setzt sich gerade aus den beiden Versicherungsteilen gemäß a) und c) zusammen (Gesamtleistungsbarwert mithin 29.965,02 €). Sie sollte der gewählten Tafel zufolge Todesfallcharakter haben, auf steigende Sterblichkeit also mit einem Prämienanstieg reagieren. Dazu berechnen wir den Leistungsbarwert (entspricht der Nettoeinmalprämie!) nochmals mit den Kommutationswerten für um ein Jahr höheres Alter:

$$ {}_{|26}A_{46} + {}_{26}E_{46} = \frac{M_{46} - M_{71}}{D_{46}} + \frac{D_{71}}{D_{46}} $$

$$ \rightarrow \text{LBW} = 50.000 \cdot \frac{177.592{,}186 - 115.090{,}666 + 145.095{,}087}{344.825{,}593} = 30.101{,}68\ € $$

Der höheren Sterblichkeit entspricht eine höhere Nettoeinmalprämie; die gewählte Todesfalltafel ist daher angemessen.

e) i = 2,0 %, n-jährige Risikolebensversicherung: LBW = 8.507,01 €,
i = 2,0 %, lebenslange Risikolebensversicherung: LBW = 27.137,44 €,
150 % DAV 2008 T, n-jährige Risikolebensversicherung: LBW = 11.582,74 €,
150 % DAV 2008 T, lebenslange Risikolebensversicherung: LBW = 27.196,87 €

Aufgabe D14

a) $$ P^A \cdot \ddot{a}_{x,\overline{t}|} = S \cdot ({}_{|n}A_x + \gamma \cdot \ddot{a}_{x,\overline{n}|}) + \beta \cdot P^A \cdot \ddot{a}_{x,\overline{t}|} + \alpha^z \cdot t \cdot P^A $$

$$ \rightarrow P^A = \frac{S \cdot ({}_{|n}A_x + \gamma \cdot \ddot{a}_{x,\overline{n}|})}{(1-\beta) \cdot \ddot{a}_{x,\overline{t}|} - \alpha^z \cdot t} = 100.000 \cdot \frac{{}_{|25}A_{40} + 0{,}001 \cdot \ddot{a}_{40,\overline{25}|}}{0{,}94 \cdot \ddot{a}_{40,\overline{20}|} - 0{,}4} $$

$$ = 100.000 \cdot \frac{M_{40} - M_{65} + 0{,}001 \cdot (N_{40} - N_{65})}{0{,}94 \cdot (N_{40} - N_{60}) - 0{,}4 \cdot D_{40}} $$

$$ = 100.000 \cdot \frac{181.471{,}991 - 142.748{,}145 + 0{,}001 \cdot 7.437.771{,}234}{0{,}94 \cdot 6.343.693{,}269 - 0{,}4 \cdot 398.298{,}722} $$

$$ = 795{,}38\ € $$

$$ \rightarrow P^B_{mon} = (795{,}38 \cdot 1{,}05)/12 = 69{,}60\ € $$

b) Die Bruttomonatsprämie für eine gleichaltrige Frau beträgt 46,52 €, also wenig mehr als die Hälfte, was erneut die Dominanz der Sterbetafel über den Rechnungszins bei Risikolebensversicherungen dokumentiert.

Aufgabe D15

n = 20: Gesamtprämie 3.973,78 €, Risikolebensfallprämie 87,59 €, Erlebensfallprämie 3.886,19 €

n = 60: Gesamtprämie 1.008,47 €, Risikolebensfallprämie 675,05 €, Erlebensfallprämie 333,42 €

Das Teilprämienverhältnis NP_{Ris}/NP_{ges} beträgt im ersten Fall 0,022, im zweiten Fall 0,669. Bei sehr langen Laufzeiten ist demzufolge die „gemischte“ Versicherung mit Erlebensfallleistung kaum teurer als die reine Risikolebensversicherung.

Aufgabe D16

$$P^A = 250.000 \cdot \frac{M_{45} - M_{60} + D_{60} + 0{,}002 \cdot (N_{45} - N_{60})}{0{,}97 \cdot (N_{45} - N_{57}) - 0{,}48 \cdot D_{45}} = 19.167{,}26 \text{ €}$$

$$P^B_{vj.} = 19.167{,}26 \cdot 1{,}03/4 = 4.935{,}57 \text{ €}$$

Aufgabe D17

a) Wir spezialisieren die allgemeine Bruttoprämiengleichung aus Abschnitt D.4:

$$P^B_{mon} = \left(\frac{S \cdot (A + (\alpha^\gamma + \gamma) \cdot \ddot{a}_{x,\overline{n}|})}{(1-\beta) \cdot \ddot{a}_{x,\overline{t}|} - \alpha^z \cdot t} + StK\right) \cdot \left(\frac{1 + RZ}{ZW}\right)$$

$$= \left(\frac{50.000 \cdot (M_{35} - M_{47} + D_{47} + 0{,}0025 \cdot (N_{35} - N_{47}))}{0{,}96 \cdot (N_{35} - N_{47}) - 0{,}48 \cdot D_{35}} + 30\right) \cdot \left(\frac{1{,}05}{12}\right)$$

$$= 361{,}29 \text{ €}$$

b) In obiger Formel ist der Index '47' durch '65' zu ersetzen. Die monatliche Bruttoprämie beträgt dann 134,41 €.

c) Die Bruttoprämiensumme in Teilaufgabe a) beträgt 52.025,76 €, in Teil b) 48.387,60 €. Der kurz laufende Vertrag bewirkt also im Erlebensfall eine so genannte Überzahlung, d. h., die gezahlten Prämien übersteigen die versicherte Leistung. In der Realität wird die Leistung allerdings durch dem Vertrag zugewiesene Überschussanteile aufgestockt.

Aufgabe D18

Die Nettoeinmalprämienformel lautet allgemein

$$NP = R \cdot \ddot{a}_x = R \cdot \frac{N_x}{D_x}$$

Geschlecht	**Frau**		**Mann**	
Geburtsjahr	1945	1975	1945	1975
Altersverschiebung	+4	-3	+4	-3
Grundalter 60	278.624,90 €	313.929,80 €	255.884,32 €	292.691,47 €
Grundalter 65	250.490,22 €	289.183,30 €	227.182,62 €	266.830,86 €
Grundalter 67	238.576,22 €	278.624,90 €	215.153,66 €	255.884,32 €

Aufgabe D19

a) $$NP = 24.000 \cdot \frac{N_{65-3}}{N_{25-3} - N_{58-3}} = 9.793,47$$

b) Gleiche Altersverschiebung wie bei Frauen dieses Jahrgangs, daher: NP = 8.876,46 €. Die Prämie ist für den Mann um 10,3 % günstiger. Da die Sterblichkeiten von Männern stark von denen der Frauen abweichen, zeigt sich hier der maßgebliche Einfluss des Zinssatzes auf die Prämienhöhe.

c) Wir verwenden eine Variante der Formel aus dem letzten Berechnungsbeispiel in Abschnitt D.4, die nur nach Ablauf der Prämienzahlungsdauer Verwaltungskosten erhebt:

$$P^B = \frac{NP \cdot \ddot{a}_{y,\overline{t|}} + R \cdot \gamma_1 \cdot {}_{t|}\ddot{a}_{y,\overline{n-t|}} + R \cdot \gamma_2 \cdot {}_{n|}\ddot{a}_y}{(1-\beta) \cdot \ddot{a}_{y,\overline{t|}} - \alpha^z \cdot t}$$

$$= \frac{9.793,47 \cdot (N_{22} - N_{55}) + 24.000 \cdot (0,01 \cdot (N_{55} - N_{62}) + 0,025 \cdot N_{62})}{(1-0,04) \cdot (N_{22} - N_{55}) - 0,04 \cdot 33 \cdot D_{22}}$$

$$= 11.140,85 \text{ €}$$

d) Anstelle von $\beta \cdot \ddot{a}_{y,t}$ würde im Nenner $\beta \cdot t$ abgezogen, der Nenner würde sich wegen $\ddot{a}_{y,t} < t$ verkleinern, die Prämie daher steigen. Prämienneutral wäre die vorschüssige Kostenerhebung demnach nur, wenn der *vorschüssige* Kostensatz gerade dem Barwert der *verteilten* Kosten entspräche.

Aufgabe D20

Da die Leistung in jedem Fall fällig wird, ist der Leistungsbarwert gerade $S \cdot v^n$ ohne stochastische Komponente. Also:

$$NP = \frac{S \cdot v^n}{\ddot{a}_{x,\overline{n|}}}$$

Aufgabe D21

a) Zur n-jährigen Risikolebensversicherung der Summe 1 kommt (m – 1)mal jährlich für die Restlaufzeit eine Versicherung gleicher Summe hinzu. Also erhalten wir:

$$(I_m A)_{x,\overline{n|}} = {}_{|n}A_x + {}_{1|n-1}A_x + {}_{2|n-2}A_x + \ldots + {}_{m-1|n-m+1}A_x = \sum_{k=0}^{m-1} \frac{M_{x+k} - M_{x+n}}{D_x}$$

$$= \sum_{k=0}^{m-1} \frac{M_{x+k}}{D_x} - m \cdot \frac{M_{x+n}}{D_x} = \frac{R_x - R_{x+m} - m \cdot M_{x+n}}{D_x}$$

b) Eine jährlich um 1 steigende Risikolebensversicherung wird durch Addition einer zweiten gleich lang laufenden Risikolebensversicherung, die mit Summe n beginnt und jährlich um 1 fällt, zu einer Versicherung der konstanten Höhe (n + 1) ergänzt:

$$(n+1) \cdot {}_{|n}A_x = (IA)_{x,\overline{n|}} + (DA)_{x,\overline{n|}}$$

$$\rightarrow (DA)_{x,\overline{n|}} = (n+1) \cdot \frac{M_x - M_{x+n}}{D_x} - \frac{R_x - R_{x+n} - n \cdot M_{x+n}}{D_x}$$

$$= \frac{n \cdot M_x - R_{x+1} + R_{x+n+1}}{D_x}$$

Aufgabe D22

Die Nettoprämiengleichung für aufgeschobene, lebenslang zahlbare Leibrenten lautet

$$NP \cdot \ddot{a}_{y,\overline{n|}} = R \cdot {}_{n|}\ddot{a}_y \,.$$

Gesucht wird nun ein n, sodass zum Rentenbeginnalter 65 die Beziehung

$$R \cdot \ddot{a}_{65-n,\overline{n|}} = R \cdot {}_{n|}\ddot{a}_{65-n}$$

näherungsweise erfüllt ist. Dies führt zu

$$N_{65-n} - N_{65} \approx N_{65} \rightarrow N_{65-n} \approx 2 \cdot N_{65} \,,$$

und wegen $N_{65} = 5.153.147{,}681$ ist $N_{47} = 10.301.941{,}755$ die nächstliegende Wahl, d. h., n = 18.

Aufgabe D23

a) Wir kürzen i/100 mit i' ab. Dann tritt zur jährlichen Rente der (konstant bleibenden) Höhe 1 eine Zusatzrate der Höhe i' im zweiten Jahr, der Höhe 2 · i' im dritten Jahr usw. Dies ist gleichbedeutend mit dem Hinzutreten einer Rente der (konstanten) Höhe i' ab dem zweiten Jahr, einer weiteren Rente der ebenfalls konstanten Höhe i' ab dem dritten Jahr usw. Also:

$$\text{LBW} = \ddot{a}_x + p_x \cdot v \cdot i' \cdot \ddot{a}_{x+1} + {}_2p_x \cdot v^2 \cdot i' \cdot \ddot{a}_{x+2} + \dots$$

$$= \ddot{a}_x + i' \cdot \sum_{k=1}^{\omega-x} {}_kp_x \cdot v^k \cdot \ddot{a}_{x+k}$$

In Kommutationswerten:

$$\text{LBW} = \frac{N_x}{D_x} + i' \cdot \sum_{k=1}^{\omega-x} \frac{D_{x+k}}{D_x} \cdot \frac{N_{x+k}}{D_{x+k}} = \frac{N_x}{D_x} + i' \cdot S_{x+1} \text{ (wobei } D_{x+k} \text{ gekürzt wurde)}$$

Für die n-jährige wachsende Zeitrente ergibt sich dementsprechend (die Summe läuft nicht bis zum Endalter ω, sondern nur bis [x + n])

$$\text{LBW} = \ddot{a}_{x,\overline{n|}} + i' \cdot \sum_{k=1}^{n-1} {}_kp_x \cdot v^k \cdot \ddot{a}_{x+k,\overline{n-k|}} = \frac{N_x - N_{x+1}}{D_x} + i' \cdot \sum_{k=1}^{n-1} \frac{N_{x+k} - N_{x+n}}{D_x}$$

$$= \frac{N_x - N_{x+n}}{D_x} + i' \cdot \frac{S_{x+1} - S_{x+n} - (n-1) \cdot N_{x+1}}{D_x}.$$

b) Hier ist statt des Bildes der Summe von Renten unterschiedlicher Laufzeit die Betrachtung der jährlichen Raten angemessener:

$$\text{LBW} = 1 + p_x \cdot v \cdot (1 + i') + {}_2p_x \cdot v^2 \cdot (1 + i')^2 - \dots$$

Damit kann zu modifizierten Bar- bzw. Kommutationswerten für eine normale lebenslange Rente übergegangen werden, die mit dem Diskontierungsfaktor $v_{mod} = v \cdot (1 + i')$ kalkuliert werden.

Aufgabe D24

Die Rentenzahlung beginnt mit einer aufgeschobenen Zeitrente ohne (!) Sterblichkeit (siehe Abschnitt C.3.2.2). Deren Barwert lautet

$$R \cdot {}_{n|}\ddot{a}_{\overline{g|}} \,.$$

Anschließend beginnt eine lebenslange, hier allerdings um (n + g) Jahre aufgeschobene Leibrente mit Barwert

$$R \cdot {}_{n+g|}\ddot{a}_{x+g} \,.$$

Insgesamt ergibt sich die Jahresnettoprämie zu

$$NP = R \cdot \frac{{}_{n|}\ddot{a}_{\overline{g}|} + {}_{n+g|}\ddot{a}_{x+g}}{\ddot{a}_{x,\overline{t}|}} \,.$$

In der Kommunikationswerte-Schreibweise erhält man

$$NP = R \cdot \frac{D_{x+n} \cdot \dfrac{1 - v^{g+1}}{1 - v} + N_{x+n+g}}{N_x - N_{x+t}} \,.$$

Aufgabe D25

Der Leistungsbarwert beinhaltet neben dem eigentlichen Rentenbarwert eine dynamische Todesfallleistung, die jedes Jahr um den Betrag einer geleisteten (Netto-)Prämie wächst.

Barwert der im Alter (x + n) sofortbeginnenden Leibrente:

$$R \cdot \ddot{a}_{x+n}$$

Barwert der aufgeschobenen Leibrente:

$$R \cdot {}_{n}p_x \cdot v^n \cdot \ddot{a}_{x+n} = R \cdot {}_{n|}\ddot{a}_x$$

Barwert des Prämienrückgewähranteils:

$$NP \cdot \sum_{k=0}^{t-1} (k + 1) \cdot {}_{k}p_x \cdot v^k \cdot {}_{|n-k}A_{x+k} = NP \cdot \sum_{k=0}^{t-1} (k + 1) \cdot {}_{k|n-k}A_x$$

$$= NP \cdot (IA_{x,\overline{t}|} + t \cdot {}_{t|n-t}A_x)$$

Insgesamt ergibt sich für die Jahresnettoprämie:

$$NP = R \cdot \frac{{}_{n|}\ddot{a}_x}{\ddot{a}_{x,\overline{t}|} - (IA_{x,\overline{t}|} + t \cdot {}_{t|n-t}A_x)}$$

Übersetzt in Kommunikationswerte erhält man:

$$NP = R \cdot \frac{N_{x+n}}{(N_x - N_{x+t}) - (R_x - R_{x+t} - t \cdot M_{x+t}) - t \cdot (M_{x-t} - M_{x+n})}$$

$$= R \cdot \frac{N_{x+n}}{N_x - N_{x+t} - R_x + R_{x+t} + t \cdot M_{x+n}}$$

Aufgabe D26

a) Die Grundtafel DAV 2004 R ist auf den Jahrgang 1965 zentriert, sodass sich die Altersverschiebung nicht auswirkt. Kombination der Prämienformeln aus den Aufgaben D24 (Rentengarantiezeit) und D25 (Prämienrückgewähr) liefert

$$NP = R \cdot \frac{D_{y+n} \cdot \dfrac{1 - v^{g+1}}{1 - v} + N_{y+n+g}}{N_y - N_{y+t} - R_y + R_{y+t} + t \cdot M_{y+n}}$$

$$= 2.400 \cdot \frac{D_{65} \cdot \dfrac{1 - v^{11}}{1 - v} + N_{75}}{N_{45} - N_{60} - R_{45} + R_{60} + 15 \cdot M_{65}}$$

Die Prämie beläuft sich damit auf 2.813,35 € .

b) Nettoprämie der Rente pur: 2.660,34 € ,
NP der Rente mit Prämienrückgewähr: 2.705,70 € ,
NP der Rente mit Garantiezeit: 2.766,18 € .

c) Die Fragestellung entspricht der nach der Angemessenheit der Todesfalltafel bei der kapitalbildenden Lebensversicherung. Berechnung der Teilaufgabe mit um ein Jahr höherem Alter y ergibt eine Nettoprämie von nur noch 2.650,46 €. Der Erlebensfallcharakter des Produkts überwiegt mithin klar, sodass die Kalkulation der Prämienrückgewähr mit der Rententafel zulässig ist.

AUFGABE D27

a)

Geschlecht	Frau		Mann	
Geburtsjahr	1945	1975	1945	1975
Alter 60	275.873,63 €	306.832,58 €	251.154,53 €	286.255,70 €
Alter 65	249.534,01 €	281.655,98 €	225.106,32 €	260.412,99 €
Alter 67	238.321,46 €	270.847,55 €	214.163,93 €	249.359,23 €

b) Die Rentendynamik wird am einfachsten dadurch berücksichtigt, dass die Diskontierungsfaktoren v^x bei Berechnung der Kommutationswerte für Alter x (bzw. y), die größer als das Rentenbeginnalter RB sind (die Dynamisierung der Rente wirkt erstmals im zweiten Jahr des Rentenbezugs) mit dem Dynamikfaktor (1 + sdyn) = 1,01 multipliziert werden. Man rechnet also mit $(v')^x := v^x \cdot (1 + sdyn)^{RB-x}$.

Geschlecht	Frau		Mann	
Geburtsjahr	1945	1975	1945	1975
Alter 60	321.978,72 €	365.151,80 €	289.177,05 €	336.376,33 €
Alter 65	286.262,16 €	329.409,05 €	254.884,39 €	300.772,98 €
Alter 67	271.517,02 €	314.554,18 €	240.876,88 €	286.014,09 €

c) Mit

$$\ddot{a}_x^{(m)} = \ddot{a}_x - \frac{m-1}{2 \cdot x}$$

wird

$$BEP = R \cdot RZW \cdot \frac{\ddot{a}_x^{(m)} \cdot (1+\gamma)}{1-\alpha^z}.$$

Geschlecht	Frau		Mann	
Geburtsjahr	1945	1975	1945	1975
Alter 60	288.680,18 €	321.735,31 €	262.287,39 €	299.765,20 €
Alter 65	260.557,15 €	294.854,04 €	234.475,50 €	272.172,73 €
Alter 67	248.585,41 €	283.313,79 €	222.792,22 €	260.370,53 €

d) Die Verrentungsfaktoren ergeben sich durch die Wahl der Rentenhöhe wertmäßig zu einem Tausendstel der berechneten Bruttoeinmalprämien.

Aufgabe D28

a) Die Berechnung erfolgt wie bei einer normalen kapitalbildenden Lebensversicherung, nur mit modifiziertem Prämienbarwert:

$$NP \cdot (0{,}1 \cdot \ddot{a}_{x,\overline{3|}} + {}_{3|}\ddot{a}_{x,\overline{t-3|}}) = S \cdot A_{x,\overline{n|}} \;\rightarrow\; NP = S \cdot \frac{M_x - M_{x+n} + D_{x+n}}{0{,}1 \cdot (N_x - N_{x+3}) + N_{x+3} - N_{x+t}}$$

Für die Konstellation der Aufgabe ergibt sich NP = 1.351,80 €, d. h. 135,18 € pro Jahr in den ersten drei Jahren.

b) Da der Kunde den Vertrag jederzeit kündigen kann, sollten die Prämien der ersten drei Jahre mindestens eine Risikolebensversicherung in gleicher Höhe finanzieren können, andernfalls riskiert der Versicherer einen Verlust. Die Jahresnettoprämie für eine dreijährige Risikolebensversicherung beträgt

$$NP = 50.000 \cdot \frac{M_{22} - M_{25}}{N_{22} - N_{25}} = 46{,}95 \text{ €},$$

sodass die Anfangsprämie die genannte Bedingung erfüllt.

c) Nach dem üblichen Verfahren werden die unmittelbaren Abschlusskosten als Prozentsatz der Prämiensumme ermittelt. Bei einer niedrigen Anfangsprämie wie im obigen Beispiel würden diese erst deutlich nach der Phase mit herabgesetzter Prämienhöhe getilgt. Die Folge wären unrealistisch hohe Haftungszeiten für den Außendienst oder ein entsprechendes Verlustrisiko für das Versicherungsunternehmen. Daher sollte hier die Behandlung der Abschlusskosten nach einem anderen Ansatz erfolgen, beispielsweise durch verteilte Zahlung mit Schwerpunkt nach Beginn der Zahlung der vollen Prämie.

Aufgabe D29

a) Für den Rententeil beträgt die Jahresnettoprämie

$$NP_{Ren} = 12.000 \cdot \frac{N_{65-4}}{N_{30-4} - N_{65-4}} = 5.381{,}35 \text{ €}.$$

Der Leistungsbarwert der sofortbeginnenden Leibrente im (realen) Alter 65 beträgt

$$LBW = 12.000 \cdot \frac{N_{65-4}}{D_{65-4}} = 294.318{,}98 \text{ €},$$

die Jahresnettoprämie einer Risikolebensversicherung zu dieser Summe (auf Basis der Todesfalltafel) beträgt

$$NP_{Ris} = 294.318{,}98 \cdot \frac{M_{30} - M_{65}}{N_{30} - N_{65}} = 436{,}13 \text{ €},$$

die Gesamtprämie also 5.817,48 €.

b) Die Erlebensfallkomponente kostet annähernd die sechsfache Prämie der Risikokomponente, sodass der Erlebensfallcharakter dominiert. (Der interessierte Leser kann dies wie bei der kapitalbildenden Lebensversicherung durch Berechnung mit einheitlicher Tafel zu zwei aufeinander folgenden technischen Altern überprüfen.) Andererseits bewirkt die Altersverschiebung für die Risikoabsicherung eine Verschiebung in die falsche Richtung (zu günstige Sterblichkeit). Der Effekt ist allerdings von untergeordneter Bedeutung, sodass man in der Praxis eher nicht mit verschiedenen Tafeln arbeiten wird.

Klar gegen getrennte Tafeln spricht der Ansatz als gemischtes Produkt, wenn Renten- und Risikoleistung in einem Vertrag gekoppelt werden. In diesem Fall könnte man an eine spezielle Tafel denken, die aus Todesfall-q_x-Werten für die Aufschubzeit und aus Renten-q_x-Werten während des Rentenbezugs zusammengesetzt wird, um so die Berechnung mit verschiedenen Tafeln zu simulieren.

Aufgabe D30

Im Folgenden werden die Sterblichkeiten ohne Sicherheitszuschlag durch eine Tilde gekennzeichnet. Für x = 30 ergibt sich beispielhaft:

$$q_{30} = 1{,}34 \cdot \tilde{q}_{30} = 1{,}34 \cdot 0{,}000561 = 0{,}000752$$

$$\tilde{q}_{30}^{NR} = \frac{\tilde{q}_{30}}{ANT_{30}^{R} \cdot ÜbSt_{30} + ANT_{30}^{NR}} = \frac{0{,}000561}{0{,}311 \cdot 1{,}529 + 0{,}689} = 0{,}000482$$

$$\rightarrow \ q_{30}^{NR} = 1{,}45 \cdot 0{,}000482 = 0{,}000699$$

$$\tilde{q}_{30}^{R} = ÜbSt_{30} \cdot \tilde{q}_{30}^{NR} = 1{,}529 \cdot 0{,}000482 = 0{,}000737$$

$$\rightarrow \ q_{30}^{R} = 1{,}45 \cdot 0{,}000737 = 0{,}001069$$

Entsprechend erhält man für die übrigen Altersstufen:

Alter x	DAV 2008 T M q_x	DAV 2008 T NR M q_x^{NR}	DAV 2008 T R M q_x^R
40	0,001301	0,001002	0,002306
50	0,003981	0,002935	0,007788
60	0,010404	0,008475	0,022817
70	0,037219	0,034335	0,085530
80	0,100261	0,100261	0,186437
90	0,260556	0,260556	0,351840

Aufgabe E1

a) NP = 312,79 €

$$_{10}V_{40} = S \cdot {}_{|25-10}A_{40+10} - NP \cdot \ddot{a}_{40+10,\overline{25-10|}}$$

$$= S \cdot \frac{M_{50} - M_{65}}{D_{50}} - NP \cdot \frac{N_{50} - N_{65}}{D_{50}} = 1.927{,}60 \text{ €}$$

b) NP = 10.205,90 €

$$_{10}V_{45} = S \cdot {}_{|20-10}A_{45+10} - NP \cdot \ddot{a}_{45+10,\overline{20-10|}}$$

$$= S \cdot \frac{M_{55} - M_{65} - D_{65}}{D_{55}} - NP \cdot \frac{N_{55} - N_{65}}{D_{55}} = 110.591{,}60 \text{ €}$$

c) Altersverschiebung = –3 Jahre, NP = 7.863,60 €

$$_{10}V_{22} = R \cdot {}_{40-10|}\ddot{a}_{22+10} - NP \cdot \ddot{a}_{22+10,\overline{40-10|}}$$

$$= R \cdot \frac{N_{62}}{D_{32}} - NP \cdot \frac{N_{32} - N_{62}}{D_{32}} = 89.358{,}62 \text{ €}$$

Aufgabe E2

Prämienpflichtig:

$$_mV_x = S \cdot v^{n-m} - NP \cdot \ddot{a}_{x+m,\overline{n-m|}} = S \cdot v^{n-m} - S \cdot v^n \cdot \frac{\ddot{a}_{x+m,\overline{n-m|}}}{\ddot{a}_{x,\overline{n|}}}$$

Prämienfrei:

$$_mV_x = S \cdot v^{n-m}$$

Der Verlauf der Rückstellung ist, im Gegensatz beispielsweise zu einer aufgeschobenen Leibrente, nicht stetig, da im Todesfall des Versicherten der prämienbezogene Abzugsterm sofort wegfällt. Die Differenz von $_mV_x$(prämienfrei) – $_mV_x$(prämienpflichtig) ist ein Auffüllungsbedarf. Dieser wird dadurch finanziert, dass die Versicherten, die nicht vorzeitig sterben, Prämienzahlungen geleistet haben, die die kalkulatorischen Prämien übersteigen:

$$\ddot{a}_{\overline{n}|} > \ddot{a}_{x,\overline{n}|}\,.$$

Aufgabe E3

a) $$_8V_{22} = R \cdot {}_{40-8|}\ddot{a}_{22+8} - NP \cdot \ddot{a}_{22+8,\overline{40-8}|} = R \cdot {}_{32|}\ddot{a}_{30} - NP \cdot \ddot{a}_{30,\overline{32}|}$$

$$= R \cdot \frac{N_{62}}{D_{30}} - NP \cdot \frac{N_{30} - N_{62}}{D_{30}} = 69.816{,}88 \text{ €}$$

Natürlich hätte man auch unmittelbar auf die in Abschnitt E.2 abgeleitete Formel zurückgreifen können.

b) $$_9V_{22} = \frac{r^9}{_9p_{22}} \cdot NP \cdot \ddot{a}_{22,\overline{9}|} = \frac{l_{22}}{v^9 \cdot l_{31}} \cdot NP \cdot \ddot{a}_{22,\overline{9}|}$$

$$= NP \cdot \frac{D_{22}}{D_{31}} \cdot \frac{N_{22} - N_{31}}{D_{22}} = 79.475{,}82 \text{ €}$$

Eine Leistung wird in der Aufschubzeit noch nicht erbracht, sodass der entsprechende Term wegfällt. Durch Einsetzen der Nettoprämie kann man die retrospektive Darstellung in die prospektive transformieren:

$$_9V_{22} = NP \cdot \frac{D_{22}}{D_{31}} \cdot \frac{N_{22} - N_{31}}{D_{22}} = R \cdot \frac{N_{62}}{N_{22} - N_{62}} \cdot \frac{N_{22} - N_{31}}{D_{31}}$$

$$= R \cdot \frac{N_{62}}{D_{31}} \cdot \frac{(N_{22} - N_{62}) - (N_{31} - N_{62})}{N_{22} - N_{62}}$$

$$= R \cdot \frac{N_{62}}{D_{31}} \cdot \left(1 - \frac{N_{31} - N_{62}}{N_{22} - N_{62}}\right) = R \cdot \frac{N_{62}}{D_{31}} - NP \cdot \frac{N_{31} - N_{62}}{D_{31}}$$

c) Die Bilanzgleichung ohne Kosten ist nur ein Spezialfall der allgemeinen versicherungsmathematischen Bilanzgleichung und hat die Gestalt

$$_{m+1}V_x = \frac{r}{p_{x+m}} \cdot ({}_mV_x + NP) - E_m - \frac{q_{x+m}}{p_{x+m}} \cdot T_m .$$

Die Leistungsterme fallen während der Aufschubzeit weg und man erhält

$$_{m+1}V_x = \frac{r}{P_{x+m}} \cdot ({}_mV_x + NP) \longrightarrow {}_{10}V_{22} = \frac{D_{31}}{D_{32}} \cdot ({}_9V_{22} + NP) = 89.358{,}62\ €$$

Aufgabe E4

Der Leistungsbarwert während der Aufschubzeit ist 0, nach Ablauf der Prämienzahlungsdauer ändert sich auch der Prämienbarwert nicht mehr, sodass nur noch die Einflüsse von Überlebenswahrscheinlichkeit und Zins variieren:

$$_mV_x = \frac{r^m}{_mp_x} \cdot NP \cdot \ddot{a}_{x,\overline{t}|} = \frac{NP}{D_{x+m}} \cdot (N_x - N_{x+t})$$

Aufgabe E5

a) $_5V_{40} = 1.104{,}36$ €; $_6V_{40} = 1.298{,}62$ €; $_{10}V_{40} = 1.927{,}60$ €; $_{11}V_{40} = 2.041{,}40$ €; $T_m = S$; $E_m = 0$

Zu Beginn des 6. Jahres:

$$P^R = v \cdot q_{45} \cdot (T_5 - {}_6V_{40} - E_5)$$

$$= 0{,}977995 \cdot 0{,}001524 \cdot (100.000 - 1.298{,}62) = 147{,}11\ €$$

$$P^S = v \cdot {}_6V_{40} - {}_5V_{40} = 165{,}68\ €$$

Zu Beginn des 11. Jahres:

$$P^R = v \cdot q_{50} \cdot (T_{10} - {}_{11}V_{40} - E_{10})$$

$$= 0{,}977995 \cdot 0{,}002546 \cdot (100.000 - 2.041{,}40) = 243{,}92\ €$$

$$P^S = v \cdot {}_{11}V_{40} - {}_{10}V_{40} = 68{,}88\ €$$

Das riskierte Kapital beträgt dementsprechend 98.701,38 € bzw. 97.958,60 €.

b) ${}_{5}V_{45} = 52.415,69$ €; ${}_{6}V_{45} = 63.555,90$ €; ${}_{10}V_{45} = 110.591,60$ €;
${}_{11}V_{45} = 123.020,48$ €; $T_m = S$; $E_m = 0$

Zu Beginn des 6. Jahres:

$P^R = 464,24$ €; $P^S = 9.741,66$ €

Zu Beginn des 11. Jahres:

$P^R = 484,07$ €; $P^S = 9.721,83$ €

Aufgabe E6

Berechnung wie in Abschnitt E.7.2. Demnach benötigen wir die ausreichende und die Zillmerprämie im Sinne von Abschnitt D.4.1, die sich mit NP aus Aufgabe E1 ergeben zu

$$P^A = \frac{(NP + S \cdot \gamma) \cdot \ddot{a}_{45,\overline{20}|}}{\ddot{a}_{45,\overline{20}|} - \alpha^z \cdot t} = 10.877,65 \text{ €},$$

$$P^Z = NP + \frac{\alpha^z \cdot t \cdot P^A}{\ddot{a}_{45,\overline{20}|}} = 10.752,65 \text{ €}.$$

Die gezillmerte Deckungsrückstellung beträgt

$$\begin{aligned} {}_{10}V^Z_{45} &= S \cdot A_{55,\overline{10}|} - P^Z \cdot \ddot{a}_{55,\overline{10}|} \\ &= 250.000 \cdot \frac{M_{55} - M_{65} + D_{65}}{D_{55}} - 10.394,74 \cdot \frac{N_{55} - N_{65}}{D_{55}} \\ &= 250.000 \cdot 0,804696 - 10.752,65 \cdot 8,875487 = 105.739,01 \text{ €}, \end{aligned}$$

die auch als Rückkaufswert zur Verfügung steht (Stornoabschlag = 0). Der Leistungsbarwert der prämienfreien Versicherung beträgt

$$S^{pfr} \cdot (A_{55,\overline{10}|} + \gamma \cdot \ddot{a}_{55,\overline{10}|}) = S^{pfr} \cdot 0,813571,$$

dies muss gleich den oben berechneten 105.739,01 € sein, also $S^{pfr} = 129.969,00$ €.

AUFGABE E7

Der Leistungsbarwert zu Vertragsbeginn beträgt (vgl. Abschnitt E.6.2)

$$A^{TA}_{30,\overline{35}|} = {}_{|35}A_{30} + 0{,}2 \cdot {}_{20}E_{30} + 0{,}2 \cdot {}_{25}E_{30} + 0{,}2 \cdot {}_{30}E_{30} + 0{,}4 \cdot {}_{35}E_{30}\,,$$

nach den Teilauszahlungen fallen die Erlebensfallanteile sukzessiv weg, also

$$A^{TA}_{50,\overline{15}|} = {}_{|15}A_{50} + 0{,}2 \cdot {}_{5}E_{50} + 0{,}2 \cdot {}_{10}E_{50} + 0{,}4 \cdot {}_{15}E_{50}\,,$$

$$A^{TA}_{55,\overline{10}|} = {}_{|10}A_{55} + 0{,}2 \cdot {}_{5}E_{55} + 0{,}4 \cdot {}_{10}E_{55}\,,$$

$$A^{TA}_{60,\overline{5}|} = {}_{|5}A_{60} + 0{,}4 \cdot {}_{5}E_{60}\,.$$

Die Nettoprämie errechnet sich zu

$$NP = 250.000 \cdot \frac{A^{TA}_{30,\overline{35}|}}{\ddot{a}_{30,\overline{35}|}} = 5.712{,}96\ €,$$

und die Nettodeckungsrückstellung ist gegeben durch

$${}_{m}V_{30} = 250.000 \cdot A^{TA}_{30+m,\overline{35-m}|} - NP \cdot \ddot{a}_{30+m,\overline{35-m}|}\,,$$

wobei

$$A^{TA}_{30+m,\overline{35-m}|} = {}_{|35-m}A_{30+m} + 0{,}2 \cdot {}_{20-m}E_{30+m} + 0{,}2 \cdot {}_{25-m}E_{30+m} + 0{,}2 \cdot {}_{30-m}E_{30+m} + 0{,}4 \cdot {}_{35-m}E_{30+m}$$

für $0 \leq m \leq 20$ etc. Der Barwert der Todesfallleistung ist deutlich kleiner als der der Erlebensfallleistung; diese Relation bleibt auch zu den späteren Berechnungsterminen qualitativ erhalten. Damit verhält sich der Vertrag fast wie eine reine Mehrfach-Erlebensfallleistung. Bei Erlebensfallversicherungen wird durch die laufenden Prämienzahlungen und deren Verzinsung langsam die Leistung aufgebaut, während in der Deckungsrückstellungsformel der Restprämienbarwert

$$NP \cdot \ddot{a}_{30+m,\overline{35-m}|}$$

langsam fällt. Zu den Teilauszahlungsterminen fällt die Deckungsrückstellung sprunghaft, sodass sich insgesamt ein sägezahnartiger Verlauf einstellt. Als Kontrollwert sei ${}_{20}V_{30} = 91.821{,}67$ € nach der ersten Teilauszahlung angegeben.

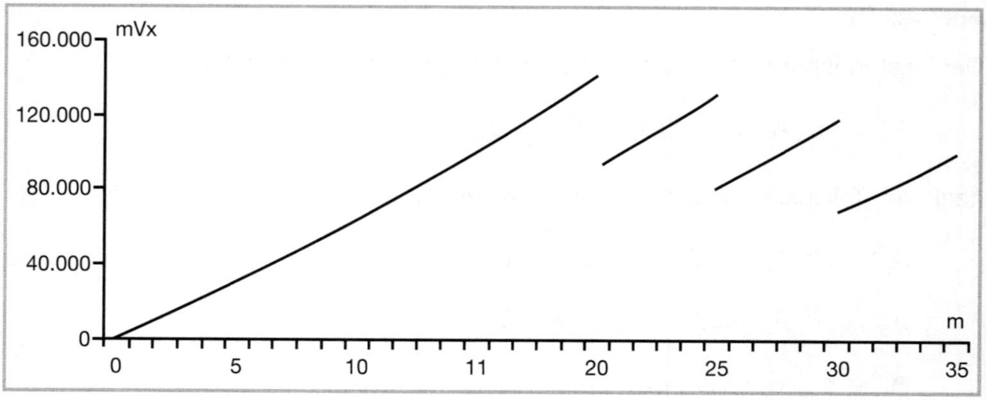

Aufgabe E8

Gemäß Abschnitt E.7.3.1 ergibt sich

$$P^A = S \cdot \frac{A_{45,\overline{20|}} + \gamma \cdot ä_{45,\overline{20|}}}{ä_{45,\overline{20|}} - 20 \cdot \alpha^z} = 11.009{,}26 \text{ €},$$

$$\begin{aligned} {}_{10}V_{45}^A &= S \cdot (A_{55,\overline{10|}} + \gamma \cdot ä_{55,\overline{10|}}) - P^A \cdot ä_{55,\overline{10|}} \\ &= 250.000 \cdot (0{,}804696 + 0{,}001 \cdot 8{,}875487) - 11.009{,}26 \cdot 8{,}875487 \\ &= 105.680{,}33 \text{ €}. \end{aligned}$$

Die Äquivalenzgleichung für den neuen Vertragszustand muss nun nach S^{neu} aufgelöst werden, wobei die Restlaufzeit mit fünf Jahren anzusetzen ist und keine neuen Abschlusskosten zu berücksichtigen sind:

$$P^A \cdot ä_{55,\overline{5|}} + {}_{10}V_{45}^A = S^{neu} \cdot (A_{55,\overline{5|}} + \gamma \cdot ä_{55,\overline{5|}})$$

Mit

$$ä_{55,\overline{5|}} = 4{,}745259, \quad A_{55,\overline{5|}} = 0{,}895581$$

folgt

$$S^{neu} = \frac{11.009{,}26 \cdot 4{,}745259 + 105.680{,}33}{0{,}895581 + 0{,}001 \cdot 4{,}745259} = 175.405{,}44 \text{ €}.$$

AUFGABE E9

Die ausreichende Jahresprämie beträgt ursprünglich 11.272,49 €, im zweiten Jahr 11.836,11 €, im dritten 12.427,92 €. Damit betragen die Differenzprämien 563,62 € bzw. 591,81 €. Gemäß Abschnitt E.7.3.3 folgt für die Differenzsummen

$$S_{(2)}^{diff} = P_{(2)}^{A,diff} \cdot \frac{\ddot{a}_{46,\overline{19|}} - 19 \cdot \alpha^z}{A_{46,\overline{19|}} + \gamma \cdot \ddot{a}_{46,\overline{19|}}} \quad \text{bzw.} \quad S_{(3)}^{diff} = P_{(3)}^{A,diff} \cdot \frac{\ddot{a}_{47,\overline{18|}} - 18 \cdot \alpha^z}{A_{47,\overline{18|}} + \gamma \cdot \ddot{a}_{47,\overline{18|}}},$$

also erhalten wir mit den Barwerten

$$A_{46,\overline{19|}} = 0{,}663870,\ A_{47,\overline{18|}} = 0{,}678258,\ \ddot{a}_{46,\overline{19|}} = 15{,}275239,\ \ddot{a}_{47,\overline{18|}} = 14{,}621376$$

die Differenzsummen $S_{(2)}^{diff}$ = 11.781,16 € und $S_{(3)}^{diff}$ = 11.594,76 €, folglich insgesamt S = 261.781,16 € im zweiten und S = 273.375,92 € im dritten Jahr. Die Summen steigen demnach nur um 4,7 % bzw. 4,4 %. Dieses für Vertragsdynamisierungen typische Resultat ist eine Folge der verkürzten Restlaufzeiten, die zu reduziertem Kapitalaufbau bei der Erlebensfallleistung der Erhöhungsversicherungen führen.

AUFGABE E10

Risikolebensversicherung: $E_m = 0$, $T_m = S$

$${}_mV_x^A = \frac{(1+i)}{p_{x+m-1}} \cdot \left({}_{m-1}V_x^A + P^A - \Gamma_m\right) - \frac{q_{x+m-1}}{p_{x+m-1}} \cdot S$$

Erlebensfallversicherung: $E_m = 0$ für $m < n$, $E_n = S$, $T_m = 0$

$$m < n: \quad {}_mV_x^A = \frac{(1+i)}{p_{x+m-1}} \cdot \left({}_{m-1}V_x^A + P_A - \Gamma_m\right)$$

$$m = n: \quad 0 = \frac{(1+i)}{p_{x+n-1}} \cdot \left({}_{n-1}V_x^A + P^A - \Gamma_n\right) - S$$

Kapitalbildende Lebensversicherung: $E_m = 0$ für $m < n$, $E_n = S$, $T_m = S$

$$m < n: \quad {}_mV_x^A = \frac{(1+i)}{p_{x+m-1}} \cdot \left({}_{m-1}V_x^A + P_A - \Gamma_m\right) - \frac{q_{x+m-1}}{p_{x+m-1}} \cdot S$$

$$m = n: \quad 0 = \frac{(1+i)}{p_{x+n-1}} \cdot \left({}_{n-1}V_x^A + P^A - \Gamma_n\right) - \left(1 - \frac{q_{x+n-1}}{p_{x+n-1}}\right) \cdot S$$

Aufgeschobene lebenslange vorschüssige Leibrentenversicherung: Prämienzahlungsdauer t, Aufschubzeit $n > t$, $E_m = 0$ für $m < n$, $E_m = v \cdot R$ für $m \geq n$, $T_m = 0$

$$m \leq n: \quad {}_mV_x^A = \frac{(1+i)}{p_{x+m-1}} \cdot ({}_{m-1}V_x^A + P^A - \Gamma_m)$$

$$t < m < n: \quad {}_mV_x^A = \frac{(1+i)}{p_{x+m-1}} \cdot ({}_{m-1}V_x^A - \Gamma_m)$$

$$n \leq m: \quad {}_mV_x^A = \frac{(1+i)}{p_{x+m-1}} \cdot ({}_{m-1}V_x^A - v \cdot R - \Gamma_m)$$

$$= \frac{(1+i)}{p_{x+m-1}} \cdot ({}_{m-1}V_x^A - \Gamma_m) - \frac{R}{p_{x+m-1}}$$

Termefix-Versicherung: $E_m = 0$ für $m < n$, $E_n = S$, $T_m = (P^A) \cdot v^{n-m}$, da der Versicherer im Todesfall die weitere Prämienzahlung übernimmt.

$$m < n: \quad {}_mV_x^A = \frac{(1+i)}{p_{x+m-1}} \cdot ({}_{m-1}V_x^A + P^A - \Gamma_m) - \frac{q_{x+m-1}}{p_{x+m-1}} \cdot v^{n-m} \cdot P^A$$

$$= \frac{(1+i)}{p_{x+m-1}} \cdot ({}_{m-1}V_x^A + (1 - q_{x+m-1} \cdot v^{n-m+1}) \cdot P^A - \Gamma_m)$$

$$m = n: \quad 0 = \frac{(1+i)}{p_{x+n-1}} \cdot ({}_{n-1}V_x^A + P^A - \Gamma_n) - S - \frac{q_{x+n-1}}{p_{x+n-1}} \cdot P^A$$

In allen Fällen ist die Deckungsrückstellung am Ende der Laufzeit 0, denn es gilt das Äquivalenzprinzip und alle Prämienzahlungen und Leistungen wurden erbracht.

Aufgabe E11

Gemäß Aufgabe D21 gilt für die Nettoprämie einer fallenden Risikolebensversicherung der anfänglichen Summe S die Darstellung

$$NP = \frac{S}{n} \cdot \frac{(DA)_{y,\overline{n|}}}{\ddot{a}_{y,\overline{t|}}} = S \cdot \frac{n \cdot M_y - R_{y+1} + R_{y+n+1}}{n \cdot (N_y - N_{y+t})}$$

und für die Nettodeckungsrückstellung

$$ {}_mV_y = S \cdot (DA)_{y+m,\overline{n-m|}} - NP \cdot ä_{y+m,\overline{t-m|}} $$

$$ = S \cdot \frac{(n-m) \cdot M_{y+m} - R_{y+m+1} + R_{y+n+1}}{D_{y+m}} - NP \cdot \frac{N_{y+m} - N_{y+t}}{D_{y-m}}; $$

für m > t fällt der zweite Summand weg. Mit $E_m = 0$, $T_m = S \cdot (n - m + 1) / n$ lautet die Beitragszerlegung

$$ P^R = v \cdot q_{y+m-1} \cdot \left(S \cdot \frac{n-m+1}{n} - {}_mV_y \right), $$

$$ P^S = v \cdot {}_mV_y - {}_{m-1}V_y . $$

Die Nettoprämie im konkreten Fall beträgt 59,71 €, die Deckungsrückstellung erreicht ihren Maximalwert mit 405,38 € bei m = 20. Die Verläufe von ${}_mV_x$, P^R und P^S stellen sich grafisch wie folgt dar:

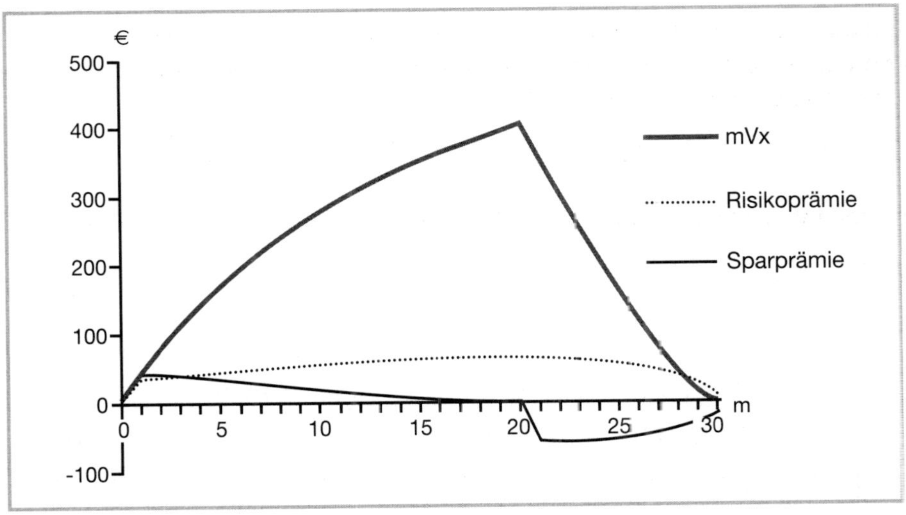

Aufgabe E12

Nach Aufgabe E6 beträgt die ausreichende Nettoprämie P^A = 10.877,65 €, die gezillmerte Nettoprämie P^Z = 10.752,65 €, die gezillmerte Deckungsrückstellung

$$ {}_mV_{45}^Z = S \cdot A_{45+m,\overline{20-m|}} - P^Z \cdot ä_{45+m,\overline{20-m|}} . $$

Mit den Barwerten aus Aufgabe E9 ergibt sich für m = 1 eine gezillmerte Deckungsrückstellung von 1.718,28 €. Für m = 0 erhält man gerade

$${}_0V^Z_{45} = -\alpha^z \cdot t \cdot P^A = -8.702{,}12\ €.$$

Die beide Rückstellungswerte interpolierende Gerade

$$g(h) = {}_0V^Z_{45} + h \cdot ({}_1V^Z_{45} - {}_0V^Z_{45})$$

wird 0 für h = 0,835 ≈ 10/12. Interpretation: Die Tilgung der rechnungsmäßigen einmaligen Abschlusskosten erfolgt mithilfe der Bruttoprämie, die bei unterjährlicher Zahlungsweise noch einen Ratenzuschlag enthält, nach Abzug der Risikoprämie. Die lineare Interpolation kann als grobe Näherung für diesen Tilgungsvorgang angesehen werden und besagt, dass diese Tilgung etwa 10/12 eines Jahres, also zehn Monate, in Anspruch nimmt. Dies stimmt auch annähernd überein mit dem Wert $\alpha^z \cdot t = 0{,}8$, der angibt, welcher Anteil einer ausreichenden Jahresprämie als Abschlusskosten in die Prämie eingerechnet wird.

Aufgabe E13

Die zu den jeweiligen Terminen erreichte Deckungsrückstellung dient als Leistungsbarwert einer sofortbeginnenden Rente. Also müssen die Vorverrentungswerte R^k die folgende Gleichungskette erfüllen:

$${}_{40-k}V_{22} = 24.000 \cdot {}_{k|}\ddot{a}_{62-k} - NP \cdot \ddot{a}_{62-k,\overline{k|}} = R^k \cdot \ddot{a}_{62-k}$$

Wir listen tabellarisch die benötigten Barwerte sowie die gesuchten R^k auf:

k	${}_{k\|}\ddot{a}_{62-k}$	$\ddot{a}_{62-k,\overline{k\|}}$	$\ddot{a}_{62-k}$	R^k
1	21,682302	1,000000	22,682302	22.653,81
2	21,146214	1,975275	23,121489	21.391,42
3	20,626110	2,926692	23,552802	20.205,74
4	20,120997	3,855020	23,976018	19.090,44
5	19,630005	4,760950	24,390956	18.039,84

Die Jahresrate sinkt demnach bereits bei von 40 auf 35 Jahre verkürzter Aufschubzeit und Prämienzahlung um ein Viertel. War abgekürzte Prämienzahlungsdauer vereinbart, sodass zum Vorverrentungszeitpunkt keine Prämien mehr ausstehen, sinkt die Jahresrate nicht so stark. (Mit einer ähnlichen Betrachtung wird die Kürzung des Rentenanspruchs bei vorgezogenem Renteneintritt in der gesetzlichen Rentenversicherung begründet.)

AUFGABE E14

Gemäß der Methode der konstruktiven Prämien ergibt sich die Summe S^k im Alter (65 – k) aus

$$S + NP \cdot \ddot{a}_{65,\overline{k|}} = S^k \cdot A_{65,\overline{k|}} = S^k \cdot (1 - d \cdot \ddot{a}_{65,\overline{k|}}).$$

Laut Aufgabe E1 b) beträgt die Nettoprämie 10.205,90 €.

k	1	2	3	4	5
$\ddot{a}_{65,\overline{k\|}}$	1,000000	1,968191	2,904355	3,808202	4,679379
S^k	266.060,53 €	282.314,13 €	298.733,62 €	315.286,88 €	331.936,52 €

AUFGABE E15

Mit Rechnungszins 2,25 % ergibt sich eine Prämie NP = 2.789,25 €, mit Rechnungszins 2,75 % die (niedrigere) Prämie $NP^<$ = 2.402,71 €. Die Nettodeckungsrückstellung beträgt

$${}_mV_x = S \cdot {}_{n-m|}\ddot{a}_{x+m} - NP \cdot \ddot{a}_{x+m,\overline{t-m|}} .$$

Mit ${}_mV_x^<$ bezeichnen wir die Deckungsrückstellung, die stattdessen mithilfe von $NP^<$ berechnet wird. Wegen $NP^< < NP$ und ${}_0V_x = 0$ ist ${}_0V_x^< > 0$ (genau: 8.406,45 €). Da die Deckungsrückstellung nach Vorgabe mit 2,25 % bilanziert werden muss, die Prämie aber mit 2,75 % berechnet wird, ist die Differenz ${}_mV_x^< - {}_mV_x$ vom Unternehmen als Auffüllungsbedarf bereitzustellen. Dieser wird bis zum Ende der Prämienzahlungsdauer (abgekürzt ist erlaubt) allmählich wieder frei, da dann nur noch der (vom Prämienrechnungszins unabhängige) Leistungsbarwert zu stellen ist. Die Situation stellt sich wie in folgendem Diagramm dar.

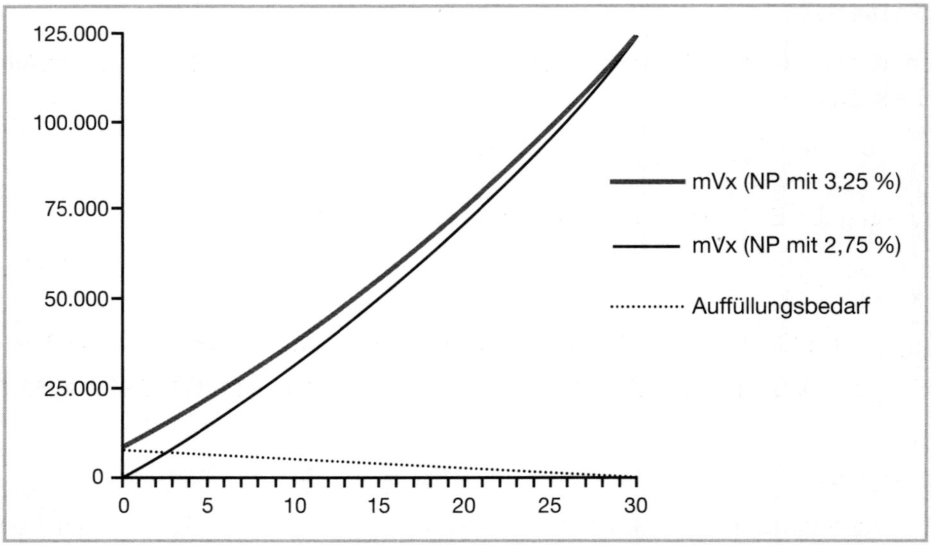

Dieses Verfahren wird auch als **Nachreservierung** bezeichnet. Die qualitativ gleiche Situation ergibt sich, wenn aufgrund geänderter Lebenserwartung für Rentenbestände zu Sterbetafeln mit geringerer Sterblichkeit übergegangen wird.

K. Glossar

Dieses Glossar zur Lebensversicherungsmathematik bietet dem eiligen Leser eine Kurzübersicht der wichtigsten Fachbegriffe. Für Details zu den genannten Begriffen wird auf die jeweils angegebenen Kapitel verwiesen.

Begriff	Erklärung	Details
Abschlusskosten	In Zusammenhang mit dem Abschluss von Versicherungsverträgen entstehende Kosten. Bei der Prämienkalkulation werden die Abschlusskosten über die unmittelbaren Abschlusskosten (α^z-Kosten) und die Amortisationskosten (α^γ-Kosten) abgebildet (jeweils Rechnungsgrundlagen erster Ordnung). Die tatsächlich angefallenen Abschlusskosten (Rechnungsgrundlagen zweiter Ordnung) können der GuV entnommen werden, sie finden Eingang in die Berechnung des Kostenergebnisses im Rahmen der Überschussermittlung.	Kapitel D
Abzinsen/ Diskontieren	Prozess der Berechnung eines Anfangskapitals K_0 aus einem Endkapital K_n in einem Verzinsungsprozess. Praktisch wird dabei die Verzinsungsformel $K_n = K_0 \cdot (1 + i)^n$ nach K_0 aufgelöst: $K_0 = K_n \cdot (1 + i)^{-n}$. Abzinsen stellt damit den Umkehrvorgang zum Aufzinsen dar. In der Lebensversicherungsmathematik werden die künftigen Prämienzahlungen und Versicherungsleistungen auf den Beginntermin eines Versicherungsvertrags (Zeitpunkt 0) abgezinst, was die zugehörigen Prämien- und Leistungsbarwerte liefert.	Kapitel C
Äquivalenzprinzip	Zwei zu unterschiedlichen Zeitpunkten erfolgende Zahlungen sind im finanzmathematischen Sinne äquivalent, wenn sie den gleichen Barwert aufweisen. Um die Barwerte zu ermitteln, werden die Zahlungen mithilfe eines geeigneten Kalkulationszinssatzes auf- oder abgezinst. In der Prämienkalkulation werden aus der Äquivalenz von Prämien- und Leistungsbarwerten die vom Versicherungsnehmer zu zahlenden Prämien berechnet.	Kapitel C Kapitel D

Asset Liability Management (ALM)	Oberbegriff für Verfahren zur simultanen Steuerung von Aktiv- und Passivseite der Bilanz im Versicherungsunternehmen, die neben einer dauerhaften Erfüllbarkeit aller Versicherungsverträge auch auf eine Optimierung von Ertrag und Liquidität abzielen. Alle ALM-Verfahren basieren auf Simulationsrechnungen für Aktiv- und Passivseite, die für verschiedene Szenarien durchgespielt werden. Hauptproblem ist die ganzheitliche Steuerung beider Bilanzseiten, was mithilfe komplizierter Modellrechnungen geschieht und die langfristige Kapitalanlage- und Produktpolitik des Versicherers beeinflusst.	Kapitel G
Aufzinsen	Prozess der Berechnung des Endkapitals K_n aus einem Anfangskapital K_0 in einem Verzinsungsprozess nach der Formel $K_n = K_0 \cdot (1 + i)^n$. K_n liefert das Ergebnis eines über n Jahre laufenden Sparprozesses, der mit der Investition K_0 begonnen hat. Aufzinsen stellt den Umkehrvorgang zum Abzinsen dar.	Kapitel C
Ausscheideordnung	Meist tabellarische Darstellung der Wahrscheinlichkeiten, mit der versicherte Risiken zu einem Versicherungsfall werden. In der Lebensversicherung gehören hierzu Sterbetafeln, ebenso Tafeln mit Invalidisierungswahrscheinlichkeiten. Der Begriff wird häufig bei kombinierten Versicherungsprodukten in der Pensionsversicherung verwendet.	Kapitel D
Barwert	Zeitwert einer in Zukunft oder Vergangenheit getätigten Zahlung zum Zeitpunkt 0 (meist die Gegenwart). Erfolgt die Zahlung – wie in der Lebensversicherung üblich – in der Zukunft (Prämien oder Leistungen), wird sie abgezinst, was durch Multiplikation mit einer geeigneten Potenz des zugehörigen Diskontierungsfaktors $v = (1 + i)^{-1}$ geschieht.	Kapitel C Kapitel D
Bruttobeitrag/ Bruttoprämie	Vom Versicherungsnehmer zu zahlende Prämie einschließlich aller Kosten. Die eingerechneten Kosten können dabei zerlegt werden in Abschluss-, Inkasso- und Verwaltungskosten, Stückkosten, Summenrabatte bzw. Summenaufschläge, Risikozuschläge und Ratenzuschläge für unterjährliche Zahlweise.	Kapitel D

Deckungskapital/ Deckungsrückstellung	Bezeichnung für Prämienbestandteile, die zu Beginn der Vertragslaufzeit nicht zur Deckung des versicherten Risikos benötigt und erst in späteren Jahren zur Auffüllung der dann nicht mehr ausreichenden Prämien herangezogen werden. Die Entstehung des Deckungskapitals ist eine Folge der Tatsache, dass in Deutschland im Allgemeinen zeitlich konstante Prämien gezahlt werden, das versicherte Risiko in seiner Eintrittswahrscheinlichkeit aber zeitlich schwankt. Das Deckungskapital muss stets positiv sein, da es im Kündigungsfalle sonst zu Verlusten des Versicherers kommen könnte. Die Begriffe Deckungskapital und Deckungsrückstellung werden synonym verwendet, wobei sich das Deckungskapital meist auf einen einzelnen Vertrag bezieht. Als Deckungsrückstellung bildet die Summe aller Deckungskapitale die Hauptposition auf der Passivseite eines Lebensversicherers.	Kapitel E
Direktgutschrift	Form der direkten Zuweisung von erwirtschafteten Überschüssen an Versicherungsverträge, die in Deutschland seit 1984 möglich ist. Die Direktgutschrift stellt eine zeitnahe Überschusszuweisung sicher und ist in ihrer Höhe auf $(5 - i^I)$ % des VN-Guthabens festgesetzt (i^I = Rechnungszins erster Ordnung).	Kapitel F
Diskontierungsfaktor	Um den Barwert einer in Zukunft fälligen Zahlung (z. B. Prämie oder Versicherungsleistung) zu berechnen, wird die Zahlung mit einer geeigneten Potenz des Diskontierungsfaktors $v = (1 + i)^{-1}$ multipliziert. So können auch zeitlich separierte Zahlungen auf der Basis des verwendeten Zinssatzes i sinnvoll miteinander verglichen werden.	Kapitel C
Finanzierbarkeitsnachweis	Oberbegriff für Verfahren, die nachweisen, dass ein Lebensversicherer in der Lage ist, eine einmal gewährte Überschussbeteiligung dauerhaft zu gewährleisten. Zu diesem Zweck werden künftige Aufwendungen und Erträge auf der Basis geschätzter Rechnungsgrundlagen zweiter Ordnung hochgerechnet und z. B. ermittelt, ob sich im Saldo ein positiver Barwert ergibt.	Kapitel F

Gewinnzerlegung/ Überschuss-zerlegung	Zerlegung der während eines Geschäftsjahres angefallenen Rohüberschüsse eines Lebensversicherers nach Ergebnisquellen; üblicherweise Risiko, Kapitalanlage, Kosten, Rückversicherung, Storno und sonstiges Ergebnis. Die Gewinnzerlegung bildet eine wichtige Grundlage einer verursachungsgerechten Überschusszuweisung.	Kapitel F
Höchstrechnungs-zins	Nach § 65 (1) VAG und DeckRV maximal möglicher Rechnungszins für die Berechnung der Deckungsrückstellung. Dieser Zinssatz wird mit Blick auf das Vorsichtsprinzip der Lebensversicherung konservativ angesetzt, um die dauerhafte Erfüllbarkeit aller Versicherungsverträge zu gewährleisten. Aus Praktikabilitätsgründen wird der Höchstrechnungszins der Deckungsrückstellung meist auch als Rechnungszins in der Prämienkalkulation verwendet (Rechnungsgrundlage erster Ordnung).	Kapitel D
Kommutationswerte	Hilfsgrößen in der Prämienkalkulation, die jeweils als Produkt einer Zins- und einer Risikogröße (meist Sterblichkeit) dargestellt werden können. Mithilfe von Kommutationswerten ist es möglich, ein an sich zweidimensionales Problem (Zins + Risiko) auf eine eindimensionale Darstellung zu reduzieren (z. B. diskontierte Lebende des Alters x), was die Prämienberechnung erleichtert.	Kapitel D
Kontributionsformel	Formel, die die im Lebensversicherungsunternehmen während eines Geschäftsjahres angefallenen Überschüsse nach Überschussquellen ordnet, wobei jeweils Differenzen aus den Rechnungsgrundlagen erster und zweiter Ordnung auftreten. Wichtig ist die Kontributionsformel für die Berechnung der Einzelergebnisse aus Risiko, Kapitalanlage und Kosten, die für die spätere Überschussverwendung von Bedeutung sind.	Kapitel F
Leistungsbarwert	Barwert aller in Zukunft durch den Versicherer zu erbringenden Versicherungsleistungen, der durch Diskontierung in die Gegenwart (Zeitpunkt 0) ermittelt wird. Nach dem Äquivalenzprinzip muss der Leistungsbarwert LBW gleich dem Prämienbarwert PBW sein: LBW = PBW.	Kapitel D

Natürliche Nettoprämie	Jahresnettoprämie, die zur Gewährung eines einjährigen Versicherungsschutzes erforderlich ist. Alternativ kann die natürliche Nettoprämie auch als gewöhnliche Nettoprämie eines Vertrags mit einjähriger Laufzeit verstanden werden. Im Gegensatz zur gewöhnlichen Nettoprämie ist die natürliche Nettoprämie über mehrere Jahre nicht zeitlich konstant, sondern bildet die zeitliche Entwicklung des versicherten Risikos nach.	Kapitel E
Nettobeitrag/ Nettoprämie	Prämienbestandteil, der zur Deckung eines versicherten Risikos ohne Kostenanteile benötigt wird. Die Nettoprämie wird über das Äquivalenzprinzip durch Gleichsetzen von Leistungs- und Prämienbarwert berechnet.	Kapitel D
Prämienbarwert	Barwert aller in Zukunft durch den Versicherungsnehmer zu entrichtenden Prämienzahlungen, der durch Diskontierung in die Gegenwart (Zeitpunkt 0) ermittelt wird. Nach dem Äquivalenzprinzip muss der Leistungsbarwert LBW gleich dem Prämienbarwert PBW sein: LBW = PBW.	Kapitel D
Profit Testing	Oberbegriff für Verfahren zur Ermittlung des langfristigen Ertragsverlaufs bei Versicherungsverträgen und -beständen. Profit Testing analysiert die während künftiger Jahre anfallenden Aufwendungen und Erträge auf Basis geschätzter Rechnungsgrundlagen zweiter Ordnung. Ziel ist es, die Rentabilität eines Vertrags oder eines Bestandes auf Einzeljahresebene zu ermitteln, um so z. B. Informationen darüber zu erhalten, wie es um die Rentabilität bei unerwarteter Kündigung durch den Versicherungsnehmer bestellt ist. Profit Testing geht damit über den klassischen Finanzierbarkeitsnachweis hinaus, der lediglich einen Ertragswert über die Gesamtlaufzeit liefert.	Kapitel G
Rechnungsgrundlagen	Eingangsgrößen der Prämienberechnung und Überschussermittlung in der Lebensversicherung; üblicherweise Risiko, Zins und Kosten. Es werden Rechnungsgrundlagen erster und zweiter Ordnung unterschieden.	Kapitel D

Rechnungsgrundlagen erster Ordnung	Eingangsgrößen der Prämienberechnung in der Lebensversicherung; üblicherweise Risiko, Zins und Kosten. Die Rechnungsgrundlagen erster Ordnung werden a priori vorsichtig geschätzt, damit der Versicherer im Falle einer unerwartet schlechten Risiko-, Kapitalanlage- oder Kostensituation über genügend Reserven verfügt. Die mithilfe der Rechnungsgrundlagen erster Ordnung berechneten Prämien entsprechen den garantierten Versicherungsleistungen ohne Überschüsse.	Kapitel D Kapitel F
Rechnungsgrundlagen zweiter Ordnung	Die a posteriori ermittelten Rechnungsgrundlagen zweiter Ordnung bilden die tatsächliche Entwicklung der Risiko-, Kapitalanlage- und Kostensituation während eines Geschäftsjahres ab und dienen im Vergleich mit den Rechnungsgrundlagen erster Ordnung zur Ermittlung der Rohüberschüsse (Kontributionsformel).	Kapitel D Kapitel F
Rentenbarwert	Barwert einer Rente, der sich durch Diskontieren aller Raten auf den Zeitpunkt 0 ergibt. Der Rentenbarwert gibt an, was eine Rente zum Zeitpunkt 0 wert ist. Voraussetzung dafür ist ein geeigneter Kalkulationszinssatz i, der in den Diskontierungsfaktor v eingeht.	Kapitel C
Rückstellung für die Beitragsrückerstattung (RfB)	Passivposten in der Bilanz eines Lebensversicherers, der als Kapitalsammelbecken zwischen angefallenen Rohüberschüssen und den zugewiesenen Überschussanteilen fungiert. Die RfB bildet damit einen Puffer zwischen Überschussentstehung und Überschusszuweisung und gliedert sich in die Festlegungsschicht (Überschussmittel, die in den nächsten 1–2 Jahren zugewiesen werden), den Schlussüberschussanteilfonds und die freie RfB, auf die der Versicherer u. a. zur Abwehr von Notlagen zurückgreifen kann. Nach der Deckungsrückstellung ist die RfB üblicherweise der zweitgrößte Passivposten in der Bilanz von Lebensversicherern.	Kapitel F

Solvabilität	Fähigkeit eines Versicherers, seine künftigen versicherungstechnischen Verbindlichkeiten bedienen zu können. In solvabilitätsbasierten Aufsichtssystemen wird zur Messung der Solvabilität einer geforderten Soll-Solvabilität meist eine Ist-Solvabilität gegenübergestellt.	Kapitel H
Sterbewahrscheinlichkeit/ Sterblichkeit	Wahrscheinlichkeit q_x, dass ein x-jähriger Mann seinen nächsten Geburtstag und damit das Alter (x + 1) nicht erleben wird (q_y analog für Frauen). Sterbewahrscheinlichkeiten werden in der Lebensversicherung in Sterbetafeln angeordnet. Aus den q_x-Werten können die Überlebenswahrscheinlichkeiten p_x bzw. ${}_kp_x$ errechnet werden, die in Leistungs- und Prämienbarwerte eingehen.	Kapitel B Kapitel D
Überlebenswahrscheinlichkeit	Wahrscheinlichkeit p_x, dass ein x-jähriger Mann seinen nächsten Geburtstag und damit das Alter (x + 1) erleben wird (p_y analog für Frauen). Die Überlebenswahrscheinlichkeiten einzelner Alter ergeben sich aus einer vorliegenden Sterbetafel als Komplementärwahrscheinlichkeiten: $p_x = 1 - q_x$. Die Wahrscheinlichkeit, dass ein x-jähriger Mann die nächsten k Jahre überlebt, wird mit ${}_kp_x$ bezeichnet und berechnet sich als Produkt geeigneter p_x-Werte.	Kapitel B Kapitel D
Überschüsse	Überschüsse ergeben sich in der Lebensversicherung aus der Differenz zwischen den erst nach Ablauf eines Geschäftsjahres ermittelbaren Rechnungsgrundlagen zweiter Ordnung und den vorsichtig veranschlagten Rechnungsgrundlagen erster Ordnung. Je größer diese Differenz ausfällt (siehe Kontributionsformel), umso größer sind die erwirtschafteten Rohüberschüsse.	Kapitel F
Überschussverwendung	Die Überschussverwendung (auch Gewinnverwendung) gibt an, wie die einem Vertrag über Direktgutschrift oder RfB zugewiesenen Überschussanteile an die Versicherungsnehmer transferiert werden. Typische Verwendungsformen sind je nach Produktform die Barauszahlung, verzinsliche Ansammlung, Bonussysteme, Sofortrabatte oder Erhöhungen der Todesfallleistung (Todesfallbonus).	Kapitel F

Verantwortlicher Aktuar	Versicherungsmathematische Position in einem Versicherungsunternehmen, die sowohl kontrollierende als auch gestaltende Aufgaben hat. Die Aufgaben des Verantwortlichen Aktuars sind in § 11a VAG geregelt und machen ihn zu einer Art Chefmathematiker im Versicherungsunternehmen, häufig auf Vorstandsebene.	Kapitel D
Verwaltungskosten	In Zusammenhang mit der Verwaltung von Versicherungsverträgen entstehende Kosten. Bei der Prämienkalkulation werden die allgemeinen Verwaltungskosten (γ-Kosten) auf die Versicherungssumme bzw. Jahresrente bezogen (Rechnungsgrundlagen erster Ordnung). Die tatsächlich angefallenen Verwaltungskosten (Rechnungsgrundlagen zweiter Ordnung) können der GuV entnommen werden, sie finden Eingang in die Berechnung des Kostenergebnisses.	Kapitel D
Vorsichtsprinzip	Grundsatz der Prämienkalkulation in der Versicherungsmathematik, der sicherstellt, dass alle verwendeten Rechnungsgrundlagen erster Ordnung vorsichtig, d. h. auf Basis konservativer Schätzungen ermittelt worden sind. Ziel des in § 11 (1) VAG formulierten Vorsichtsprinzips ist die dauerhafte Erfüllbarkeit bestehender Versicherungsverträge durch den Versicherer auch bei z. B. ungünstigem Risikoverlauf oder einer unerwartet schlechten Entwicklung an den Kapitalmärkten.	Kapitel D
Zillmerung	Verfahren bei der Bruttoprämienberechnung, wonach die anfallenden Abschlusskosten einem Versicherungsvertrag mit bis zu 4 % der Beitragssumme einmalig belastet werden können. Zu Beginn eines Vertrags werden dadurch nur geringe Prämienbestandteile in Sparprozesse überführt, da zunächst die Abschlussprovisionen bzw. Maklercourtagen getilgt werden.	Kapitel D Kapitel E

Literaturverzeichnis

Albrecht, P.: Grundprinzipien der Finanz- und Versicherungsmathematik, Schäffer-Poeschel, Stuttgart, 2007

Albrecht, P.: Was ein Aktuar über Investmentmathematik wissen sollte: Asset/Liability-Management (ALM), Der Aktuar 4, Heft 3, S. 99–103, 1998

Albrecht, P., Maurer, R.: Investment- und Risikomanagement, 3. Auflage, Schäffer-Poeschel, Stuttgart, 2008

Allerdissen, K., Gebhardt, T., Schulz, T.: Angemessene Reservierung in der Lebensversicherung nach Änderung der biometrischen Rechnungsgrundlagen, Blätter der DGVM, Bd. XXII, Heft 3, S. 543, Würzburg, 1996

DAV-Unterarbeitsgruppe Rentnersterblichkeit: Herleitung der DAV-Sterbetafel 2004 R für Rentenversicherungen, Blätter der DGVFM, Band XXVII, Heft 2, S. 199–314, Würzburg, 2005

DAV-Unterarbeitsgruppe Todesfallrisiko: Herleitung der Sterbetafel DAV 2008 T für Lebensversicherungen mit Todesfallcharakter, Blätter der DGVFM, Bd. 30, Heft 1, S. 189–224, Springer Verlag, Heidelberg, 2009

DAV-Unterarbeitsgruppe Todesfallrisiko: Raucher- und Nichtrauchersterbetafeln für Lebensversicherungen mit Todesfallcharakter, Blätter der DGVFM, Bd. 30, Heft 1, S. 141–187, Springer Verlag, Heidelberg, 2009

Dienst, H.-R. (Hrsg.): Mathematische Verfahren der Rückversicherung, DGVM-Schriftenreihe Angewandte Versicherungsmathematik, Heft 19, Verlag Versicherungswirtschaft, Karlsruhe, 1988

Farny, D.: Versicherungsbetriebslehre, 4. Auflage, Verlag Versicherungswirtschaft, Karlsruhe, 2006

Führer (1), C.: Kompakt-Training Wirtschaftsmathematik, 2. Auflage, Kiehl Verlag, Ludwigshafen am Rhein, 2008

Führer (2), C.: Asset Liability Management in der Lebensversicherung, Verlag Versicherungswirtschaft, Karlsruhe, 2010

Führer, C., Grimmer, A.: Versicherungsbetriebslehre, Kiehl Verlag, Ludwigshafen am Rhein, 2009

Fürstenwerth, F. von, Weiß, A.: VersicherungsAlphabet (VA), 10. Auflage, Verlag Versicherungswirtschaft, Karlsruhe, 2001

Gerber, H. U.: Life Insurance Mathematics, 3rd ed., Springer Verlag, Berlin und Heidelberg, 1997

Hanus, P.: Der Stornoabschlag – Wiederauferstehung eines Totgeglaubten, Zeitschrift für Versicherungswesen, 61. Jahrgang, Heft 15–16, S. 532, Allgemeiner Fachverlag Dr. Mathern, Hamburg, 2010

Haugen, R. A.: Modern Investment Theory, 5th ed., Prentice Hall, Upper Saddle River, 2001

Helbig, M. (Hrsg.): Beiträge zum versicherungsmathematischen Grundwissen, 2. Auflage, DGVM-Schriftenreihe Angewandte Versicherungsmathematik, Heft 12, Verlag Versicherungswirtschaft, Karlsruhe, 2002

Herr, H.-O., et al.: Implizite Finanzoptionen, DGVM-Schriftenreihe Angewandte Versicherungsmathematik, Heft 32, Verlag Versicherungswirtschaft, Karlsruhe, 2004

Hipp, C., Michel, R. (Hrsg.): Risikotheorie: Stochastische Modelle und statistische Methoden, DGVM-Schriftenreihe Angewandte Versicherungsmathematik, Heft 24, Verlag Versicherungswirtschaft, Karlsruhe, 1990

Hölscher, R.: Die „gerechte“ Beteiligung der Versicherungsnehmer an den Überschüssen in der Lebensversicherung, ZVersWiss, Bd. 85, S. 41–80, 1996

Holzwarth, A., Schmidt, B., Timmerscheidt, W.: Selektionsabschläge bei Kündigung oder Beitragsfreistellung von Lebensversicherungen, Blätter der DGVM, Bd. XXII, Heft 1, S. 113, Würzburg, 1995

Isenbart, F.; Münzner, H.: Lebensversicherungsmathematik für Praxis und Studium, 3. Auflage, Gabler Verlag, Wiesbaden, 1994

Jost, C.: Asset-Liability Management bei Versicherungen, Organisation und Techniken, Gabler Verlag, Wiesbaden, 1995

Kakies, P.: Methodik von Sterblichkeitsuntersuchungen, DGVM-Schriftenreihe Angewandte Versicherungsmathematik, Heft 15, Verlag Versicherungswirtschaft, Karlsruhe, 1985

Kobelt, H., Schulte, P.: Finanzmathematik, 8. Auflage, nwb-Studienbuch, Verlag Neue Wirtschafts-Briefe, Herne/Berlin, 2006

Kohn, W.: Statistik, Datenanalyse und Wahrscheinlichkeitsrechnung, Springer Verlag, Berlin und Heidelberg, 2005

Kolster, N., Loebus, H., Mörtlbauer, W.: Neue Rechnungsgrundlagen für die Berufsunfähigkeitsversicherung (DAV 1997), Blätter der DGVM, Bd. XXIII, Heft 4, S. 519, Würzburg, 1998

Kurz, A.: Die Fondsgebundene Lebensversicherung mit Mindestgarantie – Modelltheoretische Bewertung und Anforderungen an das Asset-Liability-Management, Dissertation, Institut für Versicherungswissenschaft, Universität Mannheim, 1997

Kurzendörfer, V.: Einführung in die Lebensversicherung, 3. Auflage, Verlag Versicherungswirtschaft, Karlsruhe, 2000

Milbrodt, H.: Aktuarielle Methoden der deutschen Privaten Krankenversicherung, DGVM-Schriftenreihe Angewandte Versicherungsmathematik, Heft 34, Verlag Versicherungswirtschaft, Karlsruhe, 2005

Milbrodt, H., Helbig, M.: Mathematische Methoden der Personenversicherung, Walter de Gruyter, Berlin, 1999

Neuburger, E., et al.: Mathematik und Technik betrieblicher Pensionszusagen, DGVM-Schriftenreihe Angewandte Versicherungsmathematik, Heft 25, Verlag Versicherungswirtschaft, Karlsruhe, 1997

Nguyen, T.: Handbuch der wert- und risikoorientierten Steuerung von Versicherungsunternehmen, Verlag Versicherungswirtschaft, Karlsruhe, 2008

Olfert, K., Reichel, C.: Kompakt-Training Investition, 3. Auflage, Kiehl Verlag, Ludwigshafen am Rhein, 2003

Pannenberg, M.: Statistische Schwankungszuschläge für biometrische Rechnungsgrundlagen in der Lebensversicherung, Blätter der DGVM, Bd. XXIII, Heft 1, S. 35, Würzburg, 1997

Pecheim, M., Zietsch, D., Zwiesler, H.-J.: Versicherungsmathematische Grundlagen und rückversicherungstechnische Aspekte von „Preferred Lives"-Tarifen, Blätter der DGVM, Bd. XXIV, Heft 3, S. 515, Würzburg, 2000

Reichel, G.: Mathematische Grundlagen der Lebensversicherung, Teil 2: Vom Versicherungsspiel zum Äquivalenzbeitrag, DGVM-Schriftenreihe Angewandte Versicherungsmathematik, Heft 5, Verlag Versicherungswirtschaft, Karlsruhe, 1976

Reichel, G.: Mathematische Grundlagen der Lebensversicherung, Teil 4: Vom Finanzierbarkeitsnachweis zur Nutzentheorie, DGVM-Schriftenreihe Angewandte Versicherungsmathematik, Heft 14, Verlag Versicherungswirtschaft, Karlsruhe, 1976

Ruß, J.: Die Aktienindexgebundene Lebensversicherung mit Mindestverzinsung in Deutschland, Dissertation, Fakultät für Mathematik und Wirtschaftswissenschaften, Universität Ulm, 1998

Strohmeier, H., Seiler, K.-W.: Versicherungsmathematische Formelsammlung, Verlag Versicherungswirtschaft, Karlsruhe, 1991

Tietze, J.: Einführung in die Finanzmathematik, 10. Auflage, Verlag Vieweg+Teubner, Wiesbaden, 2009

Wolff, J.: Neue Sterbetafeln für private Rentenversicherungen in Deutschland, Der Aktuar 10, Heft 3, S. 90–94, 2004

Wolfsdorf, K.: Versicherungsmathematik, Teil 1: Personenversicherung, 2. Auflage, B. G. Teubner Verlag, Stuttgart, 1997

Verwendete Gesetze und Verordnungen

HGB – Handelsgesetzbuch, Fassung vom 10. 5. 1897, zuletzt geändert am 31. 7. 2009

VAG – Versicherungsaufsichtsgesetz, Fassung vom 17. 12. 1992, zuletzt geändert am 30. 7. 2009

VVG – Versicherungsvertragsgesetz, Fassung vom 23. 11. 2007, zuletzt geändert am 14. 4. 2010

AnlV – Verordnung über die Anlage des gebundenen Vermögens von Versicherungsunternehmen, Fassung vom 20. 12. 2001, zuletzt geändert am 29. 6. 2010

BerVersV – Verordnung über die Berichterstattung von Versicherungsunternehmen gegenüber der BaFin, Fassung vom 29. 3. 2006, zuletzt geändert am 27. 4. 2010

DeckRV – Verordnung über Rechnungsgrundlagen für die Deckungsrückstellungen, Fassung vom 6. 5. 1996, zuletzt geändert am 15. 7. 2009

GewO – Gewerbeordnung, Fassung vom 22. 2. 1999, zuletzt geändert am 29. 7. 2009

KapAusstV – Verordnung über die Kapitalausstattung von Versicherungsunternehmen, Fassung vom 13. 12. 1983, zuletzt geändert am 29. 7. 2009

MindZV – Verordnung über die Mindestbeitragsrückerstattung in der Lebensversicherung, Fassung vom 4. 4. 2008

RechVersV – Verordnung über die Rechnungslegung von Versicherungsunternehmen, Fassung vom 8. 11. 1994, zuletzt geändert am 18. 12. 2009

VersVermV – Verordnung über die Versicherungsvermittlung und -beratung, Fassung vom 15. 5. 2007, zuletzt geändert am 25. 6. 2009

VVG-InfoV – Verordnung über Informationspflichten bei Versicherungsverträgen, Fassung vom 18. 12. 2007

Jahrbücher

BaFin Jahresbericht 2008, Teil B, Bundesanstalt für die Finanzdienstleistungsaufsicht, Bonn und Frankfurt, 2009

Jahrbuch 2009 – Die deutsche Versicherungswirtschaft, Gesamtverband der Deutschen Versicherungswirtschaft e. V. (GDV) (Hrsg.), Berlin, 2010

DAV-Sterbetafeln und Tabellen der Kommutationswerte

Sterbetafel DAV 2008 T M, 2,25 %

x	q_x	l_x	D_x	N_x	S_x	C_x	M_x	R_x
0	0,006113	1000000	1.000.000,000	36.300.634,756	1.024.816.900,952	5.978,484	201.208,526	13.749.651,606
1	0,000423	993887	972.016,626	35.300.634,756	988.516.266,196	402,115	195.230,042	13.548.443,079
2	0,000343	993467	950.225,392	34.328.618,130	953.215.631,440	318,755	194.827,927	13.353.213,037
3	0,000275	993126	928.997,031	33.378.392,739	918.887.013,309	249,853	194.509,171	13.158.385,111
4	0,000220	992853	908.304,701	32.449.395,708	885.508.620,571	195,430	194.259,319	12.963.875,939
5	0,000182	992634	888.122,126	31.541.091,006	853.059.224,863	158,081	194.063,889	12.769.616,521
6	0,000155	992454	868.421,015	30.652.968,880	821.518.133,857	131,643	193.905,808	12.575.552,732
7	0,000139	992300	849.179,863	29.784.547,865	790.865.164,977	115,439	193.774,164	12.381.646,924
8	0,000129	992162	830.378,315	28.935.368,002	761.080.617,112	104,762	193.658,726	12.187.872,760
9	0,000125	992034	812.001,170	28.104.989,687	732.145.249,109	99,267	193.553,964	11.994.214,034
10	0,000129	991910	794.033,907	27.292.988,517	704.040.259,422	100,176	193.454,697	11.800.660,070
11	0,000143	991782	776.461,102	26.498.954,611	676.747.270,905	108,591	193.354,521	11.607.205,373
12	0,000173	991640	759.266,570	25.722.493,509	650.248.316,294	128,463	193.245,930	11.413.850,852
13	0,000222	991469	742.430,530	24.963.226,939	624.525.822,785	161,193	193.117,468	11.220.604,922
14	0,000303	991248	725.932,235	24.220.796,409	599.562.595,846	215,117	192.956,275	11.027.487,454
15	0,000417	990948	709.743,059	23.494.864,175	575.341.799,436	289,450	192.741,157	10.834.531,180
16	0,000557	990535	693.835,790	22.785.121,116	551.846.935,262	377,962	192.451,707	10.641.790,022
17	0,000709	989983	678.190,048	22.091.285,325	529.061.814,146	470,256	192.073,745	10.449.338,315
18	0,000850	989281	662.796,295	21.413.095,278	506.970.523,821	550,980	191.603,489	10.257.264,570
19	0,000953	988440	647.660,555	20.750.298,983	485.557.433,543	603,339	191.052,509	10.065.661,081
20	0,001012	987498	632.805,217	20.102.638,428	464.807.134,560	626,307	190.448,870	9.874.608,572
21	0,001022	986499	618.254,101	19.469.833,211	444.704.496,132	617,352	189.822,563	9.684.159,702
22	0,001004	985491	604.031,536	18.851.579,110	425.234.662,921	593,103	189.204,612	9.494.337,138
23	0,000963	984501	590.146,786	18.247.547,574	406.383.083,812	555,306	188.611,509	9.305.132,526
24	0,000911	983553	576.604,865	17.657.400,788	388.135.536,238	513,728	188.055,703	9.116.521,018
25	0,000856	982657	563.403,010	17.080.795,923	370.478.135,450	471,361	187.541,975	8.928.465,314
26	0,000808	981816	550.533,728	16.517.392,913	353.397.339,527	435,043	187.070,314	8.740.923,340
27	0,000772	981023	537.984,251	15.966.859,185	336.879.946,613	406,185	186.635,272	8.553.853,025
28	0,000752	980265	525.739,782	15.428.874,934	320.913.087,428	386,657	186.229,087	8.367.217,754
29	0,000745	979528	513.784,280	14.903.135,152	305.484.212,494	374,346	185.842,430	8.180.988,667
30	0,000752	978799	502.104,167	14.389.350,872	290.581.077,342	369,274	185.468,084	7.995.143,236
31	0,000768	978063	490.686,146	13.887.246,706	276.191.726,439	368,554	185.098,810	7.809.673,153
32	0,000791	977311	479.520,097	13.396.560,560	262.304.479,734	370,954	184.730,256	7.624.579,342
33	0,000820	976538	468.597,356	12.917.040,463	248.907.919,204	375,794	184.359,302	7.439.849,087
34	0,000855	975738	457.910,128	12.448.443,107	235.990.878,741	382,898	183.983,507	7.255.489,785
35	0,000895	974903	447.450,968	11.990.532,979	223.542.435,634	391,656	183.600,609	7.071.506,278
36	0,000945	974031	437.213,203	11.543.082,010	211.551.902,656	404,075	183.208,953	6.887.905,668
37	0,001005	973110	427.188,299	11.105.868,808	200.008.820,646	419,877	182.804,878	6.704.696,715
38	0,001083	972132	417.368,191	10.678.680,508	188.902.951,838	442,063	182.385,001	6.521.891,837
39	0,001181	971079	407.741,986	10.261.312,317	178.224.271,329	470,947	181.942,938	6.339.506,836
40	0,001301	969933	398.298,722	9.853.570,331	167.962.959,012	506,784	181.471,991	6.157.563,898
41	0,001447	968671	389.027,418	9.455.271,609	158.109.388,681	550,536	180.965,207	5.976.091,907
42	0,001623	967269	379.916,377	9.066.244,191	148.654.117,072	603,036	180.414,671	5.795.126,700
43	0,001833	965699	370.953,323	8.686.327,814	139.587.872,881	664,995	179.811,635	5.614.712,029
44	0,002082	963929	362.125,541	8.315.374,491	130.901.545,067	737,355	179.146,640	5.434.900,394
45	0,002364	961922	353.419,653	7.953.248,950	122.586.170,577	817,099	178.409,285	5.255.753,753
46	0,002669	959648	344.825,594	7.599.829,296	114.632.921,627	900,088	177.592,186	5.077.344,438
47	0,002983	957087	336.337,657	7.255.003,703	107.033.092,331	981,218	176.692,098	4.899.752,232
48	0,003302	954232	327.955,366	6.918.666,046	99.778.088,628	1.059,079	175.710,881	4.723.060,134
49	0,003630	951081	319.679,665	6.590.710,680	92.859.422,583	1.134,902	174.651,801	4.547.349,303

Sterbetafel DAV 2008 T M, 2,25 % (Fortsetzung)

x	q_x	l_x	D_x	N_x	S_x	C_x	M_x	R_x
50	0,003981	947629	311.510,247	6.271.031,015	86.268.711,902	1.212,834	173.516,899	4.372.697,502
51	0,004371	943856	303.442,665	5.959.520,768	79.997.680,887	1.297,162	172.304,066	4.199.180,602
52	0,004812	939731	295.468,281	5.656.078,104	74.038.160,119	1.390,507	171.006,904	4.026.876,536
53	0,005308	935209	287.576,027	5.360.609,823	68.382.082,015	1.492,864	169.616,397	3.855.869,632
54	0,005857	930244	279.755,084	5.073.033,797	63.021.472,192	1.602,470	168.123,533	3.686.253,235
55	0,006460	924796	271.996,634	4.793.278,713	57.948.438,395	1.718,434	166.521,063	3.518.129,702
56	0,007117	918822	264.292,944	4.521.282,079	53.155.159,682	1.839,582	164.802,630	3.351.608,639
57	0,007831	912283	256.637,625	4.256.989,135	48.633.877,603	1.965,505	162.963,047	3.186.806,009
58	0,008604	905138	249.024,837	4.000.351,510	44.376.888,468	2.095,462	160.997,542	3.023.842,962
59	0,009454	897351	241.449,611	3.751.326,673	40.376.536,958	2.232,435	158.902,080	2.862.845,420
60	0,010404	888867	233.904,104	3.509.877,062	36.625.210,285	2.379,989	156.669,645	2.703.943,340
61	0,011504	879619	226.377,081	3.275.972,958	33.115.333,222	2.546,936	154.289,657	2.547.273,694
62	0,012818	869500	218.848,743	3.049.595,877	29.839.360,264	2.743,475	151.742,721	2.392.984,038
63	0,014429	858355	211.289,525	2.830.747,134	26.789.764,387	2.981,610	148.999,246	2.241.241,317
64	0,016415	845970	203.658,512	2.619.457,609	23.959.017,253	3.269,491	146.017,636	2.092.242,071
65	0,018832	832083	195.907,538	2.415.799,097	21.339.559,643	3.608,147	142.748,145	1.946.224,435
66	0,021704	816413	187.988,467	2.219.891,559	18.923.760,546	3.990,319	139.139,997	1.803.476,291
67	0,025016	798694	179.861,482	2.031.903,093	16.703.868,987	4.400,406	135.149,678	1.664.336,293
68	0,028738	778714	171.503,244	1.852.041,611	14.671.965,894	4.820,206	130.749,272	1.529.186,616
69	0,032822	756335	162.909,128	1.680.538,367	12.819.924,283	5.229,343	125.929,066	1.398.437,344
70	0,037219	731511	154.094,988	1.517.629,239	11.139.385,916	5.609,058	120.699,723	1.272.508,277
71	0,041880	704285	145.095,087	1.363.534,251	9.621.756,678	5.942,868	115.090,666	1.151.808,554
72	0,046597	674789	135.959,418	1.218.439,164	8.258.222,427	6.195,893	109.147,798	1.036.717,888
73	0,051181	643346	126.771,752	1.082.479,746	7.039.783,262	6.345,531	102.951,905	927.570,090
74	0,056110	610419	117.636,623	955.707,994	5.957.303,516	6.455,346	96.606,374	824.618,186
75	0,061477	576168	108.592,697	838.071,371	5.001.595,522	6.529,050	90.151,028	728.011,812
76	0,067433	540747	99.674,077	729.478,674	4.163.524,151	6.573,420	83.621,979	637.860,783
77	0,074160	504283	90.907,340	629.804,598	3.434.045,477	6.593,338	77.048,559	554.238,805
78	0,081806	466885	82.313,595	538.897,258	2.804.240,879	6.585,571	70.455,220	477.190,246
79	0,090478	428691	73.916,723	456.583,663	2.265.343,621	6.540,672	63.869,650	406.735,026
80	0,100261	389904	65.749,522	382.666,940	1.808.759,958	6.447,054	57.328,978	342.865,376
81	0,111193	350812	57.855,657	316.917,418	1.426.093,018	6.291,583	50.881,924	285.536,398
82	0,123283	311804	50.290,966	259.061,762	1.109.175,600	6.063,590	44.590,340	234.654,475
83	0,136498	273364	43.120,728	208.770,796	850.113,839	5.756,375	38.526,750	190.064,134
84	0,150887	236050	36.415,487	165.650,068	641.343,043	5.373,715	32.770,375	151.537,384
85	0,166500	200433	30.240,453	129.234,581	475.692,975	4.924,240	27.396,660	118.767,009
86	0,183344	167061	24.650,775	98.994,128	346.458,394	4.420,119	22.472,420	91.370,349
87	0,201323	136432	19.688,218	74.343,353	247.464,266	3.876,471	18.052,301	68.897,929
88	0,220284	108965	15.378,511	54.655,134	173.120,914	3.313,095	14.175,831	50.845,628
89	0,240073	84962	11.727,013	39.276,624	118.465,779	2.753,388	10.862,735	36.669,797
90	0,260556	64565	8.715,573	27.549,611	79.189,155	2.220,924	8.109,347	25.807,062
91	0,281602	47742	6.302,864	18.834,037	51.639,545	1.735,843	5.888,423	17.697,715
92	0,303079	34298	4.428,328	12.531,173	32.805,508	1.312,600	4.152,580	11.809,291
93	0,324872	23903	3.018,283	8.102,845	20.274,335	958,979	2.839,981	7.656,711
94	0,346887	16137	1.992,887	5.084,562	12.171,489	676,095	1.881,002	4.816,730
95	0,369051	10540	1.272,940	3.091,675	7.086,927	459,442	1.204,908	2.935,728
96	0,391305	6650	785,487	1.818,735	3.995,252	300,601	745,465	1.730,820
97	0,413938	4048	467,601	1.033,249	2.176,517	189,298	444,864	985,355
98	0,437313	2372	268,013	565,648	1.143,268	114,626	255,566	540,491
99	0,461101	1335	147,489	297,635	577,620	66,511	140,939	284,925

Sterbetafel DAV 2008 T M, 2,25% (Fortsetzung)

x	q_x	l_x	D_x	N_x	S_x	C_x	M_x	R_x
100	0,485304	719	77,733	150,147	279,984	36,894	74,429	143,986
101	0,509924	370	39,128	72,414	129,838	19,513	37,535	69,557
102	0,534957	181	18,754	33,286	57,424	9,812	18,021	32,022
103	0,560407	84	8,529	14,532	24,138	4,675	8,210	14,001
104	0,586265	37	3,667	6,003	9,606	2,103	3,535	5,791
105	0,612529	15	1,484	2,336	3,603	0,889	1,432	2,256
106	0,639188	6	0,562	0,852	1,268	0,351	0,544	0,824
107	0,666233	2	0,198	0,290	0,416	0,129	0,192	0,280
108	0,693651	1	0,065	0,091	0,126	0,044	0,063	0,088
109	0,721425	0	0,019	0,026	0,035	0,014	0,019	0,026
110	0,749533	0	0,005	0,007	0,009	0,004	0,005	0,007
111	0,777950	0	0,001	0,002	0,002	0,001	0,001	0,002
112	0,806647	0	0,000	0,000	0,000	0,000	0,000	0,000
113	0,835585	0	0,000	0,000	0,000	0,000	0,000	0,000
114	0,864722	0	0,000	0,000	0,000	0,000	0,000	0,000
115	0,894008	0	0,000	0,000	0,000	0,000	0,000	0,000
116	0,923382	0	0,000	0,000	0,000	0,000	0,000	0,000
117	0,952778	0	0,000	0,000	0,000	0,000	0,000	0,000
118	0,982113	0	0,000	0,000	0,000	0,000	0,000	0,000
119	1,000000	0	0,000	0,000	0,000	0,000	0,000	0,000
120	1,000000	0	0,000	0,000	0,000	0,000	0,000	0,000
121	1,000000	0	0,000	0,000	0,000	0,000	0,000	0,000

Sterbetafel DAV 2008 T F, 2,25 %

x	q_x	l_x	D_x	N_x	S_x	C_x	M_x	R_x
0	0,005088	1000000	1.000.000,000	37.323.540,567	1.095.402.631,223	4.976,039	178.699,596	13.219.326,188
1	0,000387	994912	973.019,071	36.323.540,567	1.058.079.090,656	368,272	173.723,557	13.040.626,592
2	0,000318	994527	951.239,621	35.350.521,496	1.021.755.550,089	295,838	173.355,285	12.866.903,035
3	0,000255	994211	930.011,860	34.399.281,875	986.405.028,592	231,934	173.059,447	12.693.547,750
4	0,000202	993957	909.315,117	33.469.270,015	952.005.746,717	179,640	172.827,513	12.520.488,303
5	0,000163	993756	889.126,098	32.559.954,898	918.536.476,702	141,738	172.647,873	12.347.660,790
6	0,000134	993594	869.419,238	31.670.828,800	885.976.521,803	113,939	172.506,134	12.175.012,917
7	0,000115	993461	850.173,824	30.801.409,563	854.305.693,003	95,619	172.392,196	12.002.506,783
8	0,000105	993347	831.370,224	29.951.235,739	823.504.283,440	85,373	172.296,577	11.830.114,587
9	0,000099	993243	812.990,641	29.119.865,514	793.553.047,701	78,715	172.211,204	11.657.818,010
10	0,000102	993144	795.022,156	28.306.874,873	764.433.182,187	79,308	172.132,489	11.485.606,805
11	0,000111	993043	777.448,474	27.511.852,717	736.126.307,314	84,398	172.053,181	11.313.474,316
12	0,000127	992933	760.256,408	26.734.404,243	708.614.454,597	94,428	171.968,784	11.141.421,135
13	0,000153	992807	743.432,621	25.974.147,836	681.880.050,354	111,242	171.874,356	10.969.452,351
14	0,000188	992655	726.962,226	25.230.715,215	655.905.902,518	133,662	171.763,113	10.797.577,995
15	0,000228	992468	710.831,840	24.503.752,989	630.675.187,304	158,503	171.629,452	10.625.814,882
16	0,000271	992242	695.031,561	23.792.921,148	606.171.434,315	184,209	171.470,949	10.454.185,430
17	0,000310	991973	679.553,259	23.097.889,588	582.378.513,167	206,026	171.286,740	10.282.714,481
18	0,000324	991666	664.393,738	22.418.336,329	559.280.623,579	210,527	171.080,714	10.111.427,742
19	0,000330	991344	649.563,300	21.753.942,591	536.862.287,250	209,639	170.870,187	9.940.347,028
20	0,000328	991017	635.060,092	21.104.379,290	515.108.344,659	203,716	170.660,548	9.769.476,841
21	0,000322	990692	620.881,949	20.469.319,198	494.003.965,369	195,525	170.456,832	9.598.816,293
22	0,000314	990373	607.023,985	19.848.437,249	473.534.646,171	186,411	170.261,307	9.428.359,461
23	0,000304	990062	593.480,078	19.241.413,264	453.686.208,922	176,448	170.074,896	9.258.098,153
24	0,000297	989761	580.244,166	18.647.933,186	434.444.795,658	168,540	169.898,448	9.088.023,257
25	0,000293	989467	567.307,417	18.067.689,020	415.796.862,472	162,563	169.729,908	8.918.124,809
26	0,000292	989177	554.661,316	17.500.381,603	397.729.173,452	158,397	169.567,344	8.748.394,901
27	0,000292	988888	542.297,658	16.945.720,287	380.228.791,849	154,866	169.408,947	8.578.827,557
28	0,000296	988600	530.209,591	16.403.422,629	363.283.071,562	153,489	169.254,081	8.409.418,610
29	0,000302	988307	518.388,899	15.873.213,038	346.879.648,933	153,109	169.100,592	8.240.164,529
30	0,000311	988009	506.828,700	15.354.824,139	331.006.435,894	154,155	168.947,484	8.071.063,936
31	0,000327	987701	495.521,835	14.847.995,440	315.651.611,755	158,470	168.793,329	7.902.116,453
32	0,000351	987378	484.459,461	14.352.473,605	300.803.616,315	166,303	168.634,858	7.733.323,124
33	0,000386	987032	473.632,680	13.868.014,144	286.451.142,710	178,799	168.468,555	7.564.688,266
34	0,000433	986651	463.031,646	13.394.381,464	272.583.128,565	196,081	168.289,756	7.396.219,711
35	0,000490	986224	452.646,605	12.931.349,818	259.188.747,101	216,916	168.093,675	7.227.929,955
36	0,000555	985740	442.469,250	12.478.703,213	246.257.397,284	240,167	167.876,759	7.059.836,280
37	0,000624	985193	432.492,596	12.036.233,963	233.778.694,071	263,937	167.636,592	6.891.959,521
38	0,000701	984578	422.711,707	11.603.741,367	221.742.460,108	289,800	167.372,655	6.724.322,929
39	0,000783	983888	413.120,182	11.181.029,659	210.138.718,742	316,355	167.082,855	6.556.950,274
40	0,000872	983118	403.713,163	10.767.909,477	198.957.689,082	344,291	166.766,500	6.389.867,419
41	0,000972	982261	394.485,208	10.364.196,314	188.189.779,605	375,002	166.422,208	6.223.100,919
42	0,001084	981306	385.429,602	9.969.711,106	177.825.583,291	408,612	166.047,206	6.056.678,711
43	0,001213	980242	376.539,654	9.584.281,504	167.855.872,185	446,692	165.638,594	5.890.631,505
44	0,001359	979053	367.807,249	9.207.741,849	158.271.590,681	488,851	165.191,902	5.724.992,910
45	0,001524	977723	359.224,840	8.839.934,601	149.063.848,831	535,412	164.703,051	5.559.801,008
46	0,001706	976232	350.784,725	8.480.709,761	140.223.914,231	585,270	164.167,640	5.395.097,956
47	0,001903	974567	342.480,475	8.129.925,036	131.743.204,470	637,399	163.582,369	5.230.930,317
48	0,002109	972712	334.306,831	7.787.444,561	123.613.279,433	689,538	162.944,971	5.067.347,948
49	0,002324	970661	326.260,908	7.453.137,730	115.825.834,872	741,546	162.255,432	4.904.402,977

Sterbetafel DAV 2008 T F, 2,25 % (Fortsetzung)

x	q_x	l_x	D_x	N_x	S_x	C_x	M_x	R_x
50	0,002546	968405	318.340,027	7.126.876,822	108.372.697,143	792,659	161.513,886	4.742.147,545
51	0,002782	965940	310.542,331	6.808.536,795	101.245.820,321	844,918	160.721,228	4.580.633,658
52	0,003035	963252	302.863,963	6.497.994,464	94.437.283,526	898,965	159.876,309	4.419.912,431
53	0,003306	960329	295.300,509	6.195.130,502	87.939.289,061	954,781	158.977,344	4.260.036,121
54	0,003593	957154	287.847,673	5.899.829,993	81.744.158,559	1.011,478	158.022,563	4.101.058,777
55	0,003898	953715	280.502,138	5.611.982,320	75.844.328,567	1.069,337	157.011,085	3.943.036,214
56	0,004228	949997	273.260,382	5.331.480,181	70.232.346,247	1.129,322	155.941,747	3.786.025,129
57	0,004585	945981	266.117,396	5.058.219,799	64.900.866,066	1.193,299	154.811,826	3.630.083,382
58	0,004974	941643	259.068,213	4.792.102,403	59.842.646,267	1.260,250	153.618,527	3.475.271,556
59	0,005402	936960	252.107,196	4.533.034,190	55.050.543,864	1.331,315	152.358,277	3.321.653,029
60	0,005884	931898	245.227,690	4.280.926,994	50.517.509,673	1.411,168	151.026,362	3.169.294,752
61	0,006449	926415	238.420,313	4.035.699,305	46.236.582,679	1.503,738	149.615,194	3.018.268,390
62	0,007126	920441	231.670,162	3.797.278,992	42.200.883,374	1.614,554	148.111,455	2.868.653,196
63	0,007935	913881	224.957,731	3.565.608,830	38.403.604,382	1.745,760	146.496,901	2.720.541,741
64	0,008898	906630	218.261,801	3.340.651,099	34.837.995,552	1.899,358	144.751,141	2.574.044,840
65	0,010025	898563	211.559,616	3.122.389,298	31.497.344,453	2.074,215	142.851,783	2.429.293,699
66	0,011323	889555	204.830,055	2.910.829,682	28.374.955,155	2.268,255	140.777,568	2.286.441,916
67	0,012797	879482	198.054,537	2.705.999,627	25.464.125,473	2.478,732	138.509,313	2.145.664,348
68	0,014460	868227	191.217,636	2.507.945,090	22.758.125,845	2.704,163	136.030,580	2.007.155,035
69	0,016332	855673	184.305,750	2.316.727,454	20.250.180,755	2.943,845	133.326,417	1.871.124,455
70	0,018440	841698	177.306,277	2.132.421,704	17.933.453,301	3.197,582	130.382,572	1.737.798,037
71	0,020813	826177	170.207,090	1.955.115,427	15.801.031,597	3.464,567	127.184,990	1.607.415,465
72	0,023475	808982	162.997,134	1.784.908,337	13.845.916,170	3.742,159	123.720,423	1.480.230,475
73	0,027035	789991	155.668,241	1.621.911,203	12.061.007,832	4.115,884	119.978,263	1.356.510,053
74	0,030413	768634	148.126,895	1.466.242,962	10.439.096,629	4.405,852	115.862,380	1.236.531,789
75	0,034287	745257	140.461,527	1.318.116,067	8.972.853,667	4.710,029	111.456,528	1.120.669,409
76	0,038749	719704	132.660,658	1.177.654,540	7.654.737,600	5.027,352	106.746,500	1.009.212,881
77	0,043937	691817	124.714,123	1.044.993,882	6.477.083,060	5.358,987	101.719,147	902.466,382
78	0,049993	661420	116.610,815	920.279,759	5.432.089,178	5.701,442	96.360,160	800.747,234
79	0,057024	628354	108.343,365	803.668,944	4.511.809,419	6.042,222	90.658,718	704.337,074
80	0,065113	592523	99.917,059	695.325,580	3.708.140,475	6.362,738	84.616,496	613.728,356
81	0,074288	553942	91.355,657	595.408,521	3.012.814,395	6.637,290	78.253,758	529.111,861
82	0,084590	512791	82.708,096	504.052,864	2.417.406,374	6.842,326	71.616,468	450.858,102
83	0,096095	469414	74.045,788	421.344,768	1.913.353,511	6.958,856	64.774,143	379.241,634
84	0,109028	424305	65.457,563	347.298,980	1.492.008,743	6.979,665	57.815,287	314.467,492
85	0,123611	378044	57.037,512	281.841,417	1.144.709,763	6.895,319	50.835,622	256.652,205
86	0,140022	331314	48.887,088	224.803,906	862.868,345	6.694,638	43.940,303	205.816,583
87	0,158257	284922	41.116,695	175.916,818	638.064,439	6.363,819	37.245,664	161.876,280
88	0,178185	239832	33.848,108	134.800,123	462.147,621	5.898,509	30.881,846	124.630,616
89	0,199669	197097	27.204,775	100.952,016	327.347,498	5.312,421	24.983,337	93.748,770
90	0,222504	157743	21.293,716	73.747,240	226.395,483	4.633,679	19.670,916	68.765,433
91	0,246453	122645	16.191,471	52.453,524	152.648,242	3.902,628	15.037,237	49.094,517
92	0,271195	92418	11.932,552	36.262,053	100.194,718	3.164,840	11.134,610	34.057,279
93	0,295584	67355	8.505,138	24.329,501	63.932,665	2.458,663	7.969,770	22.922,670
94	0,319362	47446	5.859,321	15.824,363	39.603,164	1.830,068	5.511,107	14.952,900
95	0,343441	32294	3.900,319	9.965,043	23.778,800	1.310,053	3.681,039	9.441,793
96	0,367818	21203	2.504,440	6.064,724	13.813,758	900,908	2.370,986	5.760,753
97	0,392493	13404	1.548,422	3.560,284	7.749,034	594,372	1.470,079	3.389,767
98	0,417460	8143	919,978	2.011,862	4.188,750	375,603	875,707	1.919,689
99	0,442716	4744	524,131	1.091,884	2.176,889	225,935	500,104	1.043,982

Sterbetafel DAV 2008 T F, 2,25 % (Fortsetzung)

x	q_x	l_x	D_x	N_x	S_x	C_x	M_x	R_x
100	0,468258	2644	285,662	567,753	1.085,005	130,820	273,169	543,878
101	0,494075	1406	148,556	282,091	517,252	71,783	142,349	270,709
102	0,520164	711	73,504	133,534	235,161	37,393	70,566	128,360
103	0,546514	341	34,494	60,030	101,627	18,437	33,173	57,794
104	0,573114	155	15,298	25,536	41,597	8,575	14,736	24,621
105	0,599953	66	6,387	10,238	16,061	3,748	6,162	9,884
106	0,627014	26	2,499	3,851	5,823	1,532	2,414	3,723
107	0,654283	10	0,912	1,352	1,972	0,583	0,882	1,309
108	0,681741	3	0,308	0,440	0,620	0,205	0,299	0,427
109	0,709364	1	0,096	0,132	0,180	0,067	0,093	0,128
110	0,737130	0	0,027	0,036	0,048	0,020	0,026	0,035
111	0,765011	0	0,007	0,009	0,011	0,005	0,007	0,009
112	0,792974	0	0,002	0,002	0,002	0,001	0,002	0,002
113	0,820987	0	0,000	0,000	0,000	0,000	0,000	0,000
114	0,849009	0	0,000	0,000	0,000	0,000	0,000	0,000
115	0,876998	0	0,000	0,000	0,000	0,000	0,000	0,000
116	0,904905	0	0,000	0,000	0,000	0,000	0,000	0,000
117	0,932675	0	0,000	0,000	0,000	0,000	0,000	0,000
118	0,960249	0	0,000	0,000	0,000	0,000	0,000	0,000
119	0,987564	0	0,000	0,000	0,000	0,000	0,000	0,000
120	1,000000	0	0,000	0,000	0,000	0,000	0,000	0,000
121	1,000000	0	0,000	0,000	0,000	0,000	0,000	0,000

Sterbetafel DAV 2004 R M (Grundtafel 1965), 2,25 %

x	q_x	l_x	D_x	N_x	S_x	C_x	M_x	R_x
0	0,000083	1.000.000	1.000.000,000	38.951.660,639	1.229.257.400,097	81,174	142.872,993	11.901.986,738
1	0,000083	999.917	977.913,936	37.951.660,639	1.190.305.739,459	79,381	142.791,820	11.759.113,804
2	0,000083	999.834	956.315,667	36.973.746,702	1.152.354.078,820	77,628	142.712,439	11.616.321,985
3	0,000083	999.751	935.194,418	36.017.431,035	1.115.380.332,118	75,913	142.634,811	11.473.609,546
4	0,000083	999.668	914.539,655	35.082.236,617	1.079.362.901,083	74,236	142.558,898	11.330.974,735
5	0,000083	999.585	894.341,074	34.167.696,962	1.044.280.664,466	72,597	142.484,662	11.188.415,836
6	0,000083	999.502	874.588,600	33.273.355,887	1.010.112.967,505	70,994	142.412,065	11.045.931,175
7	0,000083	999.419	855.272,381	32.398.767,287	976.839.611,617	69,426	142.341,071	10.903.519,110
8	0,000083	999.336	836.382,781	31.543.494,906	944.440.844,330	67,892	142.271,646	10.761.178,038
9	0,000083	999.253	817.910,377	30.707.112,126	912.897.349,424	66,393	142.203,754	10.618.906,392
10	0,000083	999.170	799.845,957	29.889.201,748	882.190.237,299	64,926	142.137,361	10.476.702,639
11	0,000098	999.087	782.180,508	29.089.355,791	852.301.035,550	74,967	142.072,435	10.334.565,278
12	0,000104	998.989	764.893,745	28.307.175,283	823.211.679,759	77,798	141.997,468	10.192.492,843
13	0,000114	998.886	747.984,544	27.542.281,538	794.904.504,476	83,394	141.919,669	10.050.495,376
14	0,000140	998.772	731.441,833	26.794.296,994	767.362.222,938	100,149	141.836,275	9.908.575,707
15	0,000192	998.632	715.246,387	26.062.855,161	740.567.925,945	134,305	141.736,127	9.766.739,431
16	0,000276	998.440	699.373,164	25.347.608,774	714.505.070,733	188,779	141.601,821	9.625.003,305
17	0,000364	998.165	683.794,755	24.648.235,611	689.157.462,009	243,424	141.413,042	9.483.401,483
18	0,000596	997.801	668.504,502	23.964.440,856	664.509.226,399	389,361	141.169,618	9.341.988,441
19	0,000598	997.207	653.404,473	23.295.936,354	640.544.785,543	382,138	140.779,956	9.200.818,824
20	0,000598	996.610	638.644,241	22.642.531,881	617.248.849,188	373,505	140.397,819	9.060.038,868
21	0,000598	996.014	624.217,440	22.003.887,640	594.606.317,307	365,068	140.024,313	8.919.641,049
22	0,000598	995.419	610.116,536	21.379.670,200	572.602.429,667	356,321	139.659,245	8.779.616,736
23	0,000598	994.823	596.334,167	20.769.553,665	551.222.759,466	348,761	139.302,424	8.639.957,491
24	0,000598	994.228	582.863,139	20.173.219,498	530.453.205,802	340,882	138.953,663	8.500.655,067
25	0,000598	993.634	569.696,417	19.590.356,359	510.279.983,304	333,182	138.612,781	8.361.701,404
26	0,000598	993.040	556.827,128	19.020.659,942	490.689.629,945	325,655	138.279,599	8.223.088,623
27	0,000598	992.446	544.248,553	18.463.832,813	471.668.970,004	318,299	137.953,944	8.084.809,024
28	0,000598	991.852	531.954,125	17.919.584,260	453.205.137,190	311,109	137.635,645	7.946.855,080
29	0,000598	991.259	519.937,424	17.387.630,135	435.285.552,930	304,081	137.324,536	7.809.219,435
30	0,000598	990.666	508.192,178	16.867.692,711	417.897.922,795	297,212	137.020,455	7.671.894,399
31	0,000605	990.074	496.712,253	16.359.500,533	401.030.230,084	293,898	136.723,244	7.534.874,444
32	0,000626	989.475	485.488,256	15.862.788,280	384.670.729,550	297,228	136.429,346	7.398.151,200
33	0,000663	988.856	474.507,913	15.377.300,024	368.807.941,270	307,676	136.132,117	7.261.721,354
34	0,000713	988.200	463.758,742	14.902.792,111	353.430.641,246	323,384	135.824,441	7.125.589,737
35	0,000754	987.495	453.230,398	14.439.033,369	338.527.849,134	334,216	135.501,058	6.989.765,295
36	0,000805	986.751	442.922,897	13.985.802,971	324.088.815,765	348,707	135.166,842	6.854.264,238
37	0,000871	985.957	432.827,721	13.542.880,074	310.103.012,794	368,697	134.818,135	6.719.097,396
38	0,000940	985.098	422.934,697	13.110.052,353	296.560.132,720	388,810	134.449,437	6.584.279,261
39	0,001008	984.172	413.239,255	12.687.117,656	283.450.080,367	407,379	134.060,627	6.449.829,824
40	0,001073	983.180	403.738,592	12.273.878,401	270.762.962,711	423,679	133.653,248	6.315.769,197
41	0,001137	982.125	394.430,690	11.870.139,809	258.489.084,311	438,599	133.229,569	6.182.115,949
42	0,001197	981.008	385.312,687	11.475.709,119	246.618.944,502	451,070	132.790,970	6.048.836,380
43	0,001259	979.834	376.382,853	11.090.396,433	235.143.235,382	463,439	132.339,900	5.916.095,410
44	0,001325	978.600	367.637,151	10.714.013,580	224.052.838,950	476,400	131.876,461	5.783.755,510
45	0,001395	977.304	359.070,936	10.346.376,428	213.338.825,370	489,882	131.400,061	5.651.879,049
46	0,001473	975.940	350.679,738	9.987.305,493	202.992.448,942	505,185	130.910,179	5.520.478,988
47	0,001557	974.503	342.457,884	9.636.625,755	193.005.143,449	521,474	130.404,995	5.389.568,808
48	0,001644	972.985	334.400,662	9.294.167,871	183.368.517,394	537,657	129.883,521	5.259.163,814
49	0,001735	971.386	326.504,555	8.959.767,208	174.074.349,324	554,020	129.345,864	5.129.280,293

Sterbetafel DAV 2004 R M (Grundtafel 1965), 2,25 % (Fortsetzung)

x	q_x	l_x	D_x	N_x	S_x	C_x	M_x	R_x
50	0,001826	969.700	318.765,838	8.633.262,653	165.114.582,616	569,258	128.791,844	4.999.934,429
51	0,001924	967.930	311.182,173	8.314.496,815	156.481.319,963	585,540	128.222,585	4.871.142,586
52	0,002023	966.068	303.749,104	8.003.314,642	148.166.823,148	600,963	127.637,046	4.742.920,000
53	0,002121	964.113	296.464,175	7.699.565,538	140.163.508,507	614,964	127.036,083	4.615.282,954
54	0,002212	962.068	289.325,550	7.403.101,362	132.463.942,969	625,905	126.421,119	4.488.246,872
55	0,002294	959.940	282.333,068	7.113.775,812	125.060.841,606	633,420	125.795,214	4.361.825,753
56	0,002370	957.738	275.486,940	6.831.442,745	117.947.065,794	638,537	125.161,794	4.236.030,539
57	0,002451	955.468	268.786,343	6.555.955,805	111.115.623,049	644,299	124.523,257	4.110.868,745
58	0,002540	953.126	262.227,430	6.287.169,462	104.559.667,244	651,401	123.878,958	3.986.345,488
59	0,002649	950.705	255.805,743	6.024.942,032	98.272.497,782	662,718	123.227,557	3.862.466,530
60	0,002781	948.187	249.514,048	5.769.136,288	92.247.555,751	678,629	122.564,839	3.739.238,973
61	0,002957	945.550	243.344,889	5.519.622,240	86.478.419,462	703,737	121.886,209	3.616.674,135
62	0,003176	942.754	237.286,375	5.276.277,351	80.958.797,222	737,038	121.182,473	3.494.787,925
63	0,003432	939.760	231.327,876	5.038.990,976	75.682.519,871	776,447	120.445,434	3.373.605,453
64	0,003707	936.535	225.461,085	4.807.663,099	70.643.528,896	817,393	119.668,987	3.253.160,019
65	0,003980	933.063	219.682,445	4.582.202,015	65.835.865,796	855,096	118.851,594	3.133.491,031
66	0,004270	929.349	213.993,261	4.362.519,569	61.253.663,782	893,644	117.996,498	3.014.639,437
67	0,004631	925.381	208.390,719	4.148.526,308	56.891.144,212	943,821	117.102,854	2.896.642,939
68	0,004995	921.096	202.861,282	3.940.135,590	52.742.617,904	990,995	116.159,032	2.779.540,086
69	0,005363	916.495	197.406,347	3.737.274,308	48.802.482,314	1.035,394	115.168,037	2.663.381,054
70	0,005744	911.580	192.027,049	3.539.867,960	45.065.208,007	1.078,732	114.132,644	2.548.213,016
71	0,006150	906.343	186.722,783	3.347.840,912	41.525.340,046	1.123,076	113.053,912	2.434.080,373
72	0,006605	900.769	181.490,892	3.161.118,129	38.177.499,135	1.172,369	111.930,836	2.321.026,461
73	0,007122	894.820	176.324,836	2.979.627,237	35.016.381,006	1.228,152	110.758,467	2.209.095,625
74	0,007722	888.447	171.216,676	2.803.302,401	32.036.753,769	1.293,042	109.530,315	2.098.337,159
75	0,008460	881.586	166.156,030	2.632.085,725	29.233.451,368	1.374,748	108.237,273	1.988.806,844
76	0,009337	874.128	161.125,036	2.465.929,695	26.601.365,643	1.471,320	106.862,525	1.880.569,571
77	0,010403	865.966	156.108,178	2.304.804,659	24.135.435,948	1.588,258	105.391,205	1.773.707,047
78	0,011693	856.958	151.084,777	2.148.696,481	21.830.631,289	1.727,760	103.802,947	1.668.315,842
79	0,013259	846.937	146.032,413	1.997.611,704	19.681.934,808	1.893,637	102.075,188	1.564.512,894
80	0,015167	835.708	140.925,349	1.851.579,291	17.684.323,103	2.090,381	100.181,551	1.462.437,707
81	0,017450	823.033	135.733,921	1.710.653,941	15.832.743,813	2.316,437	98.091,170	1.362.256,156
82	0,020162	808.671	130.430,674	1.574.920,020	14.122.089,871	2.571,876	95.774,732	1.264.164,986
83	0,023324	792.366	124.988,686	1.444.489,346	12.547.169,851	2.851,087	93.202,856	1.168.390,254
84	0,026970	773.885	119.387,237	1.319.500,660	11.102.680,505	3.149,021	90.351,770	1.075.187,398
85	0,031142	753.013	113.611,113	1.200.113,424	9.783.179,845	3.460,222	87.202,749	984.835,628
86	0,035854	729.563	107.650,890	1.086.502,311	8.583.066,421	3.774,782	83.742,527	897.632,879
87	0,041159	703.405	101.507,262	978.851,421	7.496.564,110	4.086,002	79.967,744	813.890,352
88	0,047090	674.454	95.187,604	877.344,159	6.517.712,689	4.383,750	75.881,742	733.922,608
89	0,053666	642.694	88.709,261	782.156,555	5.640.368,531	4.655,913	71.497,992	658.040,866
90	0,060681	608.203	82.101,310	693.447,294	4.858.211,976	4.872,361	66.842,079	586.542,874
91	0,067908	571.297	75.422,318	611.345,984	4.164.764,682	5.009,075	61.969,717	519.700,795
92	0,075209	532.501	68.753,584	535.923,665	3.553.418,698	5.057,103	56.960,643	457.731,078
93	0,082462	492.452	62.183,566	467.170,081	3.017.495,033	5.014,945	51.903,539	400.770,435
94	0,089515	451.844	55.800,278	404.986,516	2.550.324,951	4.885,048	46.888,594	348.866,896
95	0,096209	411.397	49.687,351	349.186,238	2.145.338,436	4.675,179	42.003,546	301.978,301
96	0,102378	371.817	43.918,807	299.498,887	1.796.152,198	4.397,379	37.328,367	259.974,755
97	0,107876	333.751	38.555,000	255.580,080	1.496.653,311	4.067,637	32.930,989	222.646,388
98	0,113045	297.747	33.638,964	217.025,079	1.241.073,232	3.719,038	28.863,351	189.715,399
99	0,118108	264.088	29.179,704	183.386,115	1.024.048,152	3.370,520	25.144,313	160.852,048

Sterbetafel DAV 2004 R M (Grundtafel 1965), 2,25% (Fortsetzung)

x	q_x	l_x	D_x	N_x	S_x	C_x	M_x	R_x
100	0,121553	232.897	25.167,088	154.206,411	840.662,037	2.991,819	21.773,793	135.707,735
101	0,126442	204.588	21.621,470	129.039,323	686.455,626	2.673,704	18.781,974	113.933,942
102	0,131302	178.720	18.471,988	107.417,853	557.416,304	2.372,038	16.108,270	95.151,968
103	0,136130	155.253	15.693,476	88.945,864	449.998,451	2.089,343	13.736,232	79.043,698
104	0,140927	134.119	13.258,800	73.252,388	361.052,587	1.827,406	11.646,890	65.307,466
105	0,145690	115.218	11.139,636	59.993,588	287.800,199	1.587,221	9.819,483	53.660,576
106	0,150416	98.432	9.307,288	48.853,952	227.806,611	1.369,159	8.232,262	43.841,093
107	0,155105	83.626	7.733,323	39.546,664	178.952,658	1.173,083	6.863,103	35.608,831
108	0,159752	70.655	6.390,070	31.813,341	139.405,994	998,363	5.690,020	28.745,728
109	0,164354	59.368	5.251,094	25.423,272	107.592,653	844,047	4.691,657	23.055,707
110	0,168907	49.611	4.291,497	20.172,178	82.169,332	708,913	3.847,610	18.364,050
111	0,173407	41.231	3.488,149	15.880,681	61.997,204	591,559	3.138,697	14.516,440
112	0,177848	34.081	2.819,834	12.392,532	46.116,522	490,466	2.547,137	11.377,743
113	0,182224	28.020	2.267,317	9.572,698	33.723,990	404,068	2.056,671	8.830,605
114	0,186528	22.914	1.813,357	7.305,381	24.151,292	330,799	1.652,603	6.773,934
115	0,190752	18.640	1.442,655	5.492,024	16.845,911	269,134	1.321,804	5.121,331
116	0,194887	15.084	1.141,776	4.049,368	11.353,888	217,521	1.052,670	3.799,527
117	0,198923	12.145	899,031	2.907,592	7.304,519	174,303	835,049	2.746,857
118	0,202848	9.729	704,345	2.008,562	4.396,927	139,731	660,147	1.911,808
119	0,206649	7.755	549,115	1.304,217	2.388,365	110,977	520,416	1.251,661
120	0,210311	6.153	426,055	755,102	1.084,149	87,632	409,439	731,245
121	1,000000	4.859	329,047	329,047	329,047	321,806	321,806	321,806

Sterbetafel DAV 2004 R M (Altersverschiebung gerundet)

Geburtsjahr	Altersverschiebung	Geburtsjahr	Altersverschiebung
1910–1917	12	1966–1969	-1
1918	11	1970–1973	-2
1919	10	1974–1977	-3
1920	9	1978–1981	-4
1921	8	1982–1985	-5
1922–1925	7	1986–1989	-6
1926–1934	6	1990–1994	-7
1935–1941	5	1995–1998	-8
1942–1947	4	1999–2002	-9
1948–1952	3	2003–2007	-10
1953–1956	2	2008–2011	-11
1957–1960	1	2012–2016	-12
1961–1965	0	2017–2020	-13

Sterbetafel DAV 2004 R F (Grundtafel 1965), 2,25 %

x	q_x	l_x	D_x	N_x	S_x	C_x	M_x	R_x
0	0,000066	1.000.000	1.000.000,000	39.696.061,565	1.289.045.585,345	64,548	126.492,533	11.330.755,286
1	0,000066	999.934	977.930,562	38.696.061,565	1.249.349.523,780	63,123	126.427,985	11.204.262,753
2	0,000066	999.868	956.348,185	37.718.131,003	1.210.653.462,215	61,730	126.364,862	11.077.834,768
3	0,000066	999.802	935.242,118	36.761.782,818	1.172.935.331,212	60,368	126.303,132	10.951.469,906
4	0,000066	999.736	914.601,851	35.826.540,700	1.136.173.548,394	59,035	126.242,764	10.825.166,774
5	0,000066	999.670	894.417,102	34.911.938,849	1.100.347.007,694	57,733	126.183,729	10.698.924,010
6	0,000066	999.604	874.677,820	34.017.521,747	1.065.435.068,845	56,458	126.125,996	10.572.740,281
7	0,000066	999.538	855.374,172	33.142.843,928	1.031.417.547,098	55,212	126.069,538	10.446.614,285
8	0,000066	999.472	836.496,545	32.287.469,756	998.274.703,170	53,994	126.014,325	10.320.544,747
9	0,000066	999.406	818.035,537	31.450.973,211	965.987.233,414	52,802	125.960,331	10.194.530,422
10	0,000066	999.340	799.981,952	30.632.937,674	934.536.260,203	51,637	125.907,529	10.068.570,090
11	0,000071	999.274	782.326,801	29.832.955,722	903.903.322,529	54,323	125.855,892	9.942.662,561
12	0,000075	999.203	765.057,462	29.050.628,921	874.070.366,807	56,117	125.801,569	9.816.806,669
13	0,000079	999.128	748.166,340	28.285.571,459	845.019.737,886	57,805	125.745,453	9.691.005,100
14	0,000092	999.049	731.645,218	27.537.405,118	816.734.166,427	65,830	125.687,648	9.565.259,647
15	0,000120	998.958	715.479,615	26.805.759,901	789.196.761,309	83,968	125.621,818	9.439.571,999
16	0,000144	998.838	699.651,597	26.090.280,285	762.391.001,408	98,533	125.537,850	9.313.950,181
17	0,000166	998.694	684.157,307	25.390.628,689	736.300.721,123	111,071	125.439,317	9.188.412,331
18	0,000201	998.528	668.991,430	24.706.471,381	710.910.092,434	131,508	125.328,246	9.062.973,015
19	0,000201	998.327	654.138,839	24.037.479,951	686.203.621,053	128,589	125.196,737	8.937.644,769
20	0,000201	998.127	639.615,997	23.383.341,112	662.166.141,102	125,734	125.068,149	8.812.448,031
21	0,000201	997.926	625.415,584	22.743.725,115	638.782.799,991	122,942	124.942,415	8.687.379,883
22	0,000201	997.725	611.530,440	22.118.309,531	616.039.074,876	120,213	124.819,473	8.562.437,468
23	0,000201	997.525	597.953,567	21.506.779,091	593.920.765,345	117,544	124.699,260	8.437.617,995
24	0,000222	997.324	584.678,121	20.908.825,523	572.413.986,254	126,942	124.581,716	8.312.918,735
25	0,000225	997.103	571.685,401	20.324.147,402	551.505.160,731	125,799	124.454,774	8.188.337,019
26	0,000225	996.879	558.979,728	19.752.462,001	531.181.013,329	123,003	124.328,975	8.063.882,246
27	0,000235	996.654	546.556,438	19.193.482,273	511.428.551,328	125,614	124.205,972	7.939.553,271
28	0,000258	996.420	534.403,909	18.646.925,836	492.235.069,054	134,842	124.080,357	7.815.347,299
29	0,000280	996.163	522.509,567	18.112.521,927	473.588.143,218	143,083	123.945,515	7.691.266,942
30	0,000291	995.884	510.868,719	17.590.012,360	455.475.621,291	145,391	123.802,432	7.567.321,426
31	0,000302	995.594	499.481,717	17.079.143,641	437.885.608,932	147,524	123.657,040	7.443.518,995
32	0,000318	995.294	488.343,153	16.579.661,924	420.806.465,291	151,876	123.509,516	7.319.861,954
33	0,000344	994.977	477.445,339	16.091.318,771	404.226.803,367	160,627	123.357,640	7.196.352,438
34	0,000385	994.635	466.778,580	15.613.873,432	388.135.484,596	175,755	123.197,013	7.072.994,798
35	0,000423	994.252	456.331,414	15.147.094,852	372.521.611,164	188,781	123.021,258	6.949.797,784
36	0,000464	993.831	446.101,110	14.690.763,438	357.374.516,313	202,436	122.832,477	6.826.776,526
37	0,000508	993.370	436.082,269	14.244.662,327	342.683.752,875	216,655	122.630,041	6.703.944,049
38	0,000550	992.866	426.269,671	13.808.580,059	328.439.090,547	229,289	122.413,386	6.581.314,008
39	0,000593	992.320	416.660,365	13.382.310,388	314.630.510,488	241,643	122.184,097	6.458.900,622
40	0,000642	991.731	407.250,156	12.965.650,023	301.248.200,100	255,701	121.942,454	6.336.716,525
41	0,000693	991.094	398.032,960	12.558.399,867	288.282.550,077	269,767	121.686,753	6.214.774,070
42	0,000743	990.408	389.004,522	12.160.366,907	275.724.150,210	282,670	121.416,986	6.093.087,318
43	0,000788	989.672	380.161,850	11.771.362,385	263.563.783,304	292,976	121.134,316	5.971.670,332
44	0,000830	988.892	371.503,454	11.391.200,535	251.792.420,919	301,563	120.841,340	5.850.536,016
45	0,000874	988.071	363.026,999	11.019.697,081	240.401.220,384	310,304	120.539,777	5.729.694,676
46	0,000921	987.207	354.728,326	10.656.670,082	229.381.523,303	319,516	120.229,474	5.609.154,899
47	0,000971	986.298	346.603,053	10.301.941,755	218.724.853,222	329,146	119.909,958	5.488.925,425
48	0,001022	985.341	338.646,945	9.955.338,703	208.422.911,466	338,481	119.580,812	5.369.015,468
49	0,001069	984.334	330.856,575	9.616.691,758	198.467.572,764	345,903	119.242,331	5.249.434,655

Sterbetafel DAV 2004 R F (Grundtafel 1965), 2,25 % (Fortsetzung)

x	q_x	l_x	D_x	N_x	S_x	C_x	M_x	R_x
50	0,001111	983.281	323.230,209	9.285.835,183	188.850.881,006	351,207	118.896,428	5.130.192,325
51	0,001149	982.189	315.766,358	8.962.604,974	179.565.045,823	354,832	118.545,221	5.011.295,897
52	0,001182	981.060	308.463,122	8.646.838,616	170.602.440,849	356,580	118.190,389	4.892.750,676
53	0,001218	979.901	301.318,844	8.338.375,494	161.955.602,233	358,930	117.833,809	4.774.560,236
54	0,001259	978.707	294.329,426	8.037.056,650	153.617.226,738	362,407	117.474,879	4.656.726,477
55	0,001306	977.475	287.490,333	7.742.727,224	145.580.170,088	367,200	117.112,472	4.539.251,599
56	0,001363	976.198	280.796,939	7.455.236,891	137.837.442,864	374,304	116.745,272	4.422.139,127
57	0,001430	974.868	274.243,729	7.174.439,952	130.382.205,973	383,539	116.370,967	4.305.393,855
58	0,001504	973.474	267.825,487	6.900.196,223	123.207.766,020	393,946	115.987,428	4.189.022,838
59	0,001585	972.010	261.538,071	6.632.370,736	116.307.569,797	405,416	115.593,483	4.073.035,459
60	0,001674	970.469	255.377,538	6.370.832,665	109.675.199,061	418,095	115.188,067	3.957.441,977
61	0,001771	968.845	249.339,889	6.115.455,127	103.304.366,396	431,864	114.769,972	3.842.253,910
62	0,001876	967.129	243.421,328	5.866.115,238	97.188.911,269	446,610	114.338,108	3.727.483,938
63	0,001986	965.314	237.618,259	5.622.693,910	91.322.796,031	461,526	113.891,498	3.613.145,831
64	0,002096	963.397	231.927,970	5.385.075,651	85.700.102,122	475,424	113.429,973	3.499.254,333
65	0,002229	961.378	226.348,996	5.153.147,681	80.315.026,471	493,430	112.954,549	3.385.824,360
66	0,002345	959.235	220.874,782	4.926.798,685	75.161.878,790	506,554	112.461,119	3.272.869,812
67	0,002520	956.986	215.507,903	4.705.923,903	70.235.080,106	531,130	111.954,565	3.160.403,693
68	0,002732	954.574	210.234,545	4.490.416,000	65.529.156,203	561,722	111.423,435	3.048.454,128
69	0,002959	951.966	205.046,635	4.280.181,455	61.038.740,203	593,382	110.861,713	2.937.030,692
70	0,003199	949.149	199.941,225	4.075.134,819	56.758.558,748	625,537	110.268,331	2.826.168,979
71	0,003478	946.113	194.916,003	3.875.193,595	52.683.423,928	663,000	109.642,794	2.715.900,648
72	0,003780	942.822	189.963,897	3.680.277,592	48.808.230,334	702,263	108.979,794	2.606.257,853
73	0,004090	939.258	185.081,500	3.490.313,695	45.127.952,742	740,326	108.277,531	2.497.278,060
74	0,004446	935.417	180.268,476	3.305.232,195	41.637.639,047	783,337	107.537,205	2.389.000,529
75	0,004864	931.258	175.517,851	3.124.963,719	38.332.406,852	834,933	106.753,368	2.281.463,324
76	0,005328	926.728	170.820,667	2.949.445,868	35.207.443,134	890,105	105.918,435	2.174.709,956
77	0,005823	921.791	166.171,672	2.778.625,201	32.257.997,265	946,325	105.028,330	2.068.791,521
78	0,006429	916.423	161.568,757	2.612.453,530	29.479.372,064	1.015,368	104.082,004	1.963.763,191
79	0,007203	910.532	156.997,586	2.450.884,773	26.866.918,534	1.105,969	103.066,136	1.859.681,186
80	0,008215	903.973	152.436,902	2.293.887,187	24.416.033,761	1.224,713	101.960,167	1.756.615,050
81	0,009536	896.547	147.857,832	2.141.450,285	22.122.146,574	1.378,946	100.735,454	1.654.654,884
82	0,011237	887.997	143.225,290	1.993.592,454	19.980.696,289	1.574,007	99.356,508	1.553.919,430
83	0,013343	878.019	138.499,626	1.850.367,163	17.987.103,835	1.807,335	97.782,500	1.454.562,923
84	0,015844	866.304	133.644,622	1.711.867,537	16.136.736,672	2.070,871	95.975,165	1.356.780,422
85	0,018792	852.578	128.632,916	1.578.222,916	14.424.869,135	2.364,078	93.904,294	1.260.805,258
86	0,022273	836.556	123.438,284	1.449.590,000	12.846.646,219	2.688,842	91.540,216	1.166.900,964
87	0,026353	817.924	118.033,197	1.326.151,716	11.397.056,218	3.042,082	88.851,374	1.075.360,748
88	0,031049	796.369	112.393,807	1.208.118,519	10.070.904,502	3.412,925	85.809,292	986.509,374
89	0,036366	771.642	106.507,669	1.095.724,712	8.862.785,983	3.788,027	82.396,367	900.700,082
90	0,042123	743.581	100.375,952	989.217,043	7.767.061,271	4.135,097	78.608,340	818.303,714
91	0,048071	712.259	94.032,094	888.841,091	6.777.844,228	4.420,750	74.473,244	739.695,374
92	0,054145	678.020	87.542,178	794.808,997	5.889.003,137	4.635,669	70.052,494	665.222,131
93	0,060268	641.309	80.980,154	707.266,818	5.094.194,140	4.773,117	65.416,825	595.169,637
94	0,066351	602.658	74.425,077	626.286,665	4.386.927,322	4.829,514	60.643,708	529.752,812
95	0,072275	562.671	67.957,848	551.861,588	3.760.640,657	4.803,573	55.814,194	469.109,104
96	0,077904	522.004	61.658,870	483.903,740	3.208.779,069	4.697,773	51.010,621	413.294,910
97	0,083095	481.338	55.604,300	422.244,871	2.724.875,329	4.518,767	46.312,848	362.234,289
98	0,087727	441.341	49.861,967	366.640,570	2.302.630,459	4.277,986	41.794,081	315.971,440
99	0,091681	402.624	44.486,773	316.778,604	1.935.989,388	3.988,843	37.516,095	274.177,359

Sterbetafel DAV 2004 R F (Grundtafel 1965), 2,25% (Fortsetzung)

x	q_x	l_x	D_x	N_x	S_x	C_x	M_x	R_x
100	0,100158	365.711	39.519,004	272.291,830	1.619.211,284	3.871,046	33.527,252	236.661,264
101	0,104765	329.082	34.778,347	232.772,826	1.346.919,454	3.563,378	29.656,206	203.134,012
102	0,109394	294.606	30.449,676	197.994,479	1.114.146,628	3.257,713	26.092,829	173.477,805
103	0,114045	262.377	26.521,921	167.544,804	916.152,149	2.958,134	22.835,116	147.384,977
104	0,118719	232.455	22.980,174	141.022,883	748.607,345	2.668,150	19.876,981	124.549,861
105	0,123417	204.858	19.806,348	118.042,709	607.584,461	2.390,650	17.208,831	104.672,880
106	0,128138	179.575	16.979,861	98.236,361	489.541,752	2.127,888	14.818,181	87.464,049
107	0,132883	156.565	14.478,333	81.256,500	391.305,391	1.881,589	12.690,293	72.645,868
108	0,137652	135.760	12.278,150	66.778,167	310.048,891	1.652,921	10.808,704	59.955,575
109	0,142443	117.072	10.355,050	54.500,016	243.270,725	1.442,547	9.155,783	49.146,871
110	0,147255	100.396	8.684,641	44.144,966	188.770,709	1.250,716	7.713,236	39.991,088
111	0,152087	85.612	7.242,821	35.460,325	144.625,742	1.077,300	6.462,520	32.277,852
112	0,156935	72.592	6.006,144	28.217,504	109.165,417	921,833	5.385,221	25.815,331
113	0,161796	61.200	4.952,146	22.211,361	80.947,913	783,606	4.463,388	20.430,111
114	0,166665	51.298	4.059,568	17.259,215	58.736,552	661,700	3.679,781	15.966,723
115	0,171536	42.748	3.308,538	13.199,646	41.477,337	555,045	3.018,082	12.286,942
116	0,176401	35.415	2.680,689	9.891,108	28.277,691	462,471	2.463,037	9.268,860
117	0,181250	29.168	2.159,230	7.210,418	18.386,584	382,749	2.000,566	6.805,823
118	0,186074	23.881	1.728,968	5.051,188	11.176,165	314,637	1.617,817	4.805,257
119	0,190855	19.438	1.376,286	3.322,220	6.124,978	256,891	1.303,181	3.187,440
120	0,195579	15.728	1.089,110	1.945,934	2.802,758	208,320	1.046,290	1.884,260
121	1,000000	12.652	856,824	856,824	856,824	837,970	837,970	837,970

Sterbetafel DAV 2004 R F (Altersverschiebung gerundet)

Geburtsjahr	Altersverschiebung	Geburtsjahr	Altersverschiebung
1910–1916	11	1966–1969	-1
1917–1918	10	1970–1974	-2
1919	9	1975–1979	-3
1920–1921	8	1980–1984	-4
1922–1924	7	1985–1989	-5
1925–1933	6	1990–1993	-6
1934–1939	5	1994–1998	-7
1940–1945	4	1999–2004	-8
1946–1950	3	2005–2009	-9
1951–1955	2	2010–2014	-10
1956–1960	1	2015–2019	-11
1961–1965	0	2020	-12

Sterbetafel DAV 2004 R (Basistafel und Trendfunktion 1. Ordnung)

	Basistafel 1. Ordnung				Trendfunktion	
	Aggregattafel		Selektionstafel			
	q_x^a		q_x^s		F(x)	
x	Männer	Frauen	Männer	Frauen	Männer	Frauen
0	0,003439	0,002694	0,002546	0,002549	0,03303985	0,03303985
1	0,000317	0,000280	0,000234	0,000265	0,03303985	0,03303985
2	0,000214	0,000160	0,000158	0,000152	0,03303985	0,03303985
3	0,000158	0,000124	0,000117	0,000117	0,03303985	0,03303985
4	0,000122	0,000101	0,000090	0,000095	0,03303985	0,03303985
5	0,000108	0,000078	0,000080	0,000074	0,03303985	0,03303985
6	0,000102	0,000081	0,000076	0,000073	0,03303985	0,03303985
7	0,000087	0,000080	0,000065	0,000076	0,03303985	0,03303985
8	0,000099	0,000069	0,000073	0,000065	0,03303985	0,03303985
9	0,000084	0,000068	0,000062	0,000065	0,03303985	0,03303985
10	0,000083	0,000066	0,000061	0,000062	0,03303985	0,03303985
11	0,000098	0,000071	0,000073	0,000067	0,03303985	0,03303985
12	0,000104	0,000075	0,000077	0,000071	0,03303985	0,03303985
13	0,000114	0,000079	0,000084	0,000075	0,03303985	0,03303985
14	0,000140	0,000092	0,000103	0,000087	0,03303985	0,03303985
15	0,000192	0,000120	0,000142	0,000114	0,03303985	0,03303985
16	0,000276	0,000144	0,000205	0,000137	0,03303985	0,03303985
17	0,000364	0,000166	0,000270	0,000157	0,03303985	0,03303985
18	0,000596	0,000235	0,000442	0,000223	0,03303985	0,03303985
19	0,000630	0,000238	0,000467	0,000225	0,03303985	0,03303985
20	0,000627	0,000230	0,000464	0,000218	0,03303985	0,03303985
21	0,000636	0,000211	0,000471	0,000199	0,03303985	0,03303985
22	0,000625	0,000215	0,000463	0,000203	0,03303985	0,03303985
23	0,000642	0,000201	0,000475	0,000190	0,03301381	0,03298816
24	0,000622	0,000222	0,000460	0,000210	0,03138903	0,03287161
25	0,000617	0,000225	0,000457	0,000213	0,03009490	0,03278166
26	0,000616	0,000225	0,000456	0,000213	0,02911046	0,03268512
27	0,000627	0,000235	0,000471	0,000222	0,02839963	0,03252693
28	0,000613	0,000258	0,000485	0,000244	0,02793402	0,03226875
29	0,000603	0,000280	0,000502	0,000265	0,02765640	0,03193675
30	0,000598	0,000291	0,000515	0,000275	0,02750067	0,03152501
31	0,000605	0,000302	0,000546	0,000292	0,02740031	0,03094365
32	0,000626	0,000318	0,000568	0,000329	0,02730804	0,03014668
33	0,000663	0,000344	0,000601	0,000357	0,02719391	0,02914996
34	0,000713	0,000385	0,000653	0,000401	0,02706035	0,02801054
35	0,000775	0,000434	0,000697	0,000445	0,02695565	0,02682974
36	0,000850	0,000488	0,000751	0,000498	0,02691229	0,02567995
37	0,000944	0,000547	0,000821	0,000551	0,02690961	0,02464377
38	0,001047	0,000605	0,000878	0,000606	0,02690928	0,02377300
39	0,001153	0,000666	0,000968	0,000656	0,02688675	0,02305650
40	0,001261	0,000735	0,001083	0,000743	0,02684974	0,02248214
41	0,001372	0,000809	0,001169	0,000823	0,02682919	0,02207810
42	0,001483	0,000885	0,001288	0,000903	0,02681278	0,02185396
43	0,001603	0,000959	0,001403	0,001000	0,02679602	0,02178902
44	0,001732	0,001033	0,001532	0,001079	0,02675173	0,02185910
45	0,001871	0,001113	0,001719	0,001200	0,02666774	0,02202052
46	0,002025	0,001203	0,001872	0,001291	0,02654651	0,02225316
47	0,002194	0,001301	0,002074	0,001395	0,02638875	0,02252158
48	0,002373	0,001406	0,002268	0,001553	0,02620949	0,02280602
49	0,002563	0,001512	0,002526	0,001650	0,02602928	0,02310876
50	0,002762	0,001616	0,002838	0,001823	0,02587807	0,02341569
51	0,002981	0,001720	0,003029	0,001965	0,02577098	0,02372758
52	0,003212	0,001822	0,003358	0,002089	0,02567549	0,02401966
53	0,003449	0,001931	0,003684	0,002262	0,02558704	0,02425692
54	0,003684	0,002052	0,004054	0,002470	0,02550013	0,02442806
55	0,003911	0,002186	0,004419	0,002623	0,02540298	0,02453498
56	0,004134	0,002340	0,004872	0,002877	0,02528317	0,02457210
57	0,004370	0,002516	0,005388	0,003106	0,02514256	0,02455016
58	0,004627	0,002706	0,005888	0,003391	0,02499636	0,02447892
59	0,004932	0,002914	0,006541	0,003731	0,02486849	0,02436478

Sterbetafel DAV 2004 R (Basistafel und Trendfunktion 1. Ordnung; Fortsetzung)

	Aggregattafel		Selektionstafel		Trendfunktion	
	q_x^a		q_x^s		F(x)	
x	Männer	Frauen	Männer	Frauen	Männer	Frauen
60	0,005299	0,003145	0,007226	0,004121	0,02479571	0,02424808
61	0,005777	0,003402	0,007922	0,004492	0,02480715	0,02417359
62	0,006383	0,003692	0,008590	0,004862	0,02492644	0,02418705
63	0,007119	0,004021	0,009229	0,005195	0,02515644	0,02432563
64	0,007963	0,004384	0,009933	0,005504	0,02549022	0,02459119
65	0,008886	0,004830	0,010714	0,005827	0,02591357	0,02494674
66	0,009938	0,005278	0,011662	0,006266	0,02639617	0,02535629
67	0,011253	0,005905	0,012834	0,006904	0,02690595	0,02580147
68	0,012687	0,006674	0,014099	0,007701	0,02741577	0,02627101
69	0,014231	0,007548	0,015456	0,008612	0,02788177	0,02675603
70	0,015887	0,008525	0,016920	0,009637	0,02826066	0,02722831
71	0,017663	0,009679	0,018547	0,010869	0,02851318	0,02765966
72	0,019598	0,010965	0,020408	0,012266	0,02862041	0,02802468
73	0,021698	0,012341	0,022511	0,013782	0,02856339	0,02831732
74	0,023990	0,013909	0,024873	0,015522	0,02833777	0,02851150
75	0,026610	0,015706	0,027614	0,017516	0,02795026	0,02859209
76	0,029533	0,017672	0,030689	0,019686	0,02741783	0,02854652
77	0,032873	0,019722	0,034200	0,021922	0,02675811	0,02837159
78	0,036696	0,022102	0,038203	0,024477	0,02599351	0,02806358
79	0,041106	0,024975	0,042787	0,027510	0,02514346	0,02763160
80	0,046239	0,028535	0,048081	0,031211	0,02423250	0,02706955
81	0,052094	0,032947	0,054068	0,035743	0,02327100	0,02637873
82	0,058742	0,038340	0,060821	0,041240	0,02227796	0,02556878
83	0,066209	0,044665	0,068363	0,047641	0,02129226	0,02465783
84	0,074583	0,051737	0,076782	0,054741	0,02034403	0,02366759
85	0,083899	0,059541	0,086113	0,062514	0,01943234	0,02261230
86	0,094103	0,068187	0,096295	0,071076	0,01855670	0,02151662
87	0,105171	0,077684	0,107306	0,080444	0,01770100	0,02039770
88	0,116929	0,087911	0,118973	0,090508	0,01684261	0,01927338
89	0,129206	0,098662	0,131124	0,101071	0,01597498	0,01814674
90	0,141850	0,109614	0,143616	0,111814	0,01516333	0,01707808
91	0,154860	0,120510	0,156454	0,122478	0,01446271	0,01612386
92	0,168157	0,131383	0,169564	0,133104	0,01387288	0,01528376
93	0,181737	0,142265	0,182946	0,143725	0,01339365	0,01455749
94	0,195567	0,153185	0,196568	0,154369	0,01302486	0,01394480
95	0,209614	0,164128	0,210397	0,165023	0,01276639	0,01344549
96	0,223854	0,175065	0,224411	0,175662	0,01261815	0,01305938
97	0,238280	0,185958	0,238604	0,186250	0,01257878	0,01278634
98	0,252858	0,196824	0,252947	0,196808	0,01257878	0,01262629
99	0,267526	0,207667	0,267377	0,207342	0,01257878	0,01257878
100	0,278816	0,229739	0,278816	0,229739	0,01257878	0,01257878
101	0,293701	0,243350	0,293701	0,243350	0,01257878	0,01257878
102	0,308850	0,257319	0,308850	0,257319	0,01257878	0,01257878
103	0,324261	0,271655	0,324261	0,271655	0,01257878	0,01257878
104	0,339936	0,286368	0,339936	0,286368	0,01257878	0,01257878
105	0,355873	0,301467	0,355873	0,301467	0,01257878	0,01257878
106	0,372069	0,316962	0,372069	0,316962	0,01257878	0,01257878
107	0,388523	0,332860	0,388523	0,332860	0,01257878	0,01257878
108	0,405229	0,349169	0,405229	0,349169	0,01257878	0,01257878
109	0,422180	0,365896	0,422180	0,365896	0,01257878	0,01257878
110	0,439368	0,383046	0,439368	0,383046	0,01257878	0,01257878
111	0,456782	0,400622	0,456782	0,400622	0,01257878	0,01257878
112	0,474411	0,418626	0,474411	0,418626	0,01257878	0,01257878
113	0,492237	0,437055	0,492237	0,437055	0,01257878	0,01257878
114	0,510241	0,455906	0,510241	0,455906	0,01257878	0,01257878
115	0,528401	0,475170	0,528401	0,475170	0,01257878	0,01257878
116	0,546689	0,494832	0,546689	0,494832	0,01257878	0,01257878
117	0,565074	0,514872	0,565074	0,514872	0,01257878	0,01257878
118	0,583517	0,535264	0,583517	0,535264	0,01257878	0,01257878
119	0,601976	0,555969	0,601976	0,555969	0,01257878	0,01257878
120	0,620400	0,576942	0,620400	0,576942	0,01257878	0,01257878
121	1,000000	1,000000	1,000000	1,000000	0,00000000	0,00000000

Selektionsfaktoren		
	Männer	Frauen
f^1	0,670538	0,712823
f^2 - f^5	0,876209	0,798230

Stichwortverzeichnis

(Angegeben sind die Seitenzahlen)

W

Z

Mehr Fachwissen zum Thema

Asset Liability Management in der Lebensversicherung

Prof. Dr. Christian Führer

2010, 212 S., 17 x 24 cm, kart.,
35,– €*
ISBN 978-3-89952-495-6

www.vvw.de

Lebensversicherungsprodukte basieren weitgehend auf komplexen Spar- und Entsparprozessen, die es aus Sicht eines Lebensversicherers erforderlich machen, das klassische versicherungstechnische Risikogeschäft und das Kapitalanlagegeschäft im Zusammenhang zu analysieren und zu steuern. Die mathematischen Methoden des Asset Liability Managements (ALM) stellen eine Antwort auf die sich daraus ergebenden Herausforderungen dar und bilden in Zeiten dynamischer Kapitalmärkte und wachsender aufsichtsrechtlicher Vorgaben eine zentrale Grundlage für eine vorausschauende Unternehmenssteuerung in der Lebensversicherung.

Das vorliegende Buch bietet dem Interessenten aus Hochschule und beruflicher Praxis eine rasche und umfassende Einführung in das noch junge Gebiet des Asset Liability Managements in der Lebensversicherung. Ausgangspunkt der Darstellung ist eine wissenschaftstheoretische Einordnung des ALM-Begriffs in den Gesamtkontext der Theorie der Finanzintermediation. Den Schwerpunkt des Buches bildet ein Überblick über die mathematische Methodik, die im Rahmen von ALM-Strategien zum Einsatz kommt, hier soll vor allem ein Grundverständnis für die hinter den einzelnen Methoden stehenden Ideen geweckt werden. Der Text ist dabei bewusst so ausführlich gehalten, dass auch Leser ohne mathematisches Studium der Darstellung sicher folgen können. Vor dem Hintergrund von Solvency II und der wachsenden Bedeutung eines professionellen Kapitalanlagemanagements bietet das Buch damit einen Einstieg in zentrale Managementprozesse der Lebensversicherungswirtschaft von morgen.

* Preis inkl. MwSt und zzgl. Versand

Verlag Versicherungswirtschaft vvw.de

495_BAnz_17x24_466_101029

Bücher Zeitschriften Seminare Bücher Zeitschriften Seminare Bücher Zeitschriften Seminare Bücher Zeitschriften Seminare Bücher Zeitschriften Seminare Bücher Zeitschriften Seminare Bücher Zeitschriften Seminare